**GEOGRAPHICA
BERNENSIA**

P 22

Werner Bätzing / Paul Messerli (Hrsg.)

Die Alpen im Europa der neunziger Jahre

Ein ökologisch gefährdeter Raum
im Zentrum Europas zwischen
Eigenständigkeit und Abhängigkeit

Geographisches Institut der Universität Bern 1991

Diese Publikation wurde mit Druckkostenzuschüssen der Stiftung Marchese Francesco Medici del Vascello, der Arbeitsgemeinschaft Geographica Bernensia und der Schweizerischen Akademie der Naturwissenschaften (SANW) gedruckt.

WERNER BÄTZING/PAUL MESSERLI:

Vorwort

Mit einer gewissen, dem universitären Alltag geschuldeten Verspätung legen wir jetzt den Sammelband «Die Alpen im Europa der neunziger Jahre» der Öffentlichkeit vor. Er enthält die überarbeiteten Referate der gleichnamigen Vortragsreihe am Geographischen Institut der Universität Bern im Wintersemester 1989/90, die durch zahlreiche Tabellen und Karten sowie durch eine Auswahlbibliographie wesentlich erweitert wurden.
Organisiert und finanziert wurde diese Vortragsreihe von der Naturforschenden Gesellschaft in Bern in Zusammenarbeit mit dem Geographischen Institut Bern, und die Referate wurden vorab (ohne Tabellen und Karten) in den «Mitteilungen der Naturforschenden Gesellschaft in Bern», Neue Folge Band 47/1990, S. 56–262, abgedruckt. Für die Überlassung des Satzes aller Referate zu einem äusserst günstigen Preis gebührt der Naturforschenden Gesellschaft in Bern ein ganz besonderer Dank, denn ohne diese Zusammenarbeit wäre es nicht möglich gewesen, diesen Band zu einem akzeptablen Ladenpreis herauszubringen.
Die Schreibarbeiten der Texte wurden von Frau Elisabeth Thomet vorgenommen, der wir für ihre sorgfältige Arbeit – und ganz besonders für die Erfassung der teilweise komplizierten Bibliographie – herzlich danken möchten. Frau Margret Möhl übernahm den Satz und die Gestaltung aller Tabellen, was sich als wesentlich schwieriger als erwartet herausstellte; für ihr Engagement, alle EDV-Probleme zu meistern, möchten wir ihr ebenfalls herzlich danken. Diejenigen Karten, die von den Autoren nicht reproduktionsfähig geliefert wurden, zeichnete Andreas Brodbeck am Geographischen Institut Bern, dem für seine sorgfältige und gute kartographische Arbeit ebenfalls ein herzlicher Dank gebührt.
Weiterhin möchten wir darauf verweisen, dass die vorliegende Publikation mit Unterstützung der Stiftung Marchese Francesco Medici del Vascallo und der Arbeitsgemeinschaft Geographica Bernensia gedruckt wurde; beiden Institutionen sind wir für ihr finanzielles Engagement ebenfalls sehr zu Dank verpflichtet.
Schliesslich möchten wir noch mit Dank erwähnen, dass die Schweizerische Stiftung für Landschaftsschutz und Landschaftspflege (Bern), das Schweizerische Alpine Museum (Bern) und der Schweizerische Alpenclub, Sektion Bern, die Vortragsreihe sowie die Publikation dieses Bandes (in Form einer Festabnahme einer Anzahl von Exemplaren) unterstützten.

Bern, im April 1991   Werner Bätzing/Paul Messerli

Inhaltsverzeichnis

Werner Bätzing / Paul Messerli: Einleitung – zum Stellenwert der Vortragsreihe «Die Alpen im Europa der neunziger Jahre» im Rahmen wissenschaftlicher Forschung und politischer Planung für den Alpenraum 7

Elisabeth Lichtenberger: Das «Haus» Europa und die Alpen. Sozialgeographische Szenarien 14

Franz Fliri: Berglandwirtschaft und Landschaft von Tirol an der Wende zum 3. Jahrtausend 50

Franz Rest: Endogene Regionalpolitik zwischen Tourismus und Landwirtschaft im Bundesland Salzburg/Österreich 60

Helmut Tiefenthaler: Tourismus und Raumplanung 82

Anton Gosar: Die Schlüsselprobleme in den Slowenischen Alpen und die Zukunft der Alpen aus jugoslawischer Sicht 92

Walter Danz: Problemlösungsstrategien im Alpenraum 120

Mario F. Broggi: Die integrale Berggebietssanierung im Fürstentum Liechtenstein ... 129

Paul Messerli: Herausforderungen und Bedrohungen des schweizerischen Berggebietes durch Europa an der Wende zum 21. Jahrhundert 142

Philippe Huet: Die französische Berggebietspolitik und die aktuellen Probleme in den französischen Alpen 177

Edoardo Martinengo: Die Berggebietspolitik in Italien und die Schlüsselprobleme der Entwicklung des italienischen Alpenraums 205

Hans Haid: Vom neuen Leben in den Alpen 230

Werner Bätzing: Die Alpen im Europa der neunziger Jahre 247

Werner Bätzing: Die Alpen 1980–1990 – eine Auswahlbibliographie 292

Werner Bätzing/Paul Messerli:

Einleitung

Zum Stellenwert der Vortragsreihe «Die Alpen im Europa der 90er Jahre» im Rahmen wissenschaftlicher Forschung und politischer Planung für den Alpenraum

Nachdem der Alpenraum im Rahmen des wirtschaftlichen Wiederaufbaues Europas nach dem Zweiten Weltkrieg für fast drei Jahrzehnte nur einen peripheren Stellenwert eingenommen hatte, änderte sich dies in den 70er Jahren, als man in Europa die ökologischen und sozialen Probleme des Alpenraumes bewusster wahrzunehmen begann und als auch die gegenseitigen Abhängigkeiten zwischen den europäischen Ballungsräumen und den Alpen in den Blick kamen. Daraufhin entstanden in der Mitte und in der zweiten Hälfte der 70er Jahre zahlreiche nationale und internationale Kongresse, Tagungen, Initiativen und Vorschläge, die sich für eine gemeinsame, alpenweite Problemlösungsstrategie aussprachen bzw. einsetzten, bei der vor allem eine bewusste, staatenübergreifend konzipierte Raumordnungspolitik im Zentrum der Überlegungen stand.

Die wichtigsten internationalen Kongresse waren dabei (in zeitlicher Reihenfolge):
- «Le Alpi e l'Europa» – Kongress vom 4.–9.10.1973 in Mailand, organisiert von der Regionsregierung der Lombardei in Verbindung mit der Europakonferenz der Gemeinden und Regionen im Europarat
- «Die Zukunft de Alpen» – Internationales Symposium vom 31.8.–6.9.1974 in Trento/Trient, organisiert vom Club Alpino Italia-no/CAI und der International Union of Conservation of Nature and Natural Resources/IUCN
- «Der Alpenraum als europäische Aufgabe und Herausforderung – Leitbilder zum Leben und Überleben» – Symposium vom 18.–20.11.1974 in Mayrhofen/Tirol, organisiert von der Österreichischen Gesellschaft für Land- und Forstwirtschaftspolitik
- «Entwicklungsprobleme in Bergregionen – interdisziplinärer Versuch einer Strategieplanung» – 1. Konferenz des «Club of Munich» vom 8.–12.12.1974 in München
- «Probleme der Belastung und der Raumplanung im Berggebiet, insbesondere in den Alpen» – Seminar vom 13.–16.6.1978 in Grindelwald/Schweiz, organisiert von der europäischen Raumordnungsministerkonferenz/Komitee der Hohen Beamten
- «Die Zukunft des Alpenraumes» – Konferenz der Alpenregionen vom 18.–20.9.1978 in Lugano, organisiert vom Europarat in Verbindung mit dem Kanton Tessin

Diese Konferenzen standen im Kontext wichtiger politischer Initiativen für eine gemeinsame Raumordnungspolitik auf europäischer Ebene und brachten eine Fülle wissenschaftlicher Publikationen über die Alpen und ihre europäische Bedeutung hervor (Verzeichnis der wichtigsten Publikationen am Beginn der Auswahlbibliographie am Schluss dieses Bandes). Aus heutiger Sicht fällt dabei eine ziemliche Euphorie in bezug auf die politische Realisierung der wissenschaftlich erarbeiteten Raumordnungskonzepte auf,

die Folgen haben sollte: Keine einzige der unter Mitwirkung von hochrangigen Politikern erarbeiteten Initiativen, Resolutionen, Beschlüsse usw. wurde anschliessend politisch umgesetzt! Dies wirkte sich stark demotivierend aus, und daraufhin fanden viele Jahre lang kaum noch grosse internationale Kongresse zum Thema «Zukunft der Alpen» statt.
Die 80er Jahre waren daraufhin von seiten der Wissenschaft relativ stark national geprägt, indem man sich auf den eigenen nationalen Alpenteilraum konzentrierte und hier die so hochkomplexen Beziehungen zwischen den verschiedenen Bereichen und Faktoren möglichst detailliert untersuchte. Dabei spielte das internationale UNESCO-Programm «Man-and-Biosphere/MAB» eine wichtige Rolle, das im französischen, schweizerischen, österreichischen und deutschen Alpenraum mit teilweise grossem Aufwand durchgeführt wurde. Charakteristisch war dabei aber, dass es nicht gelang, dafür ein gemeinsames, alpenweites Forschungskonzept zu entwickeln, so dass in jedem Staat andere methodische Ansätze im Vordergrund standen.
Parallel dazu verschärften sich die alltäglichen Probleme im Alpenraum in den 80er Jahren immer mehr, wobei ihr grenzüberschreitender Charakter (Transitverkehr, Waldsterben usw.) und ihre alpenweite Dimension (Zukunft der Berglandwirtschaft, touristische Schlüsselprobleme, kulturelle Identität) immer deutlicher wurden, was allerdings nicht zu einer erneuten spürbaren Wiederaufwertung der alpenweiten Ansätze aus den 70er Jahren im Bereich von Politik und Wissenschaft führte. Als sich dann im Oktober 1989 die Umweltminister Italiens, Frankreichs, Österreichs, der Schweiz und der Bundesrepublik Deutschland in Berchtesgaden trafen und bis Ende 1991 die Erarbeitung einer «Alpen-Konvention» beschlossen, war plötzlich – und für viele ziemlich überraschend – eine völlig neue Situation hergestellt: Eine alpenweite gemeinsame Form der Problemlösung, die Mitte der 70er Jahre so vehement gefordert worden war und die noch Mitte der 80er Jahre ziemlich illusionär zu sein schien, war dabei, politische Realität zu werden. Und damit sind auch Wissenschaft und Forschung vor eine neue Herausforderung und Aufgabe gestellt, denn die vergleichende Analyse der aktuellen Situation und Probleme im gesamten Alpenraum als materielle Voraussetzung einer gemeinsamen Politik weist noch ausgesprochen grosse Lücken auf.
In dieser Situation entstand am Geographischen Institut der Universität Bern der Wunsch und das Bedürfnis nach einem aktuellen Gesamtüberblick der Situation im Alpenraum, sozusagen als Anregung und als ein Baustein für eine zu entwickelnde problemorientierte Synthese des Alpenraumes im Hinblick auf die Erarbeitung einer Alpen-Konvention. Als äussere Form wurde dafür eine Vortragsreihe mit Referenten aus allen sieben «Alpen»-Staaten organisiert, denen die Aufgabe gestellt wurde, die aktuellen Probleme «ihres» Alpenteilraumes unter der Perspektive der zu erwartenden Entwicklung in den 90er Jahren darzustellen. Im Februar 1989 stellten wir den Referenten das Konzept dieser Vortragsreihe folgendermassen dar:
Die Idee für diese Vortragsreihe besitzt eine wissenschaftliche und eine politische Wurzel:
1. Nach dem Abschluss des UNESCO-Forschungsprogramms «Man-and-Biosphere/ MAB» im schweizerischen Alpenraum, dessen Programmleitung zehn Jahre am Geographischen Institut der Universität Bern lag (Bruno und Paul Messerli), ist der Zeitpunkt gekommen, von der Schweiz aus über die nationalen Grenzen hinweg auf den

gesamten Alpenraum zu blicken und die schweizerischen MAB-Ergebnisse in den internationalen Kontext zu stellen.
2. Im Rahmen der aktuellen Diskussion über die EG '92 kommt dem Alpenraum eine Schlüsselposition als Transit-, Erholungs- und als ökologischer Ausgleichsraum (»letztes intaktes Grossökosystem Europas«) von europäischer Bedeutung zu. Dabei gibt es zwei alternative Entwicklungsmöglichkeiten: Entweder werden durch die EG '92 die wirtschaftlichen Zentren und Aktivräume Europas weiter gestärkt (derzeitige Tendenz), wodurch der Alpenraum noch stärker exogen bestimmt werden würde, oder Europa bemüht sich bewusst um eine ausgeglichene Entwicklung in allen Teilräumen (»Europa der Regionen«). In Befürchtung der ersten Variante hat die Internationale Alpenschutzkommission CIPRA die Idee einer «Alpen-Konvention» entwickelt, die eine umwelt- und sozialverträgliche Wirtschaftsentwicklung des Alpenraums ermöglichen soll.

Wissenschaft und Politik hängen nun insofern enger zusammen, als eine wissenschaftliche Analyse der aktuellen und zukünftigen Probleme des Alpenraums nicht von der politischen Dimension absehen kann und darüber hinaus von seiten der politisch Verantwortlichen auch erwartet wird, dass die Wissenschaft Lösungsmöglichkeiten für diese Probleme skizziert.

Auf diesem Hintergrund besteht das Ziel dieser Vortragsreihe darin, einen Überblick über die derzeitige Situation im gesamten Alpenraum zu geben und darzustellen, wie seine künftige Entwicklung eingeschätzt wird. Dabei liegt das Gewicht auf dem nichtschweizerischen Alpenraum, der in seiner nationalen Vielfalt vorgestellt werden soll.

Um einen solchen Überblick in vergleichender Perspektive zu ermöglichen, ist es sinnvoll, alle Vorträge unter eine gemeinsame Leitfrage zu stellen. Dabei möchten wir von einer ganzheitlichen Sicht ausgehen, die das «Gesamtsystem Alpen» als Vernetzung von drei Teilsystemen – Ökonomie, Ökologie, sozio-kulturelle Dimension – begreift. Die aktuellen und zukünftigen Probleme des Alpenraums können unseres Erachtens nur dann angemessen thematisiert werden, wenn diese drei Teilsysteme explizit in ihrem Zusammenwirken in den Blick kommen und wenn darüber hinaus der Alpenraum nicht isoliert, sondern im Kontext der europäischen Entwicklung gesehen wird (Zentren-Peripherie-Theorie).

Daher möchten wir die **allgemeine Leitfrage** für alle Vorträge folgendermassen formulieren:
- Worin bestehen in dem von Ihnen darzustellenden Alpenteilraum die aktuellen Probleme, und wie beurteilen sie die zukünftigen Probleme, insbesondere im Kontext der jüngsten europäischen Entwicklung?

Diese allgemeine Leitfrage würde sich unserer Meinung nach in **fünf Teilleitfragen** aufgliedern:
- Der Alpenraum als Aktiv- und Passivraum: Ist die wirtschaftliche Basis des Alpenraums derzeit langfristig gesichert oder handelt es sich um einen strukturschwachen Raum mit wirtschaftlichen Problemen?

Wenn die wirtschaftliche Basis gesichert erscheint:
- Gibt es wirtschaftliche Monostrukturen (z. B. Tourismus), die in Zukunft Probleme schaffen könnten?
- Spielt sich die wirtschaftliche Entwicklung in Formen ab, die die Einheimischen breiter einbezieht oder wird sie nur von einer kleinen Elite getragen (soziale Dimension)?
- Der Alpenraum im Kontext der Zentren-Peripherie-Spannung: Wird die wirtschaftliche Entwicklung des Alpenraums endogen oder exogen bestimmt bzw. wie sieht das Verhältnis endogen/exogen aus? Welchen Stellenwert besitzt das Alpengebiet im Kontext des jeweiligen Staates (Stellenwert der Berggebietspolitik)?
- Der Alpenraum als ökologisch sehr sensibler Raum: Ist die gegenwärtige und zukünftige Entwicklung in den Alpen mit einer Zunahme der ökologischen Probleme (ökologische Probleme durch Über- und Unternutzung) verbunden?
- Der Alpenraum als historisch-kulturell eigenständiger Raum: Ist eine kulturelle Identität im Alpenraum (auf Gemeinde-, Regions- und Landesebene) noch gegeben, formiert sie sich neu oder wird sie nur noch als Folklorismus vermarktet? Gibt es eventuell Ansätze für eine supranationale Identität des Alpenraums über Staatsgrenzen hinweg?
- Der Alpenraum als schutzbedürftige und schutzwürdige Landschaft von europäischer Bedeutung: Inwieweit sind die zahlreichen Natur- und Kulturlandschaften auf der lokalen/regionalen Ebene heute überhaupt noch vorhanden, und ist ihr Schutz in Zukunft garantiert?

Da die nationalen Grenzen in den Alpen auch heute noch Räume mit sehr unterschiedlichen politischen und gesellschaftlichen Rahmenbedingungen voneinander trennen, wurde das Schwergewicht der Vortragsreihe auf die nationale Dimension gelegt, das heisst die Darstellung der einzelnen nationalen Alpengebiete stand im Vordergrund. Nur im Falle Österreichs wurde dabei eine Ausnahme gemacht, indem neben der nationalen Dimension auch die Situation in den Bundesländern Tirol, Salzburg und Vorarlberg gesondert zur Sprache kam, weil hier innovative Strategien bei der Begrenzung des touristischen Wachstums entwickelt wurden bzw. werden, die Bedeutung für den gesamten Alpenraum besitzen können. Von dieser «nationalen» Gliederung wurde nur beim Vortrag zum Thema der kulturellen Identität im Alpenraum abgewichen. Grund dafür war die Einschätzung, dass bei der gegenwärtigen Analyse des «Beziehungsdreiecks Ökonomie – Ökologie – sozio-kulturelle Dimension» der Einbezug der letzteren die grössten Probleme macht und dass ihre spezifische Eigendynamik im Zusammenspiel mit der ökonomischen Dimension derzeit noch am wenigsten erfasst ist, so dass wir hier bewusst einen kleinen zusätzlichen Schwerpunkt setzen wollten. Zwei Synthesevorträge am Beginn und am Schluss der Reihe sollten dafür sorgen, dass durch die nationalen Darstellungen der europäische Strukturwandel in seinen Auswirkungen auf den Alpenraum nicht zu kurz kam und dass die Leitidee der Vortragsreihe – die Alpen als in sich stark differenzierte europäische Region mit starken Gemeinsamkeiten – deutlich fassbar wurde.

Damit sich die Breite der aktuellen Diskussion im Alpenraum in dieser Vortragsreihe widerspiegelt, haben wir gezielt Referenten aus den Bereichen Wissenschaft, Verwaltung und Umweltschutz-/Alternativbewegung eingeladen, und daneben wurde auch bewusst darauf geachtet, Referenten einzubeziehen, die über die Arbeit an der Alpen-Konvention berichten konnten, ohne dass damals schon bekannt war, dass die Umweltministerkonferenz bereits kurz vor Beginn dieser Vortragsreihe stattgefunden haben würde. Damit der Leser den Stellenwert der einzelnen Beiträge innerhalb der gesamtalpinen Diskussion besser beurteilen kann, sollen kurz die einzelnen Referenten in der Reihenfolge ihrer Texte vorgestellt werden (in Klammern ihr jeweiliges Thema):

Prof. Dr. Elisabeth Lichtenberger (Österreich und gesamter Alpenraum): Professor für Geographie (Wirtschafts- und Sozialgeographie) an der Universität Wien, Leiterin des «Instituts für Stadt- und Regionalforschung» der Österreichischen Akademie der Wissenschaften; Forschungsschwerpunkte u. a. auf dem (österreichischen) Alpenraum und auf der Entwicklung Österreichs im Rahmen Europas.

Prof. Dr. Franz Fliri (Tirol): Professor emeritus für Physische Geographie an der Universität Innsbruck mit Forschungsschwerpunkt alpine Klimageographie; daneben aktiver Bergbauer auf seinem Heimathof in Baumkirchen, woraus zahlreiche wichtige Artikel zu landwirtschaftlichen, agrarpolitischen und landschaftsökologischen Themen entstanden; im letzten Jahrzehnt aktives Engagement gegen den zunehmenden Transitverkehr im Inntal.

Dr. Franz Rest (Salzburg): Assistent am Institut für Kommunikationswissenschaften an der Universität Salzburg und Nebenerwerbslandwirt auf dem elterlichen Hof in Dorfgastein; Mitbegründer der «Österreichischen Bergbauernvereinigung» (Agraropposition) und langjähriger Redakteur der Zeitschrift «Die Bergbauern».

Dr. Helmut Tiefenthaler (Vorarlberg): Promovierter Geograph (Universität Innsbruck) und Leiter der Abteilung Raumplanung im Amt der Vorarlberger Landesregierung.

Dr. Anton Gosar (Slowenische Alpen): Dozent am Geographischen Institut der Universität Ljubljana mit Forschungsschwerpunkt slowenische Alpen und alpiner Fremdenverkehr.

Dr. Walter Danz (Bayerische Alpen): In den 70er Jahren Leiter des privaten «Alpen-Instituts» in München, heute Mitarbeiter im bayerischen Umweltministerium; Vizepräsident der Internationalen Alpenschutzkommission CIPRA und massgeblich an der Erarbeitung des CIPRA-Leitbildes für eine Alpen-Konvention beteiligt.

Dr. Mario Broggi (Liechtenstein): Leiter eines privaten Raumplanungs- und Umweltbüros in Vaduz und Präsident der Internationalen Alpenschutzkommission CIPRA.

Prof. Dr. Paul Messerli (Schweizerische Alpen): Langjähriger Leiter des schweizerischen «Man-and-Biosphere»-Programms der UNESCO, Professor für Kultur- und Quantitative Geographie an der Universität Bern und Leiter der Forschungsgruppe Wirtschaftsgeographie-Regionalforschung.

Dr. Philippe Huet (Französiche Alpen): Leiter der Abteilung «Montagne et Zones Défavorisées» (Berggebiet und benachteiligte Regionen) des CEMAGREF (= Centre National du Machinisme Agricole du Génie Rural des Eaux et des Forêts = Nationales Zentrum für Landmaschinentechnik der Abteilung Agrarwesen im Ministerium für Wasser und Wald) in St. Martin-d'Hères bei Grenoble.

Dr. Edoardo Martinengo (Italienische Alpen): Präsident der UNCEM (= Unione Nazionale Comuni, Comunità ed Enti Montani = Nationale Vereinigung aller Berggemeinden, comunità montane und aller mit Berggebietsfragen befassten Körperschaften) in Rom; massgeblich beteiligt an der Entwicklung der italienischen Berggebietspolitik und -gesetzgebung seit den 50er Jahren.

Dr. Hans Haid (Kulturelle Identität im Alpenraum): Promovierter Volkskundler (Promotion über seine Heimat, das Ötztal in Tirol), Schriftsteller, Publizist, Dichter und einer der schärfsten Kritiker des modernen Massentourismus in Österreich; Begründer des «Internationalen Dialektinstituts» in Wien 1976 und Mitbegründer der «Arge Region Kultur» in Niederösterreich 1985 (als Dachverband für regionale Kultur- und Bildungsinitiativen in Österreich); im Jahr 1989 Gründung des internationalen Vereins «Pro Vita Alpina» mit Hauptsitz in Schlanders/Südtirol.

Dr. Werner Bätzing (Gesamter Alpenraum): Oberassistent am Geographischen Institut der Universität Bern und wissenschaftlicher Berater der Internationalen Alpenschutzkommission CIPRA; Forschungsschwerpunkt: aktuelle Probleme des Alpenraumes in interdisziplinärer und internationaler Sicht.

Diese Vortragsreihe wurde im Wintersemester 1989/90 vom Geographischen Institut Bern und der Naturforschenden Gesellschaft zu Bern organisiert und durchgeführt und darüber hinaus von folgenden ausseruniversitären Institutionen unterstützt:

- Schweizerische Stiftung für Landschaftsschutz und Landschaftspflege, Bern
- Schweizerisches Alpines Museum, Bern
- Schweizerischer Alpenclub, Sektion Bern

Für den Druck wurden die Texte von den Autoren durchgesehen und überarbeitet, und die beiden fremdsprachigen Beiträge von Philippe Huet und Edoardo Martinengo wurden von Werner Bätzing ins Deutsche übersetzt, wobei zum besseren Verständnis der uns meist fremden Realität in Frankreich und Italien keine wörtliche, sondern eine leicht kommentierende Übertragung gewählt wurde. Darüber hinaus wurden fast alle Beiträge durch Diagramme, Tabellen und Karten ergänzt, wobei diejenigen Karten, die nicht von den Autoren reproduktionsfähig geliefert wurden, von Res Brodbeck am Geographischen Institut Bern gezeichnet wurden; ihm gehört für seine sorgfältige und gute Arbeit ein besonderer Dank. Bei den Kartendarstellungen wurde von seiten der Herausgeber ein besonderes Gewicht darauf gelegt, aus jedem der sieben Staaten, die Anteil am Alpenraum besitzen, eine aktuelle kartographische Darstellung des klassifizierten Berggebietes zu erhalten, aus denen dann eine alpenweite Gesamtdarstellung erarbeitet wurde (abgedruckt im Beitrag von W. Bätzing), die es unseres Erachtens bisher noch nicht gab. Darüber hinaus wurde dieser Publikation eine internationale Alpen-Bibliographie beigegeben, weil die gegenwärtige Kenntnis der einschlägigen Fachliteratur immer noch starke nationale Barrieren kennt.

Heute wird zwar häufig von europäischer Zusammenarbeit und europäischer Vereinigung gesprochen, aber wenn man sich die einzelnen Beiträge dieses Bandes ansieht, dann merkt man schnell, dass die Perzeption der Berggebietsproblematik noch stark von nationalen Perspektiven geprägt ist. Die gegenseitige Kenntnis der unterschiedlichen nationalen Realitäten ist die Voraussetzung einer inhaltlichen Zusammenarbeit, und diese lässt noch stark zu wünschen übrig. Eines der wichtigsten Ergebnisse unserer Vortragsreihe ist die konkrete Erfahrung, dass gegenwärtig eine gemeinsame europäische Diskussion über die Alpen nicht bzw. noch nicht existiert: Zum einen gibt es den deutsch-österreichischschweizerischen Diskussionszusammenhang und zum anderen den italienisch-französischen Diskussionszusammenhang, bei denen die wissenschaftlichen Schwerpunkte und die politischen Lösungsstrategien (hier Alpen-Konvention, dort EG-Berggebietspolitik) deutlich differieren; der slowenische Alpenraum in Jugoslawien schliesslich steht völlig abseits und verkörpert eine anders geprägte alpine Realität.

Wir hoffen sehr, mit diesem Band die gegenseitige Kenntnis der unterschiedlichen Realitäten im Alpenraum zu verbessern und damit eine Voraussetzung für eine vertiefte wissenschaftliche und politische Zusammenarbeit in dieser «europäischen Region» zu schaffen.

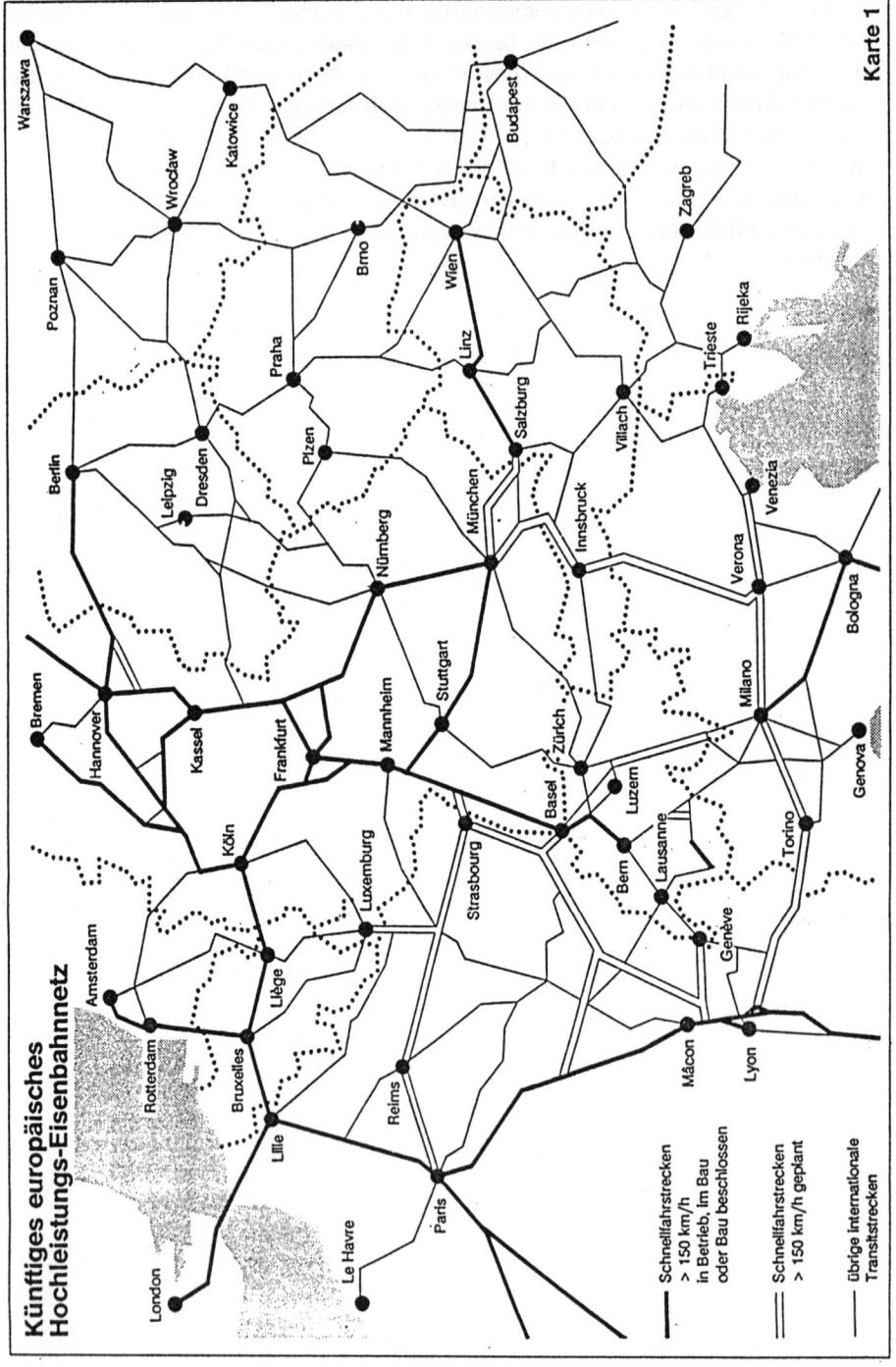

ELISABETH LICHTENBERGER*

Das «Haus» Europa und die Alpen. Sozialgeographische Szenarien.

1. Einleitung: Die politische Trendwende

Wir stehen vor einer politischen Trendwende. Ein politisch-ökonomischer Zyklus ist zu Ende. Die Zukunft der Alpen, d.h. die Zukunft der in den Alpen lebenden Bevölkerung und der Kulturlandschaft, bedarf einer neuen Standortbestimmung. Die bisher absolut vorherrschende interne Problemsicht, orientiert an den Begriffen der regionalen Identität, der Regionalpolitik, der überschaubaren kleinen Räume, bedarf einer Revision. Externe Faktoren haben bereits in den abgelaufenen Jahrzehnten eine zunehmende Bedeutung erlangt. Sie werden weiter an Bedeutung gewinnen und müssen rechtzeitig einkalkuliert werden.

Das derzeitige aussenpolitische Regime in Europa steht unter dem Vorzeichen der EG. Die EFTA-Staaten sind dabei, in Wartehaltung oder bereits im Vorzimmer stehend, wie Österreich, ihre wirtschaftspolitischen Strategien und Steuersysteme darauf auszurichten. Das Abrollen des Eisernen Vorhangs an der österreichisch-ungarischen Grenze, die Öffnung der COMECON-Staaten gegen den Westen haben eine politische Aufbruchsstimmung erzeugt, Migrationen ausgelöst, das Schlagwort vom «Haus Europa» hat visionäre Dimensionen angenommen. Die jüngsten Ereignisse überstürzen sich: zuerst die Reisefreiheit, nunmehr die Währungsunion zwischen der Bundesrepublik Deutschland und der DDR geben der «Mitte» Europas wieder einen klaren Platz im europäischen Haus. Die Nord-Süd-Orientierung in der Sichtweise der Politiker der EG, allen voran Frankreich und Grossbritannien, bedarf einer Drehung um 90 Grad nach dem Osten Europas, wo über kurz oder lang 140 Millionen Menschen darauf warten, dieses Haus Europa betreten zu dürfen, in dem die EG bereits 320 Millionen Menschen vereinigen werden und die bisher über Verträge assoziierten, durchwegs auf hohem wirtschaftlichem Niveau stehenden Kleinstaaten der EFTA weitere 32 Millionen umfassen, d.h. eine halbe Milliarde Menschen lebt in einem Europa, bei dem wir die politischen Weichenstellungen selbst mit einem sehr kurzfristigen Zeithorizont de facto nicht abschätzen können.

---

* Adresse der Verfasserin: Prof. Dr. ELISABETH LICHTENBERGER, Institut für Stadt- und Regionalforschung, Österreichische Akademie der Wissenschaften, Postgasse 7, A-1010 Wien

Internationale Straßen- und Verkehrskonferenz Berlin 1988
STRASSEN UND VERKEHR 2000
1C9-Alpentransit mit kombiniertem Verkehr

Gütertransportaufkommen zwischen Italien und Nordeuropa
(Land- und Seeweg in Millionen Tonnen)

Verkehrsträger und Hauptrouten	1965	1970	1975	1980	1985	1986
EISENBAHNEN	15.8	21.7	19.7	26.4	25.9	24.2
Frankreich	4.1	5.9	7.5	9.6	9.5	8.6
Schweiz	7.7	10.4	7.0	11.2	10.6	10.2
Österreich	4.0	5.4	5.2	5.6	5.8	5.4
STRAßE	2.4	5.2	12.3	22.1	26.6	28.3
Frankreich	1.0	2.4	4.5	8.6	10.8	11.4
Schweiz	0.0	0.1	0.3	0.5	0.9	1.1
Österreich	1.4	2.7	7.5	13.0	14.9	15.8
via Brenner	-.-	2.7	6.7	10.7	13.7	14.4
SEESCHIFFAHRT	14.2	25.9	22.2	25.3	30.1	30.6
Ges.Nord-Süd-Verkehr mit Italien (ohne Rohrleitungen)	32.4	52.8	54.2	73.8	82.6	83.1

Es stellt sich ferner die Frage, ob der obige Europabegriff nicht noch einer weiteren Revision bedarf. Unsere politischen Landkarten, unsere Atlanten haben lange Zeit genauso wie das Denken der Menschen – dies gilt vermutlich für die Schweiz mehr als für Österreich – Europa reduziert auf Westeuropa. Wir haben vergessen, selbst die Geographie hat es vergessen, dass die Ostgrenze von Europa in der Zwischenkriegszeit noch am Ural gezogen und damit Russland unter dem Dachbegriff von Osteuropa in seinem europäischen Teil stets als zu Europa gehörig betrachtet wurde.

Wenn man sozialgeographische Szenarien im Alpenraum machen will, dann bedarf es dieses europäischen Hintergrundes, um von der Fortschreibung der lange Zeit persistenten Strukturen von Bevölkerung, Siedlung und Wirtschaft und dem vielfach praktizierten Nullsummenspiel von Prognosen mit nur mässigen Verschiebungen wegzukommen und neue Perspektiven zu eröffnen.

2. Die Konsequenzen der EG

Die Konsequenzen der EG sind wichtig für die beiden Alpenstaaten Schweiz und Österreich, die derzeit noch als neutraler, nicht dazugehöriger Streifen in der Mitte Europas liegen. Was können sie erwarten, wenn die EG tatsächlich realisiert werden, wenn am 1.1.1993 der europäische Binnenmarkt sich vollendet? Zunächst kann man durchaus sagen, dass die pessimistischen Befürchtungen der Vergangenheit angehören, das Wort der «Eurosklerose» nicht mehr verwendet wird und die Euphorie der Wirtschaftswissenschaftler und Wirtschaftsfachleute in mehrfacher Hinsicht durchaus berechtigt ist:

1. Technologische Grossprojekte, wie der Ärmelkanaltunnel, sind als Jahrhundertbauwerke im Entstehen, die Untertunnelung der Alpenketten ist in realistische Nähe gerückt. Der geplante Brenner-Basistunnel für die Eisenbahn wird freilich die Transitprobleme nicht wirklich lösen können, ganz im Gegenteil, weitere Flächenansprüche kommen damit auf den bereits überbeanspruchten Raum des Tiroler Inntals zu. Ein Alpentunnel ist eine technologische Zukunftsvision. Ob er politisch realisierbar ist, wird auch davon abhängen, ob die Aussage des ehemaligen Landeshauptmannes Wallnöfer – «Tirol darf nicht umfahren werden» auch weiterhin gültig bleiben wird.

   Wie immer, es ist ein weiter Weg von nationalen Netzen zu einem europäischen Verbund des Verkehrs. Hierzu eine Skizze der Netzvision der europäischen Bahnen in den neunziger Jahren, die klarmacht, was die Alpen für den Verkehr bedeuten. Sie sind in Wirklichkeit eine Verkehrsbarriere erster Ordnung, die mit Abstand bedeutendste in Europa, und es sind daher alle EG-Staaten bemüht, aus ihnen ein Durchhaus zu machen.

2. Da die Realisierung eines europäischen Bahnnetzes aber sicher nicht vor dem Ende dieses Jahrtausends zu erwarten ist, müssen wir damit rechnen, dass ein sehr starker Schub zunächst in Richtung des Individualverkehrs erfolgen wird. Unter der mäch-

tigen Lobby der Autoindustrie wird das Gitterwerk von Autobahntrassen weiter ausgebaut werden. Damit kommt der Durchlässigkeit für den Lastkraftwagen- und PKW-Verkehr zumindest bis zur Jahrtausendwende Priorität zu. Anhand der Gegenüberstellung des Strassen- und Schienenverkehrs durch die Alpenländer im Jahr 1986 darf ich das österreichische Problem im Nord–Süd-Verkehr über die Alpen definieren. Nur Österreich ist vom Strassentransitverkehr betroffen. In der Schweiz wird eine höhere Tonnage als im österreichischen Strassenverkehr bereits auf dem Bahnweg befördert. Österreich kann den fragwürdigen Ruhm für sich beanspruchen, von 100 Mio. PKWs jährlich als «Durchhaus Europas» benützt zu werden. Allein der Verkehr über die Brenner-Autobahn erreicht mit über 20 000 Fahrzeugen pro Tag die Frequenz sämtlicher Schweizer Pässe zusammen. Durch die Limitierung der Tonnage des Schwerverkehrs mit 28 Tonnen hat es die Schweiz überdies verstanden, nahezu den gesamten Schwerlastverkehr an die österreichischen Alpenpässe und Durchgangsstrassen abzuschieben.

Mit der Öffnung der ehemaligen COMECON-Staaten für den internationalen Verkehr werden freilich starke Veränderungen im Verkehr durch die östlichen Alpenausläufer in Österreich eintreten.

(1) Das bisherige geopolitische Faustpfand Österreichs gegenüber der EG, welches mit der Pyhrn-Autobahn de facto den ganzen Gastarbeiterverkehr aus der Bundesrepublik Deutschland nach Südost-Europa, Jugoslawien und der Türkei, beherrscht, würde durch die Öffnung der Trassen über Prag–Budapest–Belgrad wieder an Wert verlieren. Österreich kann umfahren werden, d.h. die Südost-Tangente durch die Alpen wäre dann nur mehr für Süddeutschland wichtig, nicht jedoch für den Verkehr aus dem Ruhrgebiet und von Hamburg aus, von wo Autobahn- und Bahnanschlüsse, dem Elbetal folgend, wieder aktiviert werden können. Und damit ist – das gilt ganz generell – das zweite geopolitische Faustpfand von Österreich gegenüber der EG nicht vom gleichen Gewicht als derzeit noch die Brenner-Trasse.

(2) Der Schräge Durchgang durch die Alpen von Wien nach Triest, der äusserst wichtig war – ihm folgte die erste Kommerzialstrasse der Monarchie, die Triester-Strasse, bereits im 18. Jahrhundert und dann ein knappes Jahrhundert später die erste Eisenbahntrasse, die Südbahnlinie – wird an Bedeutung gewinnen, wenn man davon ausgeht, dass in Wien, wie vor dem Ersten Weltkrieg, der Verkehr von Prag, Budapest, Warschau und Moskau für den Durchgang durch die Alpen wieder gebündelt und nach Italien weitergeleitet werden wird.

3. Welche Wachstumseffekte sind im Siedlungssystem zu erwarten? Die Antwort darauf ist zweigeteilt zu geben:
(1) Bereits in den abgelaufenen Jahrzehnten sind Staueffekte und damit Wachstumseffekte der Siedlung am Alpenrand zu verzeichnen gewesen, und zwar mit Ausnahme der italienischen Westalpen längs des gesamten Alpenrandes vor allem dort, wo eiszeitliche Gletscher in das Vorland hinaus vorgestossen sind, deren einstige Zungenbecken Seen ausfüllen, und sich die Alpen mit dem Vorland verzahnen. Überall dort bestehen heute schon enorme Wachstumseffekte, das gilt für den

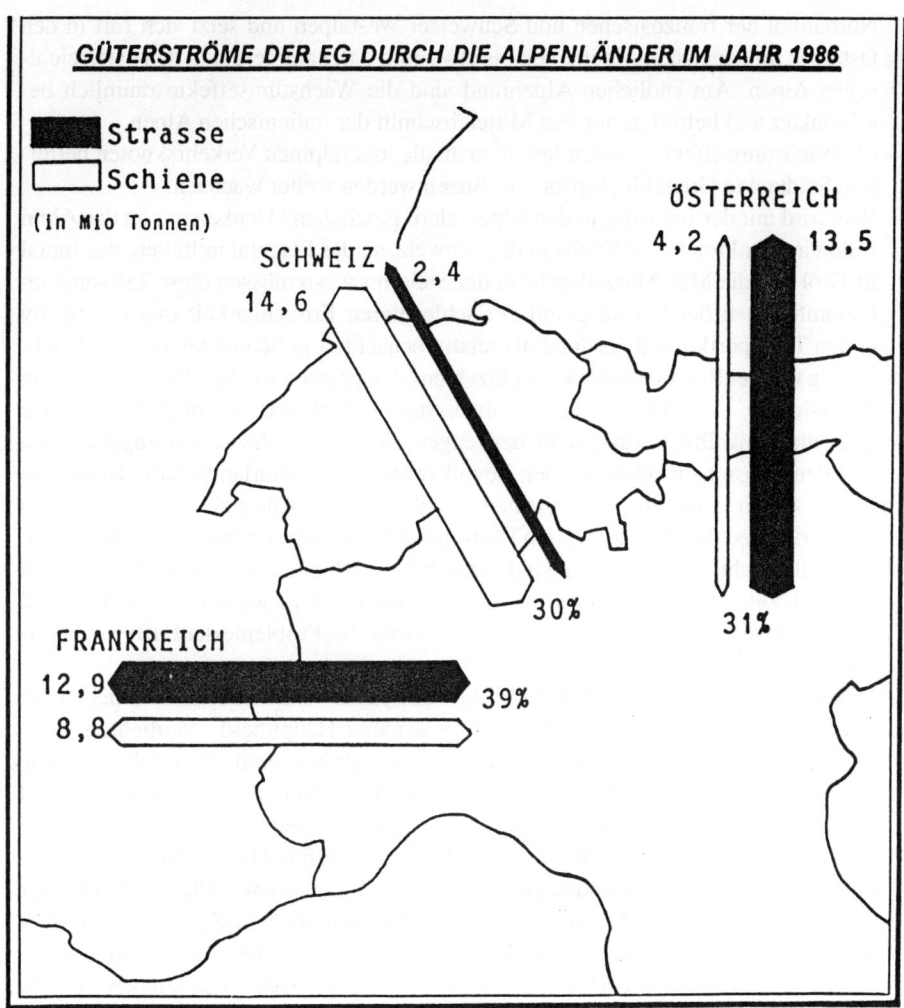

Nordabfall der französischen und Schweizer Westalpen und setzt sich fort in den Ostalpen im deutschen Alpenanteil bis etwa zum Salzkammergut in den österreichischen Alpen. Am südlichen Alpenrand sind die Wachstumseffekte räumlich beschränkter und betreffen nur den Mittelabschnitt der italienischen Alpen.
(2) Wachstumseffekte werden ferner auch alle inneralpinen Verkehrsknoten betreffen. Städte wie Grenoble, Innsbruck, Bozen werden weiter wachsen.
Was wird mit der Industrie in den Alpentälern geschehen? Denken wir an das Alpin Sillon in Frankreich, das Wallis in der Schweiz, an das Etschtal in Italien, das Inntal in Tirol und die Mur-Mürz-Furche in der Steiermark, so müssen diese Talräume im Gesamtrahmen der EG aufgrund der schlechteren Erreichbarkeit und der relativ hohen Transportkostenbelastung als relativ benachteiligt betrachtet werden. Unabhängig von der Regionalpolitik der einzelnen Alpenstaaten wird die Peripherisierung der Industrie – von Verkehrsknoten abgesehen – zunehmen. Die negativen Effekte über die Umweltbelastungen in den engen Talräumen, die schon abgelaufenen sozialen Erosionsprozesse in der Bevölkerung und Kulturlandschaft, lassen die Prognosen nicht zu günstig erscheinen. Nicht zuletzt auch deshalb, da die negativen Auswirkungen für den wichtigsten Wirtschaftszweig, nämlich den Fremdenverkehr, ebenfalls nicht zu übersehen sind. Das Wallis ist ein äusserst eindrucksvolles Beispiel, sehr viel eindrucksvoller als das Inntal, wo in weiten Teilen der Wald verwüstet wurde, die Kulturlandschaft verwahrlost ist, Probleme der Luftverschmutzung anstehen.
Unabhängig davon, ob Österreich und die Schweiz den EG beitreten oder nicht, oder nur Österreich allein, werden sich – und das ist meine Hauptthese – Verdichtungsräume und periphere Gebiete in den Alpen weiter polarisieren. Es wird eine neue Peripherisierung eintreten. Bereits jetzt periphere Gebiete ohne ökonomische und ökologische Attraktivität werden praktisch chancenlos sein.
Nun wird gegenwärtig von Wirtschaftswissenschaftlern in Hinblick auf die Effekte der europäischen Raumordnung die Auffassung von einem Zwei-Phasen-Modell der Entwicklung vertreten, d.h., dass in einer ersten Phase die peripheren Gebiete stark zurückfallen werden, wonach die obige Peripherisierungsthese zunächst richtig ist, während dann in der zweiten Phase doch auch periphere Gebiete mitziehen würden. Nach meiner Auffassung lässt sich dieses Zwei-Phasen-Modell jedoch nicht auf die Alpen anwenden, weil hier die ökologischen Folgewirkungen der bereits eingetretenen Extensivierung der Kulturlandschaft und die bisher völlig einseitige Bergflucht der ortsständigen Bevölkerung ein Abstoppen dieser Vorgänge ausschliessen und eine «Bergwanderung» dann nur mehr in Form von Aufschliessungen für eine zeitweise anwesende ausseralpine Freizeitgesellschaft möglich ist.

4. Die Öffnung der Grenzen gegen die einstigen COMECON-Staaten hat die vorher ganz klar definierten Ziele der Regionalpolitik der Zwölfergemeinschaft in Frage gestellt. Sicher bleibt nichtsdestoweniger, dass die Regionalpolitik der EG die europäische Wirtschaftskarte verändern wird. Es ist jedoch abzuwarten, ob die für das Jahr 1991 vorgesehenen Investitionen in der Höhe von rund 25 Milliarden Schweizer

206

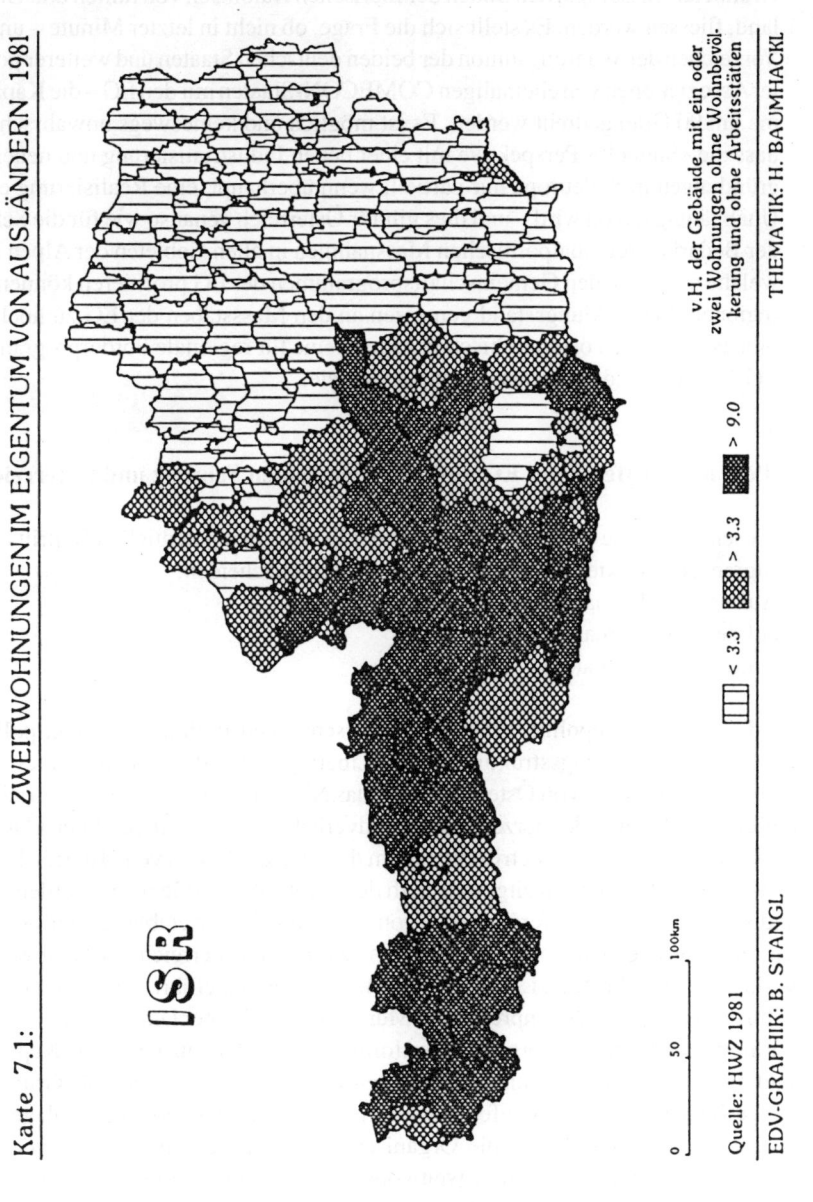

Karte 7.1: ZWEITWOHNUNGEN IM EIGENTUM VON AUSLÄNDERN 1981

7. Entwicklung des Zweitwohnungswesens bis 2011

ISR

| < 3.3 | > 3.3 | > 9.0 |

v.H. der Gebäude mit ein oder zwei Wohnungen ohne Wohnbevölkerung und ohne Arbeitsstätten

0   50   100km

Quelle: HWZ 1981

EDV-GRAPHIK: B. STANGL   THEMATIK: H. BAUMHACKL

Franken aus dem Regionalfonds der EG nun tatsächlich in die Entwicklung des «Sunbelts» in Europa, den Süden der Iberischen Halbinsel, von Italien und Griechenland, fliessen werden. Es stellt sich die Frage, ob nicht in letzter Minute – unter dem Vorzeichen der Währungsunion der beiden deutschen Staaten und weiterer potentieller Assoziationen von ehemaligen COMECON-Staaten mit den EG – die Kapitalströme um 90 Grad gedreht werden. Es ist möglich und keineswegs unwahrscheinlich, dass die «Sunbelt»-Perspektive mit einer neuen Industrialisierung und neuen Stadtgründungen in Südeuropa nur partiell, wenn überhaupt, eine Realisierung erfährt. Unabhängig davon wird – und dies gilt für Österreich genauso wie für die Schweiz – der Bedarf an regionalpolitischen Massnahmen in allen Gebieten der Alpen steigen, welche nicht von den Gemeinschaftsprogrammen der EG profitieren können, da der regionale Entwicklungsstand gemessen an den Massstäben der EG zu hoch ist. So gibt es z.B. in den österreichischen Alpen keine für regionale Förderprogramme der EG «ausreichend unterentwickelten» Gebiete.

3. Potentielle Effekte der EG auf die Alpenstaaten Schweiz und Österreich

Es ist schwirig, die potentiellen Effekte der EG von den potentiellen Beitrittseffekten abzugrenzen. Effekte auf drei Ebenen sind zu unterscheiden:
1. Auf dem Bodenmarkt,
2. auf dem Arbeitsmarkt und
3. auf dem Kapitalmarkt.

Ad. 1. Die Bodenpolitik zählt zu den wesentlichen Bedingungen von politischen Systemen und Ordnungsstrukturen. Eine Liberalisierung des Bodenmarktes hätte im Falle des EG-Beitritts von Österreich über das Niederlassungsrecht von Betrieben eine indirekte Aufhebung der derzeitigen Grundverkehrsgesetze mit den Sperrklauseln für Ausländer zur Folge. Das betrifft vor allem den ganzen Westen von Österreich. In allen landschaftlich für die Freizeitgesellschaft der EG attraktiven Gebieten würden sich ausländische Firmen für die Vermarktung von Grund und Boden etablieren und aus der derzeit noch bestehenden Bodenpreisdifferenz zwischen Österreich und dem westlichen Ausland enorme Profite ziehen. Nur als Beispiel sei angeführt, dass derzeit das Verhältnis zwischen den Bodenpreisen im Münchner und Wiener Umland rund 7:1 beträgt.

Eine grosse Vielfalt an Organisationsformen ist denkbar: ausländische Kapital- bzw. Bauträgergesellschaften, Immobilienfirmen würden in grossem Stil als Grundstückskäufer, Bauherren und Verkäufer grosser Appartement- und Ferienhausanlagen auftreten und diese zum Teil über die Organisationsformen des Timesharing vermarkten. Bereits jetzt sind Ausländer im Zweitwohnungsbesitz in Österreich in den westlichen Bundesländern überproportional vertreten.

Gerade die Schweizer Fremdenverkehrsgebiete, in denen gebietsweise immer wieder ausländische Interessenten als Käufer zugelassen wurden, bieten bereits eine Vorstellung davon, was geschehen kann, wenn riesige Appartementhauskomplexe für Auslän-

Karte 1.10: DER WOHNUNGSBEDARF AUFGRUND DER HAUSHALTSAUFSPALTUNG UND DES SANIERUNGSBEDARFS AN WOHNUNGEN 2011

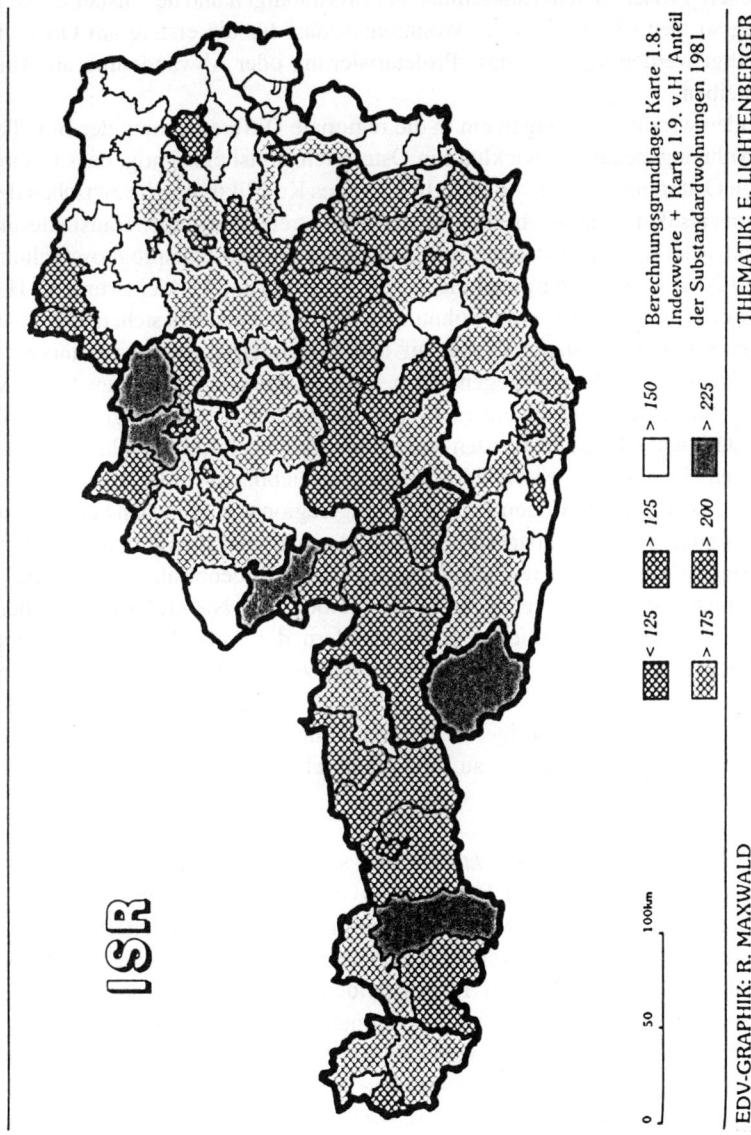

der mit ausländischem Kapital gebaut werden, ausländische Arbeitskräfte hereingeholt werden müssen, um dem Bedarf an Serviceleistungen zu genügen, und sich schliesslich die Schere zwischen dem Einkommen der ortsständigen und der ausländischen Bevölkerung so weit öffnet, dass der Wohnungsbedarf für die erstere am Ort nicht mehr befriedigt werden kann, so dass Proletarisierung oder Abwanderung als Alternative überbleiben.

Binden wir diese Aussagen ein in die regionale Differenzierung der Bevölkerungs- und Wohnungsbedarfsentwicklung in Österreich, so ist einsichtig, dass besonders im Westen Österreichs ein ausserordentlich grosses Konfliktpotential zwischen den Interessen der als Wohnungswerber neu auf den Markt tretenden jungen Haushalte und denen ausländischer Käufer entstehen würde. Aufgrund der Haushaltsprognoserechnung wird im Jahr 2010 aufgrund der Zunahme der Bevölkerung und Verkleinerung der Haushalte das Zweifache des Bedarfes an Wohnungen gegenüber heute bestehen. Damit wird sich der heute bereits eklatante Druck auf den Bodenmarkt ebenso verstärken wie die Konflikte um den bereits gegenwärtig äusserst knappen Siedlungsraum zwischen externer Nachfrage der Freizeitgesellschaft und Bedarf der ortsständigen Bevölkerung.

In räumlicher Hinsicht werden vor allem die von Süddeutschland, insbesonders München, in maximal eineinhalb Stunden erreichbaren Teile Westösterreichs von einem Ausbau einer künftigen Zweitwohnungsregion von München betroffen sein. Bei Verbesserung der Erreichbarkeit durch den Ausbau von Strassen und Autobahnen ist eine weitere Ausdehnung realistisch. Konflikte um Bodenbesitz und Nutzung würden jedoch nicht auf Westösterreich beschränkt bleiben, da in Nachfolge historischer Trends in den östlichen und südlichen Bundesländern der Aufkauf von Grossforsten für Jagdzwecke, möglicherweise indirekt unterstützt durch die Privatisierungsabsichten der Staatsforste, ferner von Schlössern, Weingütern und dergleichen von seiten ausländischer Oberschichtangehöriger in starkem Umfang zu erwarten wäre, der teilweise schon jetzt, in der Wartephase auf den potentiellen EG-Beitritt Österreichs, in Gang gekommen ist.

Ad. 2. Auf dem *Arbeitsmarkt* bestehen sehr grosse Unterschiede zwischen den Alpenstaaten Österreich und Schweiz. Es zählt zu den Arbeitsmarktstrategien der Schweiz, die Konjunkturschwankungen durch eine gezielte Beschäftigungspolitik für Ausländer abzufangen. Österreich hat sich sehr viel später als seine westlichen Nachbarstaaten und auch dann nur in bescheidenem Umfang an der Anwerbung von Gastarbeitern beteiligt. Österreich ist vielmehr selbst ein Staat, der Berufstätige als Gastarbeiter abgegeben hat und weiter abgibt. Zahlenmässig besteht hierbei annähernd ein Gleichgewicht zwischen ausländischen Arbeitskräften und Österreichern, die im westlichen Ausland, vor allem in der Schweiz und in der Bundesrepublik Deutschland arbeiten (rund 200 000).

In Österreich besteht ferner eine ausgeprägte Segmentierung des Arbeitsmarktes. Hervorzuheben ist das äusserst mächtige sogenannte geschützte Arbeitsmarktsegment, d.h. 40 v.H. der Beschäftigten arbeiten entweder beim Staat oder in der Gemeinwirtschaft und sind damit geschützt gegenüber den Risiken des Arbeitsmarktes – sprich

Karte 7.2: DIE ZWEITWOHNUNGSREGION VON MÜNCHEN UM 2000

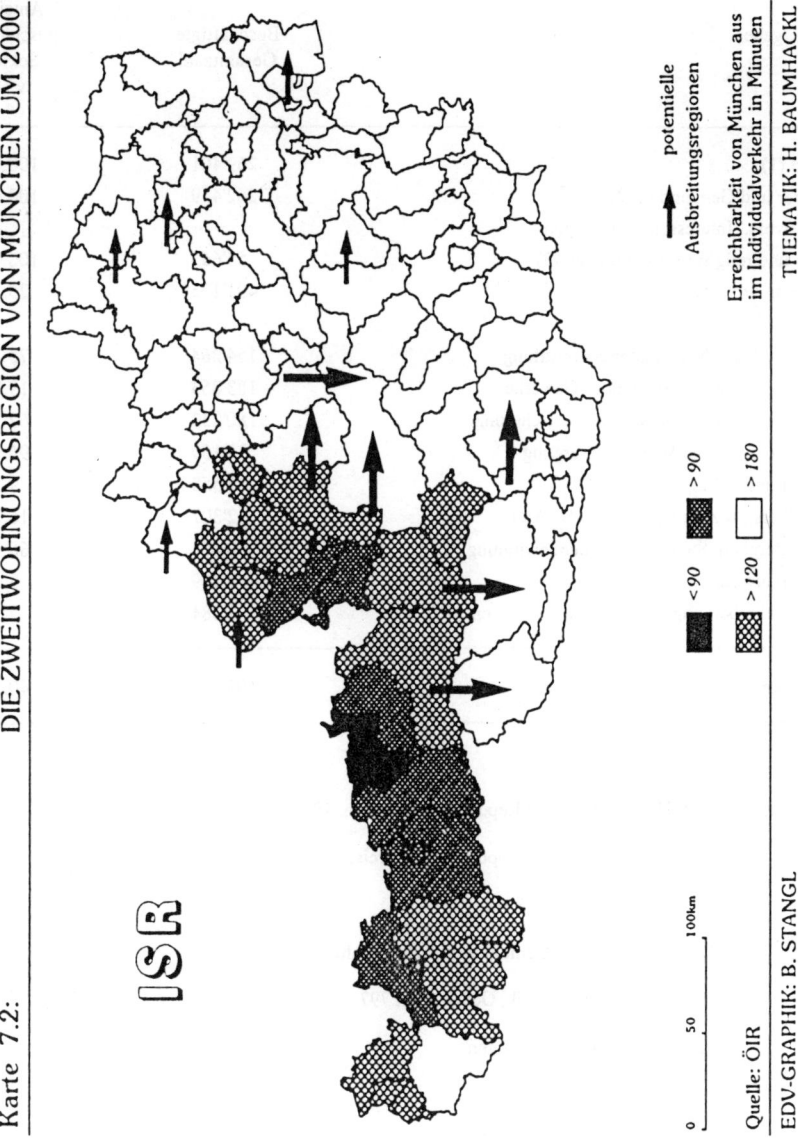

Tabelle 2: Das geschützte Arbeitsmarktsegment in Oesterreich

Arbeitgeber	Beschäftigte Gesamtzahl	Anteil d. geschützten Sektors v.H.
Bund (1)	269'401	100.0
Länder und Gemeinden (2)	262'449	100.0
Sozialvers., Interessenvertretungen und religöse Einrichtungen (3)	55'663	100.0
Gemeinwirtschaft (4)	491'125	25.1
davon:		
Verkehr, Nachrichtenübermittlung	154'264	75.1
Industrie, verarbeitendes Gewerbe	153'853	19.0
Geld- und Kreditwesen, Versicherung	80'233	62.7
Energie- und Wasserversorgung	36'159	95.9
Handel, Lagerung	33'553	9.3
Pers., soziale und öffentl. Dienste	12'307	16.8
Bergbau, Steine- und Erdengewinnung	10'404	66.3
Bauwesen	7'309	3.4
Beherbergungs- und Gaststättenwesen	2'884	2.6
Insgesamt	1'105'479	40.3

Quellen: (1) Stat. Handbuch für die Republik Oesterreich, 1986: 133.

(2) Stat. Handbuch für die Republik Oesterreich, 1987:151.

(3) ISIS - Datenbank des OestZ.

(4) Die österreichische Gemeinwirtschaft im Jahre 1983.

Beiträge zur öst. Statistik, OeStZ, Heft 797.

Zusammenstellung: H. Fassmann

Entlassung im Fall einer Krise und dergleichen. Das Bankenwesen ist weitgehend verstaatlicht. Das ist ebenfalls ein ganz wesentlicher Unterschied gegenüber der Schweiz.

Der dritte Unterschied besteht in wesentlich niedrigeren Lohnniveaus von rund der Hälfte gegenüber der Bundesrepublik Deutschland, von rund einem Drittel bei Bildungs- und Sozialberufen verglichen mit der Schweiz. Der Beitritt zur EG würde in Österreich daher starke Wanderungseffekte auslösen, von denen auch die alpinen Gebiete betroffen wären.

Im folgenden drei Thesen zu den betroffenen Räumen:
1. Zuerst würde der Distanzeffekt zum Tragen kommen. Danach wäre Westösterreich flächig betroffen, wodurch eine aufgrund des Bevölkerungsaufbaus zu erwartende steigende Nachfrage nach Arbeitsplätzen von seiten der in das Erwerbsleben eintretenden geburtenstarken Jahrgänge und eine Abwanderung bzw. Arbeitswanderung eines Teils der jungen Erwerbsbevölkerung in den benachbarten EG-Raum nach Baden-Württemberg, in den Münchner Raum oder in die Oberitalienische Tiefebene zu erwarten wären.
2. Ferner würde eine Umpolung der Problempendelwanderung in den peripheren Gebieten von Ost- und Südösterreich in eine EG-Zeitwanderung erfolgen. Diese Entwicklung würde ganz Südösterreich, insbesonders Kärnten, grosse Teile der Steiermark, und dann einen Grenzstreifen zwischen Ober- und Niederösterreich betreffen.
3. Verstärken würde sich die bereits jetzt vorhandene Abwanderung von sehr qualifizierten Berufstätigen, darunter vor allem von Abgängern der Technischen Universitäten in Wien und Graz. Das Defizit an qualifizierten Arbeitnehmern würde die Entwicklung der österreichischen Betriebe behindern und ein Hinaufschieben von schlechter qualifizierten Arbeitskräften in bessere Positionen zur Folge haben.

Umgekehrt wäre die Schweiz aufgrund des hohen Lohnniveaus und ohne Restriktionen der Beschäftigungspolitik, Aufenthalts- und Arbeitserlaubnis, die im Falle des EG-Beitritts aufgehoben werden müssten, das Land für Zuwanderer par excellence, in dem sich überdies aufgrund der Mehrsprachigkeit Zuwanderer aus allen Anrainerstaaten sofort verständigen können.

Ad. 3. Die Effekte auf dem *Kapitalmarkt* wären ebenfalls in der Schweiz und in Österreich ganz unterschiedlich. Eine Zusammenstellung der 500 grössten Unternehmen Österreichs belegt den Anteil des ausländischen Kapitals an Umsatz, Stammkapital und Beschäftigten. Danach entfallen nur 74 v. H. des Umsatzes auf österreichische Betriebe.

Die gegenwärtige Tendenz der Zerschlagung der Grosskomplexe der verstaatlichten Industrie verbindet sich mit einer Internationalisierung der Besitzstrukturen. Auf dem Sektor von Managementaufgaben, bei Grosshandelsketten, Transportfirmen und dergleichen ist bereits jetzt ausländisches Kapital in starkem Masse beteiligt. Die Eingliederung in einen grösseren Wirtschaftsraum wird von der Kapitalseite her den Spielraum der österreichischen Wirtschaft weiter einengen. Es ist zu vermuten, dass der gegenwär-

Tabelle 3: Anteil des ausländischen Kapitals an den
TOP 500 Betrieben in Oesterreich 1988

	Umsatz (in Mio. S)	v.H.	Stammkapital (in Mio. S)	v.H.	Beschäftigte	v.H.
Oesterreich	910'287	74.0	162'253	86.3	524'920	79.3
EG - Ausland	213'340	17.3	16'613	8.8	98'890	14.9
Multinational	57'988	4.7	4'107	2.2	18'099	2.7
Restl. Ausland	48'784	4.0	5'034	2.7	20'414	3.1
Insgesamt	1'230'399	100.0	188'007	100.0	662'323	100.0

Quelle: Trend 18. Jg. 1988, Top 500 Oesterreichs grösste Unternehmen.

Auswertung: U. BAUER

tige Anteil von drei Viertel weiter sinken wird. Es ist jedoch nicht absehbar, welchen Internationalisierungsgrad die österreichische Wirtschaft in der nächsten Generation tatsächlich erreichen wird.

Ein anderes Problem zeichnet sich jedoch bereits jetzt ab: Es zählt zu den Besonderheiten der österreichischen Wirtschaft, dass bisher aufgrund der niedrigen Löhne «Doppelexistenzen» in Österreich in der Landwirtschaft, aber auch im Gewerbe und im Handel, eine sehr grosse Rolle spielen. Die Anhebung der Löhne auf ein EG-Niveau würde ihre Zahl sehr rasch reduzieren. Davon betroffen wäre die für den österreichischen Fremdenverkehr wichtige Privatzimmervermietung. Sie würde rasch zurückgebaut werden. Ein Professionalisierungsschub im Fremdenverkehr wäre die Folge. Ebenso wären die für die Pflege der Kulturlandschaft sehr wichtigen Doppelexistenzen in der Landwirtschaft – rund zwei Drittel der österreichischen Betriebe sind Nebenerwerbsbetriebe – sowie die für die gute Nahversorgung wichtigen zahlreichen Doppelexistenzen beim Gewerbe und im Einzelhandel von den Konzentrationstendenzen betroffen. Eine «Auskämmung» aus der Fläche, das Auftreten von neuen Versorgungslücken im ländlichen Raum, aber auch in Städten wären die Folge. Vor allem die kleinen Zentralen Orte und deren Umland wären von dieser Entwicklung besonders betroffen, ebenso aber auch durch die Vergrösserung der Distanzen zwischen Konsumenten und zentralen Einrichtungen aller Art die nichtmotorisierten Bevölkerungsteile, in erster Linie junge Leute, alte Leute, alleinstehende Personen.

Zusammenfassend können wir somit feststellen, dass aufgrund der unterschiedlichen politisch-ökonomischen Struktur der beiden Alpenstaaten im Falle eines EG-Beitritts für Österreich die Grundverkehrspolitik und die Kapitalmarktpolitik, für die Schweiz die Arbeitsmarktfrage von entscheidender Bedeutung sein würden.

Verlassen wir die externe Sichtweise und wenden wir uns internen politischen Parametern in den Alpenstaaten zu.

4. Von der Agrarpolitik zur Raumordnungspolitik der Alpenstaaten

Die Alpen sind für Österreich und die Schweiz ein integrierender Bestandteil des Staatsgebietes. Beide Staaten sind Alpenstaaten. Auch in der Bundesrepublik wird die überregionale Bedeutung des an sich flächenmässig bescheidenen Alpenanteils für den Gesamtstaat von den politischen Entscheidungsträgern seit langem anerkannt. Alle genannten Staaten haben dieselbe agrarpolitische Zielsetzung, nämlich die Aufrechterhaltung und Förderung des Familienbetriebes.

Für Frankreich und Italien sind die Alpen dagegen periphere Gebiete, deren Entwicklung lange Zeit ausser acht gelassen wurde und die erst spät von regionalpolitischen Massnahmen profitieren konnten. Der französische Zentralismus hat Jahrzehnte hindurch die zur Verfügung stehenden Mittel in erster Linie in der Pariser Region und den Metropoles d'equilibre eingesetzt. Gegenüber dem zentralistischen Instanzenzug sind ferner die Zwerggemeinden viel zu schwach, ebenso fehlen den Departements der Aufgabenbereich und die finanziellen Mittel, die im Rahmen föderalistischer Verfas-

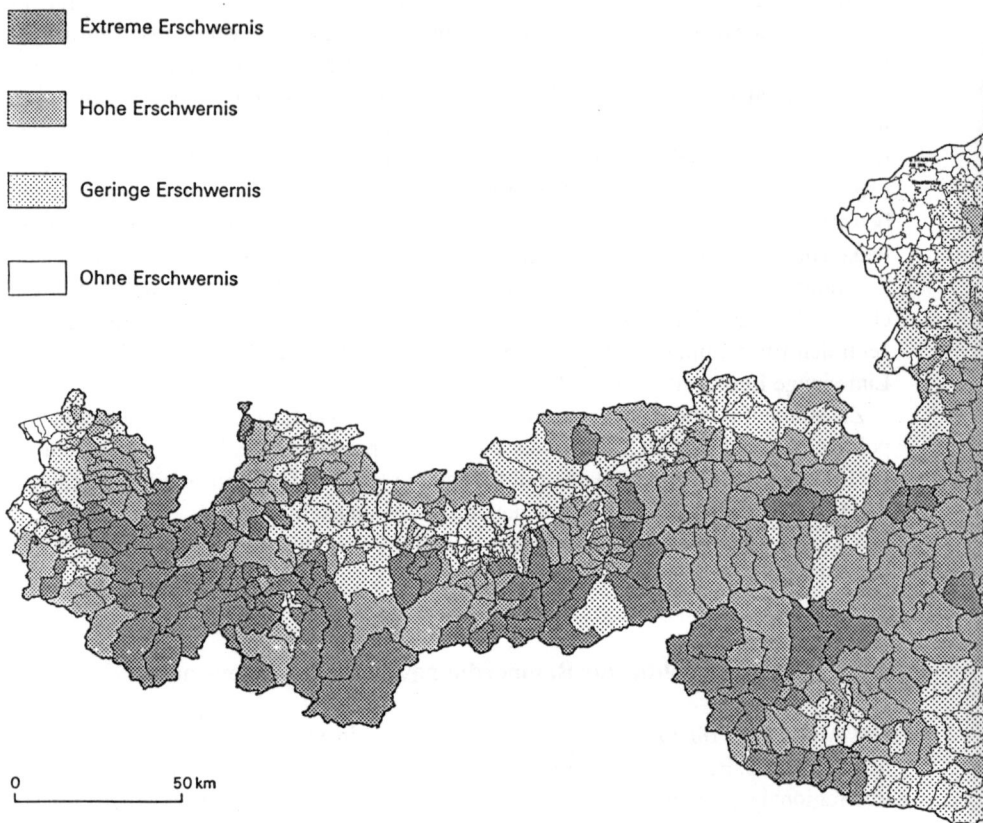

Das österreichische Bergbauerngebiet im Jahre 1988

- Extreme Erschwernis
- Hohe Erschwernis
- Geringe Erschwernis
- Ohne Erschwernis

Quelle: OeROK-Atlas zur räumlichen Entwicklung Österreichs: Bewirtschaftungserschwernisse in der Land- und Forstwirtschaft 1988, Wien 1988 – umgezeichnet und vereinfacht (Bätzing/Brodbeck)

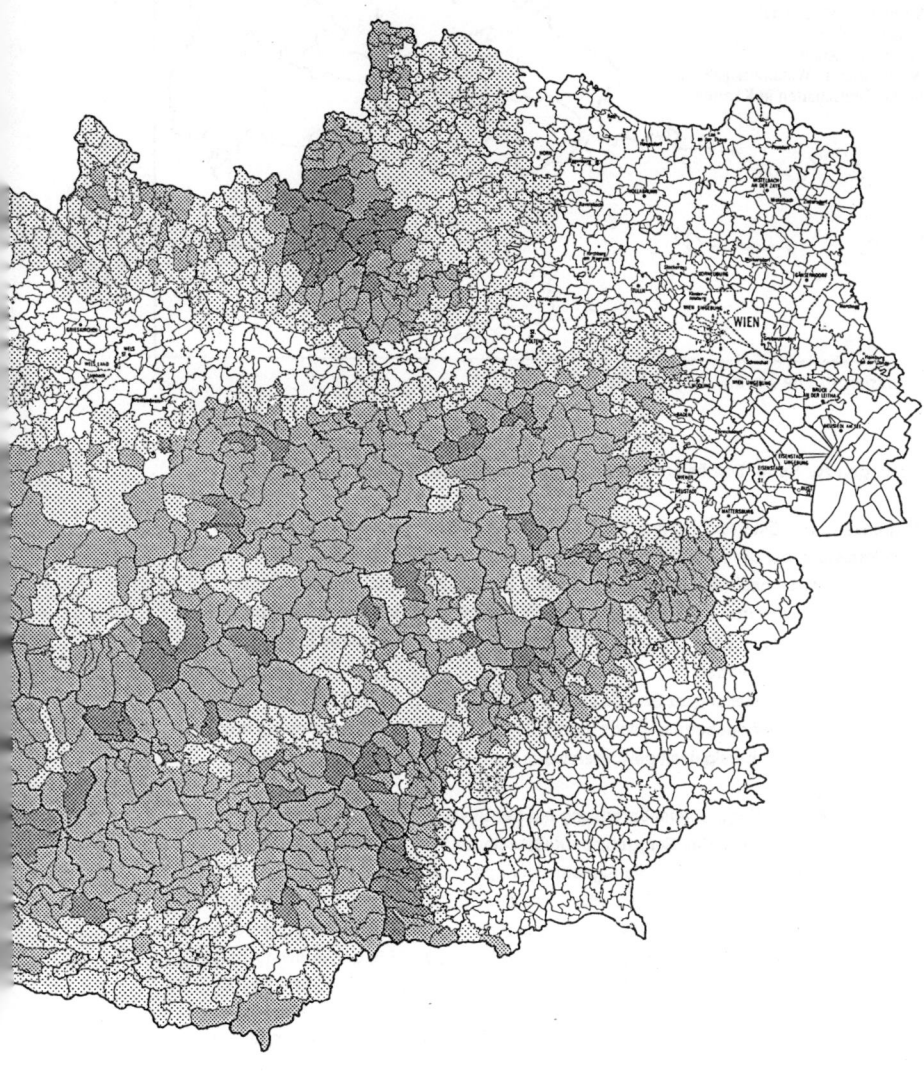

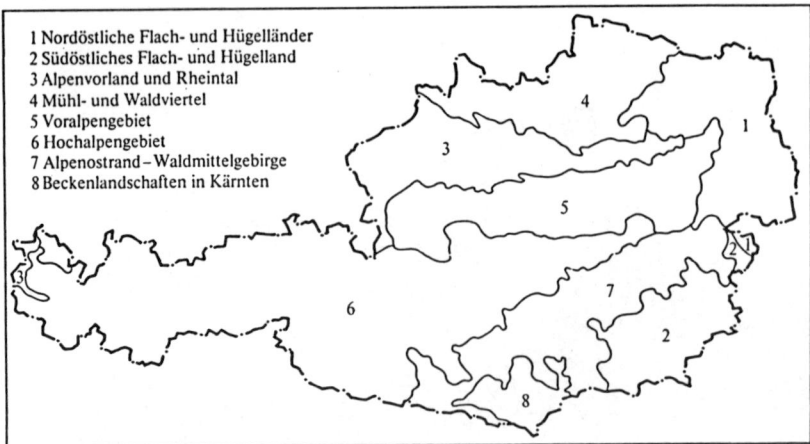

Landwirtschaftliche Produktionsgebiete

Erläuterungen zur Karte "Das österreichische Bergbauerngebiet im Jahr 1988" (Seite 30-31):
Die Abgrenzung des österreichischen Bergbauerngebietes erfolgt auf der Grundlage des Berghöfekatasters, bei dem jeder einzelne Hof in bezug auf seine standortbedingten Wirtschaftserschwernisse nach den Kriterien Klimastufe, äussere und innere Verkehrslage, Hangneigung u. a. bewertet wird. Zur gezielteren Förderung wird dabei jeder Bergbauernhof nach vier "Erschwerniszonen" ("geringe", "mittlere", "hohe" und "extreme Erschwernis" oder Zone 1 - 4) unterschieden.
Die der umseitigen Darstellung zu Grunde liegende OeROK-Karte 03.04.01/88 teilt die Erschwernisse auf Gemeindeebene in sechs Kategorien auf. Da diese Differenzierung im gegebenen Massstab unübersichtlich geworden wäre, wurden sie auf drei Kategorien reduziert.
Da die österreichische Berggebietsabgrenzung auf der Bewertung des einzelnen Hofes basiert, ist es nicht möglich, das Berggebiet auf Gemeindeebene flächenhaft darzustellen. In der OeROK-Darstellung bedeutet die Signatur "geringe Erschwernis" z. B., dass in der betreffenden Gemeinde über 75 % der landwirtschaftlichen Betriebe der Zone 1 und 0, und weniger als 25 % der Zonen 2, 3 und 4 zugehören (auf der umseitigen Karte mit der Kategorie "mittlere und geringe Erschwernis" zusammengefasst: 50 - 75 % der landwirtschaftlichen Betriebe in Zone 1 und 0, 25 - 50 % in Zone 2, 3 und 4). In den Gemeinden der Kategorie "geringe" und "hohe Erschwernis" können also immer auch landwirtschaftliche Betriebe vorhanden sein, die nicht als "Bergbauernhof" klassifiziert sind und deren Fläche daher nicht zum Berggebiet zählt.
Dies ist auch der Grund, weshalb mitten in den österreichischen Alpen Gemeinden liegen, die keinen einzigen Bergbauernhof aufweisen: Es handelt sich dabei um kleinere Gemeinden, deren Fläche sich meist auf einen flachen Gunstraum beschränkt (Unterinntal, Becken von Lienz und Klagenfurt u. ä.).
Eine flächenhafte Darstellung der österreichischen Alpen ist nur nöglich, wenn man die sog. "Landwirtschaftlichen Produktionsgebiete" zur Grundlage nimmt (siehe Karte oben); die Alpen setzen sich dabei aus den Produktionsgebieten Nr. 5, 6, 7 und 8 zusammen.

sungen den Kantonen in der Schweiz, den Bundesländern in Österreich und den Ländern in der Bundesrepublik Deutschland, darunter insbesonders dem Freistaat Bayern, zustehen.

Hierzu treten weitere Unterschiede der agrarpolitischen Zielsetzung. Frankreich ist eine Drehscheibe der agrarsozialen Systeme Europas, auf der sich Gutsbetriebe, Familienbetriebe und Pächterwesen begegnen, ganz ähnlich ist die Situation in Italien, wo die Trennung der Produktionsfaktoren Kapital, Boden und Arbeit im Agrarsektor in grossen Teilen des Staates noch besteht.

Das alpine Bergbauerntum im echten Wortsinn beschränkt sich auf den bayrischen Kolonisationsraum in den Ostalpen. Bayrischer Kolonisationsraum bedeutet: Bayrische Alpen und ein Grossteil der österreichischen Alpen bis Südtirol hinein. Hier wurden im Zuge des mittelalterlichen Siedlungsausbaues Streusiedlungen geschaffen, in denen das Anerbenrecht die weichenden Erben stets zur Abwanderung zwang.

Nahezu alle anderen Teile der Alpen, der alemannische Siedlungsraum in Vorarlberg und in der Schweiz, die französischen und italienischen Alpen sind durch geschlossene Siedlung und Realteilung gekennzeichnet, während Streusiedlungen weitgehend fehlen. Die durch fortschreitende Besitzzersplitterung gebildeten Klein- und Zwergbetriebe konnten schon in vorindustrieller Zeit nicht ohne Nebenerwerb und Saisonwanderung bestehen. Die kleinbetriebliche Zersplitterung ist ein Hauptgrund dafür, dass die Schweiz, die bereits in den fünfziger Jahren begonnen hat, die Einkommen von Berglandwirten auf die paritätischen Arbeitslöhne von Industriearbeitern aufzustocken, und die jährlich rund ein Drittel des Einkommens der Bergbauern aus dem Budget bereitstellt, weit geringere Erfolge hinsichtlich der Stabilisierung der Berglandwirtschaft erzielen konnte als Österreich, das sich im wesentlichen nur dem Schweizer Muster von Förderungsmassnahmen für Anbau, Viehzucht und Almwirtschaft angeschlossen hat.

In einer langfristigen Perspektive korreliert die Aufrechterhaltung der Berglandwirtschaft weiters negativ mit dem Lohnniveau. Hier ist wieder auf die Schweiz hinzuweisen, wo gerade in den siebziger Jahren aufgrund der im Vergleich zu anderen Staaten sehr günstigen Arbeitsmarktsituation die Landflucht und Bergflucht angehalten hat, wobei eine intrakantonale Wanderung zu den städtischen Zentren mit neu geschaffenen Arbeitsplätzen, in manchen Kantonen aber auch eine solche in das Mittelland, festzustellen ist. Brachflächen und Vergandung haben in den Schweizer Alpen zugenommen.

Alle agrarpolitischen Versuche, die Krise der Berglandwirtschaft zu bewältigen, stehen ferner vor der Schwierigkeit, dass alteingespielte Funktionsteilungen zwischen Gebirge und Vorland seit der Zwischenkriegszeit aufgebrochen wurden. Die einst dem Gebirge vorbehaltene Viehaufzucht haben das oberösterreichische, bayrische und Schweizer Alpenvorland übernommen, und die Poebene ist zum Zentrum der Milchproduktion Italiens geworden. Gleichzeitig hat sich das Wirtschaftsziel der Bergbauern gewandelt, an die Stelle der Ochsenaufzucht ist die Jungtieraufzucht getreten, und der Bergbauer ist zum Milchlieferanten geworden. Dementsprechend hat der Milchpreis in der Bergbauernpolitik der Alpenstaaten Österreich und Schweiz ungefähr dieselbe

Karte 5.3: STATUS QUO PROGNOSE DER LANDWIRTSCHAFTLICHEN BETRIEBE 2001

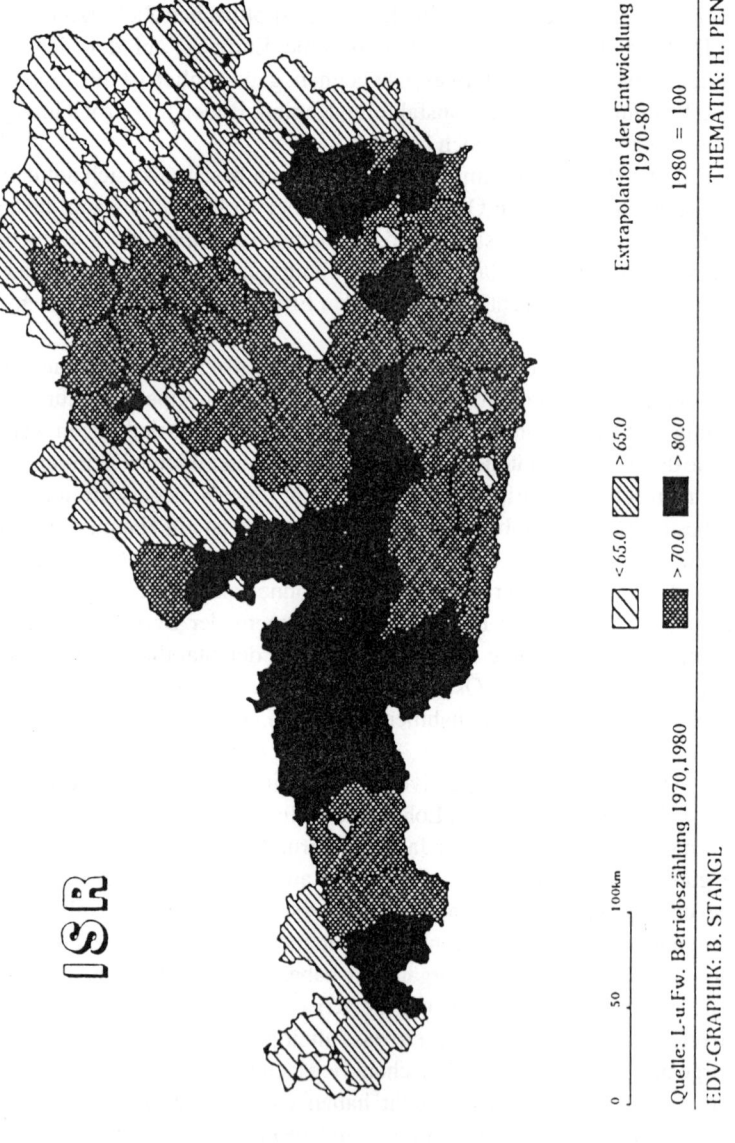

Karte 5.4: PROGNOSE BEI UMSTELLUNG AUF HOCHTECHNISIERTE BETRIEBE 2001

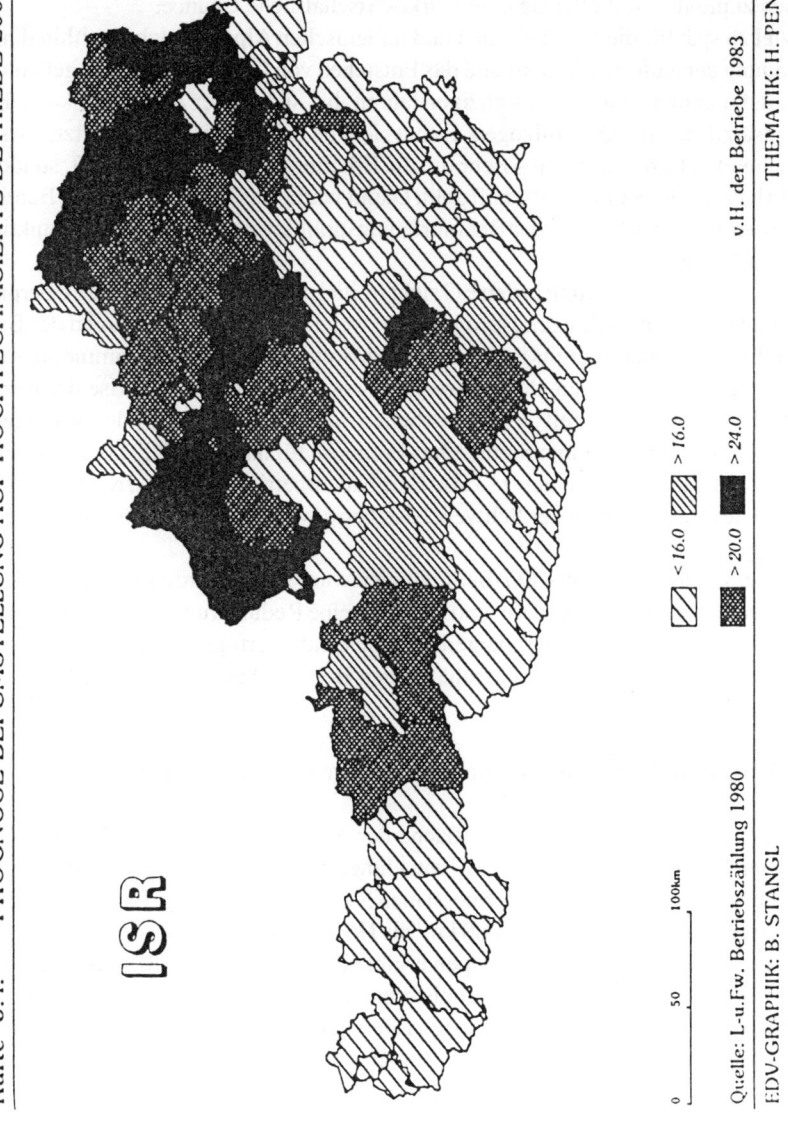

Bedeutung wie der paritätische Arbeitslohn in der Sozialpolitik der sozialen Wohlfahrtsstaaten. Nur dort, wo es gelang, almfähiges Vieh zu züchten, das wenigstens 60 v.H. der Milchleistung von Niederungsrassen erreicht, besitzt die Rinderzucht in den Alpen zumindest mittelfristig eine marktwirtschaftliche Chance.

Viel zu spät für die französischen und italienischen Alpen, welche weithin durch die Verödung der Kulturlandschaft und das Entstehen von Geistersiedlungen gekennzeichnet sind, nämlich erst in den siebziger Jahren, hat sich in der Agrarpolitik der EG ein grundsätzlicher Wandel vollzogen. Es hat sich die Erkenntnis durchgesetzt, dass es im «Dachgarten Europas» nicht sosehr um die Erhaltung der Agrarwirtschaft, sondern um die Erhaltung der Kulturlandschaft geht. Damit wurde das Problem aus dem Bereich der Agrarpolitik in das Ressort der Raumordnungspolitik verschoben und die Funktion der Bergbauern neu definiert.

Die jüngste Entwicklung in den EG steht freilich im Zeichen der agraren Überproduktion und der Flächenstillegungsprogramme, welche in den Mittelgebirgen der Bundesrepublik Deutschland bereits angelaufen sind. Sollten derartige Programme auch auf die Alpen ausgedehnt werden, dann wäre der Forst der Gewinner der Krise der Berglandwirtschaft, wie er es bereits in den östlichen Alpen Österreichs in der Vergangenheit gewesen ist. Selbst bei einer Status-Quo-Prognose für das Jahr 2000 kommt H. PENZ zu einer Reduzierung von derzeit 113 000 Bergbauernbetrieben in Österreich auf rund drei Viertel des Bestandes. In der Schweiz bestehen sowieso nur mehr 46 000 Bergbauernbetriebe.

Bei einer Prognose unter EG-Bedingungen würde sich allerdings die obige Aussage noch wesentlich verschlechtern, und es würde eine Reduzierung der Bergbauernbetriebe auf etwa ein Viertel des derzeitigen Bestandes erfolgen, während sich in den Niederungsgebieten die landwirtschaftlichen Betriebe besser halten könnten.

5. Ortsständige Bevölkerung und auswärtige Freizeitbevölkerung

Aus Lexika kann man die Gesamtfläche der Alpen mit rund 220 000 km^2 und einer weiteren Fläche von rund 20 000 km^2 entnehmen, die sich aus der Ausdehnung der Alpen in die dritte Dimension ergibt. Schliesst man Niederungen, Becken und grosse Talräume aus, so errechnet man rund 150 000 km^2 als Hochgebirgsraum im engeren Wortsinn. In bezug auf die Bevölkerung der Alpen ergibt sich durch die Ausgliederung der Gross- und Mittelstädte und der industrialisierten Infrastrukturbänder der Talräume eine Reduzierung von rund sieben Millionen Einwohnern auf rund drei Millionen «Hochgebirgsbevölkerung». Diese Zahl ist ein äusserst wichtiger Eckwert auch für zwei andere sachliche Bezüge.

Erstens entspricht sie der Gesamtzahl an Gästebetten, welche in den Alpen in verschiedenen kommerzialisierten Unterkünften bestehen. Diese Unterkünfte werden jährlich von rund 40 Mio. Gästen frequentiert.

Zweitens entspricht sie aber auch der Summe der Zweitwohnbevölkerung, wenn man das nicht kommerzialisierte Zweitwohnungswesen in den Alpen, das von der Bevölke-

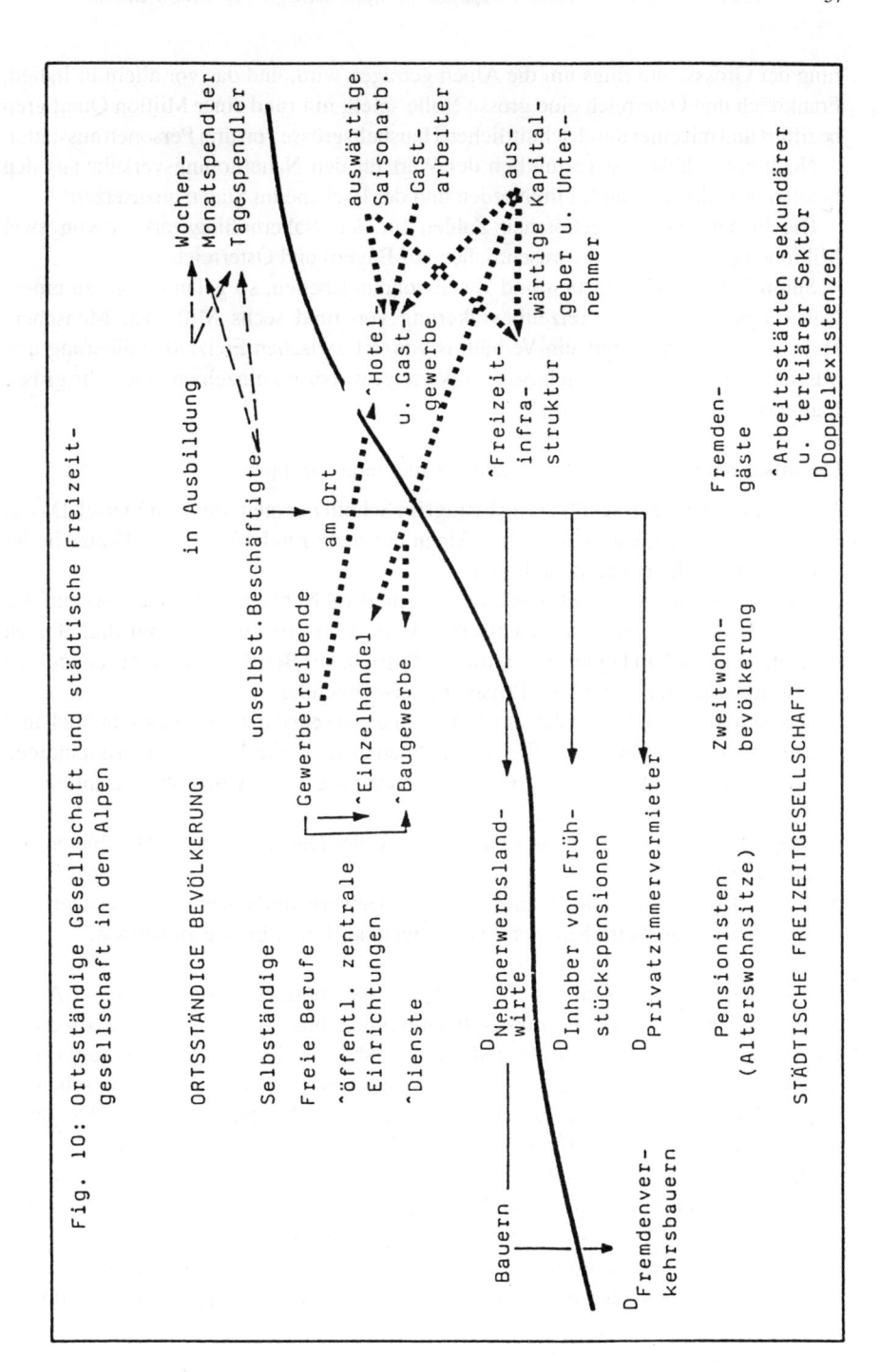

Fig. 10: Ortsständige Gesellschaft und städtische Freizeitgesellschaft in den Alpen

ORTSSTÄNDIGE BEVÖLKERUNG

in Ausbildung

Selbständige
Freie Berufe
^öffentl. zentrale Einrichtungen
^Dienste

Gewerbetreibende
unselbst.Beschäftigte
am Ort

^Einzelhandel
^Baugewerbe

Wochen-
Monatspendler
Tagespendler

auswärtige Saisonarb.
Gastarbeiter

^Hotel
u. Gastgewerbe

auswärtige Kapitalgeber u. Unternehmer

^Freizeitinfrastruktur

Bauern
ᴰFremdenverkehrsbauern

ᴰNebenerwerbslandwirte
ᴰInhaber von Frühstückspensionen
ᴰPrivatzimmervermieter

Pensionisten
(Alterswohnsitze)

Zweitwohnbevölkerung

Fremdengäste

^Arbeitsstätten sekundärer u. tertiärer Sektor
ᴰDoppelexistenzen

STÄDTISCHE FREIZEITGESELLSCHAFT

rung der Grossstädte rings um die Alpen getragen wird, und das vor allem in Italien, Frankreich und Österreich eine grosse Rolle spielt, mit rund einer Million Quartieren beziffert und mit einer durchschnittlichen Haushaltsgrösse von drei Personen ausstattet.

Noch etwas höher ist vermutlich der Wert für den Naherholungsverkehr aus den Städten des Alpenvorlandes im Norden und der Poebene im Süden anzusetzen.

Die in der Literatur gebotenen Zahlen für den Naherholungsverkehr von zwei Millionen beziehen sich im wesentlichen auf Bayern und Österreich.

Summiert man Gästebetten und Zweitwohnungsbetten, so gelangt man zu einem Näherungswert für die Freizeitbevölkerung von rund sechs Millionen Menschen. Daraus ergibt sich weiters ein Verhältnis von 2:1 zwischen Freizeitbevölkerung und ortsständiger alpiner Hochgebirgsbevölkerung, wobei im einzelnen eine sehr grosse regionale Spannweite besteht.

Die ortsständige Bevölkerung besteht aus mehreren Gruppen:

1. Der Anteil der Agrarbevölkerung beträgt im Schnitt nur mehr rund ein Viertel. Davon sind selbst in den österreichischen Alpen nur mehr rund 40 v. H. zur Gänze in der Landwirtschaft verankert, während
2. der grössere und gleichzeitig wachsende Anteil auf Nebenerwerbslandwirte entfällt, deren Existenz in den österreichischen Alpen zum grösseren Teil auf drei Beinen steht, nämlich dem landwirtschaftlichen Betrieb, der Berufstätigkeit im sekundären bzw. tertiären Sektor und der Privatzimmervermietung.
3. Das Arbeitsplatzdefizit in den alpinen Räumen ist selbst in Österreich sehr hoch und beträgt rund 50 v.H., d.h., dass komplementär dazu die Hälfte der ortsständigen Bevölkerung als Pendler in grössere zentrale Orte bzw. Arbeitsstättenzentren zur Arbeit fahren muss.
4. Baugewerbe, sonstiges lokales Gewerbe und der Dienstleistungssektor bieten Arbeitsstätten am Ort.
5. Schliesslich ist noch die lokale Elite der Gewerbetreibenden, der Besitzer von Fremdenverkehrsbetrieben, der Angehörigen der freien Berufe zu nennen.

Wie aus dem Schema ersichtlich ist, besteht ein Spezifikum der österreichischen Alpen darin, dass sich zwischen der ortsständigen Bevölkerung und der Freizeitbevölkerung Doppelexistenzen in Form des Fremdenverkehrsbauern (Zweitwohnungsbauern) und der Privatzimmervermietung gebildet haben, die beide eine enorme ökologische und soziale Aufgabe für den österreichischen Alpenraum besitzen, so dass alles getan werden muss, um ihren Fortbestand und ihre Weiterentwicklung zu sichern.

Damit ist die Frage der Bedeutung der Freizeitgesellschaft für den lokalen Arbeitsmarkt angesprochen. Entsprechend der nationalen Arbeitsmarktlage unterscheidet sich die Schweiz sehr deutlich von Österreich. Die Segmentierung der Arbeitsmärkte ist in der Schweiz besonders ausgeprägt und auf ganz spezifische Nachfragegruppen zugeschnitten. Zwischen diesen Segmenten besteht nur eine geringe Durchlässigkeit.

Danach arbeiten
- einheimische Männer auf Ganzjahresstellen der technischen Infrastruktur (Bergbahnen und dergleichen) sowie in der gewerblichen Produktion;
- ferner besteht eine starke Verklammerung zwischen Tourismus und Bautätigkeit, in einzelnen Orten sind bis zu 40 v.H. der männlichen Berufstätigen im Baugewerbe beschäftigt;
- einheimische Frauen sind im Detailhandel und in kommunalen Diensten tätig;
- im Gast- und Hotelgewerbe überwiegen auf den qualifizierten Saisonstellen junge, meist ledige Schweizer und Schweizerinnen, die von auswärts kommen;
- auf den unqualifizierten Stellen arbeiten vorwiegend Ausländer. Insgesamt beträgt in der Schweiz der Ausländeranteil im Gastgewerbe 45 v.H. Der Abbau der Gastarbeiter hat eine völlige Austrocknung des Arbeitsmarktes bewirkt und die Entwicklung der Hotellerie im Berggebiet abgestoppt, gleichzeitig den Boom der Parahotellerie und des kommerzialisierten Zweitwohnungswesens ausserordentlich gefördert, so dass das Verhältnis zwischen beiden Unterbringungsformen gegenwärtig rund 1:4 beträgt. Der Arbeitskräftebedarf in der Parahotellerie beträgt nur rund ein Zehntel des Bedarfs der Hotellerie, in der man in der Schweiz pro 100 Hotelbetten mit rund 37 bis 53 Arbeitsplätzen und weiteren 28 bis 30 Saisonarbeitsplätzen rechnet.

Pushfaktoren zur Abwanderung der alpinen Bevölkerung besteht aber nicht nur durch die Verhältnisse auf dem Arbeitsmarkt, sondern sie betreffen auch denjenigen Teil der ortsständigen Bevölkerung, der nicht im Grund- und Hausbesitz verankert ist und aufgrund der hohen Bodenpreise kaum eine Chance besitzt, selbst ein Haus zu bauen. Aufgrund der Konkurrenz der städtischen Freizeitbevölkerung ist nämlich die Wohnungsnot für dieses «Subproletariat» weit drückender als in grossen Städten. Das Fehlen von preisgünstigen Mietwohnungen ist auch im österreichischen Alpenraum ein Problem, das als Schatteneffekt des physiognomisch sichtbaren Wohlstandes aufgetreten ist. Freilich ist hier der Druck auf die Gemeinden sehr viel stärker als in der Schweiz, durch aktive Bodenpolitik und Wohnungsbau der einheimischen Bevölkerung Wohnraum zu verschaffen.

Damit ist die Frage der Unterbringung der Freizeitbevölkerung angeschnitten, auf die im folgenden eingegangen werden soll.

6. Die Unterbringung der Freizeitbevölkerung

Der Einfluss der nationalen Strategien des Wohnungs- und Arbeitsmarkts auf die Unterbringung der Freizeitbevölkerung kann an einem Vergleich zwischen der Schweiz und Österreich eindrucksvoll dokumentiert werden.

In der Schweiz ist, gestützt auf ein mächtiges Privatbankenwesen und strikte privatkapitalistische Prinzipien der Wohnungswirtschaft, ein bedeutender Immobilienmarkt entstanden. Es hat sich die Vermarktung des Wohnraums in Form der Parahotellerie und der Zweitwohnungen weitgehend vom Tourismus klassischer Art abgekop-

Fig. 11: Die Unterbringung der Freizeitbevölkerung in
der Schweiz und in Österreich 1982

H = Hotellerie   P = Privatquartiere
PH = Parahotellerie   RS = Zweitwohnungen

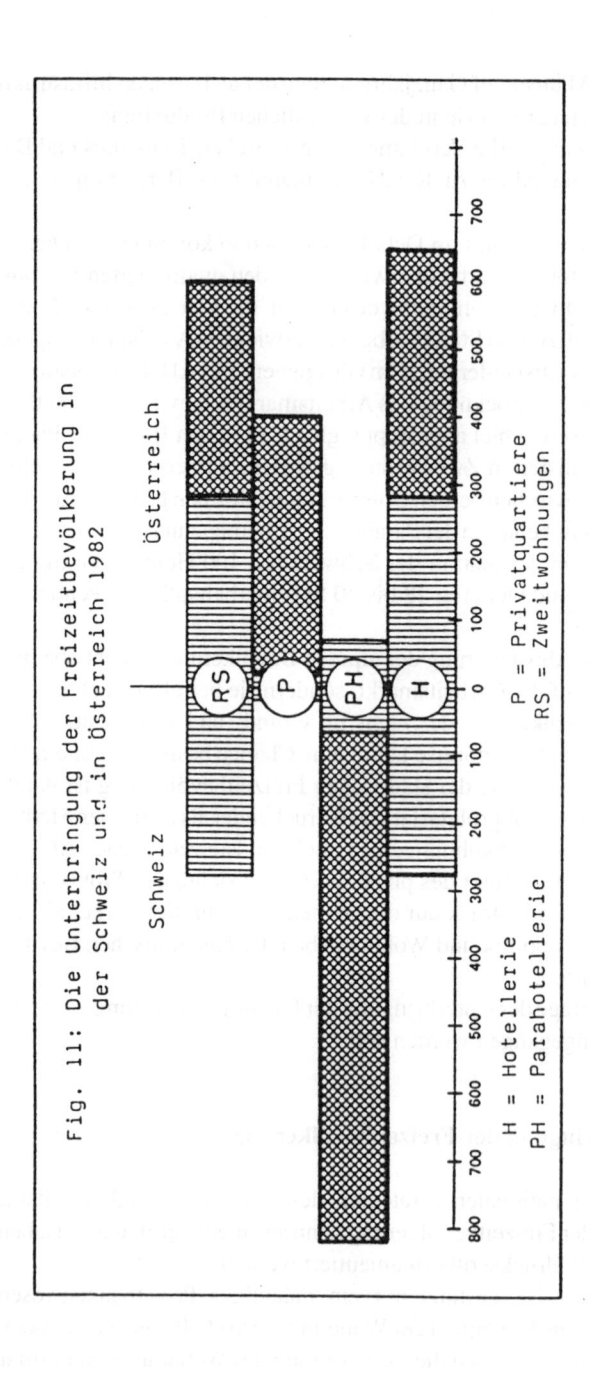

pelt. Das Bedürfnis nach Sachwertanlage und ausländisches Fluchtkapital haben das Immobiliengeschäft zum Hauptgeschäft werden lassen. Es ist folgender Circulus vitiosus entstanden: Überörtliche Kapitalgeber treten als Grundstückskäufer auf, vergeben Bauaufträge an zum Teil überörtliche Bauunternehmen, die ebenfalls zum Teil mit auswärtigen Arbeitskräften die Objekte errichten, in erster Linie Appartementwohnungen, in zweiter Linie Chalets. Ein Heer von Realitätenbüros und Agenturen vermarktet sie, wobei auch Ausländer Zugang gewinnen, wenn auch durch die jeweilige Gesetzeslage in unterschiedlicher Form, und die Nachfrage entscheidend verstärken. Damit erhöhen sich die Preise weiter, und es wird wieder Freizeitwohnraum «auf Vorrat» erzeugt.

In Österreich fehlen Privatbanken nahezu völlig. Die seit 1917 bestehende Mieterschutzgesetzgebung hat den privaten Miethausbau unrentabel gemacht und die Profitorientierung im Wohnungswesen schlechthin diskriminiert. Segmentierte Wohnungsmärkte entstanden, darunter ein bedeutender sozialer Wohnungsbau. Ferner hat die bis zum Mietengesetz 1981 über mehr als ein halbes Jahrhundert beibehaltene Niedrigmietenpolitik eine Aufspaltung der Wohnfunktion in Erst- und Zweitwohnungen begünstigt und die umfangreiche Bewegung des Zweitwohnungswesens subventioniert. Dieses wurde jedoch doppelt subventioniert, da auch die Wohnbauförderungsmassnahmen der Länder für die Schaffung von neuem Wohnraum in den Gemeinden zinsengünstige Kredite gewährt haben und weiter gewähren. Das gebietsweise völlige Fehlen einer altetablierten Hotellerie wie in der Schweiz hat die Entstehung der Privatzimmervermietung damit nicht im selben Ausmass wie in der Schweiz behindert. Überdies wurde sie zum Teil sehr massiv durch föderalistische Massnahmen gefördert. Mehr als ein Drittel aller Fremdenbetten steht in Österreich in Privatquartieren. Die Privatzimmervermietung ist der Spitzenreiter bei der Ausbreitung des Fremdenverkehrs in noch wenig erschlossene Räume. Sie bildet die Peripherie in grossen Fremdenverkehrsorten, dient als Puffer in der sommerlichen Nachfragehausse, gibt den Frauen die Möglichkeit zu einem Zusatzverdienst und bindet die Freizeitgesellschaft in den örtlichen Rahmen ein. Sie hat sich gleichzeitig zu einer Art Lebensform entwickelt, bei der nicht das Renditedenken in bezug auf den Einsatz von Arbeit und Kapital, sondern die Finanzierung des Baus eines eigenen Hauses im Mittelpunkt der Überlegungen steht.

Die Fremdenverkehrsbauern bilden in Tirol eine weitere wichtige Gruppe, der rund zwei Drittel aller Betriebe angehören. Es ist daher nicht erstaunlich, dass in Österreich Fragen der Aufrechterhaltung der Doppelexistenz der Fremdenverkehrsbauern im Mittelpunkt der Überlegungen hinsichtlich der künftigen Entwicklung im Bergraum stehen.

Die Unterbringung der auswärtigen Freizeitbevölkerung wird in Österreich noch immer weitgehend von Lebensformen getragen, nämlich dem Familienbetrieb im Gastgewerbe, der Frühstückspension, der Privatzimmervermietung und schliesslich dem Fremdenverkehrsbauern. Ebenso wie bei den genannten Doppelexistenzen der Privatzimmervermietung und den Fremdenverkehrsbauern ein Renditedenken, messbar an der ökonomischen Rationalität des Arbeitseinsatzes, an Investitionsberechnungen und Überlegungen von Kauf- und Wiederverkaufswert weitgehend fehlt, sondern ein Budgetdenken das Leitmotiv darstellt, gilt dies auch für das österreichische Zweitwohnungswesen, bei dem nicht Marktmechanismen, sondern informelle Kommunikationsmuster Standort und Bautypen bestimmen. Parallelen hierzu sind am ehesten in den italienischen Alpen zu finden.

7. Die sozialgeographische Differenzierung der Alpen

Unter den Gesichtspunkten von nationalen Strategien der Gesellschafts-, Wirtschafts- und Raumordnungspolitik seien in Kürze die Unterschiede der Alpenanteile in den einzelnen Staaten skizziert.

In den französischen Alpen ist aufgrund des sehr viel früher einsetzenden flächenhaften Entsiedlungs- und Verfallsprozesses der Kulturlandschaft eine nahezu perfekte Segregation von lokaler und Freizeitbevölkerung entstanden. Nur in ganz wenigen Gebieten der Nordalpen ist es der ortsständigen Bevölkerung gelungen, sich an den Einkünften aus dem Tourismus zu beteiligen. Grosse Teile der französischen Alpen wurden als Nationalparks ausgegliedert, die Sukzession von transhumanter Schafzucht auf einstigen Rinderalmen ist die letzte Nutzungschance in weiten Teilen der Hochalmen, der Restbestand von rund 80 000 Rindern ist niedriger als der Rinderexport der österreichischen Bergbauern.

Zentralistische Planung und französisches städtebauliches Design standen bei den auf dem Reissbrett entworfenen Schistädten Pate, ebenso wie die Forderungen der Pariser Freizeitgesellschaft, für die die Zeit eine knappe Ressource darstellt und die im Ski-total Schnee und Sonne garantiert haben will.

Drei architektonische Generationen von Freizeitstädten sind inzwischen entstanden. Berechnungsgrundlage für den architektonischen Verbund sind Pistenkapazitäten, Stundenleistungen der Lifte, Anzahl der Betten und Parkplätze. Das Angebot des ursprünglichen Luxustourismus wird inzwischen längst durch internationale Agenturen offeriert, wobei die Integration privaten Appartementeigentums und Mehrfachbesitzes (Multiproprietaire) Anlaufschwierigkeiten überbrücken half und den weiteren Ausbau gestattet. Wie immer, die ursprüngliche Luxusausstattung wird abgewohnt, der Filtering-Down-Vorgang ist viel rascher als selbst in nordamerikanischen Städten, in denen er zu den seit langem bekannten negativen Erscheinungen zählt.

In die französischen Südalpen hat, klimaökologisch bedingt, die Generationenfolge der Schistädte nur mehr einzelne Ausläufer entsandt. Die Aufforstung durch den Staat erscheint als einzige Lösung, um den erschreckenden flächenhaften Verfall der Kulturlandschaft zuzudecken.

Die italienischen Alpen schliessen im Ausmass des Verfalls der Gebirgslandwirtschaft und -siedlung an die französischen Alpen an. Durch die Nähe der grossen Städte in der Poebene ist es jedoch zur Entwicklung einer ausgedehnten Zweitwohnungsperipherie gekommen, welche eine Revitalisierung zahlreicher alter Orte in mittleren Höhen ab 800 m gebracht hat, ebenso aber auch aufwendige Appartementkomplexe in attraktiven Lagen entstehen liess. Ein weiteres Take-off ist zu erwarten. Ebenso wie die französischen Schistädte werden auch die Wintersportorte der italienischen Alpen in Zukunft in erster Linie von einheimischen Gästen frequentiert werden. Eine Sonderstellung besitzt nur der mittlere Abschnitt, Südtirol und das Trentino, welcher in der Entwicklung des Fremdenverkehrs in Angebots- und Nachfragestrukturen an die österreichischen Alpen anschliesst.

Damit ist das Minderheitenproblem in den italienischen Alpen angesprochen. In räumlicher Distanz zum italienischen Zentralismus gelegen, haben die Minderheiten, allen voran die Südtiroler, ebenso aber auch die Ladiner und Friulaner mit der Erhaltung der kulturellen Identität auch stets wesentliche Beiträge zur Erhaltung und Pflege der alpinen Kulturlandschaft verbunden, so dass trotz der sehr ungünstigen natürlichen Bedingungen sich die von ihnen besiedelten Gebirgsräume durch besseren Bauzustand der Siedlungen und stärkere Initiativen in der Landwirtschaft deutlich von den italienisch besiedelten Gebirgsteilen abheben.

Auch in den Schweizer Alpen ist es, ungeachtet der extremen Subventionierung der Landwirtschaft, in weiten Teilen zu Bevölkerungsverlusten gekommen.

Waren im Jahrzehnt von 1960 bis 1970 in Fortsetzung älterer Tendenzen nur die Räume der Zentralschweiz, Seitentäler des Hinterrheins, die Tessiner Alpen und Seitentäler des Engadins von einer starken Bevölkerungsabnahme betroffen, so hat diese inzwischen die nördliche Zone der Schweizer Alpen vom Genfer See bis zu den Glarner Alpen hin erfasst. Die Polarisierung von Verdichtungsräumen und Entsiedlungsräumen hat sich verschärft. Ebenso hat der forcierte Ausbau der Parahotellerie eine weitere funktionelle Separierung zwischen ortsständiger Wohnbevölkerung und Freizeitbevölkerung mit sich gebracht.

Die bedeutende, auf die Gründerzeit zurückgehende Hoteltradition der Schweiz ist abgerissen. Damals entstandene, auf die Oberschicht zugeschnittene grosse und luxuriös ausgestattete Hotels bedürfen dringend einer Renovierung. Man schätzt, dass 35 v.H. von ihnen abgebrochen werden müssen und der Rest einen durchgreifenden Umbau benötigt. Entsprechend dem höheren Preisniveau der Schweiz ist auch das Angebot der Freizeitzentren auf einen höheren Einkommenspegel der Benützer eingestellt als in den benachbarten Alpenstaaten. Gerade dadurch ist jedoch der Druck auf ältere und schlechter ausgestattete Hotelorte sehr viel härter als zum Beispiel in den französischen Alpen.

Das gerne zitierte Schlagwort von der Überfremdung trifft jedenfalls am ehesten für die Schweizer Alpen zu, wo, getragen durch Kapitalgesellschaften aus dem Mittelland, die Landschaft zunehmend für Ausländer vermarktet wird, für deren Service ebenfalls zum Gutteil Ausländer bzw. Ortsfremde herangezogen werden müssen.

Der deutsche Alpenanteil besitzt eine einmalig günstige Position. Staueffekte durch die österreichische Grenze können mit zur Erklärung der enormen Entwicklung des Fremdenverkehrs herangezogen werden. Alte Zentrale Orte sind zu bedeutenden Fremdenverkehrszentren geworden und sichern ein breites Angebot an vielfältigen Arbeitsplätzen. Die Effizienz der Berglandwirtschaft beruht auf den Traditionen der Familienbetriebe und der hohen Spezialisierung der Grünland- und Viehwirtschaft, welche in jüngster Zeit sogar eine Aktivierung der Almwirtschaft bewirken konnte. Eine staunenswert glückliche Ehe zwischen Landwirtschaft und Fremdenverkehr ist das Ergebnis.

Die Struktur des Bundeslandes Tirol hat das Planungsleitbild der ARGE ALP (Vorarlberg, Tirol, Salzburg, Graubünden, Südtirol, Trentino, Lombardei, Bayern) für die Alpenregion ganz wesentlich bestimmt. Zu den Merkmalen zählen

- ein multifunktional ausgestatteter Lebensraum der einheimischen Bevölkerung, wie er im Inntal durch die Verbindung von alten Zentralen Orten mit Industriebetrieben und überörtlichen Verkehrsfunktionen besteht;
- die Partizipation breiter Bevölkerungsschichten am Fremdenverkehr über die Privatzimmervermietung;
- das Vorhandensein von ortsbürtigen Unternehmern, welche aus der einheimischen Schicht von Gastwirten und Bergbauern entstanden sind, als Investitionsträger;
- insgesamt somit eine viel stärker als anderswo intakte lokale Gesellschaft, die die Chancen des Fremdenverkehrs in eigener Initiative wahrgenommen hat.

Im Westen Österreichs ist ein Amalgam von Agrar- und Freizeitgesellschaft entstanden, das in dieser Form in den Alpen einmalig ist. Die Konsequenzen sind:

- ein Höherschieben der Siedlungsgrenze;
- die komplette Erneuerung und der Ausbau der ländlichen Siedlung – man kann die Nachkriegszeit als Periode der Dorferneuerung und Dorferweiterung bezeichnen;
- eine Umkehr der Bergflucht in eine «Bergwanderung» in die Talhintergründe mit zweisaisonalem Freizeitpotential.

Im Osten Österreichs, im Waldbauerngebiet geht dagegen die Entvölkerung und Entsiedlung weiter. Der Forst ist der Gewinner der Krise. Dabei hat sich die Ausbreitung des Massentourismus an der Barriere der Grossforste festgefahren. Zwei Räume mit unterschiedlicher Problematik werden dadurch separiert: das Freizeitrevier im Westen, das überpointiert als Freizeitsatellit der bundesdeutschen Bevölkerung bezeichnet werden kann, und die durch das Zweitwohnungswesen der Wiener gekennzeichnete Ostregion, in der die neue Form des Zweitwohnungsbauern an der Ostabdachung der Alpen entstanden ist.

8. Ausblick

Die Zukunft der Alpen, definiert als die Zukunft der in den Alpen lebenden Bevölkerung und der Kulturlandschaft, ist abhängig von externen und internen Bedingungen. Die externen Faktoren besitzen eine traditionelles Nord–Süd gerichtete Komponente, welche den Durchgangsverkehr bestimmt und die Bemühungen, die Barriere der Alpen in ein «Durchhaus zu ebener Erde» zu verwandeln. Ebenfalls extern gesteuert ist die Funktion der Alpen als Dachgarten Europas. Bisher entstanden Luv- und Leeseiten in erster Linie unter dem Einfluss der Bundesrepublik Deutschland, dem grössten Exporteur von Freizeitgesellschaft in Europa.

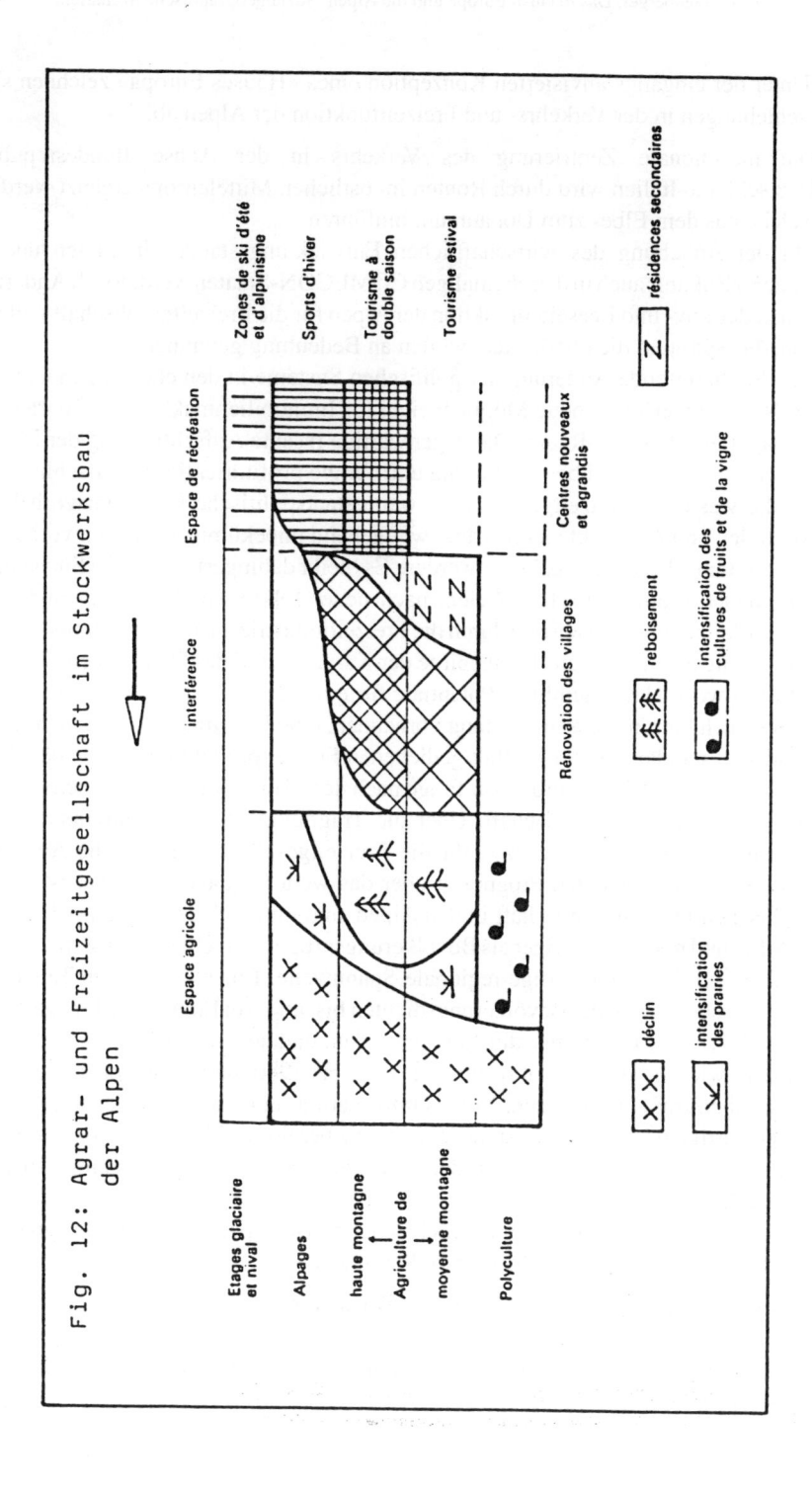

Fig. 12: Agrar- und Freizeitgesellschaft im Stockwerksbau der Alpen

Unter der eingangs anvisierten Konzeption eines «Hauses Europa» zeichnen sich Verschiebungen in der Verkehrs- und Freizeitfunktion der Alpen ab.
1. Die meridionale Zentrierung des Verkehrs in der Achse Bundesrepublik Deutschland–Italien wird durch Routen im östlichen Mitteleuropa ergänzt werden, welche aus dem Elbe- zum Donauraum hinführen.
2. Mit der Anhebung des wirtschaftlichen Entwicklungsstandes in Italien und in weiterer Zukunft auch in den ehemaligen COMECON-Staaten werden sich Änderungen in der Luv- und Leeseitenfunktion der Alpen für die Freizeitgesellschaft vollziehen, die Süd- und die Ostflanken werden an Bedeutung gewinnen.
3. Die durchgreifende Änderung der politischen Systeme in den ehemaligen COMECON-Staaten eröffnet neue Möglichkeiten für Immobilienmakler und Tourismusmanager aus dem EG-Raum. Die gegenwärtige rasante Aufschliessung der Mittelmeerküsten der Türkei belegt Umfang und Tempo profitorientierter Aufschliessung für die westliche Freizeitgesellschaft, wenn staatspolitische Eigentumsvorbehalte wegfallen und Architektenentwürfe – weitgehend unbekümmert um den vorhandenen Siedlungsbestand – realisiert werden. Es bleibt dahingestellt, ob die Suche nach stets neuen topographischen Zielen, nach neuer folkloristischer Szene und nach neuem Aufschliessungsterrain durch die Freizeitindustrie auch die bisher noch kaum oder wenig erschlossenen Hochgebirge der Karpaten und des Dinarischen Gebirges erfassen wird. Naturräumliche Potentiale für eine europäische Freizeitgesellschaft wären auch hier in grossem Umfang vorhanden, eine Übertragung der in den Alpen bereits zu standardisierter Vielfalt gediehenen Freizeitproduktionspalette denkbar.
Diese Aussagen führen zurück zur Frage nach der «Tragfähigkeit der Alpen» für die europäische Freizeitgesellschaft. Über die Tragfähigkeit des Alpenraums für die einheimische Bevölkerung bzw. für die Freizeitgesellschaft gehen die Aussagen freilich weit auseinander. Prognosen über das weitere quantitative Wachstum der städtischen Freizeitgesellschaft in den Alpen sind mit noch grösserer Unsicherheit behaftet und noch schwieriger als Bevölkerungsprognosen schlechthin. Zwei Eckdaten belegen die gegenwärtige regionale Spannweite. Einerseits sind in Teilen der französischen Alpen die Bevölkerungsdichten bis auf zwei Einwohner/km^2 gefallen, ganze Dörfer zu Phantomsiedlungen geworden, und andererseits hat in Siedlungsbändern wie im Inntal im Jahrzehnt von 1970 bis 1980 die Dichte von 370 auf 570 Einwohner/km^2 zugenommen. Nur als Information sei ferner eingeblendet, dass die gegenwärtige Baulandausweisung der Schweiz bereits die Unterbringung von zwölf Millionen Menschen gestatten würde, so dass eine beträchtliche Aufnahmekapazität vorhanden ist.
Die Engpässe für eine Ausweitung des Flächennutzungspotentials der Freizeitgesellschaft sind jedoch nicht zu übersehen. Sie liegen:
– in bewussten Begrenzungsstrategien des Wachstums durch die Regionalpolitik und Regionalplanung;
– in der begrenzenden Kapazität der technischen Infrastruktur des Verkehrs, der Versorgung und Entsorgung;

– in den stark gestiegenen Bodenpreisen, die in Fremdenverkehrszentren die Höhe der Bodenpreise in den zentralen Geschäftsdistrikten von Grossstädten erreichen;
– in dem Problem des ausgetrockneten Arbeitsmarktes in zahlreichen alpinen Gebieten, wo weitere Serviceleistungen nur durch Anwerbung von ausländischen Arbeitskräften möglich sind.

Strukturell abgesicherte Aussagen sind jedoch auf drei Ebenen möglich:

1. Das erste Aussagensystem betrifft die Freizeitgesellschaft selbst, welche sich vor allem bei weiterer Verkürzung der Wochenarbeitszeit zunehmend von der arbeitsteiligen Gesellschaft abspalten wird. Dies bedeutet eine fortschreitende Separierung von Arbeitswohnungen in den Städten und Freizeitwohnungen im ländlichen Raum. Unter dieser Perspektive ist zu erwarten, dass sich die bereits bestehenden Zweitwohnungsregionen und -reviere in den Alpen erweitern und verdichten werden. Dies gilt vor allem für die italienischen Alpen, welche als «Hoffnungsgebiet» für die Städte der Poebene betrachtet werden können.

   Aufgrund der physiologischen Bedingungen des Alpenklimas sind ähnliche Entwicklungen wie in Florida, nämlich in Richtung auf eine Art Pensionopolis, nur in Alpenrandlagen, an Seen und in inneren Becken mit mildem Klima zu erwarten.

2. Das zweite Aussagensystem bezieht sich auf die bisher aus der Diskussion weitgehend ausgeblendete dritte Dimension, welche in den Alpen ebenso wie in anderen Hochgebirgen der Erde ökologisch und gesellschaftlich stratifiziert ist.

   Dieser Stockwerksbau der Alpen im Hinblick auf die vertikale Schichtung der ortsständigen Gesellschaft und der auswärtigen Freizeitgesellschaft wird, wenn auch in veränderter Form, weiterbestehen. Interessante Parallelen zur dritten Dimension des Baukörpers der grossen Städte drängen sich auf. Ebenso wie der Individualverkehr in den Strassenschluchten der letzteren Verfallserscheinungen im Erdgeschoss bewirkt, in dem nur marginale Gruppen noch als Wohnbevölkerung verbleiben, ebenso werden die Talräume der Alpen und die dort liegenden Siedlungen durch den Transitverkehr in steigendem Masse ökologisch benachteiligt. Umgekehrt ist in den grossen Städten eine Penthaus-Struktur im Werden, welche Parallelen zur Überlagerung der Agrargesellschaft durch die Freizeitgesellschaft im alpinen Hochgebirge aufweist. Ähnlich wie die Penthäuser auf den älteren Baukörper von Städten als neues Stockwerk aufgesetzt werden, ebenso greift der Wintersport in eine alpine Zone hinein, die bisher kaum besiedelt war. Analog zur internationalen Klientel für Penthäuser in den grossen Städten bietet auch die oberste Etage des Wintersports alle Voraussetzungen dafür, um international erstklassig vermarktet zu werden. Aufstiegshilfen sind ebenso als technologische Notwendigkeit für die Erschliessung des Höhenstockwerks anzusehen, wie die Nutzung von Penthäusern das Vorhandensein von Liften zu den Tiefgaragen voraussetzt.

   Welche Entwicklung vollzieht sich zwischen den verkehrsüberlasteten Talräumen und der neuen Höhenstufe, überall dort, wo die ökonomische Marginalität der agraren Ressourcen nicht durch die ökologische Attraktivität für die Freizeitgesellschaft aufgewogen wird? Die Antwort auf diese Frage fusst auf dem ökologischen Paradigma der Reduzierung der naturräumlichen Vielfalt auf das einfache Gegensatzpaar von sommertrockenen und humiden Räumen. Dauerackerland und bewässerte Wiesen bzw. Wechselwirtschaftssysteme waren die konformen Grundtypen in der traditionellen Agrarwirtschaft. In dieser waren die sommertrockenen Gebiete gegenüber den humiden im Vorteil, da sie mehr Menschen ernähren konnten. Mit dem Rückgang des Ackerbaus, der in der Nachkriegszeit in weiten Teilen der Alpen völlig verschwunden ist, hat sich die Situation ins Gegenteil verkehrt. Ohne Bewässerung ist der Übergang zur Grünlandwirtschaft nicht möglich. Vor allem in den Südalpen und in den inneralpinen Trockentälern, dem Wallis in der Schweiz und dem Veltlin in Italien, ist die einstige Zone intensiver Ackerwirtschaft flächig zu einer Zone des Verfalls geworden. Der Verfall erscheint irreversibel, weitflächige Aufforstungsprogramme, gezielte Kommassierungsprogramme, ein «planmässiger» Rückbau der Siedlung erscheinen als einziger – vielfach zu spät kommender – Ausweg, vor allem für die Montagnes moyennes, in denen die Verfallsphänomene von Agrarsiedlung und Berglandwirtschaft in grossen Teilen der Alpen ausserhalb Österreichs weiter zunehmen werden.

Diese breite Verfallszone nimmt nahezu das gesamte Stockwerk zwischen der Tiefenstufe des Weinbaus und der einstigen Zone der Maiensässe (Voralmen) ein, welche in günstigen Lagen durch Fremdenverkehrsorte ersetzt wurde. Dagegen ist in grossen Teilen der österreichischen und der bayerischen Alpen gerade durch die Intensivierung der Grünlandwirtschaft eine Verstärkung der Rinderhaltung erfolgt, die überdies stets auf Export ausgerichtet war. Hier bindet die Bergbauernfrage als aktuelles österreichisches Problem ein in die bereits oben prognostizierten Konsequenzen des «Bergbauernsterbens» im Falle eines EG-Beitritts.

3. Das dritte Aussagensystem bezieht sich auf die unterschiedliche Stellung der einzelnen Alpenteile im jeweiligen Staat. Die Alpen sind für die Kleinstaaten Österreich und Schweiz auch für die politischen Entscheidungsgremien wichtige, vielfach zentrale Räume, so dass ungeachtet des Bedeutungsgewinnes externer Faktoren auch in der Zukunft Gegensteuerungsmassnahmen zu erwarten sind, welche darauf abzielen werden, alpine Hochtäler und Becken auch als Lebensräume der ortsständigen Bevölkerung zu erhalten. Dies setzt freilich voraus, das letztere nicht nur eine Subkultur am Rande von und eine Komforthülle für die ausseralpine Freizeitgesellschaft bildet, sondern dass die gegenwärtig vielzitierte «regionale Identität» auch eine wirtschaftliche Grundlage besitzt, eine Zielsetzung freilich, deren ständige lebendige Verwirklichung nur aufgrund der Bewahrung und «Ökonomisierung» aller nichtökonomischen Ressourcen unter Etiketten wie Lebensqualität, Umweltqualität und weiterer in Zukunft noch zu kreierender «Qualitäten», wie die Gewährung eines höheren individuellen Lebensfreiraums, möglich sein wird.

Die Alpen waren schon in der Vergangenheit ein Dorado der geowissenschaftlichen Forschung, die hier grundlegende Erkenntnisse über den geologischen Deckenbau und die Gliederung der Eiszeit gewinnen konnte. Sie sind in der Gegenwart ein grossartiges Experimentierfeld aller Arten von Raumordnung und staatlicher Gesellschaftspolitik im Hochgebirge und damit ein faszinierendes Untersuchungsobjekt für den Geographen und Raumforscher.

Es ist die Überzeugung der Autorin, dass es trotz der Einheitlichkeit der Technologien des Bauens und des Verkehrs und der Massenphänomene des Tourismus auch in einem gemeinsamen Binnenmarkt und in einem «gemeinsamen Haus Europa» keine einheitlichen, sondern nur staatlich wie regional differenzierte Lösungen für das «Durchhaus» und den «Dachgarten» Europas geben wird.

Geographisches Institut
der Universität Kiel
Neue Universität

FRANZ FLIRI*

Berglandwirtschaft und Landschaft von Tirol an der Wende zum 3. Jahrtausend

1. Jüngste Entwicklung und derzeitiger Zustand

Der vorliegende Beitrag bezieht sich in allgemeiner Art sowohl auf das österreichische Bundesland Tirol (12 650 km², rund 610 000 Einwohner) als auch auf Südtirol (7 400 km², rund 450 000 Einwohner), doch bleiben die folgenden agrarstatistischen bzw. agrarpolitischen Aussagen wegen der verschiedenen Beziehung zu den nationalen bzw. übernationalen Volkswirtschaften (EG) auf den österreichischen Landesteil beschränkt.

Die landwirtschaftliche *Handelsbilanz Österreichs* (ohne Holz) war im Jahre 1987 mit rund 28 Mrd. S für Ein- und 13 Mrd. S für Ausfuhren stark *passiv*, wobei auf die Staaten der EG 54% bzw. 58% entfielen. Während bei lebenden Tieren, Fleisch, Milch und Getreide ein Ausfuhrüberschuss von 3,4 Mrd. S erzielt wurde, waren die Bilanzen bei Obst und Gemüse mit 7 Mrd. S sowie Futtermitteln mit 2 Mrd. S am stärksten negativ. In der Forstwirtschaft standen Einfuhren um 5 Mrd. S Ausfuhren um 8,8 Mrd. S gegenüber.

Die *Tiroler* Land- und Forstwirtschaft umfasst derzeit rund 9 500 *Betriebe*, doch ist dieser Begriff statistisch ebensowenig scharf zu fassen wie jener des Einkommens pro Kopf. Der Grund liegt in der weiten Verbreitung des *Nebenerwerbsbauerntums,* das zwar als Folge der *Realteilung* der Güter vor allem im Westen von Gesamttirol immer vorhanden war, sich aber in den letzten Jahrzehnten wegen des *Verfalls* des landwirtschaftlichen *Realeinkommens* überall weiter ausgebreitet hat. Letzterer äussert sich am deutlichsten im Schwund der *Kaufkraft* des Erlöses für landwirtschaftliche Erzeugnisse, in der Periode 1973 bis 1987 auf etwa die Hälfte!

Der *Neben-* oder vielfach bereits *Haupterwerb* wird daher im Fremdenverkehr, in Industrie- und Gewerbe, im Verkehrswesen, aber auch im öffentlichen Dienst gesucht und gefunden. In bescheidenem Umfang tragen auch die *Direktzahlungen* (Bund: Bergbauernzuschuss im Mittel 10 600 S je Betrieb; Land: Landbewirtschaftungsprämie im Mittel 4 500 S je Betrieb) zum Einkommen bei. Wie weit sich die Lebensform des *Nebenerwerbsbauern* durchgesetzt hat, geht auch aus dem Umstand hervor, dass nur mehr 4% der Bevölkerung in der landwirtschaftlichen Sozialversicherung bzw. Pensionsversicherung erfasst sind.

---

* Adresse des Verfassers: Prof. Mag. Dr. Dr. h.c. FRANZ FLIRI, A-6121 Baumkirchen/Tirol (Österreich)

Ein weiterer Anzeiger ist die Entwicklung der *Viehhaltung*. In der Periode 1970-1987 hat sich der Bestand an Kühen zwar um 7% vermindert, jener sonstiger Rinder aber um 12% erhöht. In Hinblick auf die im ausseralpinen Österreich verbreitete Haltung in Grossställen ist die Abnahme des Bestandes an Schweinen um 24% und an Hühnern um 28% nicht überraschend. Hingegen ist das Wachsen der Zahl der Pferde um 8% mit Bedürfnissen des Fremdenverkehrs sowie der Schafe um 90% bzw. der Ziegen um 33% durch die Ausdehnung des Nebenerwerbsbauerntums bedingt, das die *Kleintierhaltung* der Rinder- oder gar Milchkuhhaltung wegen geringerer Arbeitsintensität bevorzugt.

Die *Milcherzeugung* war seit 1970 zunächst jährlich um 1% gestiegen, war aber wegen beschränkender Marktregelungen zuletzt leicht rückläufig. Innerhalb Österreichs entfallen jedoch nur 9% auf Tirol (hingegen 33% allein auf Oberösterreich). Kennzeichnend für die Rinderhaltung in Tirol ist auch der Zukauf von *Stroh* zur Einstreu aus dem Osten Österreichs. Viele Bergbauern haben die besonders arbeitsintensive Heuwerbung im schwierigsten Gelände zwar aufgegeben, pflegen aber von Jahr zu Jahr mehr oder weniger grosse Mengen *Heu* zuzukaufen, teils aus dem tieferen Talbereich, teils aus dem Alpenvorland und sogar aus dem Ausland. Letztlich werden auf manchen Berghöfen derart mehr Rinder gehalten als es der hofeigenen Futtergrundlage entspricht.

Wegen der seit 1945 ausgebildeten Trennung Europas in zwei verschiedene Wirtschaftssysteme und -blöcke hat sich in *Österreich* raum- und verkehrsbedingt eine starke Verlagerung des Schwerpunktes der Wirtschaft von *Osten nach Westen* eingestellt. Dabei war die Tiroler Landespolitik bemüht, den Vorteil der Lage an der *Transitstrecke* zwischen Bayern und Oberitalien zu nützen und hat durch Ansiedlung neuer Betriebe letzlich mehr Arbeitsplätze geschaffen, als im Zuge des allgemeinen Strukturwandels der Wirtschaft benötigt worden wären. Die Folge war seit vielen Jahren ein jährlicher *Binnen-Wanderungsgewinn* von rund 3500 Personen, abgesehen vom Heranziehen von Fremdarbeitern aus Jugoslawien und der Türkei. Vor allem auf der Sohle des Inntales wurde die Siedlung derart verdichtet, dass sie den Charakter einer aufgelockerten *Bandstadt* annahm.

Zweitens hat Tirol auch vom vielfältigen *Freizeitbedürfnis* der Menschen in den benachbarten ausländischen Ballungsräumen den fast grösstmöglichen Gewinn gezogen. Die höchsten Pro-Kopf-Einkommen aller österreichischen Gemeinden finden sich in den zahlreichen Schwerpunkten des Fremdenverkehrs. Dieser hat zusammen mit dem Streben wohlhabender Städter nach einem *Erst- oder Zweitwohnsitz* in einer gesünderen Umgebung zur Siedlungsverdichtung besonders auf der Inntalterrasse, den anschliessenden Talhängen, in Form zeitweilig bewohnter Gebäude sogar bis in die Almregion hinauf, geführt. Dazu kommt der beachtliche *Bodenbedarf* besonderer touristischer Einrichtungen wie Skipisten und Golfplätze. Anderseits ist es zu einer *Entsiedelung* von Bergbauernhöfen fast nur dort gekommen, wo diese geländebedingt durch Güterwege nicht erschlossen werden konnten oder keine Aussichten auf Nebenerwerb bestanden. Abseits der touristisch erfolgreichsten Gebiete, etwa im oberen Vinschgau von Südtirol, haben schliesslich auch Arbeiter, Handwerker und in vielfältigen Diensten als *Mehrtagespendler* oder längere Zeit selbst im *Ausland* Beschäftigte soviel Einkommen gewonnen, dass die Dörfer, in denen sie wohnen blieben, erneuert und vergrössert werden konnten.

Obwohl weniger als 14% der Landesfläche Dauersiedlungsraum sind, ist letztlich der *gesamte Bodenverbrauch* für Siedlung, Industrie, Gewerbe und Verkehr überaus gross. Die verbaute Fläche hatte im Jahrzehnt 1971/81 um 30% zugenommen und eine Änderung dieser Bewegung hat seitdem nicht stattgefunden. Täglich gehen rund 1,2 ha, also wöchentlich etwa ein Hof und jährlich ein Bauerndorf der Landwirtschaft verloren. Im Zeichen des andauernden Bodenhungers der genannten Wirtschaftszweige und mit Hinweis auf die agrarische Überproduktion steht auch der Vorschlag, den gesetzlich bestehenden *Schutz der Landwirtschaft* (Höfe- und Grundverkehrsrecht) aufzuheben, die Sohle des Inntales für Industrie, Gewerbe und Verkehr, die etwa 300 m höher gelegene und ebenso breite Inntalterrasse jedoch für die Siedlung freizugeben.

2. Neue ökologische Probleme der Land- und Forstwirtschaft

Während die klimatischen Bedingungen bisher von Jahr zu Jahr etwa im gewohnten bekannten Streubereich verblieben sind, sieht sich die Tiroler Land- und Forstwirtschaft von Jahr zu Jahr zunehmenden *Immissionen* aus der Atmosphäre und in den Böden gegenüber. Diese sind zunächst durch die angewachsenen Siedlungen und einzelne Industriebetriebe bedingt. Wegen der grossen Häufigkeit von *Inversionen* war zunächst den hohen winterlichen *Schwefeldioxidwerten* besondere Beachtung geschenkt worden. Dank der vorgeschriebenen Verwendung schwefelarmer Brennstoffe sind diese Belastungen jedoch derart verringert worden, dass sie keinen Anlass zur Sorge mehr geben. Hingegen sind in der Nähe des Montanwerkes Brixlegg im Unterinntal ausser Schäden durch gasförmige Immissionen auch überhöhte Bodenbelastungen durch Kupfer und Dioxine mit Beeinträchtigung der land- und forstwirtschaftlichen Erzeugung, anderwärts auch Waldschäden durch Fluor festgestellt worden.

Die weitaus grösste Gefahr droht jedoch der Land- und Forstwirtschaft vom *Personen- und Güterverkehr* auf der Strasse, wobei dem *Nord-Süd-Transitverkehr* eine besondere Bedeutung zukommt, zumal nur 22% der Güter mit der Eisenbahn befördert werden. Die Zahl der Güterfahrzeuge (bis 42 to) hat am Brenner rund 1,2 Millionen jährlich erreicht, am Reschen etwa die Hälfte. Für das Jahr 2000 wird mit insgesamt 2,9 Millionen Güterfahrzeugen gerechnet, von denen nur etwa ein Fünftel mit der Bahn wird befördert werden können. Im Inntal gesellt sich dazu der innerstaatliche *West-Ost-Verkehr* sowie der durch die bandstadtartige Siedlung zusätzlich erhöhte *Regional- und Lokalverkehr*.

Die vor kurzem vorgelegten chemischen Bodenuntersuchungen lassen keinen Zweifel am Ernst der Lage. Für den *Bleigehalt* des Oberbodens wurde ein gesetzlicher Grenzwert von 100 ppm angegeben. Im Inntal wurden im Durchschnitt zahlreicher Proben 146 ppm, in Ackerböden 63 ppm, unter Grünland 86 ppm und in Waldböden 240 ppm erreicht. Die Unterschiede bestätigen die Vermutung, dass die Grösse der Immission durch die Rauhigkeit der Bodenoberfläche im meteorologischen Sinne entscheidend mitbestimmt wird.

Für *Cadmium* gilt ein Grenzwert von 2 ppm, der nur in 5% aller Proben überschritten wurde. Einerseits ist aber mit weiterer Zunahme zu rechnen, anderseits geht Cadmium gerade auf sauren Böden eine nur geringe Bindung ein, so dass die Hauptgefahr des Übergangs in die Futter- und Nahrungskette auf dem alpinen Grünland und den Almen besteht.

Im Gegensatz zu Schwefeldioxid sind die Immissionen an *Stickoxiden* und *Kohlenwasserstoffen* proportional zum Strassenverkehr weiter im Steigen begriffen. Erstere haben im Inntal überall den zum Schutz der Vegetation geltenden Jahresmittel-Grenzwert von 16 ppm überschritten, zum Teil bereits mit doppeltem Betrag. Hand in Hand mit dem Freisetzen der Stickoxide und Kohlenwasserstoffe geht die Entstehung von *Ozon*. Sowohl an der Talsohle als im Bereich des alpinen Grünlandes, der Almen und bis oberhalb von 3000 m sind bei geeigneten Schönwetterlagen Konzentrationen über der für Vegetation, Tier und Mensch zulässigen Grenze beobachtet worden.

In diesen Zusammenhängen sind auch die *gesundheitlichen Folgen* für die an der Schlagader des Verkehrs Wohnenden zu sehen, die überhöhten Werte von Blei im Blut und in der Muttermilch, die Zunahme von Unfruchtbarkeit und Asthma sowie die Häufigkeit des Auftretens von Lungenkarzinom im Inn- und Wipptal, die 40 mal grösser ist als im österreichischen Durchschnitt.

Weitere ökologische Probleme haben sich innerhalb der Landwirtschaft durch Veränderungen in der Art der *Bodennutzung* ergeben, wobei gegensätzliche Entwicklungen nicht zu übersehen sind. So fällt im Zillertal die Sorgfalt, mit der auf dem *Dauergrünland* auch Bruchteile von Quadratmetern gedüngt, gepflegt, wenn möglich mehrmals gemäht und abgeerntet werden auf, während im Bezirk Reutte (Lechtal und Zwischentoren nordwestlich des Fernpasses) nicht nur grosse Bergmähder, sondern auch maschinell leicht bearbeitbare ebene Flächen weder gepflegt noch gemäht werden. Im ersten Falle darf man sicher sein, dass auch die während der Vegetationszeit unentbehrliche Überwachung des *Bodenwasserhaushalts* und damit der *Hangstabilität* besorgt wird. Im zweiten zeichnen sich die Folgen je nach Beschaffenheit des Bodens an vielen Stellen ab: Zerstörung der Grasnarbe durch Schneeschub und Lawinen, Bodenverwundung und anschliessend Bodenerosion bis zur Tobelbildung.

Im inneralpinen Trockengebiet, etwa im Vinschgau, war der arbeitsintensive *Ackerbau* seit Jahrhunderten die der Landesnatur am besten angepasste Form der Bodennutzung, die eine verhältnismässig dichte Besiedlung mit weitgehender Güterteilung erlaubte. In günstigen Lagen reichte der vielseitige Anbau zur Selbstversorgung sogar bis knapp über 2000 m Höhe. Wie schon zuvor im benachbarten Engadin hat sich in den letzten Jahrzehnten das *Dauergrünland* auf Kosten des Ackerlandes ausgebreitet und die Viehbestände wurden vergrössert. In bemerkenswertem Umfang ist man in steilem oder mit Maschinen nur ungünstig zu bearbeitendem Gelände auch zur *Weide* übergegangen. Dabei ist es zu Trittschäden, Narbenversatz und Bodenverdichtung gekommen, deren katastrophale Folgen bei Starkregen nicht zu übersehen waren.

Monokulturen haben im früheren Tiroler Ackerbau fast keine Bedeutung gehabt. Die immer noch anhaltende Ausweitung des *Obstbaues* vom Bozner Unterland bis auf fast 1000 m Seehöhe im Obervinschgau hat daher Wirtschaft und Landschaft gleichermassen von Grund auf verändert. Nach manchen schlechten Erfahrungen zielt die jüngere Entwicklung auf eine bessere Berücksichtigung ökologischer Erkenntnisse bzw. auf Verringerung des Einsatzes an chemischen Pflanzenschutzmitteln. In jüngster Zeit ist auch der Nordtiroler Landwirtschaft für den Fall des Eintrittes Österreichs in die EG der Übergang zum Intensivobstbau empfohlen worden. Für eine Wettbewerbsfähigkeit mit dem Südtiroler Obstbau fehlen jedoch die grundlegenden klimatischen Voraussetzungen.

Wie in Südtirol ist auch im österreichischen Landesteil der *Maisbau* seit 300 Jahren heimisch gewesen, und der Körnermais hatte einen festen Platz auf dem Speisezettel der bäuerlichen Familie. In den letzten Jahrzehnten hat der Anbau von Körnermais fast ganz aufgehört, während anderseits der *Silomais* auf manchen Höfen derart intensiviert wurde, dass er bei hohem Einsatz von Handelsdünger fast die Hälfte des Ackerlandes einnimmt. Diese Wirtschaftsweise bedingt einen erheblichen Zukauf eiweissreicher Futtermittel, führt zu Viehständen und Erträgen, die erheblich die wirtschaftseigene Grundlage überschreiten, hat sich aber auch für die Bodengesundheit als ungünstig erwiesen.

Wie im Bereiche des Dauergrünlandes, das im Bergbauerngebiet fast die ganze landwirtschaftlich genutzte Fläche einnimmt, ist auch die Entwicklung der *Almwirtschaft* widersprüchlich. Einerseits sind Almen aufgelassen worden, anderseits wurden sie nach Erschliessung durch Güterwege zum Teil weit über ihre ursprüngliche Bestimmung, nämlich Erweiterung der Futtergrundlage, Förderung der Gesundheit der Tiere und Entlastung der Arbeit auf dem Hofe im Sommer, weiterentwickelt. Viele Almen sind als Gaststätten oder Jausenstationen ein Teil der Infrastruktur des Fremdenverkehrs geworden. Derart können auch die eigenen Erzeugnisse besser verkauft werden als im genossenschaftlichen Absatz.

Ohne die meist sehr langen, wenngleich in der Regel auch für die Waldwirtschaft nutzbaren *Almwege* wäre eine arbeitsparende Bewirtschaftung nicht mehr möglich, vor allem nicht für die grosse Zahl jener Bäuerinnen und Bauern, die nebenberuflich tätig sind und auch die tägliche Arbeit auf den Heimgütern zu verrichten haben. Anderseits verlangt die Erhaltung und Pflege der Wege, die bei Unwettern immer eine besondere Gefahrenquelle darstellen, einigen Aufwand. Er pflegt zum Teil dadurch gedeckt zu werden, dass das Befahren gegen Gebühr auch Fremden gestattet wird, Bergsteigern ebenso wie Beeren- und Pilzsammlern oder sonst die Freizeit Nutzenden. Einwände dagegen gibt es sowohl vom Naturschutz als von der Jägerschaft wegen der Beunruhigung des Wildes.

Da die auf den Almen gewonnene und von dort zu den Sammelstellen gelieferte *Milch* gemäss Marktordnung nicht in die maximal zulässige Liefermenge eingerechnet wird, ist die Absicht mancher Almbauern, soviel *Kühe* wie möglich auf der Alm zu halten, ebenso verständlich wie die Notwendigkeit, Zusatzfutter dorthin zu schaffen. Ferner sind die Tiere unserer alpinen Rassen zuchtbedingt heute wesentlich schwerer als ihre Vorfahren vor einem Jahrhundert. Und schliesslich ist auch das Interesse der Jäger an der *Jagd* auf Hirsche und Gemsen so gross geworden, dass zuvor so gut wie wildfreie Almen heute Pachtzinse abwerfen, die über dem Nutzen aus der Rinderhaltung liegen.

Dass eine bestimmte Fläche des alpinen Grünlandes nicht zugleich dauernd intensiv für Wild und Rinder genutzt werden kann, liegt auf der Hand. Schäden sind nicht nur an der Grasnarbe, sondern auch im angrenzenden Wald zu beobachten.

Das letztere Problem ist um so schwerwiegender, als die gemischte Nutzung in Form der *Waldweide* immer noch die Regel, die ökologisch bessere trennende Neuordnung der Flächennutzung jedoch die Ausnahme geblieben ist. Diese etwa im äusseren Zillertal bestens gelungene Massnahme wäre langfristig wirtschaftlicher und ökologisch richtiger als die da und dort begonnenen *Geländekorrekturen* auf hochgelegenen Bergwiesen und Almen, die zwar den Maschineneinsatz gestatten, die bunte Flora von Almgräsern und -kräutern aber zerstören. Anderseits fehlen die Arbeitskräfte, um das auf den Almen seit Jahrhunderten als selbstverständlich betrachtete Sammeln der herumliegenden Steine weiter zu besorgen oder das Verbuschen zu verhindern.

Viele derartige in der Landschaft sichtbar werdende Widersprüche einschliesslich der örtlichen Förderungsmassnahmen von Bund und Land sind ohne Kenntnis der Verhältnisse auf den Heimgütern weder zu verstehen noch zu bewerten. Dazu zählen auch manche Vorkehrungen zur *Bodenmeliorierung*, bei denen Feuchtflächen trockengelegt werden, die im natürlichen Wasserhaushalt als Retentionsbecken bei Starkabflüssen gedient haben. Das hat zuweilen zur Folge, dass Wildbäche erzeugt werden, die anderwärts Schaden verursachen und dann mit hohen Kosten verbaut werden müssen.

Als langzeitig wirksamste und billigste Massnahme der *Katastrophenvorbeugung* und der allgemeinen Verbesserung des Landschaftshaushaltes, selbständig oder im Rahmen der Trennung von Wald und Weide kommt der Sanierung der *Schutzwälder* und der *Hochlagenaufforstung* wohl die grösste Bedeutung zu, zumal fast die Hälfte des Tiroler Waldes Schutzwald ist. Viele Schutzwälder sind überaltert, können sich wegen hoher Wilddichten oder Beweidung nicht verjüngen und drohen zusammenzubrechen. Ohne eine Verringerung der *Wildbestände* hat der Schutzwald keine Zukunft und bleibt der Wirtschaftswald nur beschränkt leistungsfähig. Derzeit bildet die *Jagd* vorrangig ein humansoziologisches Problem mit weitreichenden landschaftsökologischen Folgen und ist erst mit grossem Abstand ein solches des Naturschutzes.

Das Zusammenbrechen unserer Schutzwälder wird durch die immissionsbedingten *Waldschäden,* die im Schutzwald deutlich grösser sind als im tiefer gelegenen Wirtschaftswald, beschleunigt. Von einem Teil der Naturschützer wurde vorgeschlagen, diese Wälder sich selbst zu überlassen. Indessen ist ihr Verlust an Funktion zu weit fortgeschritten, ein natürlicher Wiederaufbau bei den gegebenen hohen Wilddichten nicht zu erwarten und die Bedrohung des Talraumes vor allem durch Lawinen bereits zu gross geworden. Oft genug ist der Schutz des Siedlungsraumes und auch der Wiederaufbau des Höhenwaldes nur mehr durch teure technische Verbauungen zu erreichen.

Da in Tirol fast 80% der Waldfläche im Besitz von Bauern oder bäuerlich bestimmten Agrargemeinschaften ist, hängt es im gegebenen Wirtschaftsgefüge einerseits von den Besitzern selbst ab, ob *Wald und Grünland* in einem Gefüge bleiben, das sowohl die unerwünschte Verfinsterung der Landschaft als auch die katastrophenträchtige Entwaldung vermeidet. Anderseits bleibt festzuhalten, dass der Wald dank seiner Rauhigkeit den grössten Teil der Schadstoffimmissionen aufgenommen und damit von der Nahrungskette Pflanze-Tier-Mensch ferngehalten hat.

Derzeit ist rund ein *Fünftel des Tiroler Waldes* sichtbar *geschädigt,* also in seiner Schutzfunktion gegenüber Immissionen überfordert. Das bedeutet, dass nach seinem Zusammenbrechen auch die *Landwirtschaft* in allen Höhenstufen durch Schadstoffe so getroffen würde, dass sie nicht weitergeführt werden könnte. Der Land- und Forstwirtschaft bleibt daher in ihrer Existenzbedrohung kein anderer Weg, als bis zum Jahre 2000 auf dem *Zurückführen der Schadstoffbelastung* auf ein Zehntel des derzeitigen Standes zu bestehen. Dies wird nur mit technischen Verbesserungen und verkehrspolizeilichen Beschränkungen gemeinsam zu erreichen sein, erfordert viel Aufwand und Opfer, liegt aber in vielfältigem öffentlichen Interesse.

3. Die Grundlagen der bisherigen Entwicklung und weitere Aussichten

Seit ihrem jungsteinzeitlichen Beginn hat die alpine Landwirtschaft zwei grosse *systemverändernde Revolutionen* mitgemacht. Die erste war die Einführung der *Sense* im Mittelalter. Sie gestattete den Erwerb von mehr Winterfutter, das Halten grösserer Viehbestände, kam über die Intensivierung der Humuswirtschaft auch dem Ackerland zugute und ermöglichte letztlich einen Siedlungsausbau bis zu den bekannten äussersten Grenzen. Die Landschaft war durch menschliche und tierische Arbeit geschaffen worden und der Landschaftshaushalt stand mit diesem geringen Einsatz an Energie in Einklang.

Die zweite Revolution hat in der Berglandwirtschaft erst in der zweiten Hälfte dieses Jahrhunderts stattgefunden. Sie besteht im weitgehenden Einsatz von *Kapital statt Arbeit,* wobei ersteres vor allem in Form der Elektrifizierung, Motorisierung und Mechanisierung auftritt. Sieht man von betriebseigenen Kleinkraftwerken ab, besteht kein Zweifel, dass jener Betrag an *Primärenergie,* der zur Erzeugung einer Energieeinheit im Endprodukt benötigt wird, ungleich grösser ist als früher, obgleich wegen der ungünstigeren Geländebedingungen und des besseren eigenen Nährstoffkreislaufes immer noch viel niedriger als im ausseralpinen Gebiet. Dennoch steht der *vergrösserte Energiedurchsatz* nicht mehr im Einklang mit dem überkommenen Landschaftshaushalt.

Diese zweite Revolution im Bergbauerngebiet fällt zeitlich mit dem Ausreifen der *industriellen Gesellschaft* zusammen, in der die Bauern nur mehr einen kleinen Teil der Gesamtbevölkerung stellen und damit politisch an Gewicht verloren haben. Ausserdem geraten die Bergbauern im Wettbewerb mit der kapitalintensiveren ausseralpinen Landwirtschaft um so mehr ins Hintertreffen, je weniger ihnen ihre besonderen landschaftsökologischen Leistungen abgegolten werden.

Als Folge der Entwicklung der industriellen Gesellschaft ist es auch in Tirol zu den anderwärts bekannten Vorgängen der verbundwirtschaftlich bedingten *Urbanisierung* einer- und *Entleerung* anderseits nebeneinander gekommen, wobei letztere durch die *Freizeitwirtschaft* weithin derart *überkompensiert* worden ist, dass eine Urbanisierung zweiter Art eingeleitet wurde. Diese doppelte Verstädterung ist nicht nur siedlungsgeographisch, sondern auch kulturell zu verstehen.

Für die künfige Entwicklung des derart bereits nicht mehr ganz *ländlichen Raumes* in Tirol bleibt zunächst die *Lage* zu den staatlichen und überstaatlichen Aktionsräumen und -linien der *europäischen Wirtschaft* schicksalhaft bestimmend. Die seit vier Jahrzehnten gewohnte Konfiguration scheint zwar im Umbruch begriffen, doch ist es nicht sehr wahrscheinlich, dass die zu erwartende Entwicklung west-östlicher Wachstumslinien zu einem merklichen Nachlassen des von der meridionalen Achse ausgehenden ökologischen Druckes führen wird. Dem Lande verbleibt somit die Hoffnung auf bessere verkehrstechnische Lösungen.

Es ist noch eine zweite Variable in Betracht zu ziehen: das vermutliche künftige *Verhalten des Menschen* individuell und kollektiv. Ohne kulturphilosophischen Spekulationen zu folgen ist zu vermuten, dass sich die Wesenszüge der herrschenden *nordatlantischen* (nicht europäischen) *Zivilisation* bis auf weiteres nicht ändern werden. Geistigirrational herrscht ein *Hedonismus* wie in der Spätantike, und materiellrational dürfte die *Energie* billig angeboten bleiben, womit die wichtigste Voraussetzung für die Nutzung der Rohstoffe, die technische Umsetzung wissenschaftlicher Erkenntnisse, den freiwirtschaftlichen Zusammenschluss der Erde und den luxurierenden Lebensstandard der entwickelten Länder nicht gefährdet erscheint.

Wenn der antike Hedonismus mit der Befreiung der Sklaven beendet wurde, verbleibt auf die Frage nach dem Ende des modernen nur der Verweis auf einen möglichen freiwilligen oder unfreiwilligem *Verzicht* auf ein Übermass an Energie, letzteres etwa wegen der steigenden Ansprüche der «dritten Welt». Doch ist weder die eine noch die andere Beschränkung in Sicht. Eine Änderung des menschlichen Verhaltens würde wohl eine andere Antwort auf die Frage nach dem *Sinn* des menschlichen Daseins voraussetzen. Diese andere Antwort müsste sich auch *biologisch-demographisch* äussern. In seltener Monotonie zeigen aber fast alle europäischen Staaten nur Dekadenz, sogar der ländliche Raum, den man als sichere Lebensquelle der Städte zu sehen gewohnt gewesen ist. An seine Stelle tritt der südliche Halbmond von Marokko bis Vorderasien.

Die beiden obgenannten Unbekannten der relativen *Lage im Raum* und des *Verhaltens des Menschen* finden stets einen unmittelbaren Niederschlag in der Wirtschaftspolitik im allgemeinen und in der *Agrarpolitik* im besonderen. Abgesehen von diesen Variablen gibt es aber mindestens zwei Grundsätze, die für *Österreich* eine naheliegende agrarpolitische Leitlinie sein könnten: *Ökologie und Neutralität*. Indessen ist deren Stellenwert im Rahmen der gesamten Politik sehr unsicher und wird im Lichte der Bemühungen um den *Eintritt in die EG* auch nicht klarer sichtbar. Der dabei geäusserte Gesichtspunkt, Österreich solle der EG beitreten, um dort einer ökologisch betonten Landwirtschaftspolitik zum Durchbruch zu verhelfen, mag zwar Verkennung der Gewichte oder Wunschdenken sein, unterstreicht aber, dass zumal die alpine Landwirtschaft an einem Scheidewege steht.

Im Falle der Einhaltung einer *ökologisch-bäuerlichen Agrarpolitik* wird für den Zeitraum 1980–2000 unter der Voraussetzung von genügend Nebenerwerb dennoch mit einem Verlust von 30% aller Bauernhöfe gerechnet. Die Aussichten für Nebenerwerb und damit Strukturerhaltung sind dabei im Westen Österreichs und im Bergland besser als im Osten.

Hingegen würde die Verwirklichung einer *freimarktwirtschaftlichen Agrarpolitik* die Bildung hochtechnisierter Vollerwerbsbetriebe bis zum Jahre 2000 derart beschleunigen, dass nur ein Fünftel aller Höfe überleben könnte, im Berggebiet wohl nur sehr wenige. Diese Politik sähe sich allerdings unmittelbar zwei Folgeproblemen gegenüber. Einerseits müssten für die ausscheidenden Bauern *Vollarbeitsplätze* geschaffen werden, was schon ausbildungsbedingt schwierig wäre. Anderseits würde der ansteigende Verbrauch an Dünge- und Pflanzenschutzmitteln die *Umweltprobleme* im Grundwasser und in der Nahrung verschärfen. Der hohe Kapitaleinsatz würde zu weiteren Ertragssteigerungen führen, denen man mit *Flächenstillegungen* zu begegnen gedenkt. Letztere würden sich im Bergland aus der Wettbewerbsunfähigkeit der Bergbauernbetriebe von selbst ergeben, ohne freilich die Gesamterzeugung wesentlich zu entlasten.

Dieser Weg zum Ende der Landwirtschaft im alpinen Raum deckt sich mit den Vorstellungen des «*Zurück zur Natur*» eines Teiles der Naturschutzbewegung. Dabei wird übersehen, dass der *Erholungswert* im Gebirge weniger im Grundkapital der Natur als in deren Umprägung durch die Bodenkultur besteht. Sieht man von den hochtechnisierten Zentren des Massentourismus ab, die letztlich nur ein geeignetes Relief für den Wintersport benötigen, verbliebe nach dem Abzug der Bergbauern als grossflächig mögliche Nutzung auf kurze Frist nur die *Jagd*, langfristig das *Holz*.

Wenn dieser Weg vermieden werden soll, ist es notwendig, der auf dem Gebiete der *Gebirgsökologie* wenig beschlagenen grossen Mehrheit der Bürger immer wieder vor Augen zu führen, dass die Berglandwirtschaft nicht nur *Güter* erzeugt, sondern auch die *Landschaft* offen und erholungswert hält und in ihr sogar die Siedlungen und Verkehrswege vor *Katastrophen* schützt, wenn sie gemäss ihren eigenen jahrhundertealten örtlich verschiedenen Erfahrungen ökologisch richtig betrieben wird. Dass letzteres relativ zur ausseralpinen Wirtschaftsweise *mehr Arbeit* und *mehr Menschen*, hingegen *weniger Kapital* und *weniger Maschinen* verlangt, ist Grundlage und Rechtfertigung aller besonderen Massnahmen zur unmittelbaren Förderung der Bergbauern.

Trotzdem bleibt festzuhalten, dass aus *materiell-rationaler* Sicht die Entwicklung unserer Zivilisation für das Bergbauerntum und damit für die alpine Landschaft *nicht günstig* verläuft. Dabei vermag auch die Erfahrung, dass schon in der Vergangenheit viele Fragen nach dem «*qualiter*» von Futurologen zwar mit einem «*taliter*», von der später enthüllten Wirklichkeit aber mit einem «*totaliter aliter*» beantwortet worden sind, nur wenig zu befriedigen.

Was bleibt ist die Hoffnung, dass sich die Menschen sowohl unten in den Ballungsräumen als oben im Bergland um die Frage nach dem *Sinn* des Daseins ernstlich bemühen und daraus materiell-rational richtige Entscheidungen ableiten. Daher gibt es noch *Hoffnung,* etwa auf die Wiederkehr innerdörflicher Marktbeziehungen und auf das Erhalten einer breiten Selbstversorgung in der Landwirtschaft selbst, mit der das Bewahren der vielen unschätzbaren bäuerlichen Kenntnisse und Fertigkeiten untrennbar verbunden ist.

Es scheint, dass derzeit der *Nebenerwerbsbauer* hiefür besser befähigt ist, als der zur Betriebsvereinfachung gezwungene Vollerwerbsbauer. Ersterer hat nun entgegen den Vorhersagen der Agrarexperten und Statistiker den Beweis anzutreten, dass er *keine* generationsbedingte *Übergangsform* auf dem Weg zum Nichtbauern verkörpert, sondern Träger einer entwicklungsfähigen Lebensform ist, für die vielfältigen Erscheinungen der existentiellen Sinnkrise in unserer Zivilisation weniger anfällig und zum *Überleben* in der Gesellschaft bevorzugt befähigt. Viel Bildung und Ausbildung ist notwendig, um dem Nebenerwerbsbauern gerade jene Haupterwerbsmöglichkeiten zu sichern, die dank vielfältiger Entwicklungen der Elektronik in einem mehr dezentralisierten System geschaffen werden dürften.

Zum Schluss sei die Pflicht des *Wissenschafters* beschworen, sich beim Behandeln der *Bergbauernfrage* nicht korrumpieren zu lassen, weder materiell durch Abhängigwerden von Interessen Mächtiger, noch ideell durch ein sich vorweg Ausliefern an Utopien. Die Kenntnis der bäuerlichen *Arbeitswelt* ist dabei ebenso hilfreich wie unentbehrlich.

Den *geographisch* und somit *interdisziplinär* denkend Tätigen sei ans Herz gelegt, sich nicht mit dem *Beschreiben* und *Dokumentieren* zur Benützung durch spätere Nachfahren zu begnügen, sondern ihr *Wissen* und ihre *Sicht der Zusammenhänge* für politische Entscheidungen auf allen Ebenen verfügbar zu halten, hilfreich sowohl für örtliche Bürgerinitiativen als auch für alle politischen Funktionäre und die Regierenden. Mögen sich alle an Entscheidungen Beteiligten bewusst sein, dass die *Buntheit* von Natur und Kultur im Alpenraum kein Hineintragen «schrecklicher Vereinfachungen» aus der Theorie verträgt. Für die politische Praxis bleibt als wichtigste Empfehlung, keine *irreversiblen Endlösungen* anzustreben, sondern stets so zu handeln, dass auch den Nachfahren noch *Freiheitsgrade* des Handelns im alpinen Raum verbleiben.

Literatur

Amt der Tiroler Landesregierung, 1989: Bericht über den Zustand der Tiroler Böden 1988. Bodenkataster. Innsbruck: 198 S.

Amt der Tiroler Landesregierung, 1989: Zustand der Tiroler Wälder. Untersuchungen über die Immissionsbelastung und den Waldzustand in Tirol. Bericht für das Jahr 1988. Innsbruck: 150 S.

Amt der Tiroler Landesregierung, 1989: Bericht über die Lage der Tiroler Land- und Forstwirtschaft 1987/88. Innsbruck: 172 S.

Amt der Tiroler Landesregierung und Autonome Provinz Bozen-Südtirol, 1988: Statistisches Handbuch für Tirol und Südtirol 1988. Innsbruck – Bozen 165 S.

LICHTENBERGER, E. (Hrsg.), 1989: Österreich. Raum und Gesellschaft zu Beginn des 3. Jahrtausends. Beiträge zur Stadt- und Regionalforschung 9. Österreichische Akademie der Wissenschaften, Wien: 276 S.

Das Land Salzburg und seine politischen Bezirke

— Grenze des Bundeslandes
— Grenzen der Politischen Bezirke
ST. Stadt Salzburg mit eigenem Statut
= Autobahnen
--- Grenze des Alpenraumes

FRANZ REST*

Endogene Regionalpolitik zwischen Tourismus und Landwirtschaft im Bundesland Salzburg/Österreich

Das Bundesland Salzburg zählt innerhalb der neun österreichischen Bundesländer zu jenen, die in allen wirtschaftsstatistischen Daten mit an der Spitze liegen. Salzburg kennt eine im Vergleich geringe Arbeitslosigkeit und hohe Zunahmen in der Beschäftigtenzahl.

Das Bundesland erstreckt sich über eine Fläche von 7154 Quadratkilometern. Auf dieses Gebiet verteilt leben rund 465 000 Einwohner.[1] Damit umfasst dieses Bundesland nur rund 8,5% der Fläche Österreichs und hat einen Anteil von 6% an der österreichischen Gesamtbevölkerung. Salzburg weist, wie auch die beiden anderen in den Alpen liegenden österreichischen Bundesländer, Tirol und Vorarlberg, eine positive Wanderungsbilanz[2] auf. Ursache dafür ist sicher nicht zuletzt die wirtschaftliche Prosperität in diesen «klassischen» Alpenländern Österreichs. Etwa ein Drittel der knappen halben Million Menschen, die im Bundesland Salzburg leben, wohnen in der Landeshauptstadt Salzburg, ein weiteres Drittel im Salzburger Zentralraum rund um die Landeshauptstadt, südlich begrenzt durch den Pass Lueg. Das dritte Drittel, also rund 150 000 Menschen leben im Zentralalpenraum, in den politischen Bezirken Pinzgau (Hauptort Zell am See), Pongau (St. Johann) und Lungau (Tamsweg).

Nach dem 2. Weltkrieg entwickelte sich Salzburg quasi zum «Einwanderungsland». In den späten vierziger Jahren kamen sehr viele Flüchtlinge und Heimatvertriebene aus den deutschsprachigen Ostgebieten und liessen sich in Salzburg nieder. Anfang der fünfziger Jahre machten diese Menschen rund 13% der Wohnbevölkerung aus.[3] Aber auch aus den ostösterreichischen Bundesländern wanderten und wandern viele Menschen nach Salzburg zu. Diese Zuwanderung verteilt sich aber nicht gleichmässig auf das Bundesland. Während die Stadt Salzburg und seine Umlandgemeinden, also der Salzburger Zentralraum, starke Zuwächse verzeichnen, stagniert die Wohnbevölkerung in den zentralalpinen Verwaltungsbezirken Pinzgau, Pongau und Lungau, bzw. ist sie sogar leicht rückläufig.[4] Dieser Trend hat auch in den vergangenen zehn Jahren angehalten.

---

* Adresse des Verfassers: Dr. FRANZ REST, Institut für Publizistik und Kommunikationswissenschaft der Universität, A-Salzburg (Österreich)

Ein Problem Salzburgs ist aus meiner Sicht also, wie wir später noch sehen werden, die unterschiedliche Entwicklung in den nördlichen (Salzburger Zentralraum) und den südlichen (zentralalpine Bezirke) Landesteilen. Die Nachkriegsentwicklung war im Bundesland Salzburg auch gekennzeichnet durch die Gewährung von – im Vergleich zu anderen Bundesländern – sehr hohen ERP-Krediten,[5] die die Wirtschaftsentwicklung in diesem von 1945 bis 1955 (Staatsvertrag) von den Amerikanern kontrollierten Gebiet Österreichs stark angekurbelt hat.

Die zentralen Probleme des Bundeslandes Salzburg sind, wie ich sie sehe, das Verkehrsproblem und hier vor allem die Transitbelastung, die Probleme, die durch touristische Erschliessungen und Entwicklungen anstehen, die Auseinanderentwicklung des nördlichen und südlichen Teiles des Landes hinsichtlich der wirtschaftlichen Möglichkeiten, der zunehmende Druck auf die Lebensmöglichkeiten der Berglandwirtschaft und die «Ausdünnung» der «kulturellen Identität», des Selbstverständnisses der Menschen.

1. Salzburg, das Transitland

Aufgrund seiner geopolitischen Situation ist Österreich bekanntlich ein wichtiges europäisches Nord-Süd-Transitland. Gerade in diesen Tagen stehen wir unmittelbar vor ersten konkreten Massnahmen gegen die unerträglich werdenden Belastungen für die Menschen an diesen Durchzugsstrassen und -autobahnen. Am 1. Dezember 1989 tritt das in Europa so heftig diskutierte österreichische Nachtfahrverbot für nicht lärmarme LkW in Kraft. Im Gegensatz zur Schweiz hat es Österreich in seiner Verkehrs- und Transportpolitik versäumt, wenigstens beträchtliche Teile des Verkehrs auf die Schiene zu verlagern. Besonders drastisch zeigt sich dies bei der Entwicklung des Güterverkehrs über die Alpen. Während 1987 hier in der Schweiz rund 14,5 Millionen Tonnen als Transitgüter auf der Schiene durch die Alpen gekarrt wurden, beförderten die österreichischen Bahnen nur rund 4,4 Millionen Tonnen. Umgekehrt verhält es sich bei der Menge jener Güter, die auf der Strasse die Alpen durchqueren: In der Schweiz laufen 3,5 Millionen Tonnen über die Strasse, in Österreich fast das fünffache: 16 Millionen Tonnen. Besonders dramatisch ist auch das Anwachsen dieses Güterstromes: 1971 wurden insgesamt 3,5 Millionen Tonnen durch die österreichischen Alpen gefahren, 1986 waren es bereits 21 Millionen Tonnen, in einem Jahrzehnt werden es voraussichtlich schon 30 Millionen Tonnen sein.[6] Während sich das Volumen des Transit-Güterverkehrs auf der Strasse seit 1970 versechsfacht hat, hat sich der Gütertransit auf Schienen nicht einmal verdoppelt.

Wenn von der Belastung Österreichs durch den Transitverkehr gesprochen wird, dann denken viele Menschen ausserhalb Österreichs fast ausschliesslich an Tirol, das Inntal, die Brennerstrecke. Neben Tirol ist aber auch Salzburg ausserordentlich intensiv von der durchreisenden Verkehrslawine betroffen. Und dieser Verkehr steigt enorm an. Der Grenzübergang Walserberg (Grenze Bayern–Salzburg) ist – unter Zugrundelegung des Gesamtverkehrs – stärker belastet als der Grenzübergang Kufstein und wesentlich

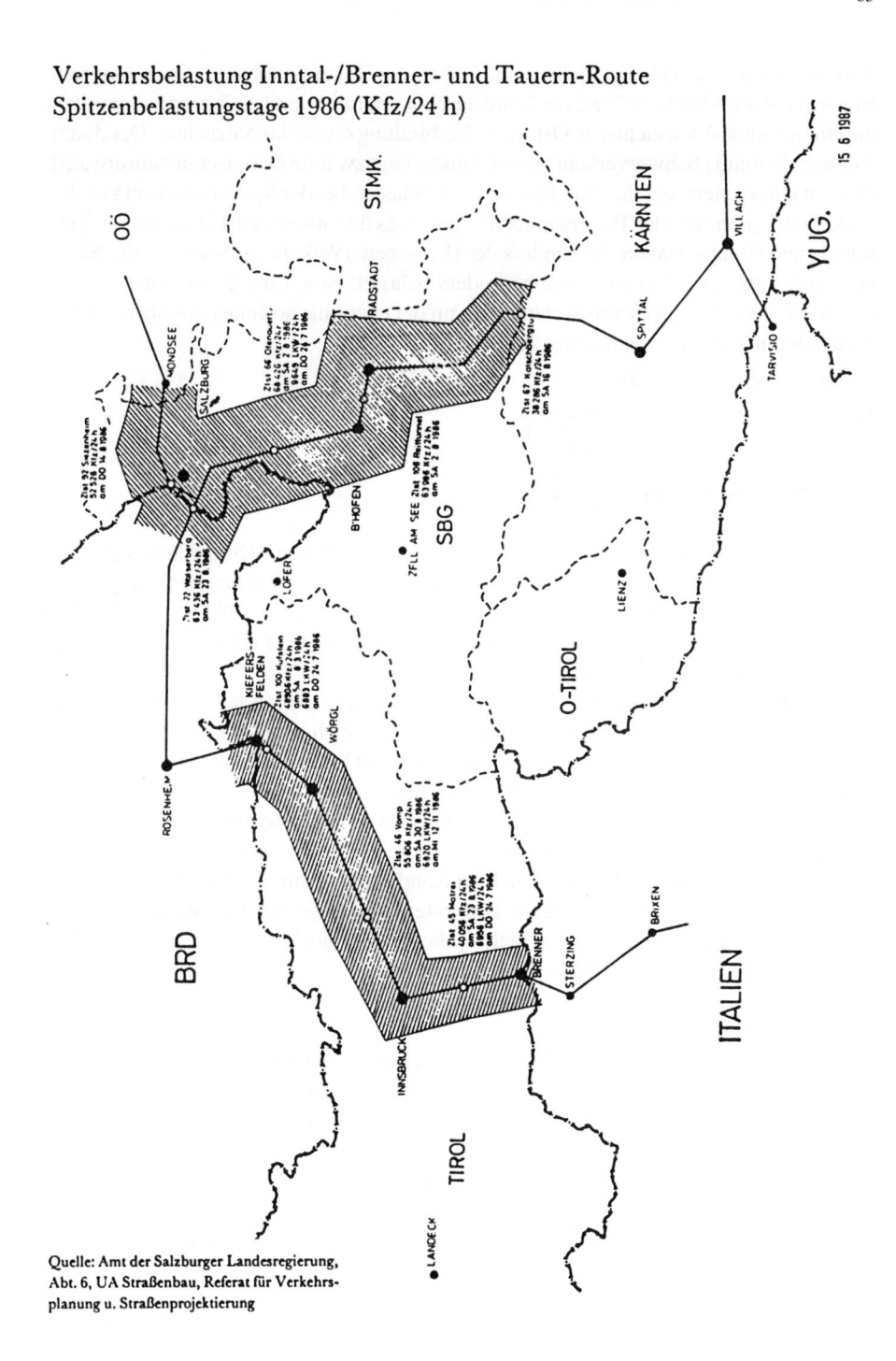

Verkehrsbelastung Inntal-/Brenner- und Tauern-Route
Spitzenbelastungstage 1986 (Kfz/24 h)

Quelle: Amt der Salzburger Landesregierung,
Abt. 6, UA Straßenbau, Referat für Verkehrs-
planung u. Straßenprojektierung

stärker als der Grenzübergang Brenner. Neben der Tauernautobahn, die in unserem Bundesland die Alpen von Nord nach Süd durchquert, führt durch Salzburg zudem auch die einzige innerösterreichische Ost-West-Verbindung durch das Salzachtal. Der durch Salzburg laufende Schwerverkehrsanteil (Güter) liegt zwar im Durchschnitt um etwa 20 Prozent unter jenem, der das Bundesland Tirol belastet, bei der Spitzenbelastung ist die Verkehrsfrequenz auf der Tauernautobahn allerdings durchwegs stärker als jene auf der Inntal- und Brennerstrecke. Besonders der (Personen-)Verkehr im Sommer, der Salzburg aufgrund der Urlauberströme besonders belastet, ist auf der Tauernautobahn im Bundesland Salzburg wesentlich stärker als auf der ebenfalls hoffnungslos überlasteten Inntal/Brenner-Route. Dazu einige Zahlen:[7]

Spitzenbelastungstage 1986 (Kfz/24 h):

Tirol: Grenzübergang Kufstein: 48 906 Kfz/24 h
                        davon: 6 883 Lkw/24 h
Matrei am Brenner: 40 056 Kfz/24 h
Salzburg: Grenze Walserberg: 63 436 Kfz/24 h
           Ofenauertunnel: 68 426 Kfz/24 h
                        davon: 9 649 Lkw/24 h

Bedenkt man, dass der Sekundenzeiger einer Uhr innerhalb von 24 Stunden rund 86 400 mal vorrückt, so kann man doch zumindest erahnen, was das Passieren von über 68 000 Kraftfahrzeugen innerhalb dieses Zeitraumes bedeutet. Im Jahr 1987 wurden bei der Zählstrecke Tennek an der Tauernautobahn rund 10 Millionen Fahrzeuge registriert, 1970 waren es noch 2,7 Millionen gewesen.

Während im Bundesland Tirol zumindest seit einigen Jahren heftig über die Verkehrsbelastung durch den Transit diskutiert wird, und auch bereits konkrete Forderungen der Landesregierung an die Bundesregierung nach Entlastung vom Durchzugsverkehr erfolgt sind,[8] steckt unser Bundesland in dieser Diskussion erst in den Anfängen. Einzelne Landespolitiker erheben zwar konkrete Forderungen wie etwa die Einführung des Tempolimits von 100 km/h auf Autobahnen und 80 km/h auf Bundesstrassen oder die Erlaubnis des Transits ausschliesslich für Katalysator-Autos. Und auch auf Seite der verantwortlichen Beamten existieren konkrete Vorschläge für Veränderungen. Beschlüsse für konkrete Massnahmen stehen aber immer noch aus. Inzwischen hat die Bevölkerung Salzburgs in einem Referendum im Juni 1990 die Einführung eines Tempolimits (100 km/h auf Autobahnen, 80 km/h auf Bundesstrassen) mehrheitlich abgelehnt

Neben der Belastung durch den Transitverkehr hat Salzburg aber auch ein hohes Mass an eigenem, hausgemachtem Verkehr zu verkraften. Die rund 465 000 Salzburgerinnen und Salzburger haben mehr als 250 000 Kraftfahrzeuge angemeldet, was einem – auch international – beachtlichen Motorisierungsgrad von mehr als 500 Kfz. pro tausend Einwohner gleichkommt. Allein im Zeitraum 1978 bis 1988 ist der Stand der behördlich angemeldeten Kraftfahrzeuge von 162 000 auf rund 254 000 angewachsen.[9]

Eine Verringerung des Transitverkehrs ist für die nächste Zeit nicht zu erwarten. Auch wenn im vergangenen Sommer die Zahl der über die Tauernautobahn nach Süden fahrenden Urlauber aufgrund der ökologischen Situation an der oberen Adria nicht mehr anstieg, so ist vorerst eine Trendumkehr nicht in Sicht. Durch die EG-Mitgliedschaft

Griechenlands, die EG-Beitrittsbestrebungen der Türkei und nicht zuletzt auch durch die verstärkten österreichischen Bettelgänge um eine Aufnahme in der «Verkehrsfabrik» EG werden sich die Probleme aus der Verkehrsbelastung für die beiden Transitländer Tirol und Salzburg gleichermassen eher verschärfen. Österreich wird durch die epochalen Veränderungen in Osteuropa zudem zum Nord-Süd-Transit auch noch mit dem sicher ebenfalls enorm ansteigenden Ost-West-Transit konfrontiert werden. Insgesamt sind die Aussichten für uns hier also alles andere als rosig. Zudem sind auch noch Pläne aus der BRD bekanntgeworden, zur Erweiterung des deutschen Autobahnnetzes auch noch eine Verbindung aus dem Raum Nürnberg/Regensburg in Richtung Salzburg zu führen. Durch die Öffnung der DDR könnten sich hier weitere Verkehrsströme entwickeln. Auch die Autobahn Rosenheim–Walserberg soll nach Plänen der Bayerischen Staatsregierung[10] dreispurig ausgebaut werden.

2. Die touristische (Über)erschliessung

Eng verwoben mit dem zuerst angesprochenen Problemkreis, der hohen Verkehrs- und bes. Transitbelastung ist ein weiterer für das Bundesland Salzburg – und auch hier nicht so stark unterschiedlich vom Nachbarbundesland Tirol – typischer Problemkreis: die touristische Erschliessung und die aus ihr resultierenden Folgen für Wirtschaft, Gesellschaft, Kultur und Umwelt. Rund 21 Millionen Nächtigungen verzeichnet das Bundesland Salzburg pro Jahr. Dabei hat der Winterfremdenverkehr den Sommer bereits überflügelt: 11 Millionen Nächtigungen entfallen auf das Winter-, 10 Millionen auf das Sommerhalbjahr. Besonders in den inneralpinen Gebieten überwiegt der Wintertourismus.[11] Die Bezirke St. Johann im Pongau und Zell am See zählen beide zu jener Handvoll österreichischer Bezirke, welche den höchsten Erschliessungsgrad mit touristischer Infrastruktur für den Wintertourismus aufweisen. Sowohl der Pinzgau, vor allem aber der Pongau haben besonders hohe Zahlen bei den technischen Aufstiegshilfen, also bei Seilbahnen und Liften erreicht. Sie liegen in einer Rangreihe österreichischer Bezirke an zweiter und vierter Stelle. Für das Bundesland Salzburg ergab sich dabei die folgende Entwicklung:[12]

«Technische Aufstiegshilfen»

	1960	1970	1980	1987
Seilbahnen	2	19	23	25
Sesselbahnen	17	56	98	117
Schlepplifte	100	379	553	606

Diese hohe touristische Erschliessung besonders für den Winterfremdenverkehr bringt hohe wirtschaftliche Einnahmen, aber auch enorme Belastungen mit sich. In den letzten Jahren begann auch in unseren Alpentälern zunehmend die Diskussion um die Grenzen des touristischen Wachstums. Besonders die ökologischen Schäden werden nun diskutiert. Der Flächenverlust für die Landwirtschaft durch neue Schipisten und Aufstiegshilfen ist dabei meiner Meinung nicht das grösste Problem. Dieser Flächenverlust als solcher ist eventuell noch verkraftbar – wenngleich aber auch hier die Entwicklung nun zu stoppen sein wird. Jedenfalls haben die Betreiber von Wintersportanlagen aus den Fehlern der vergangenen Jahrzehnte doch auch einiges gelernt und man muss ihnen auch einmal klar zugute halten, dass Eingriffe, die in den vergangenen Jahren durchgeführt wurden, zumindest nicht mehr so brutal waren, wie noch vor einem Jahrzehnt. Dieses Bemühen um «angepasste», «sanfte» Lösungen ist allerdings noch nicht überall vorzufinden. Es fehlen auch weitgehend die erforderlichen Kenntnisse über ökologische Zusammenhänge, um die Folgen dieser Eingriffe in allen ihren Konsequenzen beurteilen zu können. Das grösste (ökologische) Problem, das aus dem Massentourismus in unseren Alpentälern resultiert, ist meines Erachtens wiederum der durch diesen Tourismus verursachte Verkehr. Gerade im Wintertourismus zeichnet sich der Trend zu immer kürzeren Urlauben und zum Tages- oder Wochenend-Schiausflug ab. Diese kurzen Aufenthaltsdauern verursachen nun aber pro Übernachtung noch wesentlich höhere Anfahrtskilometerleistungen und tragen damit zu einer weiteren Verkehrsbelastung auch bei insgesamt stagnierenden Nächtigungszahlen bei. Durch die «gute» verkehrsmässige Erschliessung vor allem des Pongaues durch die Tauernautobahn sind daher Anfahrtswege von mehreren hundert Kilometern auch für kurze Urlaube kein Problem. Gleichzeitig haben wir mit dem Problem von immer mehr anwachsenden innerregionalen Disparitäten zu kämpfen. Einige Gemeinden haben inzwischen ein sehr unausgewogenes Verhältnis zwischen Bewohnern und Touristen. Grundsätzlich ist meines Erachtens die Forderung aufzustellen, dass nicht wesentlich mehr Touristen in einem Ort ihren Urlaub verbringen sollten, als dieser Ort Einwohner hat. Das Verhältnis Touristenzahl : Zahl der Bewohner muss in einem für alle Beteiligten überschaubaren Rahmen bleiben. Daher ist unbedingt die Forderung aufzustellen, dass pro Einwohner in einer Gemeinde nicht mehr als ein Touristenbett zur Verfügung stehen sollte, also ein Verhältnis 1:1 zwischen Touristen und Bewohnern die Grenze des Wachstums darstellt. Dieses Verhältnis steigt in einigen Gemeinden allerdings auf ein Vielfaches. Im Bundesland Salzburg finden sich einige Gemeinden, die fünf, ja bis zu zehn Gästebetten pro Einwohner aufweisen.[13] Bei solchen Verhältniszahlen ist allerdings ein «menschlicher», «angepasster» Tourismus schwer möglich.

Dass das touristische Wachstum allerdings nicht in der Entwicklung der letzten Jahre weitergehen kann, wird nun auch von Tourismus-Verantwortlichen erkannt. Die Salzburger Land/Tourismus-Gesellschaft, die den Fremdenverkehr landesweit zu vermarkten hat, hat gerade in den letzten Wochen mit einem neuen Marketing-Konzept Aufsehen erregt. Dieses Konzept sieht vor, sich wieder stärker um den Sommergast in den Alpen zu kümmern und will keine zusätzlichen Werbemittel für den Wintertourismus ausgeben. Ausserdem wird versucht, Wege zu finden, den einzeln mit dem Auto über weite Strecken anreisenden Kurzzeiturlauber nicht weiter zu forcieren. Dieses Konzept ist allerdings vor allem bei den Seilbahnbetreibern stark unter Beschuss gekommen und derzeit wird heftig darüber diskutiert. Manche Tourismus-Verantwortliche fühlen sich zudem von der Politik im Stich gelassen und sehen in «den Grünen» ein neues Feindbild, das sich zum Ziel gesetzt hat, der Branche enorm zu schaden und dieser nur zu Böses wollen.[14] Ähnlich wie in Tirol gibt es auch in Salzburg nun eine Art

Nachdenkphase in Hinblick auf Wintertourismus-Erschliessungen. Während die Tiroler Landesregierung beschlossen hat, drei Jahre lang keine Aufstiegshilfen bauen zu lassen und diese Zeit zum Nachdenken über die künftige Entwicklung zu verwenden, gibt es in Salzburg einen 1986 getätigten Regierungsbeschluss, keine Neuerschliessung im Schilift- und Seilbahnbereich, sondern nur noch Verbesserungen und Ergänzungen zuzulassen. Dabei herrscht aber offener Streit über die Interpretation dessen, was eine Neuerschliessung ist und was nur eine «Qualitätsverbesserung». Jedenfalls sind seit diesem Beschluss der Landesregierung im Bundesland Salzburg rund 40 neue Lift- und Seilbahnanlagen erbaut worden. Derzeit verfügt das Land Salzburg über mehr als 750 mechanische Aufstiegshilfen.

Ein «anderer» Tourismus?

Dennoch muss man positiv anmerken, dass das Land Salzburg sich im Sinne einer «endogenen», von innen kommenden Wirtschaftsweise um einen anderen Tourismus bemüht. Hier ist vor allem die Vorgangsweise im «Nationalpark Hohe Tauern» zu erwähnen, der derzeit auf Salzburger Gebiet Teile des Pinzgaues einschliesst und demnächst auch auf Teile des Pongaues (später auch Teile des Lungaus) ausgedehnt werden wird. Dieser Nationalpark Hohe Tauern liegt im Grenzgebiet der österreichischen Bundesländer Salzburg, Kärnten und (Ost-)Tirol. Er wurde auf Salzburger Gebiet mit Wirkung vom 1.1.1984 eingerichtet, 1985 folgte das Bundesland Kärnten, die Tiroler haben ihren Anteil noch immer nicht in den Nationalpark eingebracht. Die Chancen darauf stehen jetzt aber nicht schlecht, da die in diesem Gebiete geplanten Grosskraftwerke inzwischen als «gefallen» zu betrachten sind. Bereits am 21.10.1971 haben sich die Landeshauptleute dieser Bundesländer durch die Unterzeichnung des sogenannten «Heiligenbluter Übereinkommens» dazu durchgerungen, die gesetzliche Basis für die Errichtung eines Nationalparks zu schaffen.[15] Was ist allerdings dieser «sanfte Tourismus», wie dieser andere, den Menschen «angepasste» Tourismus genannt wird und von dem seit etwa einem Jahrzehnt immer wieder die Rede ist? Er ist vorerst noch mit vielen Fragezeichen versehen. PETER HASSLACHER, der Leiter der Abteilung Raumplanung und Naturschutz im Österreichischen Alpenverein, nennt als wichtigste Voraussetzung für den sanften Tourismus, vier Grundelemente «integrativ miteinander zu verbinden»:[16] Die Schaffung (bzw. Bewahrung) naturnaher, nichttechnisierter Tourismusangebote, landschaftsschonende Formen der touristischen Erschliessung, die sozio-kulturell verträgliche Dimensionierung des Tourismus und die eigenständige Regionalentwicklung (Förderung regionsinterner Entwicklungsmöglichkeiten). ROCHLITZ[17] nennt als Elemente für sanften Tourismus: intakte Landschaft, optimale Erholung, intakte Soziokultur der Einheimischen und wirtschaftliche Wertschöpfung. Mir persönlich fehlt in diesen Ansätzen, mit denen ich weitgehend übereinstimme, vor allem die Forderung nach bestmöglicher Kommunikation zwischen Einheimischen und Touristen, «Bereisten» und Reisenden, wobei diese bestmögliche Kommunikation nicht unbedingt besondere Quantität an Kommunikation bedeuten soll, sondern die Respektierung und Auseinandersetzung mit den kulturellen Eigenheiten der Partner. Nicht zuletzt deshalb erscheint mir auch die Forderung nach dem «Höchstverhältnis» von 1:1 zwischen der Zahl der Touristen und der Zahl der Bewohner einer Tourismusgemeinde so wichtig.

Inwieweit dieser sanfte Tourismus allerdings auch die gewünschte grösstmögliche Wertschöpfung erbringen kann, bleibt vorerst offen. Der Salzburger Teil des Nationalparks Hohe Tauern, der diese Form des Tourismus – jedenfalls in Ansätzen und bisweilen mit viel Ambition – betreibt, scheint damit gut zu fahren. Beispiele aus anderen österreichischen Bundesländern (z.B. Mühlviertel, Waldviertel) haben damit bisher noch nicht die gewünschten wirtschaftlichen Erfolge erringen können. Der Erfolg des sanften Weges im Oberpinzgau könnte meiner Meinung auch damit zusammenhängen, dass dieses Gebiet in unmittelbarer Nähe eine Reihe von «herkömmlichen», technischen touristischen Angeboten aufweist, und dem Touristen zumindest die theoretische Möglichkeit bietet, jederzeit in relativ nah gelegene «harte» touristische Gebiete auszuweichen. Zum Gletscherschigebiet in Kaprun ist es ebensowenig weit, wie nach Saalbach oder Zell am See. Jedenfalls hat die Nächtigungsentwicklung gerade des vergangenen Sommers in Salzburg gezeigt, dass Orte, die alles andere als «sanft» oder «angepasst» zu bezeichnen sind, wie etwa Flachau[18] oder auch Saalbach, zu den «Gewinnern» auch im Sommer zu zählen sind. Mein Schluss ist also, dass es den sanften Tourismus so lange nicht als vorherrschenden Wirtschaftszweig der Branche geben wird und kann, als es den «sanften Touristen» nicht gibt. Und diesen sehe ich derzeit noch nicht. Jedenfalls nicht in einem nennenswerten Ausmass.

3. Die disparitäre wirtschaftliche Entwicklung im Bundesland Salzburg

Die wirtschaftliche Entwicklung des Bundeslandes Salzburg ist, wie schon eingangs erwähnt, im österreichischen Vergleich eine ausserordentlich expansive. Dazu einige Vergleichszahlen: Salzburg liegt sowohl im Wirtschaftswachstum als auch in der Entwicklung der Beschäftigungslage während des gesamten vergangenen Jahrzehnts merkbar über dem österreichischen Durchschnitt. Die Arbeitslosenrate liegt in diesem Zeitpunkt um ein bis zwei Prozentpunkte unter dem österreichischen Durchschnitt. Allerdings zeigen sich erhebliche Unterschiede innerhalb des Bundeslandes.[19] In den achtziger Jahren wurden im gesamten Bundesland Salzburg 16 000 Arbeitsplätze neu geschaffen. Davon entstanden 14 000 im nördlichen Landesteil. 87% aller seit 1980 zusätzlich Beschäftigten arbeiten also im Salzburger Zentralraum. Nur 13% des wachsenden Salzburger Arbeitsmarktes in den achtziger Jahren entfallen auf die zentralalpinen Bezirke Pinzgau, Pongau und Lungau, obwohl sich dort rund ein Drittel der Bevölkerung und rund 30% der Arbeitsplätze befinden. Das stark vom Tourismus geprägte Gasteinertal weist als einzige Salzburger Arbeitsmarktregion sogar einen Rückgang in den Beschäftigtenzahlen auf. Diese Fakten zeigen die nicht unbedenkliche Entwicklung eines sich verstärkenden Nord-Süd-Gefälles. Da der Tourismus in den südlichen Landesteilen zu einem stärkeren Masse wichtiger Wirtschaftszweig ist, erscheint die Forderung nach einer Ausweitung dieses Wirtschaftssektors als logische mögliche Lösung des Problems. Eine Entwicklung in diese Richtung brächte aber andererseits eine Verschärfung des Problems der oben angesprochenen touristischen Übererschliessung. Eine notwendige Ableitung aus dieser Entwicklung ist in meinen Augen aber die Forderung nach einer stärkeren Verbreiterung der Arbeitssektoren. Vor allem die Wirtschaftspolitik des Landes ist aufgefordert, die wirtschaftliche Entwicklung in den nichttouristischen Bereichen in den südlichen Landesteilen mit neuen Impulsen zu versehen.

Durch die wirtschaftliche Attraktion des Salzburger Zentralraumes ist natürlich auch ein verstärkter Abwanderungsdruck aus den alpinen Landesteilen in den Salzburger Zentralraum zu erwarten oder zu befürchten. Natürlich können die notwendigen Impulse für die inneralpinen Landesteile nicht in Richtung Industrieförderung gehen. Als möglicher Ausweg bieten sich aus meiner Sicht der verstärkte Ausbau des Ansatzes einer bedächtigen «endogenen», eigenständigen, also aus der Region kommenden und die spezifischen Ressourcen und Möglichkeiten dieser Regionen berücksichtigenden Wirtschaftsentwicklung an. Dieser wirtschaftspolitische Ansatz ist aber in Österreich noch sehr jung und der Weg dorthin ist mit vielen Steinen gepflastert. Erst vor einem Jahrzehnt haben einige Österreicher begonnen, diesen Weg voranzutreiben.[20] Einige Bemühungen zu einem eigenständigen Weg kamen im Bundesland Salzburg aus der Nationalpark-Arbeit. Seit einigen Jahren versuchen die Salzburger auch über den Weg der «Dorferneuerung»[21] Impulse zur endogenen Entwicklung zu geben. Man muss sich aber darüber im klaren sein, dass dieses neue politische Konzept aus dem «Zentrum» kommt und noch einige Zeit brauchen wird, um tatsächlich eigenständige Entwicklungen in den Regionen zu zeitigen. Zudem ist die Aktion der Dorferneuerung in Salzburg vorerst vor allem auf die ortsplanerische Arbeit bezogen, wenngleich in den Konzepten von der «ganzheitlichen» und auch der «geistigen» Dorferneuerung die Rede ist. Ein Mangel ist auch, dass das Land in seiner momentanen budgetären Lage nur äusserst bescheidene, d.h. praktisch keine Geldmittel für diese «Hilfe zur Selbsthilfe» bereitstellt. Man kann also durchaus von einem Taschengeldunternehmen des Landes sprechen oder von einem «Giesskannensystem mit der leeren Giesskanne».[22] Es zeigt sich auch eine nicht unbeträchtliche Widersprüchlichkeit: Auf der einen Seite beruft man sich auf den landeseigenen Propheten des «klein ist schön», LEOPOLD KOHR, und tritt für sanfte Lösungen ein, andererseits drängen gerade unsere Landespolitiker besonders intensiv auf einen EG-Beitritt Österreichs, gegen den LEOPOLD KOHR sich wiederholt sehr vehement ausgesprochen hat. Erste Anfänge für einen Paradigmenwechsel sind allerdings gemacht. Daneben versucht Salzburg auch mit der Installierung von sogenannten «Technologiezentren» neue Impulse zu setzen. Bisher existiert ein Technologiezentrum allerdings nur in der Stadt Salzburg und eines in Hallein (etwa 10 km südlich der Landeshauptstadt). In nächster Zeit sollen auch regionale Technologiezentren errichtet werden. Kurz vor Eröffnung ist jenes in Bischofshofen (Pongau), das sich mit Umwelttechnologien beschäftigen wird. Von diesem Konzept erwartet man sich Impulse für die regionale Wirtschaftsstruktur in Richtung Intelligente Technologie. Wie weit dies allerdings die innerregionalen Potentiale im Sinne eigenständiger

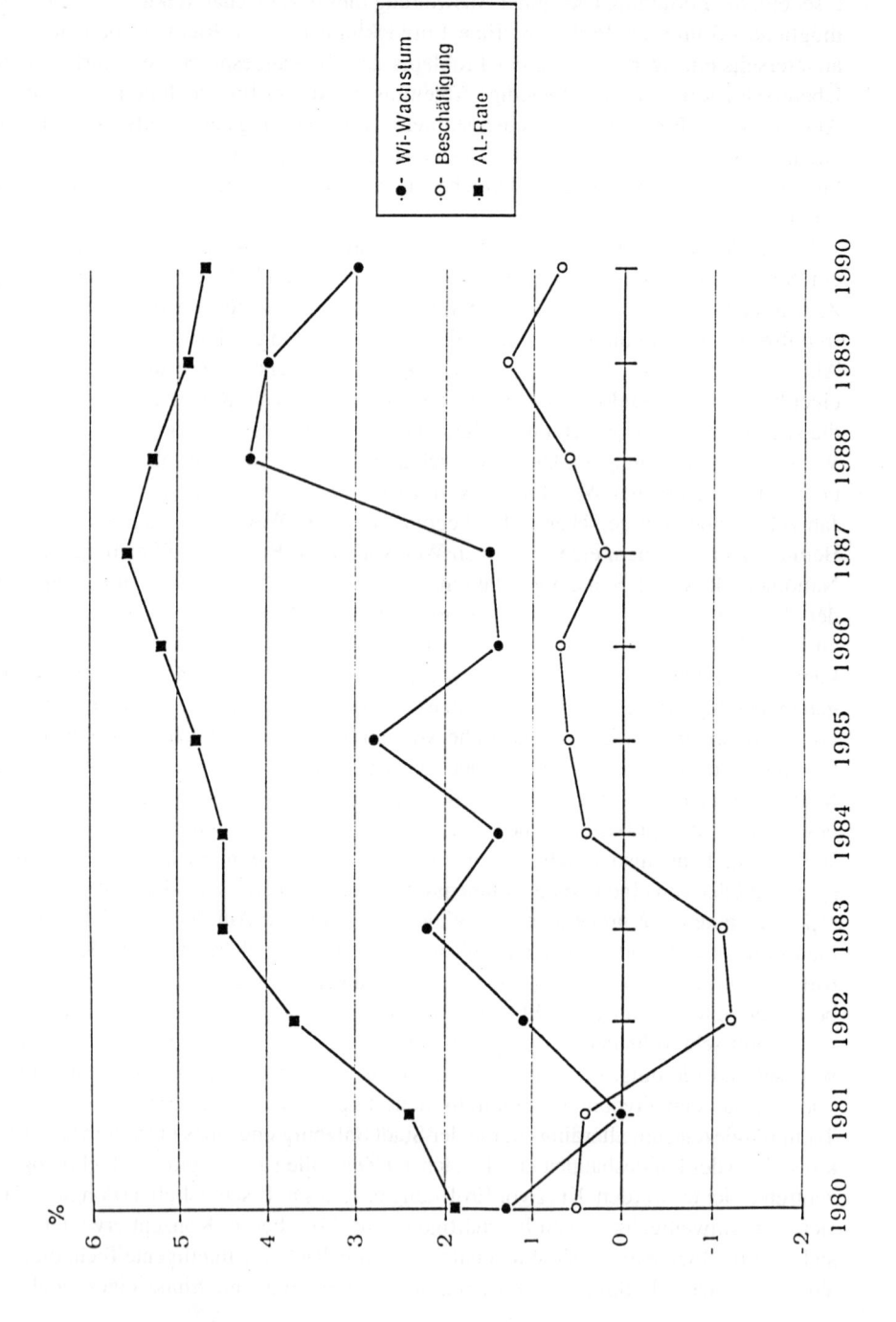

Wirtschaftsdaten Österreich

- • - Wi-Wachstum
- ○ - Beschäftigung
- ■ - AL.-Rate

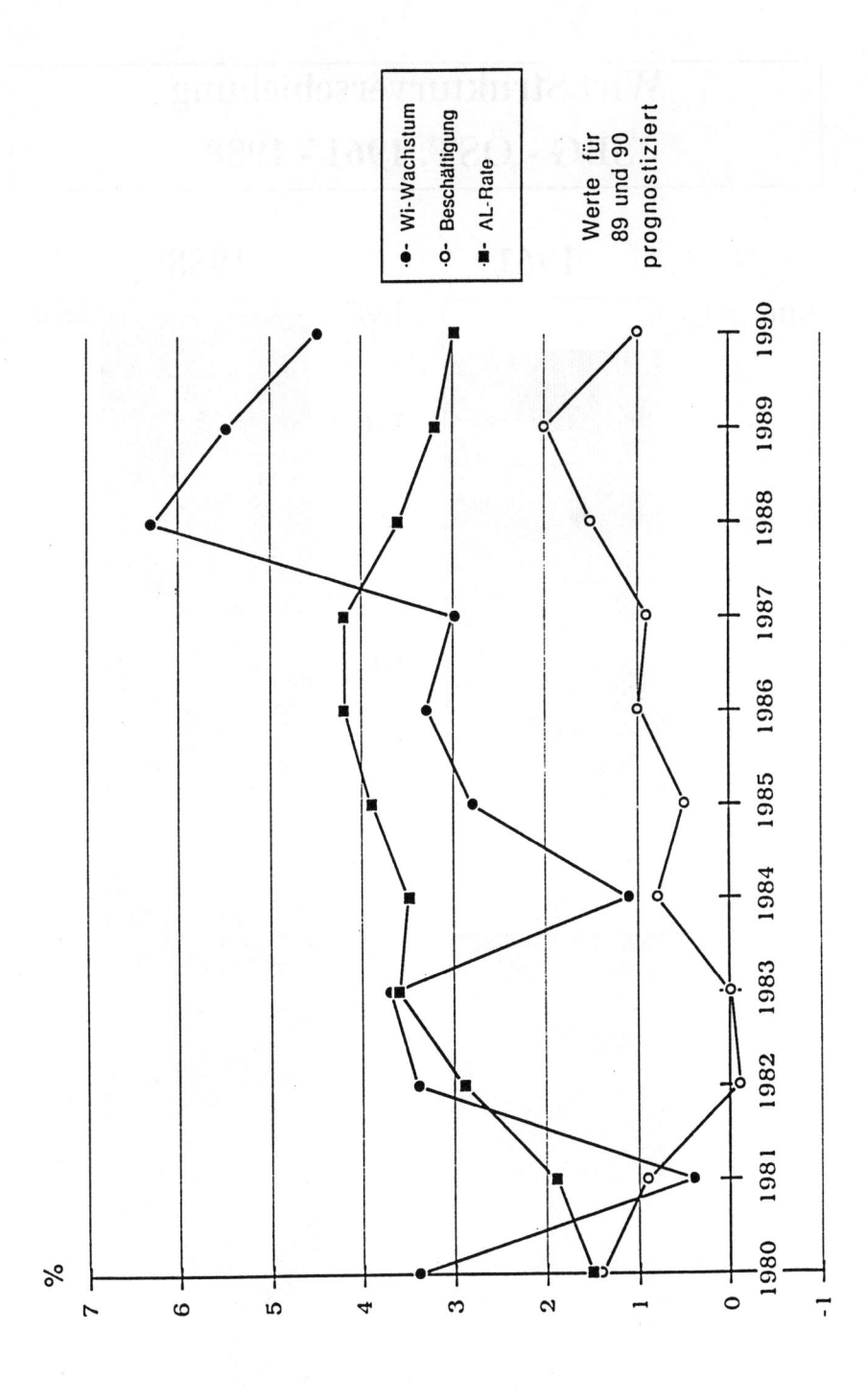

Wirtschaftsdaten Salzburg

- ● - Wi-Wachstum
- -○- Beschäftigung
- ■ - AL-Rate

Werte für 89 und 90 prognostiziert

Wirt.Strukturverschiebung
SBG - ÖST. 1961 - 1988

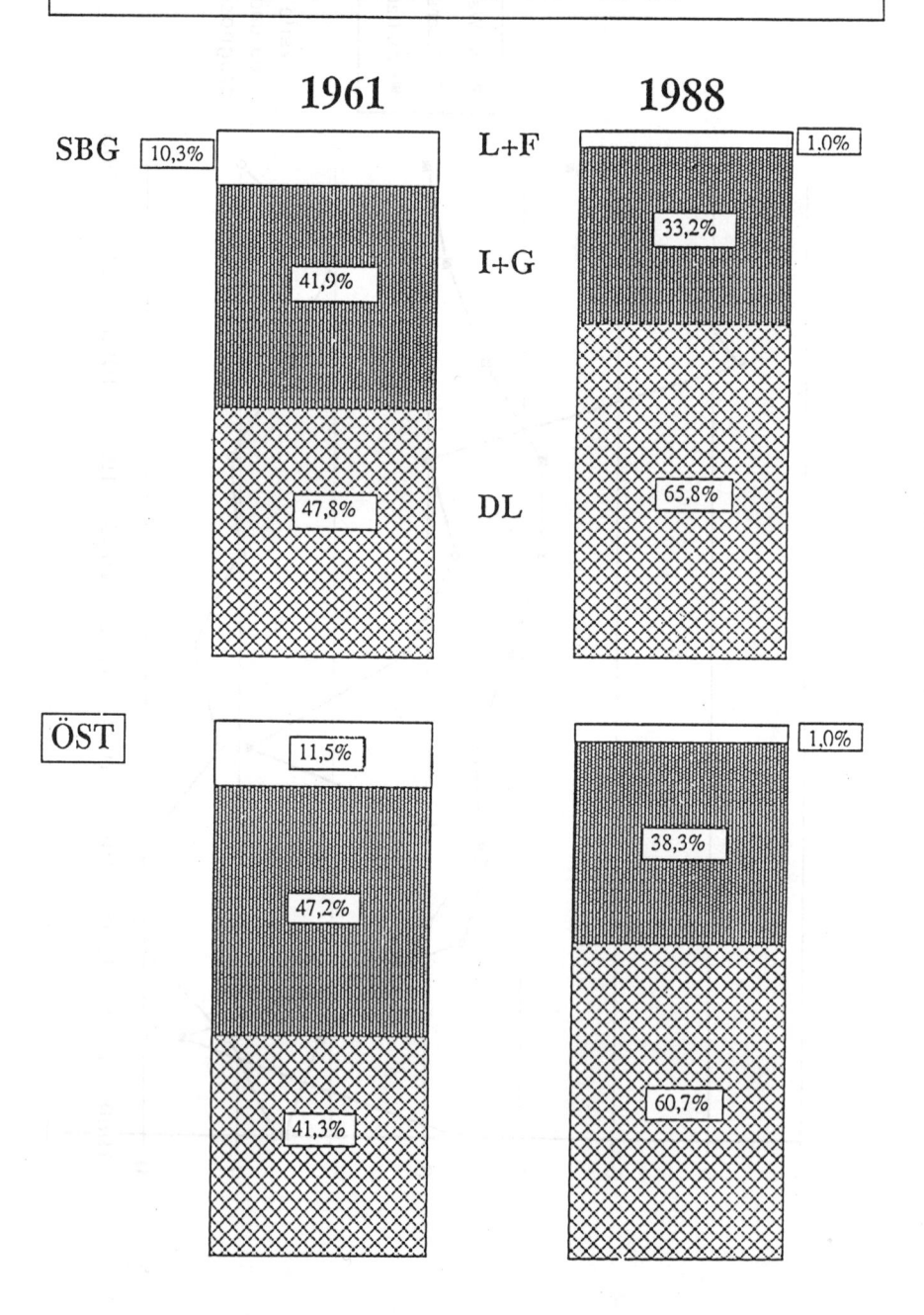

1961

1988

SBG 10,3% L+F 1,0%

41,9% I+G 33,2%

47,8% DL 65,8%

ÖST 11,5% 1,0%

47,2% 38,3%

41,3% 60,7%

Regionale Arbeitsmarktentwicklung in Salzburg 1980 - 1988

80/88

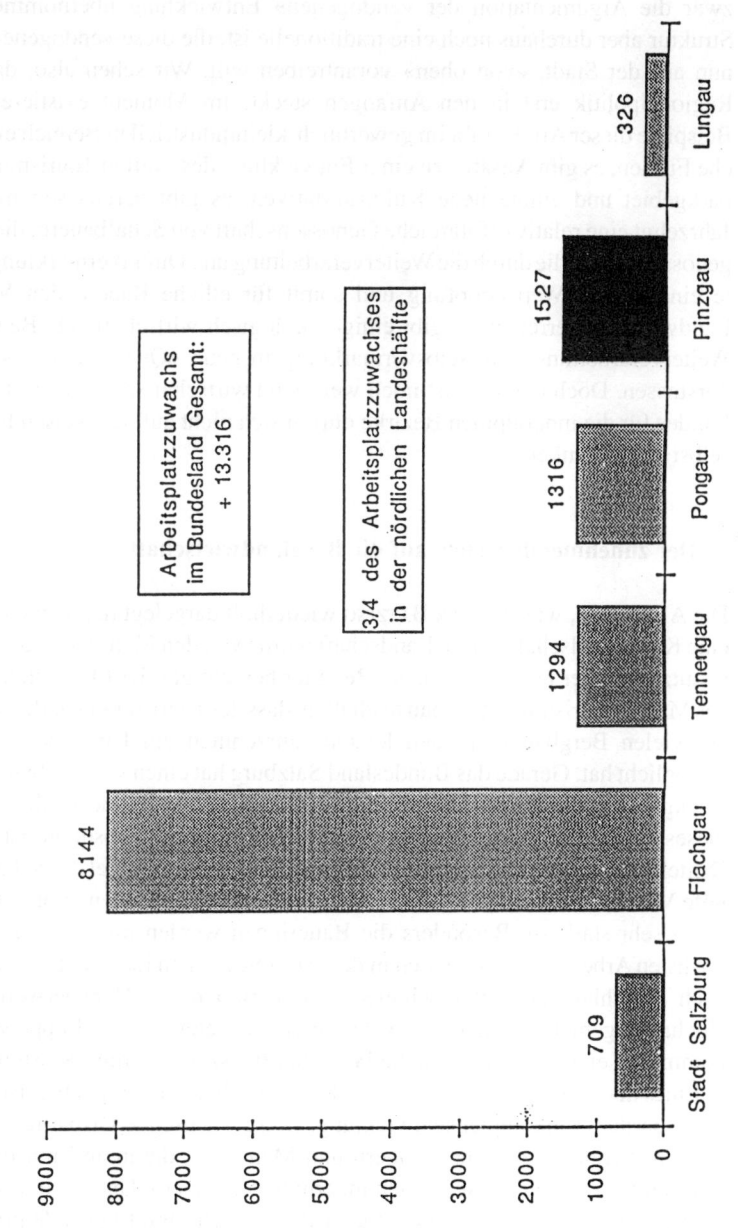

Arbeitsplatzzuwachs
im Bundesland Gesamt:
+ 13.316

3/4 des Arbeitsplatzzuwachses
in der nördlichen Landeshälfte

Stadt Salzburg	709
Flachgau	8144
Tennengau	1294
Pongau	1316
Pinzgau	1527
Lungau	326

AK Graphik Salzburg

Entwicklung fördern wird, muss sich erst zeigen. Vorerst hege ich den Verdacht, dass zwar die Argumentation der «endogenen» Entwicklung übernommen wurde, die Struktur aber durchaus noch eine traditionelle ist, die diese «endogene» Entwicklung nun aus der Stadt, «von oben» vorantreiben will. Wir sehen also, dass diese neue Regionalpolitik erst in den Anfängen steckt. Im Moment existieren erst wenige Beispiele dieser Art. Es gibt im gewerblich-kleinindustriellen Bereich einige erfolgreiche Firmen, es gibt Ansätze zu einer Entwicklung des sanften Tourismus im Nationalparkgebiet und einige neue Kulturinitiativen, es gibt bereits seit mehr als einem Jahrzehnt eine relativ erfolgreiche Genossenschaft von Schafbauern, die Tauernlammgenossenschaft, die durch die Weiterverarbeitung und Direktvermarktung ihrer Produkte eine höhere Wertschöpfung und somit für etliche Bauern den Verbleib in der Landwirtschaft erreicht, es gibt einige ökologisch wirtschaftende Bauern, die durch Weiterverarbeitung und Selbsvermarktung in neue «Qualitäten» des Wirtschaftens vorstossen. Doch der Weg ist noch weit. Und wirtschaftspolitische Massnahmen des Landes für die inneralpinen Bezirke dürfen sich nicht auf den weisen Rat des «hilf dir selbst» beschränken.

4. Der zunehmende Druck auf die Berglandwirtschaft

Die Alpen sind, wie WERNER BÄTZING wiederholt dargelegt hat, keine Natur-, sondern eine Kulturlandschaft. Diese Landschaft wurde von den Menschen durch Jahrhunderte genutzt, um hier leben zu können. Bei aller berechtigter Kritik an vielen Auswüchsen des Massentourismus muss man festhalten, dass der Tourismus es andererseits auch war, der vielen Bergbauern in den letzten Jahrzehnten ein Überleben in dieser Form ermöglicht hat. Gerade das Bundesland Salzburg hat einen vergleichsweise geringeren Rückgang der Bauernbetriebe als andere österreichische Bundesländer. Allerdings wird dieses Festhalten teilweise teuer erkauft. Die Nebenerwerbsquote ist auf rund zwei Drittel aller Bauern angestiegen (1970 waren noch zwei Drittel der Salzburger Bauernhöfe Vollerwerbsbetriebe).[23] In diesen Nebenerwerbsbetrieben nimmt die Arbeitsbelastung sehr stark zu. Besonders die Bäuerinnen werden immer stärker belastet. Die höchsten Arbeitszeiten unter den in der österreichischen Landwirtschaft Tätigen haben nach einschlägigen Untersuchungen[24] Bäuerinnen auf Nebenerwerbsbetrieben im Hochalpengebiet, die zudem Privatzimmer vermieten. Diese Gruppe von Bäuerinnen kommt auf eine durchschnittliche Wochenarbeitszeit von rund 80 Stunden.

Eines der zentralen Probleme der österreichischen Landwirtschaft ist die zunehmende disparitäre Einkommensentwicklung. Diese wachsende Disparität zeigt sich einerseits im Vergleich zwischen Bauern und Menschen, die in anderen Erwerbszweigen tätig sind, sowie andererseits auch innerhalb der Bauern. Und auch in Jahren wie dem vergangenen, in dem die Statistik über dem Durchschnitt liegende prozentuelle Einkommenszuwächse der Bauern im Hochalpengebiet ausgibt,[25] zeigt sich bei näherem Hinsehen, dass der absolute Einkommensabstand grösser geworden ist. Dies ist ja ein allgemeines Problem bei der Darstellung von Einkommenszuwächsen nach Prozenten.

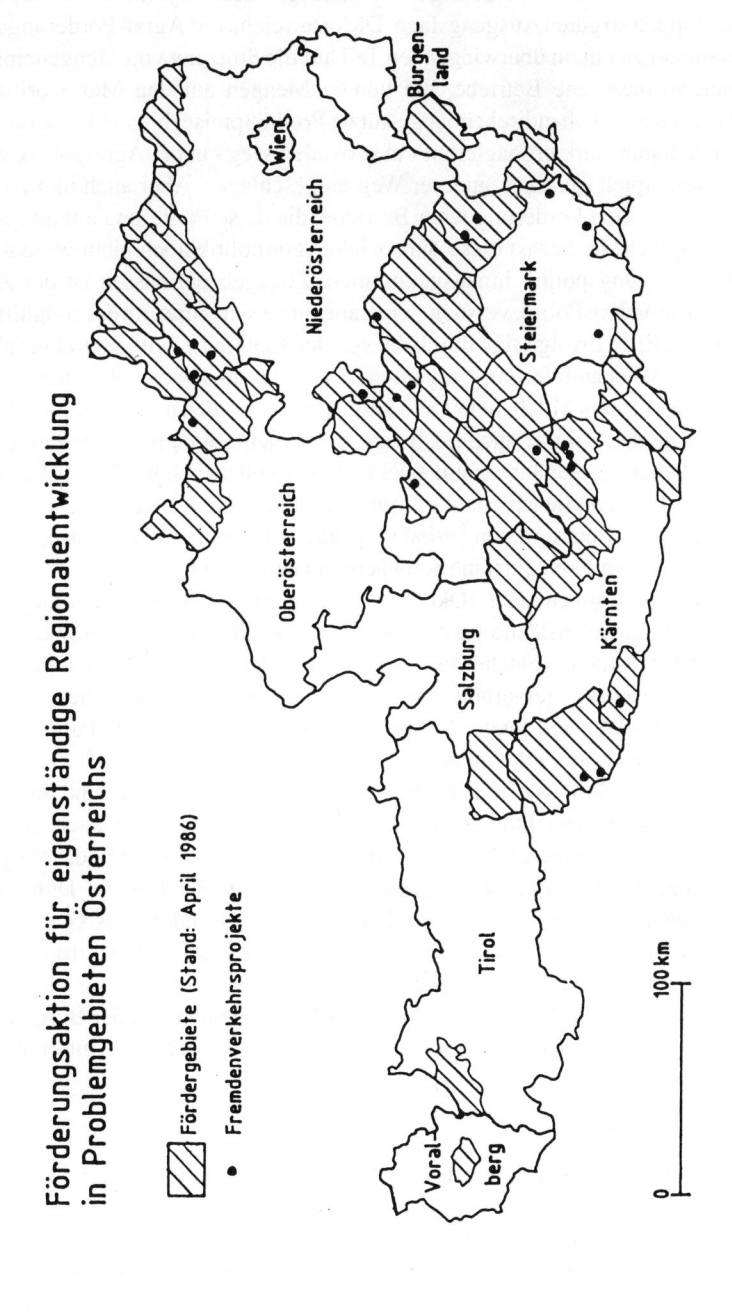

Förderungsaktion für eigenständige Regionalentwicklung in Problemgebieten Österreichs

- ▨ Fördergebiete (Stand: April 1986)
- • Fremdenverkehrsprojekte

Zehn Prozent Zuwachs auf einem niedrigen Niveau ergibt absolut ja nicht mehr als fünf Prozent einer doppelt so guten Ausgangslage. Die österreichische Agrar-Förderungspolitik ist noch immer zu einem überwiegenden Teil auf die Stützung von Mengeneinheiten aufgebaut, so dass jene Betriebe, die höhere Mengen auf den Markt bringen, vergleichsweise (wenn auch indirekt über gestützte Produktpreise) höhere Förderungen erhalten. Mit dem nun stark propagierten «ökosozialen Weg» in der Agrarpolitik wird nun zwar ein prinzipiell richtiger, anderer Weg eingeschlagen. Aber auch hier ist der Weg zu einer verstärkten Förderung jener Betriebe, die diese Förderung am nötigsten haben, noch sehr weit. Bisher ist diese ökosoziale Agrarpolitik noch nicht wesentlich über eine Ankündigungspolitik hinausgekommen. Zugegebenermassen ist der Zeitraum, in dem diese andere Politik versucht wird, aber noch sehr kurz, um ein endgültiges Urteil abzugeben. Erste Erfolge sind durch die von den Bauern freiwillig durchgeführte Verringerung der Milchanlieferung eingetreten. Es war ja auch wirklich Unsinn, dass für den Export eines Liters Milch mehr Geld aufgewendet werden musste, als ein Bauer dafür erhalten hat. Hier sei mir auch noch eine persönliche Bemerkung gestattet: Ich habe in den frühen achtziger Jahren angesichts dieses volkswirtschaftlichen Unsinns mehrmals vorgeschlagen, die Milchanlieferung zu reduzieren. Damals wurde ich von denselben bäuerlichen Funktionären verbal verprügelt, die heute diese Massnahme als das Gelbe vom Ei präsentieren. Für eine Schwäche der neuen agrarpolitischen Massnahmen halte ich auch die sogenannte «Ökoflächen-Förderung». Diese Förderung bietet Bauern, die Teile ihrer Ackerfläche aus der Produktion nehmen, Prämien an. Wenn aber gleichzeitig auf den restlichen Flächen um so mehr mit bedenklichen «konventionellen» Mitteln eine weitere Ertragssteigerung zu erzielen versucht wird, so kann diese Art von Ökopolitik nicht der Weisheit letzter Schluss sein. Erste Ansätze eines Paradigmenwechsels sind aber auch hier erkennbar und durchaus lobenswert.

Für die ökologische Situation in den Alpen und somit auch im Bundesland Salzburg hat der starke ökonomische Druck auf die Berglandwirtschaft aber auch enorme gesamtgesellschaftliche Folgen. Es geht nicht nur um die wirtschaftliche Bedrohung der inzwischen zahlenmässig relativ klein gewordenen Gruppe der Bauern. Durch den zunehmenden Zwang zur Nebenerwerbslandwirtschaft und die enorme Arbeitsüberlastung der bäuerlichen Familien können viele für die ökologische Stabilität erforderliche Arbeitsleistungen (Reproduktionsarbeiten) nicht mehr oder nicht mehr im erforderlichen Ausmass erbracht werden. Aus der wirtschaftlichen Bedrängnis der Bergbauern ergibt sich auch im Bundesland Salzburg das Problem der wachsenden Unternutzung der Kulturlandschaft.[26]

5. Die Salzburgerinnen und Salzburger und ihre kulturelle Eigenheit

Keine Sorge, es geht jetzt nicht um Mozartkugeln, den «Sound of Music» und auch nicht über die Salzburger Festspiele. Auch wenn uns jetzt das 200. Geburtsjahr des Wolfgang Amadeus ins Haus steht. Die Vermarktung dieses «Ereignisses» hat ein internationaler PR-Konzern übernommen. Auch darüber will ich hier nicht meckern. Auf die Rolle der touristischen «Heimatabende» will ich ebenfalls nicht mehr eingehen. Dazu wurde schon so viel gesagt und geschrieben. Die Menschen, die in den Salzburger Alpen leben, erleben, wie alle anderen Alpenbewohner, gigantische kulturelle Veränderungen. Viele Traditionen, die aus einer überwiegend bäuerlichen Lebensweise entstanden sind, wurden abgebrochen und existieren nur noch in Fragmenten oder in folkloristischer Verfremdung. Unsere Bauern haben sich zu Rohstoff-Produzenten reduzieren lassen. Daran sind wir Bauern zumindest mit schuld. Viele kreative Fähigkeiten, die bäuerliche Handwerker immer wieder die auf ihre Lebens- und Arbeitsbereiche abgestimmten, «sanften» und einfachen Technologien schaffen haben lassen, sind verloren gegangen. Fähigkeiten in der Weiterverarbeitung landwirtschaftlicher Produkte müssen erst wieder mühsam neu erworben werden. Mit dem Verlust der wirtschaftlichen Eigenständigkeit ist aber auch ein hoher Verlust an Selbstwertgefühl einhergegangen. Die Freude über ein selbst hergestelltes Gerät ist dem Stolz auf die gekaufte Maschine gewichen. Die Bauernmöbel, einst wichtiger Ausdruck einer eigenständigen Kultur, wurden – während sie gleichzeitig für städtische Kreise hohen Prestigewert erreichten – durch «Plastik»-Möbel ersetzt. Einhergegangen mit der zunehmend stärker werdenden Abhängigkeit der Berglandwirtschaft und der daraus resultierenden gestalterischen Verarmung ist auch eine fachliche Ausdünnung des mit der Landwirtschaft verbundenen Handwerks. Vielfach sind diese Handwerksbetriebe auch verschwunden. Die Wagner sind Sportartikelhändler geworden und die Schmiede Landmaschinenhändler. Zu den ersten Massnahmen sollte daher gehören, zu erhalten und zu sichern, was im Dorf Bestand haben kann und was noch entwicklungsfähig ist.[27]

Die letzten Jahre haben auch bei uns eine Verstärkung von – im engeren, traditionellen Sinn – kulturellen Aktivitäten gebracht. Besonders wiederum im Gebiet des «Nationalparks Hohe Tauern» wurden, initiiert von einem Landesbeauftragten für den Nationalpark, eine Reihe von Kulturvereinen gegründet. Auch hier lässt sich wieder ein Paradigmawechsel erkennen. Paradigmenwechsel sind ja derzeit üblich. Jedes Wiedererstarken «dorfeigener» oder «regionseigener», also «endogener» Kräfte in Vereinen, bei Festen, im Brauchtum und in allen Ausdrucksformen alltagskultureller Betätigung ist grundsätzlich zu begrüssen. Es ist aber immer wieder zu erkennen, dass die Wurzeln dieser kulturellen Ausdrucksformen von vielen Einheimischen nicht mehr erkannt werden. Nur so könnte sich «Identität» entwickeln, indem die Menschen sich, auf Traditionen aufbauend, mit anderen und neuen Kultureinflüssen auseinandersetzen. Und daraus zeitgemässe, «angepasste» Formen entwickeln. Dieses Verständnis fehlt aber zunehmend. Wenn der Fremdenverkehrsverband Badgastein bereits im März eine Prämierung des «schönsten Almabtriebs» ankündigt und um Anmeldungen bittet,[28] oder wenn im Festprogramm der Nationalparkregion[29] bereits im Frühjahr der «aufgebischte» (geschmückte) Almabtrieb des «Schuhbichlbauern» – noch dazu bei «freiem Eintritt» – angekündigt wird, so wird die Entfernung vom ursprünglichen Sinn klar erkennbar. Die Volkskunde weiss ja: «Wenn sich kein Unglück auf der Alm oder Todesfall am Heimhof ereignet hat, und somit Schmücken des Viehs entfallen oder dunkler Klagkranz getragen werden müsste, fertigen die Almleute buntes ‹Kranzert› an, das als Maskierung den Tieren einst auf dem Weg von der Höhe ins Tal Schutz verleihen sollte.»[30] Man kann in diesem Kulturprogramm der Nationalpark-Region auch lesen: «Feierliche Fronleichnamsprozession mit allen Vereinen. Eintritt frei.» Und zum heurigen Almabtrieb wurden Tausende Menschen mit Autobussen nach Hollersbach gekarrt. Die angekündigten Höhepunkte des Dorfgasteiner Dorffestes am 7. August 1988 waren: «Happy-Sound-Music», «Bull-Riding-Meisterschaft» und «Open-Air-Disco». Weil wir gerade bei der Disco sind, will ich Ihnen auch Auszüge aus dem Programm unserer «Kuhbar» für den Winter 1989/90 nicht vorenthalten:

26.12: Fingerhakeln, 27.12.: Wahl des Mister Tarzan – ein Superspass; 1.1.: Ausnüchterungsabend mit Rollmopswettessen; 3.1.: Kuhwettmelken. Wer wird Dorfgasteiner Melkmeister?; 12.1.: Bierfassstemmen – Die Nacht der starken Männer; 19.1.: Manschare Grande – Spaghetti-Wettessen. 21.1.: Dirty Dancing. Tanzwettbewerb; 24.1.: Tag der Friseure: Ein Glatzkopf wird geschnitten; und so weiter und so fort.

6. Einige Perspektiven

6.1 Transitverkehr

Die mögliche Horrorvision für die neunziger Jahre ist, dass wir zur Durchzugsregion verkommen, in der die Menschen nur stehen bleiben, wenn der Autobahnstau sie dazu zwingt. Auch getankt wird noch kurz vor der Grenze. Als einzige «Wertschöpfung» bleiben uns vielleicht noch Arbeitsplätze für die «Stauberatung». Nur rigorose Massnahmen können uns vor diesen durchaus möglichen Entwicklungen[31] bewahren. Der individualisierte Transitverkehr muss wohl oder übel teurer werden. Je weiter sich der Mensch davon entfernt, den Dreck, den er erzeugt bzw. hinterlässt, auch selbst wieder wegzuräumen, desto weniger ist er bereit, sein Verhalten zu ändern. Die Appelle an die Vernunft sind wahrscheinlich vergebens. Die Katalysatorpflicht auch für durchfahrende Autos wird ebenso nötig sein wie ein breiter Widerstand der Bevölkerung.

6.2 Tourismus

Will unsere Fremdenverkehrswirtschaft Zukunft haben, so muss sie grundsätzlich umdenken. Unversehrte Landschaft und funktionierende soziokulturelle Strukturen sind Grundvoraussetzungen für die bestmögliche Erholung der Touristen und eine über den Tag hinaus bestehende wirtschaftliche Wertschöpfung unserer Täler. Sie sind auch unabdingbare Voraussetzungen, um die Kommunikations- bzw. Begegnungsformen zwischen Touristen und Bewohnern zu verbessern.

6.3 Wirtschaftsentwicklung

Eine vor allem auf den Winter konzentrierte Ausweitung des Tourismus hin zu noch mehr Massentourismus wird von vielen Vertretern der Fremdenverkehrswirtschaft immer noch als einzige wirtschaftliche Chance gesehen. Diese Form wird meines Erachtens aber sicher bald schwere Rückgänge zu verzeichnen haben und die wirtschaftlichen Probleme noch vergrössern. Dem ist als mögliche Entwicklung eine Verstärkung der regionseigenen Möglichkeiten, das Wirtschaften in Kreisläufen, die Stärkung der traditionellen Wirtschaftsformen, des Handwerks und der Berglandwirtschaft entgegenzustellen. Dazu sind aber sicher auch die Ansiedelung bzw. Ausbildung von (nicht allzu grossen) neuen Betrieben nötig. Diese können durchaus mit gut ausgebildeten Menschen aus der Region rechnen, die ansonsten zunehmend in noch grösserem Masse als jetzt in den Salzburger Zentralraum abwandern werden. Nötig ist dafür aber auch der bewusste politische Einsatz zur Förderung dieser Wirtschaftsentwicklung.

6.4 Berglandwirtschaft

Die Zukunft der Berglandwirtschaft kann nicht darin bestehen, die Bauern zu bezahlten Landschaftspflegern und Greenkeepern zu mutieren. Wenngleich ich mit GERHARD BRUCKMANN, einem österreichischen ÖVP-Nationalratsabgeordneten übereinstimme, der meint: «Wenn wir es für richtig halten, dass die Kosten für Umweltschäden von jenem zu tragen sind, der sie verursacht, dann müssen wir es umgekehrt für richtig finden, die Kosten der Umweltleistungen jenem zu vergüten, der sie erbringt.»[32] Noch mehr Nebenerwerbslandwirtschaft, in der auch das erzeugte Produkt nur noch ein «Nebeneffekt» ist, würde zu einem weiteren drastischen Verfall der kulturellen Identität, des Selbstwertgefühls und der bäuerlichen Fertigkeiten führen. Die Möglichkeit zu einer Entwicklung in diese Richtung besteht als akute und durchaus aktuelle Gefahr. Ein EG-Beitritt würde diese Gefahr noch vergrössern. Positive Zukunftsbilder für die Berglandwirtschaft sind besonders schwer zu entwerfen. Den Stein der Weisen wird man hier besonders schwer finden. Die Richtung wird aber sein müssen, auf eine noch stärkere Produktqualität hinzuarbeiten, diese in stärkerem Masse zu veredeln und selbst zu vermarkten. Die Möglichkeiten dazu, gerade in Verbindung mit einem auf Qualität bedachten Tourismus, sind sicher noch nicht ausgeschöpft. Neue Erwerbskombinationen müssen aber ebenso gefunden werden. Diese werden aber stärker als die bisherigen Nebenerwerbsmöglichkeiten in einem ursächlichen Zusammenhang mit der Landwirtschaft und der bäuerlichen Lebensweise stehen müssen. Ansätze und Möglichkeiten zeichnen sich ab. Auch wir Bauern müssen diese aber viel stärker als bisher suchen und nützen. Viele kleine Lösungen werden viel eher zum Erfolg führen als das Warten auf die grossen Lösungen «von oben».

Die Folge einer derartigen Entwicklung würde über kurz oder lang aber auch wieder zu einem neuen Selbstverständnis, zu einem stärkeren Selbstbewusstsein, zu einer neuen «kulturellen Identität», zu einem lebensfähigen kulturellen Milieu[33] führen.

Anmerkungen:

[1] Daten und Fakten Bundesland Salzburg. Wer, was und wo im Bundesland Salzburg. (Schriftenreihe des Landespressebüros. Salzburg Informationen, Nr. 64) Salzburg 1988, S. 58f.
[2] Ebd., S.61; z.B.: Bevölkerung am 21.3.1934: 246 000, am 12.5.1981: 442 000; Geburtenbilanz 1971–1981: +20 000; Wanderungsbilanz 1971–1981: +17 200.
[3] Vgl. dazu z.B. etwa: SCHEURINGER, BRUNDHILDE, Die Sozialstruktur im Bundesland Salzburg. In: Dachs, Herbert (Hrsg.), Das politische, soziale und wirtschaftliche System im Bundesland Salzburg. Festschrift zum Jubiläum «40 Jahre Salzburger Landtag», Salzburg 1985, S. 333–392, 334ff.; BARTH, GUNDA, Das Wirtschaftssystem im Bundesland Salzburg, In: Dachs, 393–476, 384f.
[4] Im Zeitraum 1971–1981 waren im Lungau und im Pongau leichte Rückgänge und im Pinzgau eine Stagnation der Wohnbevölkerung eingetreten. Aktuellere Zahlen sind erst nach der Volkszählung 1991 verfügbar.
[5] Salzburg erhielt aus der Marshallplan-Hilfe bis 1954 1,8 Mrd. öS, die höchste Pro-Kopf-Quote aller Bundesländer.
[6] Vgl. LINDINGER, GERHARD, Salzburg auf dem Weg zum «Durchhaus Europas»? Transitverkehr ohne Ende – oder: TRANSIT Gloria Salisburgensis ... In: Dachs, Herbert/Floimair, Roland (Hrsg.), Salzburger Jahrbuch für Politik 1989. Salzburg 1989, S. 167–193.
[7] Vgl. dazu und zu den folgenden Zahlen: LINDINGER, S. 173.
[8] Amt der Tiroler Landesregierung, 1987.
[9] Vgl. LINDINGER (Anm. 6), S. 169. Ein Vergleich zwischen Inländerverkehr und Reiseverkehr (nur PKW) zeigt, dass 2,7 Millionen österreichische PkW bei 12 000 km durchschnittlicher Jahresleistung rund 32 Milliarden Kilometer Fahrstrecke absolvieren. Im Reiseverkehr (Transit) bringen rund 60 Millionen Pkw bei 300 km durchschnittlicher Fahrt durch Österreich rund 18 Milliarden km Fahrstrecke hinter sich. Vgl. dazu: SCHNEIDER MANNS AU: Transitverkehr belastet die Umwelt immer stärker. Presseaussendung der Porsche Austria KG, Wien, 1.2.1989.
[10] WAGNER, AXEL, Memorandum Verlagerung des Transitverkehrs von der Strasse auf die Schiene, Salzburg 1987.
[11] Vgl. dazu KLAMBAUER, HANS-PETER, Badgastein. Kritische Bestandsaufnahme eines Fremdenverkehrsortes mit Tradition. In: Dachs/Floimair, S. 233–256. Die Zahlen für das Gasteinertal: Im Sommer ist seit Jahren ein Rückgang der Nächtigungszahlen zu verzeichnen. Badgastein verzeichnete 1988 477 863 Nächtigungen im Sommerhalbjahr (Höchstwert bereits 1953 mit 662 111 Nächtigungen!), Bad Hofgastein 619 348 (1980: 760 827) und Dorfgastein 51 064 (1973: 100 972) Nächtigungen. Die Zahlen für das Winterhalbjahr (1988): Badgastein: 563 280 (Höchststand 1986: 589 840), Bad Hofgastein: 694 407 (= Höchststand), Dorfgastein: 130 438 (= Höchststand).
[12] Österreichisches Statistisches Zentralamt (Hrsg.), Statistisches Handbuch für die Republik Österreich, Wien 1988.
[13] In der Gemeinde Saalbach-Hinterglemm stehen beispielsweise den rund 3000 Gemeindebewohnern mehr als 20 000 Gäste (ohne Tagesgäste zum Schilauf) gegenüber.
[14] Ein Gasteiner Seilbahn-Manager meinte in einem vor wenigen Wochen mit ihm geführten Gespräch: «Unsere gesamte Landesregierung besteht aus Grünen.» Die Zusammensetzung dieser siebenköpfigen Landesregierung: 4 ÖVP, 2 SPÖ und 1 FPÖ. Auch der Geschäftsführer der Salzburg/Land-Tourismus-Gesellschaft wird laufend als «Grüner» apostrophiert.
[15] Dazu: Salzburger Nationalpark Report. Salzburg 1989 (Schriftenreihe des Landespressebüros, Nr. 69), S. 17–22.
[16] HASSLACHER, PETER, Überlegungen zu einem sanften Tourismus, In: Nationalpark Report, 110–111; Ders., Sanfter Tourismus – Virgental. Herausgegeben vom ÖAV, Innsbruck 1984.
[17] ROCHLITZ, KARL-HEINZ, Sanfter Tourismus: Theorie und Praxis – das Beispiel Virgental, In: Maier, J. (Hrsg.), Naturnaher Tourismus im Alpenraum. Möglichkeiten und Grenzen. Bayreuth 1985. Zur Entwicklung des Begriffes und der «Theoriebildung» siehe: MOSE, INGO, Sanfter Tourismus im Nationalpark Hohe Tauern. Probleme und Perspektiven am Beispiel des oberen Oberpinzgau (Land Salzburg), Vechta 1988 (= Vechtaer Arbeiten zur Geographie und Regionalwissenschaft Nr. 6).

[18] Direkt an der Tauernautobahn gelegen weist Flachau in meinen Augen besonders krasse raumplanerische Fehlentwicklungen auf. Den knapp 2000 Einwohnern stehen über 7000 Betten gegenüber, die zudem auch jetzt noch jährlich um Hunderte mehr werden.

[19] Quelle für diese Zahlen ist Mag. WILFRIED BISCHOFER von der wirtschaftspolitischen Abteilung der Kammer für Arbeiter und Angestellte für Salzburg.

[20] 1979 wurde von der Bundesregierung eine «Sonderaktion für entwicklungsschwache Berggebiete» ins Leben gerufen. Diese Sonderaktion und eine diese begleitende wirtschaftliche und (allerdings nicht entsprechend intensiv weiterverfolgte) kulturelle «Regionalberatung» wurde von der Österreichischen Bergbauernvereinigung und dem «Bergland-Aktionsfonds» mit initiiert und aufgebaut. Später übernahm diese Arbeit die dann gegründete Österreichische Arbeitsgemeinschaft für eigenständige Regionalentwicklung (ÖAR).

[21] Ausführlich habe ich dazu in meinem Beitrag «Dorferneuerung in Salzburg». In: DACHS/FLOIMAIR, S. 53–75, Stellung bezogen.

[22] REINISCH, RAINER, Zwischen Goldhaube und Traktor. Kritische Anmerkungen zur Dorferneuerung. In: SIR (Salzburger Institut für Raumforschung), Dorferneuerung in Österreich. Versuch und Irrtum, Salzburg 1988, S. 14–24, hier S. 20.

[23] Vgl. Agrar Report. Salzburg 1985, S. 43.

[24] Vgl. etwa WERNISCH, A., Wieviel arbeitet die bäuerliche Familie? Teil IV: Die Arbeitsbelastung in den bäuerlichen Fremdenverkehrsbetrieben. In: Der Förderungsdienst 27(1979), Heft 3, S. 13–16.

[25] Bundesministerium für Land- und Forstwirtschaft (Hrsg.), Bericht über die Lage der österreichischen Landwirtschaft 1988. Wien 1989.

[26] Eine sehr grundlegende Abhandlung zu dieser Problematik findet sich bei BÄTZING, WERNER, Ökologische Stabilität und Labilität der alpinen Kulturlandschaft. Traditionelle Lösungen, heutige Probleme und Perspektiven für die Zukunft. Bern 1988 (= Fachbeiträge zur schweizerischen MAB-Information, 27).

[27] Siehe dazu auch: HERMS, ARNO, Zur Sicherung ökonomischer Grundlagen in der Dorfentwicklung. In: Ermert, Karl/Jarre, Jan (Hrsg.), Leben im Dorf. Die Perspektiven einer tragfähigen Dorfentwicklung unter sozialen, ökonomischen und kulturellen Aspekten. Dokumentation einer Tagung der Evangelischen Akademie Loccum vom 8.–10.2. 1985, Loccum 1985, S. 70–75 (Loccumer Protokolle 5/85).

[28] Brief des Fremdenverkehrsverbandes Badgastein «An alle Almbewirtschafter im Gasteinertal, Badgastein 19.3.1987».

[29] Tauriska Fest Magazin in den Salzburger Nachrichten. Kultursommer in der Region Nationalpark Hohe Tauern 1988. Eine Beilage der Salzburger Nachrichten. S. 17.

[30] HANAK, ELFRIEDE/MARTISCHNIG, MICHAEL, Salzburg. Traditionelles Handwerk – Lebendige Volkskunst. Wien 1981, S. 210.

[31] Prognostiziert ist eine Steigerung des Personenverkehrs bis zum Ende des Jahrhunderts um rund 40 Prozent und eine Steigerung des Transitgüterverkehrs auf der Strasse um rund 70 Prozent. Vgl. dazu: LINDINGER, a.a.O., S.171–172.

[32] BRUCKMANN, GERHARD, Megatrends für Österreich. Wege in die Zukunft. Wien 1988, S. 42.

[33] Vgl. KRAMER, DIETER, Hoffnungsträger Provinz? In: Pro Regio. Zeitschrift für Provinzarbeit und eigenständige Regionalentwicklung, Heft 3+4/1989, S. 9–16.

Die Fremdenverkehrsgebiete Vorarlbergs

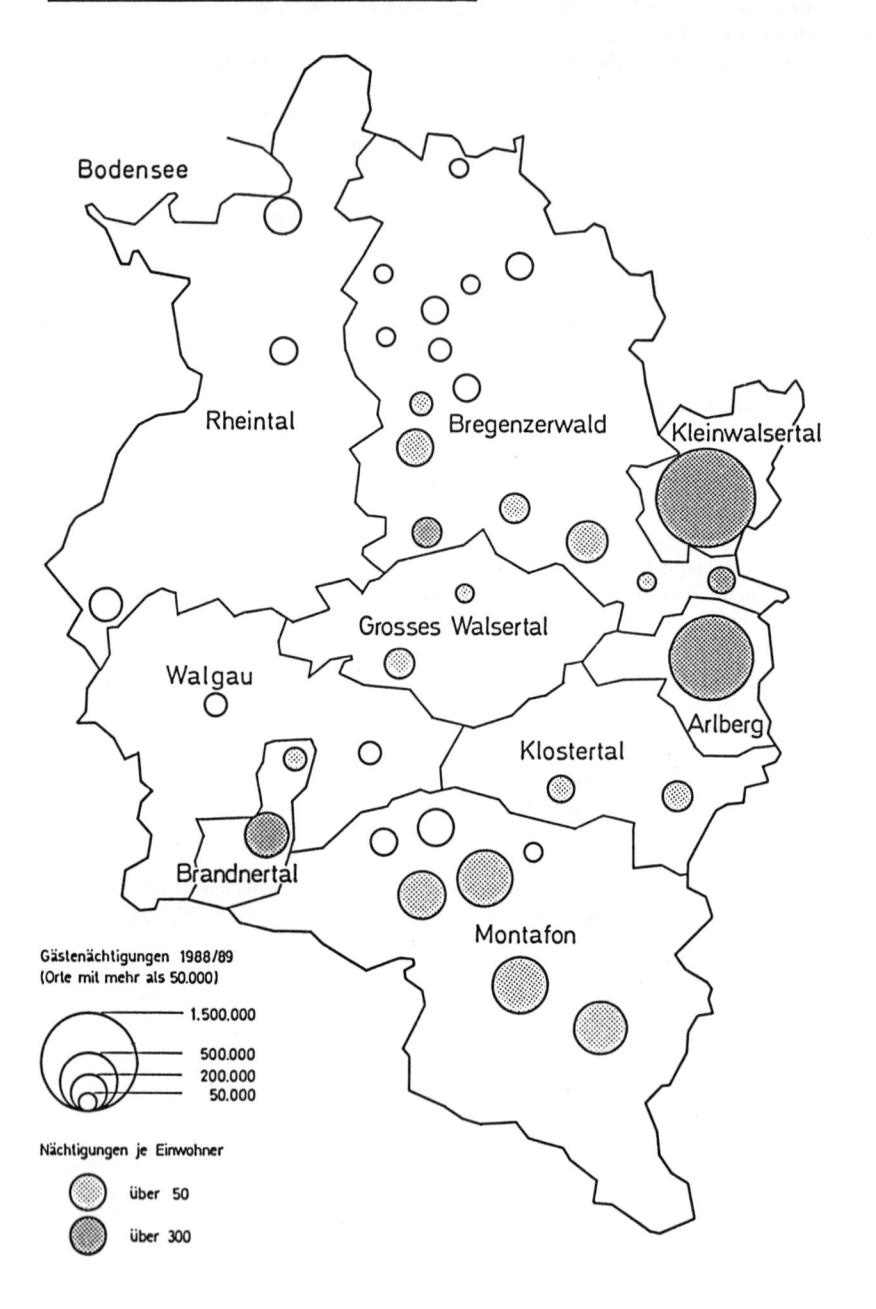

Bodensee

Rheintal

Bregenzerwald

Kleinwalsertal

Grosses Walsertal

Walgau

Arlberg

Klostertal

Brandnertal

Montafon

Gästenächtigungen 1988/89
(Orte mit mehr als 50.000)

- 1.500.000
- 500.000
- 200.000
- 50.000

Nächtigungen je Einwohner

- über 50
- über 300

HELMUT TIEFENTHALER*

Tourismus und Raumplanung

Erfahrungen in Vorarlberg

1. Allgemeine Charakteristik der touristischen Entwicklung

Nach der wirtschaftlichen Zugehörigkeit der Bevölkerung und der Wertschöpfung ist Vorarlberg in erster Linie Industrieland. Flächenmässig dominiert aber das Berggebiet, in dem der Tourismus die Haupterwerbsquelle darstellt. Erfreulicherweise konnten sich die touristischen Hauptanziehungspunkte am meisten in jenen abgelegenen Berggemeinden entwickeln, die für andere Erwerbsmöglichkeiten die ungünstigsten Voraussetzungen haben.

Das touristische Angebot ist räumlich relativ ausgewogen gestreut. Es hat sich auch weitgehend aus Eigeninitiative der ansässigen Bevölkerung und ziemlich organisch entwickelt. Folglich sind keine krassen Gegensätze zwischen überdimensionierten Superzentren und touristischen Notstandsgebieten entstanden. Ob man so etwas Mittleres zwischen Zuwenig und Zuviel als «mittelmässig» oder als «rechtes Mass» bezeichnen will, hängt von der Betrachtungsweise ab.

Wie anderswo erfolgten die kräftigsten Kapazitätserweiterungen im Laufe der sechziger und siebziger Jahre. Der Gesamtbestand an Gästebetten ist zwischen 1960 und 1980 von 35 200 auf 75 500 angestiegen. Das Beherbergungsangebot (1989: 76 500 Betten) entfällt überwiegend auf gewerbliche Betriebe (49%) und Privatpensionen (25%), aber nur 21% auf Ferienwohnungen.

Bei Zweitwohnungen konnte in Vorarlberg früh genug ein politischer Konsens zu strenger Zurückhaltung erreicht werden. Folglich wurde der Zweitwohnungsbau zu keinem ernstlichen Problem für die Raumplanung. Durch eine Reihe wirksamer gesetzlicher Bestimmungen mit rigoroser Beschränkung des Grunderwerbs durch Ausländer sowie eine restriktive Einstellung der Gemeinden ist es gelungen, die Errichtung von Zweitwohnungen in sehr engen Grenzen zu halten.

Im Angebot an Seilbahnen und Liften hatte Vorarlberg innerhalb Österreichs die dynamischste Entwicklung aufzuweisen. Mit einer Transportkapazität von 29 Millionen Personenhöhenmetern pro Stunde je 1000 Quadratkilometer (Stand 1989) wurde eine sehr hohe Seilbahndichte erreicht. Dies hat eine kräftige Stärkung der Wintersaison bewirkt, die seit 1981 mehr Nächtigungen aufweist als der Sommer (Winteranteil 1988/89: 56%).

---

* Adresse des Verfassers: Dr. HELMUT TIEFENTHALER, Amt der Vorarlberger Landesregierung, A-6901 Bregenz (Österreich)

Die touristische Entwicklung hatte bereits Mitte der siebziger Jahre einen Stand erreicht, bei dem sich im Blick auf weiteres Wachstum deutliche Gefahren von Fehlentwicklungen abzuzeichnen begannen. Wenn die Hauptvorzüge Vorarlbergs als Fremdenverkehrsland vor allem in der landschaftlichen Attraktivität und in der individuellen Gästebetreuung liegen, dann musste man sich fragen: Wozu dann noch mehr Angebotserweiterungen, wenn diese auf beides qualitätsdrückend wirken? Wozu überhaupt immer mehr Tourismus, wenn solches Mehr sowohl für die ansässige Bevölkerung wie für Erholung und Erlebnis der Gäste fragwürdig wird?

2. Das Vorarlberger Fremdenverkehrskonzept

In den siebziger Jahren war man zu sehr daran gewöhnt, jedes Mehr an touristischen Einrichtungen als Fortschritt und Wirtschaftswachstum fast als Selbstzweck zu verstehen. Folglich war es höchste Zeit für eine Neuorientierung mit kritischen Fragen nach dem, was für eine gesamthaft befriedigende Landesentwicklung im Tourismussektor tatsächlich noch wünschenwert ist. Eine solche leitbildhafte Orientierung stellte das Vorarlberger Fremdenverkehrskonzept dar, das von der Landesregierung 1978 beschlossen wurde.[1]

Das Konzept geht von einigen grundsätzlichen Klarstellungen aus, von denen unter raumplanerischen Aspekten beispielsweise hervorzuheben sind:

– «Das Land ist in erster Linie Lebensraum der heimischen Bevölkerung, zugleich aber auch Erholungsraum für seine Gäste. Bei Zielkonflikten sind vorrangig die Interessen der heimischen Bevölkerung zu berücksichtigen.»
– «Die Zukunft des Fremdenverkehrs in Vorarlberg ist weit mehr von der Erhaltung einer hohen Umweltqualität als von einem verstärkten (quantitativen) Ausbau der Fremdenverkehrseinrichtungen abhängig. Der Erhaltung und Pflege der Erholungsgebiete ist daher in Zukunft umso grössere Beachtung zu schenken.»
– «Zur Vermeidung einer Überbeanspruchung der Landschaft und zur Erhaltung vielfältiger Erholungsmöglichkeiten sind möglichst grosse Gebiete von einer Intensiverschliessung frei zu halten. In diesen Freiräumen ist zudem auf das Bedürfnis der Erholungssuchenden nach Ruhe erhöhte Rücksicht zu nehmen.»
– «Die Weiterentwicklung des Angebotes soll möglichst organisch vor sich gehen. Dabei ist qualitativen Verbesserungen im allgemeinen der Vorrang vor Kapazitätserweiterungen zu geben.»
– «Die individuelle und qualitativ befriedigende Gästebetreuung soll auch in Zukunft ein Hauptvorzug des Fremdenverkehrslandes Vorarlberg bleiben.»
– Für damals auffallend zurückhaltend formuliert waren die Zielsetzungen bezüglich weiterer Erschliessungen für den Wintersport. Hiezu heisst es u.a.: «Für die Genehmigung der Anlage von Aufstiegshilfen, Schipisten und dazugehörigen Einrichtungen sind auch bei einer positiven Beurteilung von Entwicklungsbedarf, räumlichen Eignungsvoraussetzungen und Wirtschaftlichkeit strenge Massstäbe in bezug auf Sicherheit und auf die Erfordernisse des Natur- und Landschaftsschutzes anzulegen.»

- Im Hinblick auf die zunehmenden Verkehrsbelastungen wurde grundsätzlich allgemeine «Zurückhaltung beim Auf- und Ausbau von Anziehungspunkten des motorisierten Ausflugsverkehrs» betont.

Das Fremdenverkehrskonzept von 1978 wurde von den massgeblichen politischen Organen seither auch so ernst genommen, dass es zu keinen auffälligen Diskrepanzen zwischen Leitlinien und Praxis gekommen ist. Manche Aussagen wurden zum Teil sogar noch strenger konkretisiert. So wurde in einer programmatischen Regierungserklärung von 1984 zum Beispiel gesagt: «Die Erschliessung neuer Schipisten und die Schaffung weiterer Aufstiegshilfen soll weitestmöglich vermieden werden.» Heute wird bereits offen erklärt, dass Neuerschliessungen überhaupt nicht mehr in Frage kommen.

3. Die Behandlung von Einzelprojekten

Was unter Begriffen wie Raum- und Umweltverträglichkeitsprüfung üblicherweise verstanden wird, geschieht in Vorarlberg in verschiedenen Formen und unter verschiedenen Bezeichnungen. In jedem Fall aber wird versucht, die Vorgangsweise so gut wie möglich den jeweiligen Problemstellungen anzupassen. Im wesentlichen sind dabei dreierlei Wege zu unterscheiden:
1. die Projektprüfung für die Genehmigung nach dem Vorarlberger Landschaftsschutzgesetz;
2. die Vorprüfung von Projekten oder Projektideen im Vorfeld des eigentlichen Landschaftsschutzverfahrens und
3. Vorabklärungen im Rahmen regionaler Untersuchungen.

Die massgebliche rechtliche Grundlage für die Prüfung von Einzelprojekten bildet das Vorarlberger Landschaftsschutzgesetz in der Fassung von 1982 (erste Fassung 1973). Nach diesem Gesetz bedürfen Landschaftseingriffe der verschiedensten Art einer landesrechtlichen Genehmigung, auch wenn sie sonst nur bundesrechtlich genehmigungspflichtig sind (z.B. die meisten Seilbahnen). Von den genehmigungspflichtigen touristischen Einrichtungen sind vor allem Seilbahnen und Lifte, Schipisten, grössere Hochbauten sowie Sportstätten, Strassen und Parkplätze ausserhalb des bebauten Gebietes zu nennen. Darüber hinaus bestehen generelle Schutzbestimmungen für besonders störungsempfindliche Landschaftsbereiche wie etwa für alle Seeufer und Gletscher.

Die Erteilung einer Bewilligung erfordert jeweils eine behördliche Interessenabwägung unter Anhörung der berührten Sachverständigen. Ausserdem muss der von den Naturschutzorganisationen bestellte Landschaftsschutzanwalt gehört werden.

Da im Landschaftsschutzverfahren relativ strenge Massstäbe angelegt werden, ist es bei problembehafteten Vorhaben üblich geworden, Vorprüfungen auf freiwilliger Basis durchzuführen. Damit kann früh genug festgestellt werden, ob ein Projekt überhaupt eine Chance hat, im Landschaftsschutzverfahren genehmigt zu werden. In schwierigen

Fällen kann eine solche Vorprüfung zu einem mehrstufigen Verfahren und sogar zu einer mehrjährigen Prozedur werden. Dies vor allem dann, wenn umfassendere regionale Untersuchungen notwendig sind.

4. Regionale Untersuchungen und Konzepte

Im *Montafon* wurden bereits 1978 ernstliche Konflikte zwischen örtlichen Entwicklungs- und Erschliessungsabsichten und den landesweiten und regionalen Entwicklungszielen offenkundig. Zum Ausbau des Wintersportangebots wurden hier damals drei Grossprojekte für Neuerschliessungen sowie in fünf Fällen Absichten für grössere Schigebietserweiterungen verfolgt. Damit wurde das Montafon zum entscheidenden Testfall, bei dem sich zeigen sollte, ob und wie sich das Vorarlberger Fremdenverkehrskonzept in der Praxis zu bewähren vermag.

Um in dieser Situation von fundierten Entscheidungshilfen ausgehen zu können, wurde das Österreichische Institut für Raumplanung (ÖIR) mit einer Untersuchung raumbezogener Probleme der Fremdenverkehrsentwicklung beauftragt.[2] Dabei war von Anfang an auf ein enges Zusammenwirken mit allen berührten Stellen zu achten. Um schon während der Untersuchung eine kritische Meinungsbildung in Gang zu bringen, wurden im Montafon sehr oft Zwischenergebnisse zur Diskussion gestellt. Damit konnte frühzeitig und auf relativ breiter Basis ein Umdenkprozess angebahnt werden. Folglich war es letztlich auch weniger schwierig, die Ergebnisse der Studie in ein restriktives und trotzdem politisch annehmbares Konzept umzusetzen. Dieses «Konzept für den Ausbau der touristischen Aufstiegshilfen im Montafon» wurde von der Landesregierung 1980 beschlossen.[3] Dem Bedarf entsprechend war darin nur mehr etwa ein Viertel der ursprünglich vorgesehenen Erschliessungen enthalten. Dabei wurde kein Projekt für eine Neuerschliessung und nur eines für eine grössere Schigebietserweiterung als realisierungswürdig anerkannt. Das Konzept ist zwar gelegentlich der Kritik ausgesetzt, es ist heute aber weniger umstritten als im ersten Jahr. Derzeit stehen jedenfalls keine Erschliessungswünsche zur Diskussion, die über den Konzeptrahmen hinausgehen, obschon dieser Rahmen ursprünglich nur mit sechs bis acht Jahren befristet war.

Eine 1981–1983 durchgeführte Untersuchung ähnlicher Art bezog sich auf das *Brandnertal*.[4] Auch hier nahmen Ideen für den Ausbau des Seilbahnen- und Schipistenangebotes eine Schlüsselstellung ein. Im Vordergrund des Interesses stand ein Projekt zur Erschliessung des Brandner Gletschers im Bereich der Schesaplana sowie ein Golfplatzprojekt. Letztlich empfahl sich von den räumlichen Voraussetzungen und Bedarfsverhältnissen her auch im Brandnertal besondere Zurückhaltung bei Ausbaumassnahmen. Die kritische Auseinandersetzung mit den verschiedenen Vorhaben führte inzwischen sowohl beim Projekt Gletschererschliessung wie beim Golfplatzprojekt zu einem «stillen Begräbnis».

Bei einer in der Studie nur bedingt empfohlenen Erweiterung des bestehenden Schigebietes von Bürserberg rief das damit beabsichtigte Ausgreifen einer Sesselbahn in eine unberührte Landschaftskammer erhebliche Widerstände hervor. Das Vorhaben machte seit 1985 wiederholt ergänzende Untersuchungen erforderlich. Obwohl inzwischen auch Umplanungen vorgenommen wurden, konnte dafür bislang noch keine Genehmigung erteilt werden.

In der Region *Arlberg* vollzog sich das Zurücknehmen früherer Ausbauabsichten im wesentlichen aus Einsicht der Betroffenen selbst. Zum Teil wurden solche Grenzen im Rahmen von Genehmigungsverfahren exemplarisch aufgezeigt. Eine im Schigebiet Lech-Zürs 1985 durchgeführte Untersuchung der Schipistenfrequentierung[5] machte ebenfalls die Problematik von Kapazitätssteigerungen bei den Aufstiegshilfen bewusst. Die dabei gewonnenen Erfahrungen haben auch verdeutlicht, dass die Belastbarkeit von Schiabfahrten zu wenig «berechenbar» ist und vorrangig unter qualitativen Zielsetzungen beurteilt werden muss.

Für das *Kleinwalsertal* befasste sich eine 1984 abgeschlossene Untersuchung schwergewichtig mit dem Thema Ausflugsverkehr.[6] Die Ergebnisse halten hier vor allem zum «Einbremsen» des Tagesausflugsverkehrs an, um die Attraktivität des Tales für den Feriengast zu erhalten.

Eine das *Grosse Walsertal* betreffende Fremdenverkehrsstudie[7] mündete 1986 in ein Konzept für einen betont naturnahen Familientourismus. Charakteristisch für das «Modell Grosses Walsertal» ist auch ein Umdenken in der Förderungspraxis. Im Vordergrund steht hier nicht mehr die Förderung von weiterer technischer Infrastruktur, sondern die Vermittlung von Know-how zur Überwindung bisheriger Angebots- und Managementschwächen. Zur Realisierung des Konzeptes sind hier seit 1985 als «lebende Subvention» zwei Regionalberater tätig.

5. Ringen um Qualität

5.1 Stichwort «Lebensqualität»

Die Lebensbedingungen der Bergbevölkerung Vorarlbergs sind und bleiben in hohem Masse von einer gedeihlichen touristischen Entwicklung abhängig. So sehr die damit bereits erreichten guten Verdienstmöglichkeiten und die verbesserte Infrastruktur geschätzt werden, so will die Bevölkerung der Fremdenverkehrsgebiete «Lebensqualität» aber dennoch umfassender verstanden wissen. Damit geben sich auch bereits Akzeptanzgrenzen für die weitere touristische Entwicklung zu erkennen.

Die Änderungen im Ausbildungsniveau und zunehmende Freizeitbedürfnisse der Einheimischen machen es immer schwerer, den Bedarf der Hotellerie an geeigneten Arbeitskräften zu decken. Auch die Erfahrungen mit familiärer Überforderung durch die Gästebetreuung wecken in der jungen Generation mehr Interesse für Berufe mit «Feierabend». Wo aber die nötigen «dienenden» Tätigkeiten nicht mehr hinlänglich gefragt sind, legen es bereits die personellen Engpässe nahe, auch Kapazitätserweiterungen entsprechend zu begrenzen. Das gilt vor allem für Länder wie Vorarlberg, deren Angebotsstärke wesentlich in der «Qualität der Gastlichkeit» liegt.

Zur Eindämmung der touristischen Entwicklung halten in erster Linie die steigenden Umweltbelastungen an. Die Forderung nach Zurückhaltung ergibt sich in der Praxis aber nicht so sehr aus dem konkreten Nachweis bestimmter ökologischer Belastungsgrenzen als aus der Kumulierung sehr verschiedenartiger Belastungswahrnehmungen, die ein allgemeines Unbehagen verstärken.

Am sensibelsten reagiert die Bevölkerung, wenn sie sich zeitweise – auch ausserhalb der Fremdenverkehrsgebiete – in ihrer Bewegungsfreiheit eingeengt fühlt. Folglich provozieren Stauungen im Kolonnenverkehr, überfüllte Parkplätze oder überfrequentierte Schipisten und Ausflugsziele am meisten Unmut. Nachteiligen Veränderungen des Naturhaushaltes und Landschaftscharakters, auch schwerwiegende Beeinträchtigungen der Ortsbilder durch Zersiedlung und qualitätslose Baugestaltung werden offenbar viel weniger bewusst wahrgenommen. Soweit solche Qualitätsverluste Unbehagen wecken, verleiten sie nur zu oft zu vorschnellen «Verschönerungen», die vielfach aber eher gut gemeint als gut sind.

Bei solchem Problemverständnis werden mit höchster Dringlichkeit gezielte Massnahmen zum Abbau der Verkehrsbelastungen gefordert. Diese Belastungen sind durch den Tagestourismus an Winterwochenenden am spürbarsten. Derzeit werden daher Überlegungen und Versuche angestellt, um die Verkehrssituation an Spitzentagen zu entschärfen. Derzeit ist aber noch nicht absehbar, ob und wie damit spürbare Erfolge erzielbar sein werden.

5.2 Fragen zur Gesamtentwicklung

Erfahrungsgemäss ist es oft erfolgversprechend, wenn Teilprobleme, wie etwa die der Verkehrsbewältigung, möglichst gezielt angegangen werden. Diese Anstrengungen sollten aber nicht zu sehr vom Blick auf den Gesamtzusammenhang und von umfassenderen Entwicklungsvorstellungen ablenken.

Durch die Vielzahl drängender Tagesprobleme besteht oft die Gefahr, dass die Ziele einer befriedigenden Gesamtentwicklung aus dem Auge verloren werden. Statt dessen begnügt man sich allzu oft mit nebulosen Bekenntnissen zu Lebens- und Umweltqualität oder anderen Schlagworten in Zusammenhang mit «Qualität». Auf die Dauer kann aber nicht darauf verzichtet werden, das, was «Qualität des Lebensraumes» ausmacht, kritisch zu hinterfragen. Das setzt voraus, dass die anstehenden Probleme in ihren Zusammenhängen so konkret wie möglich bewusst gemacht werden, und zwar vor allem auf örtlicher Ebene. Ebenso werden die Entwicklungsvorstellungen für die Zukunft zu verdeutlichen sein. Im Blick auf die Prioritäten wird man sich je länger je weniger mit kurzatmigem Aktionismus begnügen können.

Ob und wie ernst die Bekenntnisse zu Umwelt-, Landschafts- und Wohnqualität genommen werden, verrät schon das Siedlungsbild. Überzeugendes Qualitätsbewusstsein zeigt sich am auffälligsten bei Disziplin und Umsicht in der Bautätigkeit, in geschickt flächensparender Bebauung, in der ansprechenden Gestaltung von Neubauten wie in der Pflege und Erneuerung von Altbauten. Ortsbildpflege darf jedenfalls nicht erst bei nachträglicher und oft genug falsch verstandener Kosmetik ansetzen.

Die pflegliche Erhaltung naturnaher Kulturlandschaft und die Existenzsicherung für genügend lebensfähige Bergbauern gehören zusammen. Durch weitreichende Änderungen der Produktions- und Einkommensbedingungen müssen diese in die Lage versetzt werden, sich in Anpassung an die jeweilige landschaftliche Eigenart auch extensive Bewirtschaftung leisten zu können. Was in Vorarlberg mit produktionsunabhängiger Bergbauernförderung bereits in Gang gekommen ist, mag in dieser Richtung den Beginn einer Neuorientierung in der Förderungspolitik signalisieren.

Was landschaftliche Qualität und ihre Störungsempfindlichkeit ausmacht, ist allgemein viel zu wenig bewusst. Folglich entstehen die meisten Landschaftsschäden aus Unkenntnis. Das fordert dazu heraus, mehr Kenntnisse der schutz- und pflegebedürftigen Natur- und Kulturgüter zu gewinnen und der Bevölkerung zu vermitteln. Ein wichtiger Schritt in diese Richtung ist eine Landschaftsinventarisierung, die in Vorarlberg mit einer Biotopkartierung (seit 1989 für das ganze Land) in die Wege geleitet wurde.

Vielfach wird noch immer übersehen, wie sehr es allgemein auch auf die Stärkung kultureller Identität ankommt. Hiezu sind die Voraussetzungen aber oft von Talschaft zu Talschaft recht unterschiedlich. In einzelnen Fremdenverkehrsgebieten sind die Qualitäten kultureller Eigenart schon stark von trivialer Allerweltskultur überprägt. Das spiegelt sich auch in der Fremdenverkehrswerbung, indem z.B. das Montafon zum «Tal der Sterne» erklärt und Werbung mit «Hollareidulliöö» signalisiert wird. In manchen Landesteilen blieben kulturelle Identität und Selbstachtung zum Teil besser bewahrt. Sie werden als Komponente von Lebensqualität mitunter auch bewusst gepflegt. Am überzeugendsten geschieht dies bislang im Bregenzerwald.

5.3 Qualitätsbewusste touristische Angebotsgestaltung

Die Zeit der «Materialschlachten» zur Steigerung der touristischen Wettbewerbsfähigkeit ist in Vorarlberg vorbei. Das gilt besonders für Kapazitätserweiterungen im Beherbergungssektor und bei seilbahn- und schitechnischen Erschliessungen. Die Fremdenverkehrswirtschaft hat die weitere Angebotsgestaltung von sich aus unter das Motto «Qualität vor Quantität» gestellt.

Die Vorstellungen von «Qualität» sind allerdings recht unterschiedlich, mitunter sogar entgegengesetzt. Sie können ebenso auf die pflegliche Erhaltung schutzwürdiger Landschaft wie auf Freizeitattraktionen mit Zerstörung oder zumindest «Entwürdigung» derselben Landschaft hinauslaufen. Sie können die besonderen Reize von eigenständiger Kultur und Genius Loci betonen oder auch auf effekthascherische Kultur-Mache abzielen. In solchen und anderen Zusammenhängen gibt sich sehr oft zu erkennen, wie unausgegoren sowohl die Vorstellungen von «sanftem Tourismus» als auch von «high lights» immer noch sind.

Massgebliche Vertreter der Vorarlberger Fremdenverkehrswirtschaft sind bereits mit bestem Willen darauf eingestellt, den Qualitätsbegriff umfassender zu verstehen. Dennoch werden örtlich «qualitätsverbessernde Massnahmen» oft noch immer ziemlich einseitig verstanden, ohne dabei auch die problematischen Neben- und Folgewirkungen mitzubedenken. So kann es etwa geschehen, dass alte Schilifte durch moderne und leistungsstärkere Anlagen ersetzt werden, dadurch aber in der Folge Schiabfahrten durch Überfrequentierung abgewertet und durch die Anziehung von mehr Passanten zudem die Verkehrsprobleme verschärft werden.

Innerhalb der Fremdenverkehrswirtschaft wird besonders von der Hotellerie auf eine qualitätsbewusste Konsolidierung Wert gelegt. Damit kommt sie aber oft zu anderen Zielsetzungen als etwa Seilbahnunternehmen mit ihren eigenen betrieblichen Erfolgszielen. Bei letzteren ist es nach wie vor am spürbarsten, wenn Investitionen aus steuerlichen Abschreibungsgründen in Form von Kapazitätssteigerungen wirksam werden. Allerdings muss sich nun auch die Seilbahnwirtschaft mit einem sehr eingeschränkten Spielraum für Angebotserweiterungen abfinden.

Neue Probleme stellen sich u.a. mit der Ausweitung der mechanischen Pistenbeschneiung. Wo das «Winter-Machen» zu besonderer Grosszügigkeit tendiert, stellen sich auch bei nachgewiesener Umweltverträglichkeit grundsätzliche Fragen nach den Grenzen des Machbaren. Wie sich dann aber Beschränkungen sachlich überzeugend begründen lassen, ist zum Teil noch unklar.

Selbst wenn bei bestimmten touristischen Angeboten ein Bedarf von vornherein bejaht werden kann, ist damit noch nicht gesagt, dass diese auch realisiert werden können. Dies zeigt sich zurzeit besonders im Zusammenhang mit Projektideen für Golfplätze. Standorte, die hiefür bereits untersucht worden sind, waren entweder aus Gründen des Natur- und Landschaftsschutzes zu problematisch, oder sie waren bei gegebener Eignung nicht zu angemessenen Bedingungen verfügbar. Folglich ist in Vorarlberg noch immer kein Golfplatz vorhanden.

Je mehr auch Qualitätsansprüche in der Angebotsgestaltung zu räumlichen Quantitätsansprüchen werden, desto schwieriger wird es, dem Motto «Qualität vor Quantität» zu folgen. In Vorarlberg als Land mit ohnehin vielseitig erhöhtem Nutzungsdruck auf kleinem Raum sind die Grenzen des Machbaren jedenfalls schon sehr spürbar. Beim erreichten Entwicklungsstand ist der Planungsspielraum schon so eingeengt, dass neue Raumbeanspruchungen zusehends konfliktträchtiger werden. Selbst wenn sich für ein Projekt ein positives UVP-Ergebnis vorweisen lässt, kann die Realisierung letztlich immer noch an Widerständen aus der Bevölkerung scheitern.

Bevor ökologische Belastungsgrenzen nachgewiesen werden können, sind somit jetzt schon von seiten der ansässigen Bevölkerung Akzeptanzgrenzen spürbar, die nur mehr eine sehr behutsame Tourismusentwicklung zulassen. Es sind nicht mehr alle Wünsche bestimmter Gästegruppen erfüllbar. Die Empfindlichkeit der Einheimischen dürfte sich immerhin weitgehend mit der Empfindlichkeit und den massgeblichen Wünschen der meisten Feriengäste decken. Das hat auch eine 1989 durchgeführte Meinungsumfrage bestätigt.[8] Insofern fordern sowohl die Interessen der ansässigen Bevölkerung wie die des Ferientourismus dazu heraus, vorrangig auf die Erhaltung und

Pflege der landschaftlichen Erholungs- und Erlebnisqualitäten zu achten. Ebenso ist eine «Qualität der Gastlichkeit» gefragt, bei der im Gast mehr als ein anonymer Besucher und Wirtschaftspartner gesehen wird.
Die allgemeine Schlussfolgerung ist nicht neu. Sie ist bereits in jenem Leitsatz des Fremdenverkehrskonzeptes von 1978 enthalten, der besagt: «Die Weiterentwicklung des Fremdenverkehrs soll in Vorarlberg so erfolgen, wie dies den echten Bedürfnissen der heimischen Bevölkerung und der Erhaltung günstiger Voraussetzungen für Erholung und Erlebnis der Gäste am besten entspricht.» Was das heisst, wird in jeder Entwicklungsphase immer neu und lernfähig zu überdenken und zu konkretisieren sein. Dazu ist die Zeit bereits wieder reif. Die Vorarlberger Landesregierung hat daher im März 1990 veranlasst, das Konzept in diesem Sinne umfassend zu überarbeiten.

Anmerkungen

1 Amt der Vorarlberger Landesregierung: Vorarlberger Fremdenverkehrskonzept. Bregenz 1978.
2 Österreichisches Institut für Raumplanung: Untersuchung raumbezogener Probleme der Fremdenverkehrsentwicklung im Montafon. 2 Bände (im Auftrag der Vorarlberger Landesregierung), Wien 1979.
3 Amt der Vorarlberger Landesregierung: Konzept für den Ausbau der touristischen Aufstiegshilfen im Montafon. Bregenz 1980.
4 Österreichisches Institut für Raumplanung: Untersuchung raumbezogener Probleme der Fremdenverkehrsentwicklung im Brandnertal (im Auftrag der Vorarlberger Landesregierung), Wien 1983.
5 Amt der Vorarlberger Landesregierung: Schipisten Lech-Zürs. Erhebung der Schipisten-Frequentierung an Spitzentagen der Wintersaison 1984/85. Bregenz 1985.
6 IVT-BSU: Ausflugsverkehr und Fremdenverkehr am Beispiel Kleinwalsertal, Bregenz 1984.
7 Institut für Verkehr und Tourismus: Grosswalsertal – Fremdenverkehrsstudie und Konzept für einen naturnahen Tourismus. Innsbruck–Bregenz 1986.
8 E. BERNDT: Die Tourismusgesinnung der Vorarlberger Bevölkerung, Feldkirch 1989.

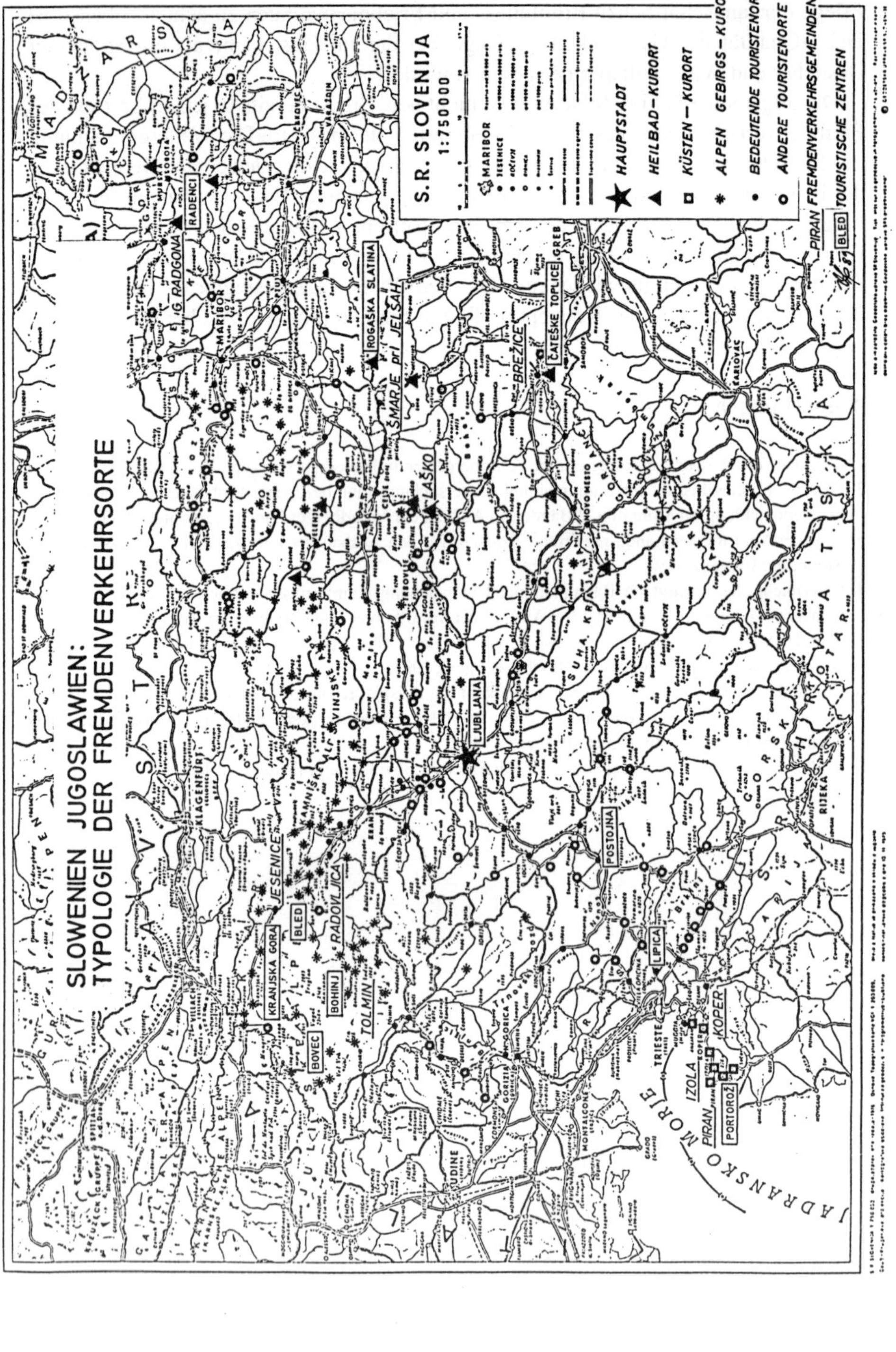
SLOWENIEN JUGOSLAWIEN:
TYPOLOGIE DER FREMDENVERKEHRSORTE
S.R. SLOVENIJA
1:750000
HAUPTSTADT
HEILBAD–KURORT
KÜSTEN–KURORT
ALPEN GEBIRGS–KURORT
BEDEUTENDE TOURISTENORTE
ANDERE TOURISTENORTE
PIRAN FREMDENVERKEHRSGEMEINDEN
BLED TOURISTISCHE ZENTREN
LJUBLJANA
MARIBOR
RADENCI
G. RADGONA
ROGAŠKA SLATINA
ŠMARJE pri JELŠAH
BREŽICE
ČATEŠKE TOPLICE
LAŠKO
KRANJSKA GORA
JESENICE
BLED
RADOVLJICA
BOHINJ
TOLMIN
BOVEC
POSTOJNA
LIPICA
KOPER
IZOLA
PIRAN
PORTOROŽ
TRIESTE
RIJEKA
KLAGENFURT
UDINE
JADRANSKO MORJE

ANTON GOSAR

Die Schlüsselprobleme in den Slowenischen Alpen und die Zukunft der Alpen aus jugoslawischer Sicht

Slowenien liegt nach Ansicht vieler Europäer auf dem Balkan. Auf dem berüchtigten Balkan, der für wenigstens einen, nämlich den Ersten Weltkrieg «verantwortlich» ist und auf dem gegenwärtig die zersplitterten nationalen Interessen zum Bürgerkrieg innerhalb Jugoslawiens umzuschlagen drohen. Zahlreiche Bürger und Politiker meinen jedoch, dass der Balkan schon in München und Wien beginnt. Falls aber Slowenen gefragt werden, beginnt für sie der Balkan in Belgrad oder Zagreb.

Ähnliche Differenzen in bezug auf regionale Zuordnungen trifft man bei den Slowenischen Alpen an. Es hat sich zwar eingebürgert, sie zu den Südostalpen zu zählen, aber oft werden sie bei alpenweiten Darstellungen völlig «vergessen». Meist werden die Südostalpen nur in Italien oder Österreich (als nur *deren* Alpen) besprochen, oder sie werden grundsätzlich falsch zu den «Dinariden» gezählt. Für viele überraschend ist auch die Ansicht der griechischen Wissenschaftler, dass man die Olympusberge, die als Fortsetzung der sogenannten Dinarischen Alpen in einer geologischen Einheit mit den Slowenischen Alpen stehen, zu den Südostalpen zählen sollte.

Auch innerhalb der jugoslawischen und slowenischen Fachkreise ist man sich über die regionale Abgrenzung der Alpen nicht einig. Die «Sozialistische Republik Slowenien», die seit 1990 nur noch «Republik Slowenien» heisst, wird sehr oft spöttisch, aber auch ernsthaft, besonders seitens der Kollegen aus Wissenschaft und Politik der benachbarten jugoslawischen Bundesländer, als «das Alpenland» angesehen und angesprochen. Slowenen selbst meinen jedoch, dass die Alpenregion nur *eine* der vier Grossregionen Sloweniens ist. Der Alpenanteil nimmt nach Ansicht der Geographen nur knapp ein Fünftel der Republikfläche ein, wobei, mit Ausnahme der Mediterranen Küstenregion, die anderen beiden – der Karst und das subpannonische Flachland – viel grössere Räume umfassen. Doch wenn man internationale Massstäbe berücksichtigen möchte, könnte man weite Räume ausserhalb der eigentlichen Alpenregion, vielleicht sogar den gesamten Raum der Republik, in verschiedene Typen «voralpiner» Regionen einreihen.

Dass das Image «Alpen» mit der Zeit an Bedeutung gewann, ist nicht zuletzt der internationalen Aufwertung dieser Region durch den Tourismus zuzuschreiben. Man

* Adresse des Verfassers: Dr. A. GOSAR, Universität Ljubljana, Abteilung Geographie, Askerceva 12, YU-61000 Ljubljana (Jugoslavien)

gründete die internationale «Alpen-Adria-Arbeitsgemeinschaft» und nicht (vielleicht!) eine Donau-Balkan- oder eine Balkan-Karst-Kommission (!). Der Fremdenverkehrsverband Sloweniens wirbt im Ausland mit dem Slogan «Slowenien – auf der Sonnenseite der *Alpen*» und nicht mit solchen «passenden» Werbetiteln – wie z.B.: «Slowenien – das Land der Höhlen und der Finsternis» oder «Slowenien – der grüne Streifen zur Adria» oder «Slowenien – das Erholungsgebiet des Balkans».

Der Unterzeichnete plädiert für eine breitere Auffassung der Definition des Alpenraumes in Slowenien, nämlich für eine solche, die auch dem gewachsenen Image entsprechen möchte. Die regionale Abgrenzung der Alpen innerhalb Sloweniens wurde bereits Ende der dreissiger Jahre anhand physisch-geographischer Merkmale (nach dem Anteil der Hochgebirgsstufen und Gipfel) von Anton Melik geschaffen (Melik, 1954) und später in der Zeit des regionalen Paradigmas, in den sechziger Jahren, mit passenden sozio-ökonomischen Indikatoren bestätigt und übernommen (Ilešič, 1968).

Die voranschreitende Industrialisierung und die – durch die schon seit 1962 offenen Grenzen eines sozialistischen Staates geschaffene – Transitverkehrsorientierung nach Norden und Westen hatten aber die slowenischen Alpen mit der Nachbarschaft stärker als zuvor verknüpft. Auch die mehr als 8000 alpinen Zweitwohnsitze, deren Eigentümer zu 75% ausserhalb der Alpenregion wohnen, sind ein guter Indikator für die breit gefächerten und vielfältig strukturierten Einfluss- und Gravitationszonen der Alpen Sloweniens. Sie reichen im intensiven Verkehrs- und Freizeitgestaltungssinne wenigstens 200 Kilometer weit: bis nach Zagreb und Rijeka in Kroatien, bis nach Murska Sobota und Koper in Slowenien, bis nach Triest und Udine in Italien, aber auch bis Villach, Klagenfurt und Graz in Österreich. Jede dieser funktionalen Beziehungen besitzt ihre spezifische Eigenart und berührt gleichzeitig auch andere slowenische Gebiete ausserhalb des eigentlichen Alpengebietes.

Wenn man nur die internationale Fremdenverkehrsfunktion im genannten Gravitationsbereich berücksichtigt, sind die Einkaufs-, Gourmet-, und Sightseeing-Ausflüge der Touristen der Kärntner Riviera und der friaulisch-venetianischen Adria (als Tagesausflüge eine sekundäre Urlaubsgestaltung) sowie die grenzüberschreitenden Tagesausflüge der österreichischen und italienischen Stadtbewohner besonders hervorzuheben. An den Grenzübergängen Jugoslawiens in den Alpen wurden im letzten Jahr 23 Millionen Besucher bzw. Einreisen registriert (74% aller Einreisen nach Jugoslawien), davon entfielen auf den Transit ungefähr sechs Millionen Besucher, zehn Millionen wurden – da sie in Jugoslawien wenigstens einmal übernachteten – als «Touristen» angesehen, für den Rest – also sieben Millionen Besucher – gibt es keine Angaben. Da sie jedoch keine Unterkunft buchten, muss man vermuten, dass es sich hauptsächlich um Tagesausflügler nach Slowenien (und Kroatien) handelte. Nach diesen Schätzungen bzw. Vermutungen könnten es wenigstens sieben Millionen Ausländer sein, die jährlich in Tagesausflügen die Alpen Sloweniens (Bled) und andere slowenische Sehenswürdigkeiten (wie die Karstgrotte von Postojna, die Lipizzaner-Farm in Lipica bei Sežana und den slowenischen Küstenstreifen mit Portorož und Piran) besuchen. Davon besuchen je eine Million die bekannte Adelsberger Grotte (Postonjska jama) und Veldes (Bled).

Tabelle 1: Grundcharakteristika der Alpengemeinden Sloweniens

Gemeinde	(in km²)	Einwohner-zahl 1988 (in Tausend)	Bevölkerungs-wachstum (in %) 1961 1971		1971 1981	1981 1988	Bevölkerungs-dichte 1988 (in Pers/km²)	Touristenzahlen (Ankünfte) (in Tausend)			Uebernachtungszahlen (in Tausend)		
								1961	1981	1988	1961	1981	1988
Tolmin	939	21.2	93	95	100		22	22.7	44.6	72.0	63.9	151.2	258.4
Jesenice	375	32.4	106	112	105		86	46.8	173.8	176.3	200,5	581.2	608.2
Radovljica	641	33.9	106	111	107		53	117.8	279.6	319.2	476.7	1104.0	1245.9
Trzic	155	15.0	109	111	108		97	22.8	14.2	12.3	89.3	20.9	21.6
Kranj	453	71.6	117	117	108		158	3.8	63.8	59.4	7.6	166.6	164.2
Skofja Loka	512	38.0	111	114	108		74	2.5	14.0	11.0	8.2	60.1	47.4
Kamnik	289	28.4	113	117	108		98	8.5	21.9	12.4	13.8	51.7	32.8
Mozirje	508	16.4	100	103	104		32	12.8	9.9	12.4	38.3	20.8	34.5
Ravne	304	27.4	104	108	105		90	8.4	14.3	15.0	20.2	44.7	53.5
Gesamt	4176	284.2	108	111	106		68	246.1	636.1	690.0	918.5	2201.2	2466.5

95

Diese weiträumigen Verflechtungen mussten erwähnt werden, um die Interessen und Einflüsse, denen die Alpenwelt Sloweniens ausgesetzt ist, richtig verstehen zu können. Im Folgenden wird nun hauptsächlich derjenige Raum besprochen, den wir aus der Literatur als den Raum der Südostalpen, neuerdings auch der Slowenischen bzw. Jugoslawischen Alpen kennen. Bekannter ist diese Alpenregion jedoch durch ihre Gebirgsgruppen, nämlich die Julischen Alpen (Julijske Alpe), der Steiner Alpen (Kamniške Alpe), der Karawanken (Karavanke) und des Bachern-Rückens (Pohorje). Interessanterweise wird der kaum über 1000 m hohe Bachern von den Geographen Sloweniens nicht zu den «richtigen Alpen» (Gams, 1983) gezählt, obwohl hier die weltweit bekannten alpinen Schirennen der Damen seit langem jährlich im Weltcup ausgetragen werden. Dieser 100 km lange Bergrücken wird mit andern, ähnlichen Gebieten zu den «Voralpen» gezählt.

Wir werden nun eine Berg- und Tälerwelt von 4200 km^2 (20,7% Sloweniens) besprechen, die 290 000 Einwohner der jugoslawischen Teilrepublik Slowenien (13,5% Sloweniens) analysieren, neun Grossgemeinden, 200 Ortsgemeinden und 760 Siedlungen unter die Lupe nehmen und Probleme aufzählen, die derzeit im Brennpunkt des öffentlichen Interesses stehen. Dies soll in zwei Stufen erreicht werden:

– Erstens durch eine Standortanalyse der Gegebenheiten und Probleme, die nicht nur innerhalb des Landes, sondern auch europaweit zu lösen sind und
– zweitens durch eine Darstellung der Entwicklungsprobleme, die international, national und lokal bedingt sind und den ganzen Alpenraum betreffen dürften.

A. Die Schlüsselprobleme in den Slowenischen Alpen

1. Die allgemeine Entwicklung

Die slowenische Alpenwelt kann nach sozioökonomischen Kriterien generell in drei Teile aufgeteilt werden: in den zentralen Bereich, der gleichzeitig auch die Wirtschaftsachse des Landes ist, und in die beiden peripheren Teile im Osten und Westen, von denen der westliche Teil grosse demographische und wirtschaftliche Probleme aufweist. Zwar stieg die Alpen-Einwohnerzahl in den vierzig Nachkriegsjahren insgesamt um mindestens ein Drittel – von 200 000 auf 300 000 Einwohner, doch zeigen die Gemeinden des Isonzotales (Zgornje Posočje) schon in der dritten Zwischenzensuszeit einen Indexwert um 90, und die des Savinjatales (Savinjska dolina), nach ähnlichen Werten, heute eine Stagnation. Im Gegensatz dazu zeigen die Gemeinden des Save-Tales Bevölkerungsgewinne, und zwar nicht so sehr durch Deagrarisierungsprozesse in den Hochalpen, sondern vielmehr durch den Zustrom unqualifizierter Arbeitskräfte aus den ländlichen Gebieten Sloweniens und Jugoslawiens. Die grössten Städte in den Slowenischen Alpen, Kranj und Jesenice, weisen nach der Volkszählung derzeit mehr als ein Viertel nichtslowenischer Einwohner aus. In manchen Orten bilden die Einwanderer sogar die

Tabelle 2: Ausgewählte naturgeographische Merkmale in der slowenischen Alpenwelt

Gebiete (ausgewählte Fremdenverkehrsorte)	Fläche (in Tausend ha)	Höhenstufen (in %)				Neigungsgrade (in %)				Nutzung der Böden (in %)			
		300-600m	600-1000m	1000-1600m	1600m +mehr	0°-6°	6°-12°	12°-20°	20° +mehr	Oedland	Wald	Rural	Urban
1. Das Becken von Radovljica (Bled)	5.5	96.2	1.2	-	-	86.3	3.2	5.4	5.1	-	39.3	44.4	16.3
2. Bohinj (Bohinjsko jezero)	3.4	53.4	35.5	1.3	-	22.3	9.7	25.2	42.8	-	47.0	47.8	5.2
3. Karstplateaus (Pokljuka)	37.6	5.1	33.3	59.6	1.9	12.6	18.2	27.5	41.7	8.4	84.3	7.1	0.2
4. Die Oe. Julischen Alpen	72.2	5.1	26.9	48.0	19.5	5.2	15.2	18.9	60.7	26.0	72.5	1.2	0.3
5. Die W. Julischen Alpen (Kranjska gora, Bovec)	31.2	-	18.0	39.4	42.6	0.7	4.3	9.8	85.2	42.0	56.2	1.8	-
Gesamt	149.9	8.5	25.9	46.6	18.7	9.3	13.0	18.8	58.7	23.7	65.5	10.0	0.8

Mehrheitsbevölkerung. Diese Menschen hatten vorher nicht in den Alpen gewohnt und verstehen die Tradition der Alpenkulturen nicht.

Die nach leninistisch-stalinistischen Modellen nach 1945 eingeführte Industrialisierung brachte eine Urbanisierungs- und Zuzugswelle in die Slowenischen Alpen, die alpenweit unvergleichbar ist. Mit Ausnahme der schon erwähnten Peripherie im Westen, weist grundsätzlich der Industriesektor die meisten Arbeitsplätze auf. Führend ist dieser Wirtschaftszweig in fast allen Gemeinden des Alpenraumes, wobei sein durchschnittlicher Anteil innerhalb der erwerbstätigen Bevölkerung 51,3% beträgt. In den durch Immigration bekannten und erwähnten Gemeinden (Kranj, Jesenice) beträgt der Anteil der Industriebeschäftigten vielerorts mehr als 90%. Diese beiden Gemeinden und zwei weitere, ähnlich strukturierte Gemeinden (Tržič, Ravne), gestalten in der (fast) gesamten Länge die Grenze zu Österreich. Damit finden wir einen krassen Unterschied zwischen den meist durch Tourismus und Landwirtschaft geprägten Gemeinden Kärntens und den industriell monostrukturierten Gemeinden Sloweniens entlang der Grenze.

Obwohl man in den letzten 20 Jahren das sowjetische Modell in der Praxis aufliess und keine neuen grossen Industrieanlagen mehr baute bzw. auch nicht mehr erweiterte, liess der Industrialisierungsboom nicht nach. Um die Abwanderung zu stoppen und grossflächige Passivräume zu vermeiden, weitete man das Konzept der gleichmässigen polyzentren Industrieentwicklung auch in die peripher gelegenen Alpengebiete aus. Die rettende Wirtschaftsbranche schien den kommunistischen Politikern immer noch die Industrie, am besten in staatlichen Händen, zu sein. Der Bevölkerung wurde der Fremdenverkehr in den ersten Jahren des Sozialismus als eine «Folgeerscheinung der bourgeoisen Lebensart» vorgestellt, später als ein ungewisser Wirtschaftszweig beschrieben, den man nebenher mehr als Hobby, im Nebenerwerb, betreiben könne. Deswegen ist die einheimische Bevölkerung fremdenverkehrsscheu, und die immigrierte Bevölkerung, die von Anfang an an die Industrie gebunden ist, ist eben nur zwangsweise, z. B. durch Heirat oder Beschäftigung des weiblichen unqualifizierten Ehepartners, an den Tourismus gebunden. Selten, und erst in den letzten Jahren, fand in den Slowenischen Alpen eine normale, durch den Tourismus bedingte Wandlung der Kulturlandschaft (wie man sie anderswo in den Alpen kennt) statt, die allerdings sehr eng nur auf wenige Orte begrenzt ist.

Die Alpen Sloweniens verdanken also der Industrie ihre derzeitige Blüte. Das Einkommen der Bevölkerung ist im Durchschnitt hier viermal so gross wie im jugoslawischen Mittel und doppelt so hoch wie in den anderen Grossregionen Sloweniens. Pro Einwohner registriert man hier jährlich etwa 6000 US-Dollar G.N.P. Die einzige Ausnahme findet man im Isonzo-(Soča-)Gebiet entlang der italienischen Grenze, wo trotz Bemühungen der gesamten slowenischen Gesellschaft noch keine spürbaren Erfolge erzielt wurden: die Einnahmen entsprechen hier dem Durchschnitt Sloweniens; ein Drittel der Bevölkerung zog innerhalb von 40 Jahren fort, und die Abwanderung konnte bis heute nicht gestoppt werden. Den Tourismus, den man letztendlich auch hier einführen möchte (Bovec), versucht man auf einer labilen Tradition aufzubauen; die Landwirtschaft möchte hier mit Hilfe der slowenischen Regierung wieder die traditionelle Almwirtschaft betreiben, und die aufgestockten

Tabelle 3: Ausgewählte sozialgeographische Merkmale der slowenischen Alpenwelt

Gemeinde	Die erwerbstätige Bevölkerung im Jahre 1988					nur Tourismus u. Gastgewerbe	
	Gesamt (in Tausend)	Anteil an d. Gesamt-Bevölkerung (in %)	Primärer Sektor (in %)	Sekundärer Sektor (in %)	Tertiärer Sektor (in %)	absolut	in %
Tolmin	7.4	35.1	3.4	62.6	34.0	350	4.7
Jesenice	14.3	44.1	0.4	46.7	52.9	1041	7.3
Radovljica	13.7	40.4	3.4	55.3	41.3	1500	10.9
Trzic	6.1	40.7	1.5	71.8	26.7	154	2.5
Kranj	34.9	48.7	1.8	54.6	43.6	657	1.9
Skofja Loka	15.7	41.3	1.3	70.2	28.5	176	1.1
Kamnik	11.3	39.8	1.9	66.0	32.1	74	0.7
Mozirje	5.1	31.1	8.6	56.8	34.6	167	3.2
Ravne	13.0	47.4	2.0	58.9	39.1	437	3.4
Gesamt	121.5	42.8	2.1	58.7	39.2	4556	13.7

Kleinbetriebe mit ihrer breiten Produktpalette möchten besonders den nahen italienischen Markt beliefern. Da wir dem Tourismus und den Kleinbetrieben ein besonderes Kapitel widmen, soll hier nur kurz die Agrarpolitik in den Alpen Sloweniens skizziert werden.

Die Landwirtschaft war Mitte der siebziger Jahre auf dem äussersten demographischen und wirtschaftlichen Tiefpunkt angelangt. Aufgrund der Konkurrenz durch die Agrarwirtschaft in pedologisch und klimatisch günstigeren Gegenden Sloweniens und Jugoslawiens, aufgrund der Verstaatlichung grosser privater Flächen nach dem Zweiten Weltkrieg und durch das «10-Hektar-Agrarmaximum» (die privaten Betriebe der Landwirtschaft durften nicht mehr als 10 ha landwirtschaftlicher Flächen besitzen [Ausnahmen wurden teilweise in Bergregionen gewährt]), aufgrund von Schlampereien auf Flächen im Staatsbesitz, durch Zwangsabgaben und Kollektivisierungszwang, aber auch wegen der sozialen Sicherheit, der sozial-politischen Anonymität und den höheren Löhnen, die die Arbeit in den Industriebetrieben brachte und der damit für die landwirtschaftlichen Erben uninteressant gewordenen Hofübernahme (um nur einige der Ursachen zu nennen!), verbuchte man bei der Volkszählung 1981 in einigen Gemeinden der Alpen weniger als 4,5% Erwerbstätige in der Landwirtschaft. Auch wenn in einigen Orten und Gemeinden, besonders in den weniger entwickelten Gebieten an der Alpenperipherie, diese Zahlen noch bis 30% steigen, so ist dies nur ein trügerischer Schein, der über die Bedeutung dieses Wirtschaftszweiges nichts aussagt. Es handelt sich um eine überalterte Landwirtschaft in traditionellen Strukturen, die nur noch zur Eigenversorgung produziert und die marktwirtschaftlich völlig uninteressant ist.

Seit fünfzehn Jahren, als die Politiker ihre Fehler einsahen, kann die Landwirtschaft, besonders jene der Gebirgsgegenden, mit verschiedenen Förderungen und Entwicklungsprojekten rechnen. Das «Agrarmaximum» wurde auf 30 ha erhöht, wobei den Bauern in den Alpen dabei nach oben praktisch keine Grenzen gesetzt wurden. Für Bauernhöfe oberhalb 600 Meter Meereshöhe gelten nämlich besondere Regeln, die Pacht und den Ankauf von Flächen, die der Bewirtschaftung dienen, zulassen. Ebenso werden die Milchprodukte dieser Bauern staatlich subventioniert. Durch günstige Kredite der Lokalbank bzw. der Genossenschaft, die besonders wichtig sind in der Zeit der hohen Inflationsraten (im Jahr 1989 über 1000%!), können Dünger und Samen gekauft werden. Die Steuerverpflichtungen werden erst ab einer höheren Einkommenssumme berechnet. Alle Gebiete, die dem Gesetz nach zu den «weniger entwickelten Gebieten» zählen, können seit 1981 mit Subventionen für die technische bzw. materielle Infrastruktur rechnen.

Besondere Mittel sind jedoch für die Neubelebung der Almwirtschaft auf Landesebene ausgewiesen worden. Die Alpen Sloweniens weisen dem Kataster nach 58 000 ha Weideflächen aus, wovon 27 312 ha im eigentlichen Hochgebirge liegen. Nur die Hälfte dieser Areale werden jedoch derzeit für die Almweide genutzt. Um die Jahrhundertwende registrierte man hierzulande noch 530 Almen, in den sechziger Jahren waren es nur noch 325, und derzeit schätzt man, dass nur noch 44% der ehemaligen Almen von den Landwirten genutzt werden (Senegačnik, 1984). Auf einem Drittel der derzeit 234

Tabelle 4: Die Fremdenverkehrsinfrastruktur in den slowenischen Alpen

Gemeinde	Uebernachtungskapazitäten (Zahl der Betten)					Zweit-wohn-sitze (Zahl)	Skilifte (Zahl)	(in P/Std)
	Gesamt	in Hotels	in Berg-hütten u. Heimen	in Privat-zimmern u. auf Bauem-höfen	in Cam-ping-plätzen			
Tolmin	1386	505	619	112	150	486	4	3000
Jesenice	5016	2102	1112	2393	410	722	14	8000
Radovljica	12538	3228	2006	2354	4950	1058	17	11500
Trzic	320	88	211	21	-	231	4	1500
Kranj	1328	514	393	421	-	698	8	6400
Skofja Loka	342	154	86	102	-	537	6	3000
Kamnik	962	130	674	8	150	184	6	4300
Mozirje	492	257	140	95	-	326	8	4850
Ravne	498	319	156	14	-	67	-	-
Gesamt	22873	7296	5397	4490	5660	4309	66	42550

Almen hat man auch Freizeitobjekte – Zweitwohnsitze und Hotels – errichtet. Fast die Hälfte dieser Gebäude sind Neubauten (37,7%) und etwa 25% bestehen aus umgebauten Almgebäuden (Gosar, 1988). Viele Almen, die noch der Weide dienen, sind im Besitz von Weidegenossenschaften (48%) – einem Zusammenschluss privater Bauern –, einige wurden in den letzten Jahren durch den Staat bzw. durch Genossenschaften aufgekauft und entsprechend eingerichtet (12%), und nur etwa 40% sind noch in ausschliesslichem Privatbesitz (Kunaver, 1989). Auch diesen wird Hilfe bei der Bewirtschaftung geleistet, z. B. mit dem Zu- und Abtransport der Rinder durch Lastwagen der Genossenschaften.

2. Die neuen Markt- und Wirtschaftsstrategien

Das exogene (zentralistische) Konzept der polyzentrischen regionalen Entwicklungspolitik

Bekanntlich hatte Slowenien, als die bisher einzige Republik Jugoslawiens, strikt auf einer polyzentrischen regionalen Entwicklungspolitik bestanden. Neue Industriezentren wurden bewusst ausserhalb der klassischen Industrieachse Jesenice–Kranj–Ljubljana–Celje–Maribor gegründet. Dabei wurden neue Betriebe u. a. in Gemeindezentren und in schon vorher hierarchisch höher bewerteten Ortschaften gegründet. Jedoch gab es auch Ausnahmen, und zwar besonders dort, wo ein Gewerbezweig auszusterben drohte. Die Zahl der Industrieorte stieg dadurch in vierzig Jahren von 146 im Jahre 1948 auf 353 an, wobei im vergangenen Jahrzehnt über $^2/_3$ aller neuen Betriebe gegründet wurden. Damit setzte eine zuvor nie gesehene Pendler- bzw. Wanderungsaktivität ein. Nach neuesten Rechnungen waren bei der letzten Volkszählung Einwohner von insgesamt 87% aller Siedlungen in Wanderungen zur und von der Arbeit verwickelt. Von wo immer man zur Fabrik, die eine soziale Sicherheit und üblicherweise einen relativen Reichtum (klassisches Phänomen auf der untersten Stufe der Wandlung zur urbanen Gesellschaft: Hausneubauten in Dörfern) garantierte, nicht pendeln konnte, zog man fort. So wurden periphere Alpentäler – wie im Bereich der Trenta, aber auch steile, lehmhügelige Gegenden – fast menschenleer. Dort aber, wo landwirtschaftliche Nebenerwerbsbetriebe trotz eines mehr als dreistündigen Arbeitsweges zu existieren versuchten, musste man zwangsläufig den Agrarbestand vernachlässigen.

So schlug vielerorts, besonders an der Peripherie, die zentralistisch organisierte Politik der dezentralen polyzentrischen Regionalentwicklung ins Negative um. Man verstärkte so die ohnehin starke Pendlertätigkeit und beschleunigte damit die Aufgabe der landwirtschaftlichen Produktion. Kleine Vollerwerbsbauern gingen in der Masse der Arbeiter-Bauern-Haushalte unter. Die erwerbstätige Industriebevölkerung nahm sehr stark zu: von 1953 bis 1961 um 161%, von 1961 bis 1971 um 141% und von 1971 bis 1981 um 142%. Das eigentliche Ziel dieses Konzeptes – nämlich die ländlichen Räume in ihrer Eigenständigkeit zu stärken und demographisch stabile Regionen zu schaffen – konnte nicht voll verwirklicht werden. Die Bereiche der Gemeindezentren

Tabelle 5: Die Typologie der Fremdenverkehrsorte in den
slowenischen Alpen*

Gemeinden	Typ I	Typ II	Typ III	Typ IV	Typ V	Gesamt
	Fremdenverkehrsorte		Zahl der Ortschaften			
Tolmin	Bovec	-	1	1	1	14
Jesenice	Kranjska gora	Gozd Maruljek	3	1	1	7
Radovljica	-	Radovljica	-	1	1	5
Trzic	-	-	-	-	1	1
Kranj	-	Kranj, Jezersko	1	-	1	4
Skofja Loka	-	-	1	-	1	2
Kamnik	-	Kamniska bistrica	-	1	-	2
Mozirje	-	-	1	-	4	5
Ravne	-	-	-	1	1	2
Gesamt	4	5	7	5	11	32

* Wenigstens eine dieser Bedingungen muss erfüllt werden:

Typ I: die Bettenzahl grösser als 1000, jährlich 50'000 und mehr Besucher und 100'000 und mehr Uebernachtungen;

Typ II: die Bettenzahl 500 - 1000, jährlich 25 - 50'000 Besucher und 50 - 100'000 Uebernachtungen;

Typ III: die Bettenzahl 250 - 500, jährlich 10 - 25'000 Besucher und 25 - 50'000 Uebernachtungen;

Typ IV: die Bettenzahl 100-250, jährlich 5 - 10'000 Besucher und 10 - 25'000 Uebernachtungen;

Typ V: die Bettenzahl unter 100, jährlich unter 5000 Besucher und unter 10'000 Uebernachtungen.

Tabelle 6: Nationaleinkommen pro Gemeinde und Einwohner in den Slowenischen Alpen im Jahre 1987

Gemeinden	GNP in K Dinar*	Einwohner-zahl	GNP per capita in K Dinar	GNP per capita in US Dollar 4.1.87**	30.12.87***	Mittelwert
Tolmin	76 744 00	21'127	363.25	7'983	2'920	4'276
Jesenice	160 546 00	32'392	495.63	10'893	3'984	5'834
Radovljica	172 144 00	33'944	507.10	11'145	4'076	5'969
Trzic	75 243 00	14'950	503.29	11'061	4'046	5'925
Kranj	450 529 00	71'558	629.59	13'824	5'056	7'411
Skofja Loka	191 515 00	38'007	503.89	10'566	3'865	5'659
Kamnik	136 516 00	28'396	480.75	11'074	4'051	5'932
Mozirje	55 810 00	16'356	341.22	7'499	2'743	4'017
Ravne	163 519 00	27'408	596.61	13'112	4'796	7'023
Slov. Alpen ges.	1 482 566 00	284'138	521.78	11'468	4'194	6'142

*   die Bezeichnung der Dinar-Werte erfolgt im konvertiblen Dinar (KD) - diese Bezeichnung und Wertangabe ist ab 1.1.1990 im Gebrauch.

**   1 US$ = 0.0454 KD

***   1 US$ = 0.1244 KD

wurden zwar tatsächlich stabiler, aber sie verloren in fast allen Fällen ihre eigentlichen Charakteristiken (z. B.: Metallverarbeitungsbetriebe wurden in eine hügelige und stark agrarisch geprägte Landschaft versetzt.) Besonders betroffen waren aber die ländlichen Grenzgebiete im allgemeinen: die junge, dynamische Bevölkerung zog aus, die alte verblieb.

Das derzeitige Bild dieser Regionen ist, wenigstens äusserlich, erfreulicher als es die demographische Analyse zeigt. Kapitalinvestitionen von noch im Ausland lebenden Gastarbeitern sind in der Form von noch nicht fertiggestellten Häusern – besser: Burgen und Villen – zu sehen. Die ehemaligen Ställe und Schuppen werden von der in der Stadt wohnenden Arbeiterschaft repariert, renoviert und zu Zweitwohnsitzen umgebaut. Am Wochenende und während christlicher und staatlicher Feiertage im In- und Ausland zeigen solche Gebiete erneut Leben. Dies ist jedoch ein zeitlich begrenztes Trugbild.

Das endogene Entwicklungsmodell der «Zellenproduktion»

Um den Trend der Abwanderung und des ermüdenden Pendelns zu stoppen, erarbeiteten Wissenschaftler zahlreiche Entwicklungsmodelle. Dabei erhofft man sich in Slowenien sehr viel von dem Modell der «Zellenproduktion», da dieses an privaten Grundbesitz gebunden ist und durch gesellschaftlich bzw. staatlich gelenkte Massnahmen der lokalen bzw. regionalen Industriebetriebe den Beteiligten eine soziale Sicherheit garantiert. Die Grundidee dieses Entwicklungsmodells liegt in der Annahme, dass zahlreiche Pendler an Maschinen arbeiten, die aus dem grossen, zentral gelegenen Betrieb ohne Effizienzverlust an die Wohnstandorte der sie bedienenden Arbeitskräfte verlegt werden könnten. Das aus Schweden übernommene Grundprinzip ermöglicht einerseits die räumliche Anordnung vieler Kooperationsbetriebe in der «unmittelbaren» Nähe des Zentralbetriebes, anderseits schafft es aber Platz für neue moderne Maschinen, Industrieroboter und eine effektive Grossproduktion im Hauptwerk. Dieses System, das für Mitteleuropa besonders im Streusiedlungsgebiet anwendbar wäre, besitzt den Vorteil, dass Bauernhöfe, deren Einwohner bisher auf das Pendeln angewiesen waren, Scheunen, Schuppen und andere früher für die landwirtschaftliche Produktion verwendete Räume aufgelassen haben und somit bereits über Räumlichkeiten für die Maschinen, an denen sie schon tagtäglich arbeiten, verfügen. Die Gründungsfirma hätte für die Zulieferung der Halbprodukte und den Abtransport der vereinbarten Mengen von Produkten zu sorgen. Der Arbeitnehmer und gleichzeitig Landwirt und Grundbesitzer hätte in einem bestimmten Zeitraum völlig frei zu entscheiden, wann er an der Maschine arbeiten möchte. Somit wäre das bäuerliche Grundeigentum besser zu bewirtschaften, weil man dazu die bisherige Pendelzeit verwenden und die industrielle Arbeit der landwirtschaftlichen (und nicht umgekehrt) anpassen könnte.

Nach geeigneten diesbezüglichen Standorten und entsprechenden demographischen Strukturen forschten die Geographen von Ljubljana für das Eisenwerk von Ravne im Miestal (Mežiska dolina). In der ersten Phase analysierte man die Möglichkeit, einen Teil der Produktion auf Bauernhöfe zu dezentralisieren. Man beschränkte sich zunächst auf das Gemeindegebiet von Ravne (etwa 250 km^2), ein besonderes Interesse widmete man jedoch dem äussersten westlichen Teil der Slowenischen Alpen, im Quellgebiet der Meža. Von hier pendelt täglich ein Bus mit Arbeitern in Richtung Eisenwerk. Bevor sie den Bus erreichen, müssen sie eine beträchtliche Strecke mit dem Auto oder zu Fuss (von ihrem Bauernhof) zurücklegen. Bei Schnee kann die Anreise ins Werk bis zu drei Stunden dauern, normalerweise ist sie jedoch kaum kürzer als eine Stunde.

In mehr als drei Vierteln der Orte sind über 90% der Arbeitskräfte am Pendeln beteiligt. Die meisten fahren tagtäglich nach Ravne in das Eisenwerk, das 6000 Arbeitnehmer beschäftigt. Auch in unserem Untersuchungsgebiet (um Črna), das 40 Kilometer von Ravne entfernt ist, sind – mit Ausnahme eines Ortes – unter den Erwerbstätigen mehr als 90% Pendler registriert worden.

Die Bewertungskriterien, die mit der Leitung des Eisenwerks, mit Soziologen, Ökonomen und anderen in der Gemeinde Ravne beheimateten Wissenschaftlern gemeinsam aufgestellt wurden, wurden sehr kleinräumig konzipiert. Von ungefähr 250 Haushalten, die besucht und genaustens befragt wurden, kamen 29 in die engere Auswahl, und letztlich stellten sich sechs Haushalte als ausgesprochen günstig heraus. Daher schlug man vor, Versuchszellen zu gestalten, und auf dem entferntesten Bauernhof wurde im Jahre 1988 eine erste Versuchszelle aufgestellt.

Zuletzt muss jedoch erwähnt werden, dass neue Entwicklungsstrategien zwar ökologische Fragen zu berücksichtigen versuchen, dass ihnen jedoch noch immer keine Priorität im Rahmen der Entwicklungspläne für strukturschwache ländliche und alpine Gegenden zugesprochen wird. Ähnliches gilt auch für den Tourismus, wobei es aber nur seltene Inseln in den Südostalpen sind, in denen der Fremdenverkehr dominiert. Bisher wurde pro Jahrzehnt nur ein einziges, neues Fremdenverkehrszentrum ausgewiesen bzw. errichtet (Rogla auf Pohorje in den achtziger, Bovec im Soča-Tal in den siebziger Jahren).

3. Der Fremdenverkehr

Der Fremdenverkehr in den neun Alpengrossgemeinden Sloweniens verbuchte im Jahre 1960 nur etwas über 200 000 Besucher und knapp über 900 000 Übernachtungen. Dreissig Jahre später werden 700 000 Touristen und zweieinhalb Millionen Übernachtungen registriert. Drei Viertel aller Besucher konzentrieren sich auf die vier alpinen Touristenorte Bled, Kranjska gora, Bovec und Bohinj.

Die Naturbedingungen haben nicht entscheidend auf die Entwicklung des Fremdenverkehrs Einfluss genommen (Ilesič, 1975). Eher umgekehrt: die klimatischen Bedingungen sind z. B. für den Wintersport im oberen Soča-Tal zwar die geeignetsten der ganzen Südostalpen, doch wurden hier Wintersportanlagen erst im letzten Jahrzehnt auf dem Kanin (2200 m hoch) errichtet. Allerdings muss auch gesagt werden, dass im Gegensatz zu den benachbarten Zentralalpen die südöstlichen Alpen steiniger und steiler – und damit für den Pistenskilauf weniger geeignet – sind (Gams, 1981). Hier entstanden deswegen keine grösseren hochalpinen Kamm- und Terrassensiedlungen.

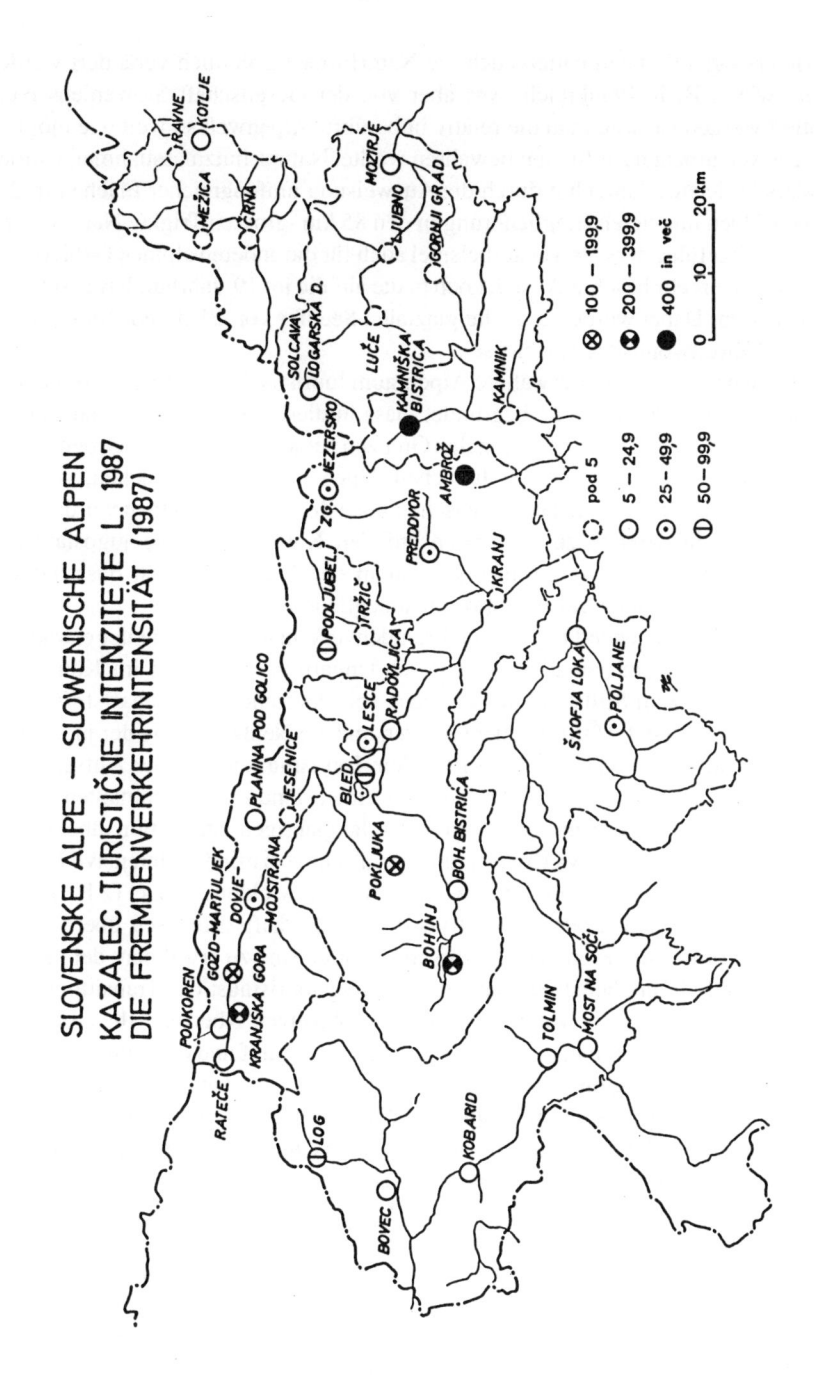

A. Gosar, Schlüsselprobleme der Slowenischen Alpen 107

Für Wintersportaktivitäten hätten auch die Naturformen gründlich verändert werden müssen, wie z. B. in Frankreich, was aber von der Gesellschaft Sloweniens nicht akzeptiert worden ist, weil man die relativ unberührte Alpenwelt so weit wie möglich vor intensiven urbanen Einflüssen bewahren wollte. Naturschutzmassnahmen wurden besonders im letzten Jahrzehnt durch die Ausweisung umfangreicher Flächen in den Julischen Alpen und deren Eingliederung in den 85 km^2 grossen Triglav Nationalpark (1981), durchgeführt, was als Musterbeispiel auch für die anderen alpinen Gebiete gilt. Der Fremdenverkehr beschränkt sich noch heute auf die im 19. Jahrhundert geschaffenen Talzentren. Dabei wurden u. a. die glazialen Seeufer von Bled und Bohinj durch Hotels und Zweitwohnsitze erschlossen.

Die Ursache, weshalb der erwähnte Alpenraum touristisch nicht intensiver genutzt wird, liegt auch in der Tatsache begründet, dass in diesem Gebiet im Verlauf dieses Jahrhunderts schon zweimal die nationalen Grenzen verändert wurden: nach dem ersten Weltkrieg wurde der Grossteil der Julischen Alpen Italien zugesprochen, während Südkärnten bis 1921 der neuen südslawischen Staatsform zugeschrieben wurde. Nach 1945 verblieb die Grenze zu Österreich auf den Karawanken, die jugoslawisch-italienische Staatsgrenze wurde aber so weit in den Westen verlegt, dass das mit Slowenen besiedelte Soča-Tal Jugoslawien angegliedert wurde.

Die sehr vielversprechend begonnene Fremdenverkehrsentwicklung der erwähnten See- und Talkurorte im damaligen Österreich-Ungarn und teilweise im Königreich Jugoslawien kam zum Stillstand, als die neue sozialistische Gesellschaftsform nach 1945 Fuss fasste. Erst die Öffnung der Grenzen und die Neubewertung der jugoslawischen Wirtschaftsentwicklung gab um 1960 dem Tourismus einen neuen Aufschwung. Sehr selten ist daher der Fremdenverkehr zu einem landschaftsdominanten Faktor geworden. Seine Funktionen sind wegen der langjährigen Stagnation überall mit anderen Wirtschafts- und Erwerbsstrukturen gemischt vorzufinden. Intensive Formen sind meistens nur dort anzutreffen, wo gezielte Entwicklungspläne (z.B. Bovec, Kranjska gora) bestanden oder Reste früherer Gesellschaftsstrukturen überdauerten (Bled). Vier Formen des Fremdenverkehrs in Kurorten sind zu erwähnen: der «klassische» Kur- und Gesundheitstourismus; der Ausflugstourismus; der Transittourismus und die Freizeitgestaltung im Rahmen von Zweitwohnsitzen. Aber auch die grenzüberschreitenden Ausflugsströme, der Urlaub auf dem Bauernhof und der Kongresstourismus sind Formen, die regional bedeutend, jedoch als landschaftsgestaltende Merkmale der Slowenischen Alpen wenig markant sind. Die erwähnten Arten der Freizeitgestaltung nehmen in den beiden Hauptsaisonzeiten unterschiedliche Formen an: Die drei Wintermonate sind bei den Übernachtungen schon mit mehr als einem Drittel (36%) vertreten (im Jahre 1961 z.B. erst 26%) und nähern sich den Zahlen der Sommermonate, in denen die Hälfte der Übernachtungen (48%) registriert werden. Der durchschnittliche Aufenthalt der Gäste beträgt jedoch nur etwas über vier Tage, womit die Vermutung, dass der Transitverkehr zur Adria eine bedeutende Rolle spielt, empirisch unterstrichen wird. Die Kurorte sind oft auch Ziele täglicher Ausflugsfahrten und der Wochenendbesuche der Einwohner der Hauptstadt Sloweniens – Ljubljana (aber auch Kroatiens – Zagrebs). Wegen geringer Kapazitäten der Skilifte und der Gaststätten

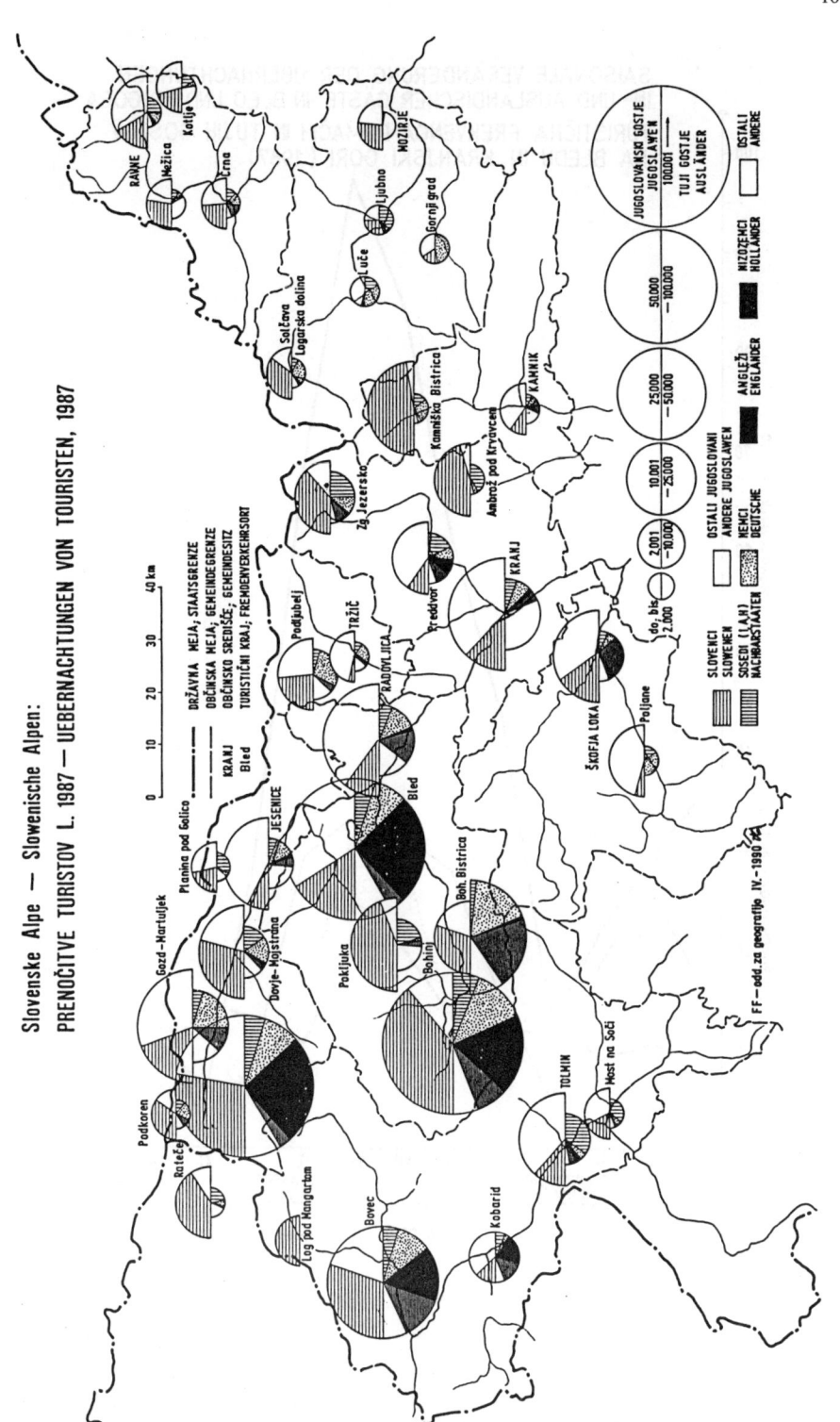

Slovenske Alpe — Slowenische Alpen:
PRENOČITVE TURISTOV L. 1987 — UEBERNACHTUNGEN VON TOURISTEN, 1987

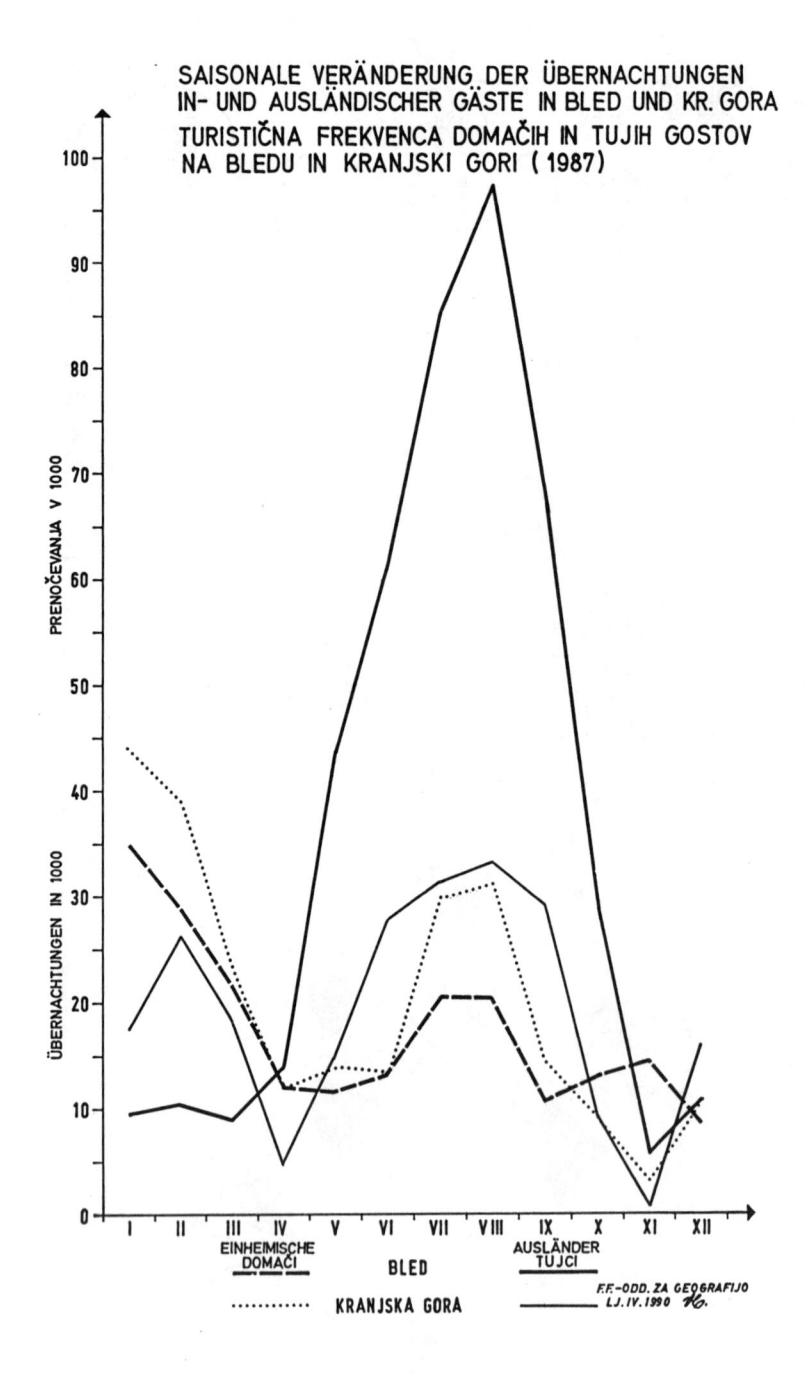

SAISONALE VERÄNDERUNG DER ÜBERNACHTUNGEN IN- UND AUSLÄNDISCHER GÄSTE IN BLED UND KR. GORA
TURISTIČNA FREKVENCA DOMAČIH IN TUJIH GOSTOV NA BLEDU IN KRANJSKI GORI (1987)

kommt es besonders in den Schulferien und an bestimmten Wochenenden zu Engpässen und Wartezeiten. Dafür «verantwortlich» ist auch diejenige Freizeitgestaltung, die vom Besitz einer Zweitwohnung oder eines Wochenendhauses ausgeht. In den Alpen Sloweniens gibt es schätzungsweise über 8000 Zweitwohnsitze, während der letzte Gebäudezensus im Jahr 1981 erst 4309 solcher Wohnungen registrierte. Manchenorts belasten sie die Natur stark, denn darunter sind 19% nicht genehmigter Bauten; teilweise können sie aber auch als belebendes Element in strukturschwachen Gebieten (z. B. im Oberen Soča-Tal) angesehen werden (Gosar 1988).

Etwas über die Hälfte aller Touristen in den Alpen Sloweniens (54,1%) sind üblicherweise Staatsbürger Jugoslawiens, wobei mehr als die Hälfte dieser aus Slowenien selbst kam. Die Gäste aus dem Ausland sind hauptsächlich unter fünf Nationen (76,7%) zu suchen: den Grossteil bilden die Deutschen (38,2%) und Niederländer (14,2%), dann folgen die Besucher aus den beiden Nachbarstaaten Italien und Österreich und diejenigen aus Grossbritannien. Die Besuchsintensität ist nach der Gästestruktur sehr differenziert: Winterbesuche sind von Ausländern seltener, im Sommer übertrifft jedoch die Zahl der ausländischen Übernachtungen vielerorts die der Jugoslawen.

Im Vergleich zu anderen Teilen des europäischen Alpenbogens ist die slowenische Alpenwelt touristisch recht bescheiden ausgestattet. Die Zahl von 7 300 Betten in Hotels und Gaststätten erreicht anderswo ein einziges Fremdenverkehrszentrum. Die grösste Zahl der Fremdenverkehrskapazitäten (68,1%) ist für den modernen Tourismus nicht geeignet bzw. ist in Gesellschaftsheimen, Berghütten und Privatzimmern zu finden. Die Ausstattung der seltenen Campingplätze lässt auf bessere Zeiten hoffen. Die steigenden Übernachtungszahlen auf Bauernhöfen sind für den Tourismus von bescheidener Bedeutung, helfen aber den Betrieben in peripheren Gebieten intakt zu bleiben (Krišelj, 1979). Aus der Typologie der Fremdenverkehrsorte sind folgende charakteristische Merkmale ersichtlich (siehe Tabelle 5):

- nur neun von 32 grösseren Fremdenverkehrsorten haben eine überregionale Fremdenverkehrsbedeutung: diese bieten $^4/_5$ (82,2%) aller Fremdenverkehrskapazitäten an, beherbergen $^5/_6$ (84,4%) aller Gäste und weisen fast $^9/_{10}$ (86,9%) aller Übernachtungen aus;
- die verbleibenden 23 Ortschaften haben insgesamt nur 3 115 Betten, 88 200 Besucher und 245 000 Übernachtungen pro Jahr. Hier suchen weniger als 10% der Besucher aus dem Ausland nach einer Unterkunft.

Mit Problemen, die mit dem intensiven Fremdenverkehr in Verbindung stehen und in vielen Alpenländern schon akut sind, befasst man sich in Slowenien nicht. Eine «touristische Monostruktur» ist in den Slowenischen Alpen unbekannt, aber auch die durch den Tourismus verursachten Umweltbelastungen sind (u. a. im Vergleich mit jenen der Industriebetriebe und der anarchischen Urbanisierung!) selten und auf in der Zahl und im Umfang geringe Natureinheiten begrenzt (die Seelandschaft). Ein Randproblem stellen lediglich die zahlreichen kleinen Privatgrundstücke der nichtortsansässigen Zweitwohnsitzinhaber dar, die eine Zersplitterung und Privatisierung der Almen, besonders der hochgelegenen Almen, hervorgebracht haben.

B. Die Dimensionen der zukünftigen Entwicklung

Trotz der erwähnten, aus europäischer Sicht relativ «rückständig» erscheinenden Eigenart der Alpen- und der Alpenrandzone, wird die Kulturlandschaft der Alpen Sloweniens nicht vom Tourismus mit seinen Anlagen, sondern durch den immensen Aufschwung der Industrie und der urbanen Einrichtungen bedroht. In dieser Hinsicht erhofft man sich auch in Zukunft keine bessere Entwicklung, denn der im Bau befindliche Karawanken-Autobahntunnel auf der neuen Autobahnroute von Villach nach Ljubljana wird spätestens im Jahre 1992, wenn man ihn feierlich eröffnen möchte, zur Hauptverkehrsader Westeuropas in Richtung EG-Mitglied Griechenland, die Türkei und in den Nahen Osten werden. Die Autobahnstrasse durchquert das Herz der Slowenischen Alpen.

Dieser zukünftigen internationalen Dimension und Belastung schliessen sich die bestehenden Umweltprobleme Sloweniens gut an. Derzeit ist die allgemeine Verunreinigung der Luft schon sehr kritisch. Die jährliche Menge des aus slowenischen Quellen in die Luft aufsteigenden SO_2 betragen rund 250 000 Tonnen dieses giftigen Materials (Plut, 1989). Nach der Menge des SO_2-Gehaltes der Luft ist Slowenien pro Einwohner die rangerste Region Europas. Studien beweisen sogar (Radinja, 1988), dass ähnlich hohe Schwefelwerte auch im Boden entdeckt wurden. Jährlich entnimmt der Boden im Durchschnitt 10 bis 12 Tonnen Schwefel pro Quadratkilometer (10–12 g/m^2) aus der Luft bzw. durch Regen. Das ist doppelt so viel wie es die Menge der eigenen Emissionen ausmacht. Mehr Bodenschwefelgehalt weisen in Europa nur Gebiete in Polen (Schlesien), Russland (Donjeck) und in der Tschechoslowakei aus. Die Ursachen liegen in der intensiven Industrialisierung des Landes, in dem Aufbau von Kohlekraftwerken ohne Filterausrüstungen (*obwohl* man wusste, das die Kohle Sloweniens den höchsten Schwefelgehalt Europas enthält), und in den europaweiten industriellen Emissionen, die besonders mit den für Slowenien ungünstigen Luftströmungen in Verbindung zu setzen sind. Die Waldbestände sind im Durchschnitt zu 45 % vom Waldsterben betroffen. Besonders starke Schädigungen finden sich in der Nähe von Kraftwerken und Bleiwerken im slowenischen Ostalpenbereich (Velenje-Soštanj, Črna-Ravne). Es gibt hier schon ganz kahle Gipfel und Hänge, und es wundert nicht, dass die Bevölkerung des oberen Meža (Miestales) diesem Gebiet einen neuen Namen gab: nämlich «das Tal des Todes». Wie weit die Verunreinigung fortgeschritten ist und auf den Menschen Einfluss nimmt, zeigt die Tatsache, dass die Einwohner alpiner Becken zehnmal so oft wegen Atembeschwerden zum Arzt gehen müssen wie die anderer Naturregionen Sloweniens. Die Kindergärten in besonders bedrohten Gebieten des vorher erwähnten Meža-Tales werden regelmässig mit getrockneten Pflaumen, die Absorbanten des Schwefel- und Bleigehaltes der Luft sein sollen, beliefert.

Auf der internationalen bzw. zwischenstaatlichen Ebene drohen Konflikte auch in bezug auf das im Alpenvorland gebaute Atomkraftwerk von Krško. Der 664 MW Westinghousebau ist unter Beschuss der österreichischen Regierung und der einheimischen Bevölkerung (nach Černobil noch besonders intensiv) gekommen, weil die alpine Urangrube von Žirovski vrh, die das Werk beliefert, radioaktive Isotope, wie z. B. Radon, nicht kontrollieren kann. Die Ärzte konnten feststellen, dass die Karzinome (= Krebserkrankungen) im zentralen Alpenbereich von Škofja Loka seit der Eröffnung der Urangrube im Jahr 1982 um das 2,5fache gestiegen sind. Auch verfügt das Atomkraftwerk von Krško, das von hier aus beliefert wird, über keine Sondermülldeponie. Die Brennstäbe werden einfach auf dem Hof des Betriebes schon sieben Jahre lang abgelagert. Man sucht nun, da der physische Raum im Werk nicht mehr ausreicht, nach Standorten für geeignete Sondermülldeponien. Sehr ernsthaft ist das alpine Gebiet von Pohorje (Bachern) im Gespräch gewesen. Die geologischen Eigenschaften schienen in diesem Ostausläufer der Zentralalpen (Tonalit) die geeignetsten Jugoslawiens zu sein. Da dieses Gebiet (Slovenj Gradec) fünfzehn Kilometer von der österreichischen Grenze entfernt liegt und die Bevölkerung massenhaft die Pläne kritisierte, ist es noch zu keiner diesbezüglichen endgültigen Entscheidung gekommen. Dieses Vorhaben hätte den östlichen Alpenteil Sloweniens, der bereits stark durch Luftverschmutzung aus Kohlekraftwerken bedroht wird, völlig degradiert.

Auf internationaler Ebene droht noch ein für die Alpen Sloweniens naturbelastendes Phänomen zum Konflikt auszubrechen. Die Bleiwerke von Raibl im italienischen Kanaltal bzw. in den westlichen Ausläufern der Julischen Alpen schicken seit zwei Jahren bleihaltige Gewässer nicht mehr in die Gailitz und die Gail, d. h. nach Österreich, wie sie es jahrhundertelang getan haben, sondern durch einen Tunnel in die Koritnica und in den Fluss Soča, der international als der schönste, reinste und attraktivste Fluss der Südalpen gilt. Der Grund liegt in der Tatsache, dass Österreich sich weigerte, verschmutztes Gewässer aus seinem Nachbarland (Italien) zu übernehmen und zu reinigen (gleichzeitig schickt es aber die biologisch tote Mur nach Jugoslawien!), und in der derzeitigen Arbeitsweise des Bleiwerkunternehmens, das auf einem Horizont (in der Grube) arbeitet, wo es einfacher ist, den eigentlich für den Arbeitertransport gebauten Tunnel für die Schmutzwasserableitung zu benutzen. Das in der Nähe liegende und mit Mühe nach UNESCO-Plänen aufgebaute viertgrösste Touristenzentrum der Slowenischen Alpen – Bovec – sieht neue bedrohliche Momente für die eigene Existenz. Der erwähnte Soča-Zufluss ist biologisch schon tot, der Hauptstrom könnte es in ein paar Jahren auch werden. Da man die Weltmeisterschaften der Kanufahrer 1991 auf diesen Gewässern austragen will, könnte es auch peinlich werden, falls man im bleihaltigen Gewässer mit mehr Mühe als üblich der Goldmedaille entgegenpaddeln sollte.

Die Gewässerverschmutzung ist jedoch nicht nur als ein internationales Problem anzusehen. Verschiedene Autoren berichten, dass die allgemeine Verschmutzung der Gewässer Sloweniens einer Einwohnermenge von 10 Millionen Menschen entspricht (Plut, 1989), aber in Slowenien wohnen jedoch nur 2 Millionen Bürger! Die Verschmutzung wird dabei zugleich von der Industrie als auch von der Landwirtschaft verursacht. Darunter sind die nach sozialistischen Prinzipien übereifrig gebauten Massenschweine-

Slovenske Alpe — Slowenische Alpen:
OBMOČJA Z ZA KMETIJSTVO SPECIFIČNIMI OMEJITVENIMI
GEBIETE DIE DURCH SPEZIFISCHE, FÜR DIE LANDWIRTSCHAF
NATUREIGENSCHAFTEN AUSGEWIESEN SIND

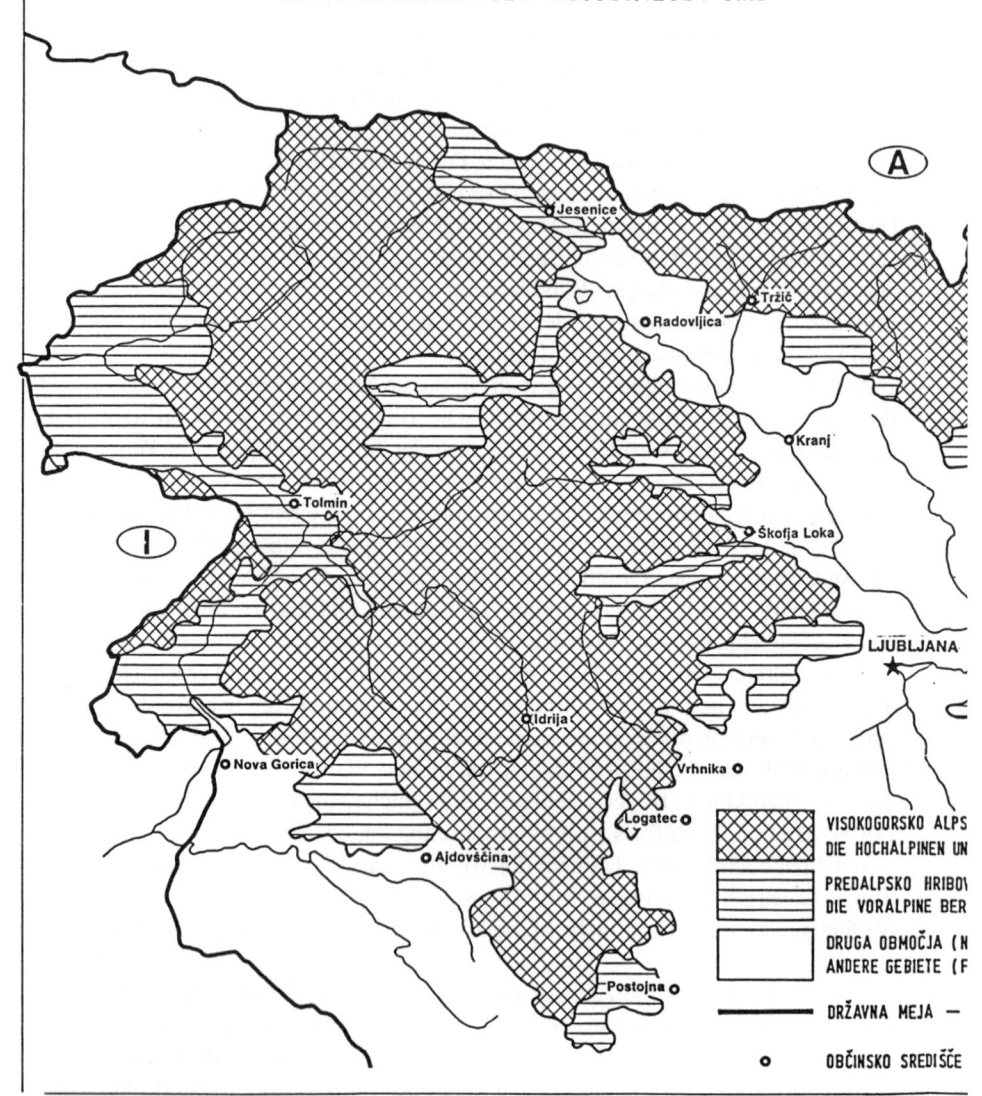

VISOKOGORSKO ALPS
DIE HOCHALPINEN UN

PREDALPSKO HRIBOV
DIE VORALPINE BER

DRUGA OBMOČJA (N
ANDERE GEBIETE (F

DRŽAVNA MEJA

OBČINSKO SREDIŠČE

NARAVNIMI DEJAVNIKI
T BESCHRENKENDE

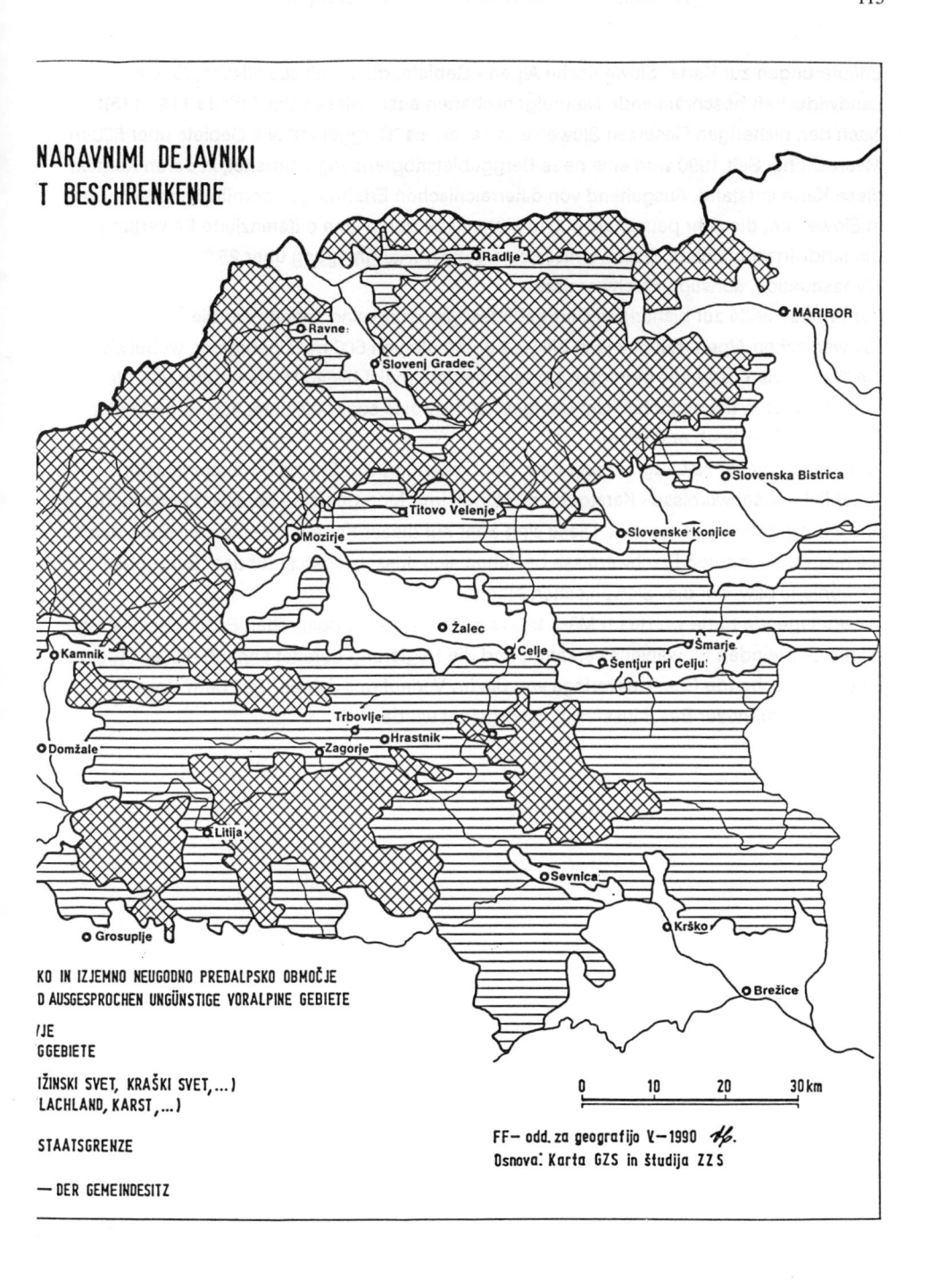

KO IN IZJEMNO NEUGODNO PREDALPSKO OBMOČJE
D AUSGESPROCHEN UNGÜNSTIGE VORALPINE GEBIETE

/JE
GGEBIETE

IŽINSKI SVET, KRAŠKI SVET,...)
LACHLAND, KARST,...)

STAATSGRENZE

— DER GEMEINDESITZ

0   10   20   30 km

FF— odd. za geografijo V—1990
Osnova: Karta GZS in študija ZZS

Erläuterungen zur Karte "Slowenische Alpen - Gebiete, die durch spezifische, für die Landwirtschaft beschränkende Natureigenschaften ausgewiesen sind" (Seite 114 - 115): Nach den bisherigen Gesetzen Sloweniens galten als "Berggebiet" alle Gebiete über 600 m Meereshöhe. Seit 1990 wird eine neue Berggebietsabgrenzung erarbeitet, in deren Kontext diese Karte entstand. Ausgehend von österreichischen Erfahrungen bemüht man sich jetzt in Slowenien, die sehr pauschale 600 m-Höhenlinie durch eine differenzierte Bewertung der landwirtschaftlichen Erschwernisse zu ersetzen (Hangneigung über 25 %, Klimasituation, sonstige Erschwernisse).

Die Unterschiede zur bisherigen Berggebietsabgrenzung sind sehr gross: Die "Slowenischen Alpen" reichen jetzt bis weit unterhalb von 600 m Höhenmeter, wobei sich die "Hochalpen" bzw. die extremen Ungunstgebiete meist bis 400 Höhenmeter und die "Voralpen" bzw. die einfachen Ungunstgebiete teilweise sogar bis unter 100 Höhenmeter (im Isonzo-Tal) hinab erstrecken.

Im Rahmen dieser Neuabgrenzung bzw. Neubewertung wurden auch weitere landwirtschaftliche Erschwernisse - Karstgebiete, Hügel- und Moorgebiete - detailliert untersucht und kartographisch dargestellt. Diese sind aber auf dieser Karte nicht eingezeichnet, denn die hier verzeichneten Erschwernisse beziehen sich ausschliesslich auf das "Berggebiet" Sloweniens bzw. auf die "Slowenischen Alpen".

Die vorliegende Karte wurde im März 1990 als Unterlage zur politischen Beschlussfassung an die Gemeinden Sloweniens versandt, und die Regierung bereitet anhand dieser Studie eine entsprechende Gesetzesvorlage vor, die im Verlauf des Jahres 1991 dem slowenischen Parlament zur Beschlussfassung vorgelegt werden soll.

zuchten an erster Stelle zu nennen. Diese sind auch in den Alpengemeinden zu finden. Hier, in den Alpen, wird die Verschmutzung noch durch den Touristenmillionenstrom Richtung Adria sehr begünstigt. Die ranghöchsten Fremdenverkehrsorte wie Kranjska gora und Bohinj, aber auch Teile der Alpentouristenzentren von Bled und Bovec haben keine Kläranlagen. So ist der zentrale Fluss Sloweniens, die Save nur die ersten 3 Kilometer rein, die Soča wird als rein auf einer Länge von 40 Kilometern angesehen, die Savinja jedoch nur etwas weiter.

Eifrige Meliorationsarbeiten der Landwirte und der Genossenschaften drohen jedoch auch das Bild der karstigen Buckelwiesen der Alpenwelt völlig zu verändern. Ebenso droht die sekundäre Vegetation der Büsche und Bäume zahlreiche verlassene Almen völlig zu überwachsen (Kunaver, 1989). Die Almen jedoch, auf denen Zweitwohnsitze entstehen, werden durch zahlreiche Zäune privatisiert, womit von einer offenen Alpenlandschaft, die allen Bürgern zur Verfügung stehen soll und die auch polyfunktional – d. h. auch land- bzw. almwirtschaftlich – genutzt werden soll, keine Rede mehr ist (Gosar, 1988). In Verbindung damit muss auch von den dem Wintersport dienenden Almen gesprochen werden. Obwohl kleinräumig und in der Zahl begrenzt – in ganz Slowenien gibt es nur vier grössere Almflächen für den Wintersport (Vogel mit Sorica und Kobla, Pokljuka mit Zatrnik, Krvavec, Velika planina) – entsteht durch Begradigungen der steinigen und karstigen Pisten eine völlig neue Alpenlandschaft. Für diese zerstörerischen Arbeiten bekamen Skipistenverwalter sogar Staatsorden und Zuschüsse (Krvavec). Pisten, die von Almen durch Wälder ins Tal führen, sind zwar seltener und nur auf Einzelorte begrenzt (Kranjska gora mit Umgebung, Golte und das West- [Slovenj Gradec], Mittel- [Rogla] und Ost-Pohorje [Maribor], verändern aber drastisch die sonst mit Nadelwäldern bewachsenen Hänge. Der meist durch den Staat verwaltete Forst konnte sich vor der Tourismusindustrie besser schützen als die Almen, die meistens im Privatbesitz oder in Genossenschaftshänden gewesen sind.

Über das durch den Zweitwohnsitz- und Primärwohnsitzbau architektonisch veränderte Landschaftsbild möchte ich nicht detaillierter diskutieren. Es ist jedoch eine Uniformität in dieser Hinsicht im gesamten Alpenraum im Vormarsch, wobei regionale architektonische Merkmale völlig verwischt werden oder sogar völlig verschwinden. Ein schweizerisch-österreichisches «Tirolhaus» drängt sich in den Vordergrund der alpinen Siedlungen!

Viele Slowenen meinen jedoch, dass die Eigenarten der Alpenkulturen vordringlich erhalten werden sollen. Deswegen sehen sie auch in der Unterstützung der slowenischen Kulturen in Österreich und Italien einen Beitrag zum *Bekenntnis der Vielfalt* und gleichzeitig *zur Eigenart* der Alpenwelt in ihrer Gesamtheit. Eine aggressive Assimilation, sei es durch Technisierung der touristischen Modetrends (wie z. B. durch das Heli-Skiing, das Ultralight-Fliegen, das Motomountain-biken u.s.w. [Komite, 1989]) oder durch staatlich geschaffene regulative Verordnungen (wie z. B. im Bereich des Sprachengebrauchs, der Dominanz der Kulturäusserung, der staatlich einheitlich geschaffenen Entwicklungsstrategien u.s.w.) kommt für die Slowenen und die Slowenischen Alpen nicht in Frage. Eine Alpenkonvention sollte deswegen *von der Vielfalt der Probleme und Ausrichtungen der Alpenregionen und nicht von Staaten ausgehen:* die

Dominanz der Alpengrossregionen (Österreich, Schweiz) oder die der Alpengrossverbraucher (BRD, Frankreich) sollte annulliert werden, um Konsense über Entwicklungsstrategien auf der regionalen (auch Staatsgrenzen überschreitenden) Ebene zu schaffen. Und diese Erfahrungen und Ergebnisse sollte man dann auf allen Stufen des öffentlichen Lebens und bei aller Planung und Politik im Alpenraum als Basis-Struktur berücksichtigen. Man möge füreinander und nebeneinander im Einklang mit der eigenständigen Alpenkultur leben.

In diesem Sinne haben die Universitäten Klagenfurt, Ljubljana, Udine und Trieste beschlossen, ein eigenständiges Modell für die zukünftige Entwicklung der benachbarten Regionen des Gail-, des Kanal- und des Savatales zu erarbeiten.

Man möchte gemeinsam komplementäre Einrichtungen schaffen, die es ermöglichen sollen, dass diese eigenständige Alpenregion in Jugoslawien, Italien und Österreich füreinander zu leben versucht. Bis jetzt ist sie jeweils in Richtung der unterschiedlichen nationalen Staatspräferenzen entwickelt worden. Dieses Projekt, das nicht zufällig beim franziszäischen Kataster aus dem Anfang des 19. Jahrhunderts beginnt und die Beziehungen innerhalb der damals noch einheitlichen Region (Österreich-Ungarn) studiert, bezieht sich heute auf die Öffentlichkeit der Länder Kärnten, Slowenien und Friaul-Julisch Venetien, die beschlossen haben, in der Zukunft gemeinsam für die Winterolympiade (gleichzeitig in allen drei Staaten) zu kandidieren, und zwar erstmals für das Jahr 1998.

Literatur

Gams, I.: Pokrajinsko-ekološka sestava Gorenjske (Die landschafts-ökologische Gliederung von Gorenjsko), in: «Gorenjska», Zbornik 12. zborovanja slovenskih geografov, Kranj-Bled 1981, S. 18–30, Ljubljana, 1981.

Gams, I.: Predlog za omejitev alpske Slovenije (Ein Vorschlag zur Abgrenzung der Alpengebiete Sloweniens) – Vervielfältigtes Konzept, 3 S., Ljubljana 1983.

Gosar, A.: Počitniške hiše kot element transformacije slovenskih alpskih pokrajin (Zweitwohnsitze als Element der Neugestaltung des Landschaftsbildes), Disertacija-Dissertation, 367 S., Ljubljana 1988.

Gosar, A.: Second homes in the Alpine Region of Yugoslavia, in: Mountain Research and Development Vol. 9, No. 2, S. 165–174, Boulder 1989.

Ilesič, S.: Pomen kom leksnega regionalnega aspekta v sodobni geografiji na primeru alpskih predelov Slovenije (Die Bedeutung eines komplexen regionalen Aspektes in der modernen Geographie am Beispiel der alpinen Gebiete Sloweniens), in: «Zgornje Posočje», S. 35–43, Ljubljana 1975.

Ilesič, S.: Regionalne razlike v družbeno-gospodarski strukturi SR Slovenije (Die regionalen Unterschiede in der gesellschaftswirtschaftlichen Struktur der SR Slowenien), in: Geografski vestnik 40, S. 3–15, Ljubljana 1988.

Klemenčič, V.: Poselitev in razvoj prebivalstva na Gorenjskem v zadnjih treh desetletjih (Die Siedlungs- und Bevölkerungsentwicklung in Gorenjsko in den vergangenen dreissig Jahren), in: «Gorenjska», Zbornik 12. zborovanja slovenskih geografov, Kranj-Bled 1981, S. 55–62, Ljubljana 1981.

Komite SRS za turizem in gostinstvo: Stališča do omejitev rabe prostora v gorskem in visokogorskem svetu (Standpunkte in bezug auf die Nutzung der Gebirgs- und Hochgebirgswelt) – Vervielfältigtes Konzept, 7 S., Ljubljana 1989.

KRIŠELJ, M.: Valorizacija prostora za potrebe kmečkega turizma na primeru škofjeloške občine (Die Bewertung des Raumes für den «Urlaub auf dem Bauernhof» am Beispiel der Gemeinde Skofja Loka), Magisterarbeit, Ljubljana 1979.

KUNAVER, J.: Gorski svet Slovenije in njegova preobrazba (Gebirge Sloweniens und deren Funktionswandlung), in: Pogledi na Slovenijo, «Slovenija 88», S. 68–81, Ljubljana 1989.

MELIK, A.: Slovenski alpski svet (Die Slowenischen Alpen), 606 S., Ljubljana 1954.

PLUT, D.: Umweltprobleme und die regionale Entwicklung Sloweniens, in: Südosteuropa Mitteilungen 3, S. 210–216, München 1989.

RADINJA, D.: O tehnogenem kroženju žvepla v pokrajinskem okolju Slovenije in njegovi bilanci (Über den technologischen Zyklus des Schwefels in der Umwelt Sloweniens), in: Geografski vestnik 60, S. 3–19, Ljubljana 1988.

SENEGAČNIK, J.: Nekatere značilnosti najnovejšega razvoja planinskega gospodarstva (Einige Charkteristiken der neueren Entwicklung der Almwirtschaft), in: The Directions of Regional Development of Slovenia, Slovene Alps-Geographica Slovenica, 14, S. 38–43, Ljubljana 1984.

VOJVODA, M.: Almgeographische Studien in den slowenischen Alpen, in: «Münchner Studien zur Sozial- und Wirtschaftsgeographie 5», S. 5–55, München 1969.

VRIŠER, I.: Die Entwicklung der Industriebetriebe in Slowenien aus historisch-geographischer Sicht unter besonderer Berücksichtigung des Alpen- und Alpenvorlandes, in: Raumstrukturen der randalpinen Bereiche Bayerns und Sloweniens – Münchner Studien zur Sozial- und Wirtschaftsgeographie 27, S. 29–41, Kalmünz/Regensburg 1984.

ŽAGAR, M., KUNAVER J.: Nekateri vidiki turistično-prometnega razvoja Bovškega (Einige Aspekte der Fremdenverkehrsentwicklung von Bovec), in «Zgornje Posočje», Zbornik 10. zborovanja slovenskih geografov, Tolmin-Bovec, S. 219–227, Ljubljana, 1978.

WALTER DANZ*

Problemlösungsstrategien im Alpenraum

Beispiele: der Bayerische Alpenplan und das CIPRA-Leitbild für eine Alpenkonvention

1. Der deutsche Alpenraum: Strukturen, Entwicklungen, Probleme

Der deutsche Alpenraum liegt vollständig innerhalb des Freistaates Bayern. Damit ist von den Alpenproblemen nur ein deutsches Bundesland betroffen. Rechnet man zum deutschen (= bayerischen) Alpenraum alle Gemeinden, die Anteil an dem im Landesentwicklungsprogramm Bayern abgegrenzten Gebiet «Erholungslandschaft Alpen» (= Gebiet des sogenannten «Alpenplans») haben, so umfasst er gut 4% der Bevölkerung und knapp 8% der Fläche Bayerns. Der deutsche Anteil an der Bevölkerung des gesamten Alpenraums beträgt rund 6%, der Flächenanteil rund 3%. Im Verhältnis zu den Nachbarländern, insbesondere zu Österreich und Italien, deren Anteil jeweils mehr als 30% an der Gesamtbevölkerung bzw. der Gesamtfläche der Alpen ausmacht, ist der Anteil der Bundesrepublik Deutschland am Alpenraum sehr gering.

Der deutsche Alpenraum erfüllt aufgrund seiner Lage im Zentrum Europas, seiner siedlungs- und verkehrsstrukturellen Voraussetzungen sowie seines ökologischen Potentials wichtige Funktionen für das Bundesgebiet, vor allem für Bayern. Er ist in erster Linie Lebens- und Wirtschaftsraum für rund 450 000 ortsansässige Menschen. Die Bevölkerungsdichte ist, bezogen auf die bebauten Gebiete, in vielen Alpengemeinden vergleichbar mit jener des Verdichtungsraumes München. Auch die Bevölkerungsentwicklung seit 1970 ist mit jener des grossen Verdichtungsraumes München vergleichbar: Die hochentwickelten Fremdenverkehrsorte Oberstdorf, Garmisch-Partenkirchen und Berchtesgaden weisen Bevölkerungsrückgänge auf, während die ursprünglich ländlichen Gemeinden des Alpenvorlandes starke Bevölkerungszuwächse zu verzeichnen hatten.

Die Landwirtschaft des bayerischen Alpenraumes ist im wesentlichen von kleinbäuerlichen Betrieben geprägt, deren Zahl in der ersten Hälfte der achtziger Jahre um bis zu 40% je Gemeinde abgenommen hat. Interessant ist die Tatsache, dass es eine ganze Reihe von Gemeinden mit Zunahme landwirtschaftlicher Betriebe gibt. Hierbei handelt es sich um sogenannte Freizeit- bzw. Hobbybauern sowie um eine erhebliche Zunahme von Reiterhöfen.

---

* Adresse des Verfassers: Dr. WALTER DANZ, Vizepräsident der CIPRA c/o Deutscher Alpenverein, Praterinsel 5, D-8000 München

Neben der Funktion als Lebens- und Wirtschaftsraum erfüllt der deutsche Alpenraum eine wichtige Funktion als Erholungsraum für rund 4 Mio. Urlaubsgäste mit insgesamt mehr als 26 Mio. Gästeübernachtungen pro Jahr. Zusätzlich ist er Naherholungsraum für Südbayern und Südwürttemberg mit einem Bevölkerungspotential von rund 10 Mio. Einwohnern. Die Fremdenverkehrsintensität (Gästeübernachtungen je 1 000 Einwohner) ist besonders hoch in den Zwei-Saison-Gemeinden des eigentlichen Alpenraums in Grenznähe zu Österreich. Zwar gibt es kaum Gemeinden mit überwiegendem Winterfremdenverkehr (Ausnahme: Reit i. Winkl), doch hat die überwiegende Anzahl der Gemeinden des deutschen Alpenraums einen Anteil von mehr als 33% der Gästeübernachtungen im Winterhalbjahr. Entsprechend hoch ist der Erschliessungsgrad mit Seilbahnen und Skiliften, verbunden mit hohen Belastungen für Natur und Landschaft.

In einer Alpenbiotopkartierung wurden die schutzwürdigen Biotope, die Sanierungsflächen («Schonflächen») und die Flächen mit ökologisch tragbarer Nutzung aufgenommen. Diese Kartierung bildet eine wichtige Grundlage bei Standortentscheidungen im Rahmen der weiteren infrastrukturellen und touristischen Entwicklung des deutschen Alpenraumes. Die Biotopkartierung weist aus, dass der deutsche Alpenraum Lebensstätte und Rückzugsgebiet für viele inzwischen selten gewordene Tier- und Pflanzenarten ist, teilweise sogar letzter Standort innerhalb der Bundesrepublik Deutschland. Darüber hinaus ist der deutsche Alpenraum Träger wichtiger ökologischer Funktionen im landesweiten Naturhaushalt, insbesondere im Klima- und Wasserhaushalt.

Schliesslich erfüllt der deutsche Alpenraum – ebenso wie derjenige Tirols und Südtirols – eine in den vergangenen Jahren immer bedeutsamer gewordene Funktion als Transitraum. Die wichtigsten Fernstrassenverbindungen führen aus der Rheinschiene als europäischer Hauptverdichtungsachse über Stuttgart–Ulm–Füssen–Tirol–Italien, München–Garmisch-Partenkirchen–Tirol–Italien, München–Kiefersfelden–Tirol–Italien, München–Salzburg–Südosteuropa.

Der Transitverkehr, vor allem der Strassengüterverkehr beeinträchtigt die Menschen in den deutschen Alpentälern ebenso wie jene im österreichischen Alpenraum, wo inzwischen durch den entschlossenen Widerstand der Bevölkerung über Nacht-, Sonn- und Feiertagsfahrverbote für LKW eine spürbare Entlastung bei den Lärm- und Luftschadstoffemissionen festgestellt werden konnte.

Diese und eine Fülle anderer Belastungen sind nicht zuletzt eine Folge der Tatsache, dass der deutsche Alpenraum mit seinem Verdichtungsraum München im Vorland eine hohe Konzentration von Bevölkerung und Arbeitsplätzen aufweist. Da nur rund 20% der Gesamtfläche (zum Vergleich: Tirol 11%) für Siedlungs-, Wirtschafts- und Verkehrszwecke in den Alpentälern zur Verfügung stehen, ergibt sich in diesen Tälern eine durchschnittliche Nettosiedlungsdichte von mehr als 400 Einwohnern je Quadratkilometer theoretisch besiedelbarer Fläche. In den dichtbesiedelten Haupttälern mit ihren gebündelten Ver- und Entsorgungsinfrastrukturen liegen die Nettosiedlungsdichten noch erheblich höher. Weitere siedlungsstrukturelle Merkmale sind ein hoher Anteil von Zweitwohnungen, ein zum Beispiel dem Verdichtungsraum München entsprechender

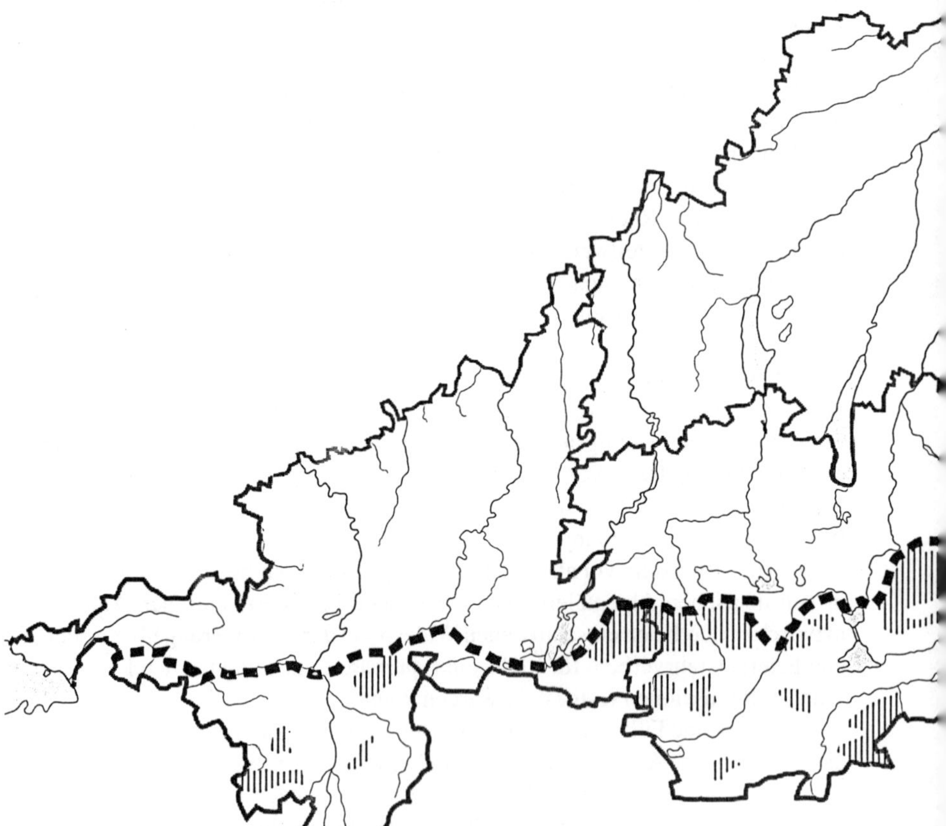

Beilage zur Beantwortung der Interpellation
„Gefährdung von Mensch und Umwelt im Alpenraum"
(Landtagsdrucksache 11/3444)

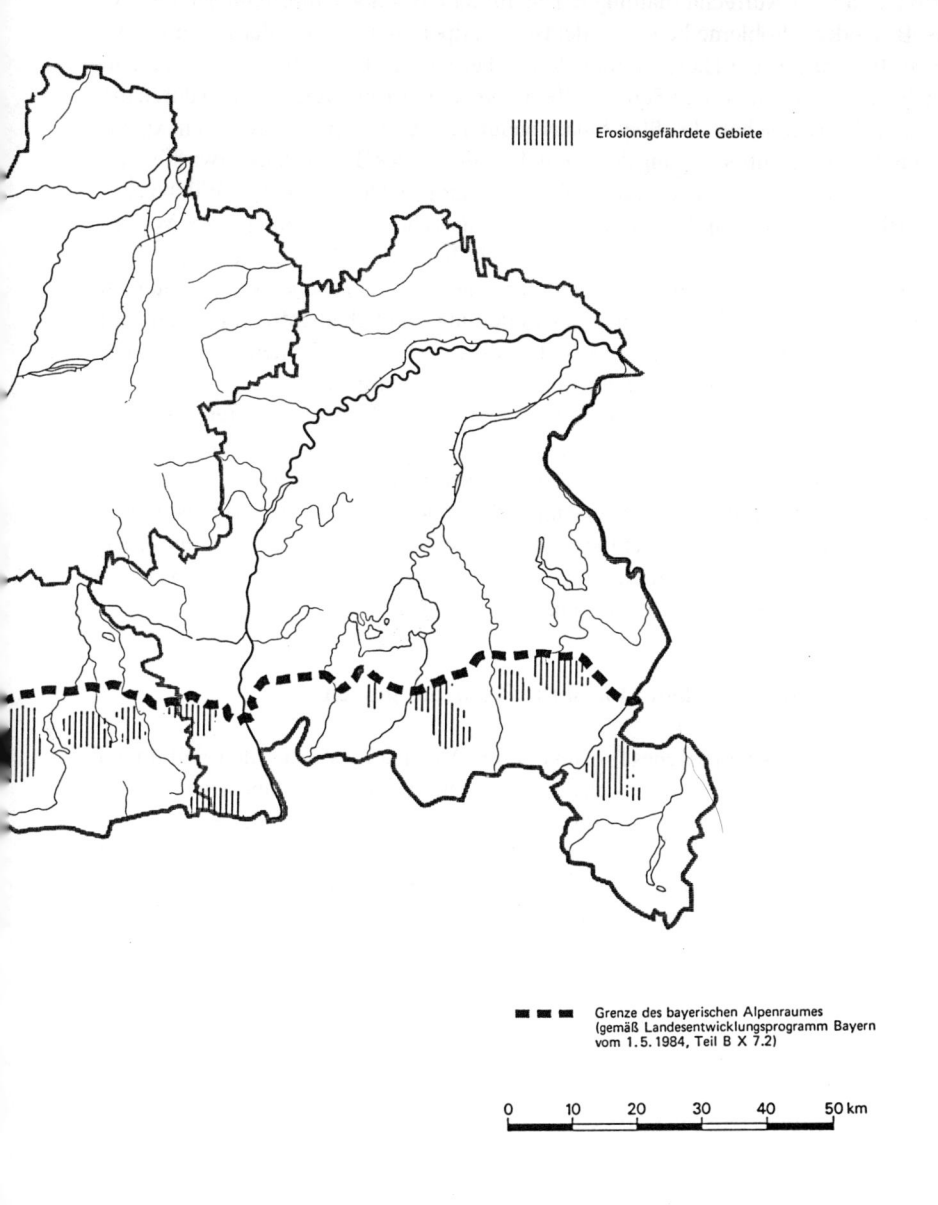

||||||||| Erosionsgefährdete Gebiete

■ ■ ■ Grenze des bayerischen Alpenraumes
(gemäß Landesentwicklungsprogramm Bayern
vom 1.5.1984, Teil B X 7.2)

0   10   20   30   40   50 km

Anteil von neu errichteten Gebäuden mit drei und mehr Wohnungen (Appartementhäusern), ein extrem hoher Anteil des Dienstleistungssektors sowie eine Ausstattung mit Freizeiteinrichtungen, die pro Kopf der Bevölkerung weit über dem Bundesdurchschnitt liegt.

Die vielfältigen und räumlich häufig intensiven Nutzungsansprüche führen zu Konflikten mit der Aufrechterhaltung der Stabilität eines hochempfindlichen Ökosystems. Besondere Probleme liegen im deutschen Alpenraum etwa in der Beeinträchtigung des Bodens und der Hangstabilität durch übermässige Freizeitnutzung, vor allem durch den Pistenskilauf, durch Schadstoffeinträge und in Teilbereichen auch durch die Land- und Forstwirtschaft. Darüber hinaus steigen die Gefahren im deutschen Alpenraum durch eine Beeinträchtigung der Schutzfunktionen des Bergwaldes (etwa 80% der Bergwaldfläche sind durch erkrankte Wälder geschädigt). Die überhöhten Wildbestände von Hirschen, Rehen und Gemsen sowie die zusätzlichen Belastungen des Waldes durch die nach wie vor in weiten Bereichen nicht bereinigte Waldweide belasten die Schutzwälder zusätzlich, so dass sie sich nicht mehr auf natürliche Weise verjüngen können. Hinzu kommen Eintrag und/oder Einleitung von Schadstoffen in die alpinen Gewässer häufig bereits ab der Quelle, so dass die meisten Oberflächengewässer, aber inzwischen auch das Grundwasser zunehmend beeinträchtigt werden.

Darüber hinaus trägt die weiträumige Verfrachtung von Luftschadstoffen zur Schädigung des Bergwaldes und damit zur Schwächung seiner Schutzfunktionen bei.

Das Landesentwicklungsprogramm Bayern, dessen Ziele von allen öffentlichen Planungsträgern bei ihren raumbedeutsamen Planungen und Massnahmen als rechtsverbindliche Vorgaben zu beachten sind, bietet die Möglichkeit, die anthropogenen Einwirkungen im Alpenraum im Sinne des vorbeugenden Umweltschutzes umweltverträglicher zu gestalten bzw. zu begrenzen.

2. Der Bayerische Alpenplan: Modell für Problemlösungen

Als wirksames landesplanerisches Instrument zum Ausgleich zwischen den vielfältigen Ansprüchen an den Alpenraum hat sich der Teilabschnitt «Erholungslandschaft Alpen» des Landesentwicklungsprogramms Bayern erwiesen. Als vorbeugendes Konzept zur Verhinderung einer Überlastung von Natur und Landschaft regelt er die Zulässigkeit von Verkehrserschliessungsmassnahmen in Abhängigkeit von der ökologischen Belastbarkeit einzelner Teilräume des Alpengebietes. Verkehrsvorhaben, die der Regelung dieses «Alpenplanes» unterliegen, sind Bergbahnen und Lifte für den öffentlichen Personenverkehr, Ski-, Grasski- sowie Skibobabfahrten, Rodel- und Sommerrutschbahnen, Strassen und Wege sowie Flugplätze.

Nach dem Bayerischen Alpenplan ist das Alpengebiet in drei Zonen eingeteilt, für die unterschiedliche Nutzungseinschränkungen gelten:

– Zone A («Erschliessungszone») deckt rund 35% des Gebiets ab und erstreckt sich im wesentlichen auf die besiedelten Talbereiche und den Umgriff bereits vorhandener Erschliessungsanlagen. Hier sind die Vorhaben mit Ausnahme von Flughäfen und

Landeplätzen grundsätzlich unbedenklich, soweit sie nicht durch Eingriffe in den Wasserhaushalt zu Bodenerosionen führen können oder die weitere land- und forstwirtschaftliche Bewirtschaftung gefährden. Sofern es sich um überörtlich raumbedeutsame Vorhaben handelt, ist eine landesplanerische Überprüfung (Raumordnungsverfahren) erforderlich.
- In Zone B («Pufferzone»), die rund 23% des Gebietes umfasst, bedürfen die Vorhaben einer besonders sorgfältigen und eingehenden landesplanerischen Abwägung mit anderen Belangen, vor allem im Rahmen von Raumordnungsverfahren.
- Zone C («Ruhezone») umfasst rund 42% des Gebietes und enthält die besonders schutzwürdigen Teilräume, vor allem die grossräumigen Naturschutzgebiete. Hier sind die Vorhaben landesplanerisch unzulässig, mit Ausnahme notwendiger landeskultureller Massnahmen, wie beispielsweise des erforderlichen land- und forstwirtschaftlichen Wegebaus.

Mit diesem «Alpenplan», der bereits im Jahre 1972 als vorgezogener Teilabschnitt des Landesentwicklungsprogramms Bayern in Kraft getreten ist, hat die Bayerische Staatsregierung relativ frühzeitig dafür Sorge getragen, dass in der Zone C keine neue Bergbahn mehr gebaut worden ist.

Allerdings darf nicht verschwiegen werden, dass es sich beim Bayerischen Alpenplan nur um ein Modell zur Lösung von Konflikten handelt, die durch die Verkehrserschliessung bzw. die Tourismusentwicklung verursacht werden. Er ist also ein sektorales Teilmodell zur Steuerung der Entwicklung im Bereich von Verkehr und Tourismus. Er regelt demgegenüber nicht Erschliessungsvorhaben der Land-, Forst- und Wasserwirtschaft sowie der Energiewirtschaft. Seine Zonen berücksichtigen auch nicht die Ergebnisse der Biotopkartierung, die erst zu einem späteren Zeitpunkt fertiggestellt werden konnte.

Als Modell für umwelt- und raumverträgliche Problemlösungen in den Alpen bedarf es einer Fortentwicklung des Alpenplanes vom bisherigen verkehrsbezogenen Fachplan zu einem umfassenden Raumordnungsplan mit starker ökologischer Komponente. Nur so liesse sich der galoppierende Schwund an Tier- und Pflanzenarten im Alpenraum vermindern. Voraussetzung ist jedoch eine grenzüberschreitende Zusammenarbeit mit dem Ziel, schutzwürdige und schutzbedürftige Flächen beiderseits von Staatsgrenzen unter einen vergleichbaren Schutz zu stellen. Dieses und eine Fülle weiterer Ziele verfolgt die CIPRA-Initiative einer Alpenkonvention.

3. Die Alpenkonvention: Rechtsverbindliche Umweltpolitik alpenweit

Die Internationale Alpenschutzkommission CIPRA hat bereits 1987 eine Antwort auf die Frage gegeben, warum gerade im Alpenraum so viele Umweltprobleme bisher so wenig effizient gelöst worden sind. Sie ging dabei von zwei Grundüberlegungen aus:
- Die Vernetzung benachbarter Ökosysteme ist in den Alpen enger als in den Flachländern (Oberlieger-Unterlieger-Problematik). Aufgrund der sehr unterschiedlichen

Reliefenergie reagieren die Ökosysteme im Alpenraum häufig wesentlich empfindlicher als jene der Flachländer. Das bedeutet, dass menschliche Eingriffe, die in den Flachländern unbedenklich wären, im Alpenraum durchaus zu Katastrophen führen können.
– Demzufolge rächen sich Vollzugsdefizite bei Natur- und Umweltschutzmassnahmen im Alpenraum schneller als in den Flachländern. Deshalb ist eine stärkere verbindliche grenzüberschreitende Zusammenarbeit zwischen den Staaten innerhalb des Alpenraumes und den randalpinen Staaten zwingend erforderlich. So ist etwa der Bau von Speicherkraftwerken mit ihren erheblichen Eingriffen in das Wasserregime der Alpenflüsse längst keine nationale Angelegenheit mehr.

Gefordert ist also eine Gesamtstrategie für eine umweltverträgliche Entwicklung im Alpenraum, die gleiche Wettbewerbsbedingungen in der Wirtschaft und gleiche Umweltschutzstandards rechtsverbindlich in allen Alpenländern sicherstellt. Um zu einer solchen Gesamtstrategie zu kommen, war es zunächst erforderlich, das Scheitern der bisherigen weitgehend unabgestimmten Partialpolitiken zu dokumentieren. Gefragt war also zunächst eine Bilanz der Erfolge und Misserfolge der bisherigen grenzüberschreitenden Zusammenarbeit im Alpenraum mit dem Schwerpunkt Umweltpolitik.

Um zutreffende Aussagen über die Erfolge und Misserfolge der beschlossenen Ziele in der Vergangenheit machen zu können, wurden der Bilanz nur gültige Ziele unterworfen, die im Durchschnitt bereits etwa 10 Jahre in Kraft sind. Die der Bilanz unterworfenen Ziele wurden überwiegend dem gemeinsamen Leitbild für die Entwicklung und Sicherung des Alpengebietes der Arbeitsgemeinschaft Alpenländer entnommen, das zwischen 1974 und 1981 in Teilabschnitten aufgestellt wurde. Darüber hinaus lagen der Bilanz Beschlüsse der Europaratkonferenz der Alpenregionen von Lugano 1978 zugrunde sowie bilaterale Regierungsbeschlüsse auf der Ebene der Raumordnungskommissionen. Insgesamt wurden 50 umweltpolitisch relevante Ziele ausgewählt und im Rahmen einer schriftlichen Umfrage in allen Alpenländern den folgenden drei Gruppen zur Beurteilung vorgelegt:

– Bundes- und Landesregierungen
– umweltpolitisch bedeutsamen und kompetenten Verbänden
– wissenschaftlichen Experten.

Von den mehr als 300 angeschriebenen sachkundigen Stellen haben sich 170 an der CIPRA-Umfrage beteiligt, darunter 27 Regierungsstellen. Die mit 55% über dem Gesamtdurchschnitt von 50% liegende Rücklaufquote der Regierungsstellen ist insofern von Bedeutung, als ihre Beurteilungen als wesentlicher Bestandteil in die Ergebnisse der Gesamtbilanz miteingeflossen sind. Damit haben die Regierungen der Alpenländer ihre Unterstützung der CIPRA-Initiative dokumentiert.

Die Bilanzergebnisse sind in allen Fachbereichen alarmierend. Ohne auf Details einzugehen, ergibt sich folgendes Bild:

– Alle der Bilanzumfrage unterworfenen umweltpolitischen Ziele sämtlicher Fachbereiche werden auch heute noch für «sehr wichtig» bzw. «wichtig» gehalten.

- Diese Ziele wurden in der Vergangenheit «überwiegend nicht erreicht».
- Die Ziele werden unter Status-quo-Bedingungen voraussichtlich auch in den kommenden 10 Jahren «überwiegend nicht erreicht» werden. Deshalb wird zur besseren Erfüllung der Ziele ein «hoher» bis «sehr hoher» zusätzlicher Handlungsbedarf festgestellt. Am dringlichsten wird der Handlungsbedarf in den Bereichen Naturschutz, Verkehrsfragen und Raumordnung gesehen.

Die Bilanzergebnisse wurden in einer von der CIPRA gemeinsam mit dem Deutschen Naturschutzring organisierten internationalen Konferenz zur Umweltpolitik im Alpenraum im Juli 1988 in Lindau der Öffentlichkeit vorgestellt. Die Teilnehmer der Konferenz, zu denen auch Regierungsvertreter aus verschiedenen Alpenstaaten gehörten, haben u.a. die CIPRA aufgefordert, ihre Vorarbeiten für eine internationale Alpenkonvention fortzusetzen und gemeinsam mit den regionalen und nationalen Regierungen der Alpenländer, dem Europarat und der EG-Kommission mögliche Inhalte eines völkerrechtlich verbindlichen Vertrages zu erörtern. Die CIPRA hat daraufhin im September 1988 Experten aus Politik, Verwaltung und Wissenschaft der Alpenländer sowie der EG und des Europarates zu einer Klausurtagung nach Vaduz (Fürstentum Liechtenstein) eingeladen und das weitere Vorgehen erörtert. Dieser «Liechtensteiner Kreis» kam überein, die Vorarbeiten zum Entwurf einer Alpenkonvention rasch voranzubringen. Als erste Stufe dieser Arbeiten hat die CIPRA 1989 ihr «Leitbild für eine Alpenkonvention» vorgelegt.

Der vom nationalen CIPRA-Komitee der Bundesrepublik Deutschland erarbeitete Entwurf des Leitbildes war Gegenstand eines zweiten alpenweiten Anhörungsverfahrens. Mehr als 100 Regierungsstellen, Verbände und Experten haben sich dazu geäussert. Der Entwurf hat daraufhin wesentliche Änderungen und Ergänzungen erfahren und wurde von der Delegiertenversammlung der CIPRA am 28. September 1989 angenommen. Sie hat das Präsidium beauftragt, als Mindestanforderungen zur Verwirklichung des Leitbildes vorrangig bei den Parlamenten und Regierungen der Alpenstaaten u.a. darauf hinzuwirken, dass die Umsetzung des Leitbildes in eine Alpenkonvention und deren unverzügliche Verwirklichung durch die Einrichtung eines Alpeninstituts (Büro zur fachlichen Begleitung des Konventionsvollzugs) sichergestellt wird.

Die CIPRA hatte Gelegenheit, die Inhalte ihres Leitbildes auf der ersten internationalen Alpenkonferenz der Umweltminister im Oktober 1989 in Berchtesgaden vorzustellen. Als Ergebnis der Konferenz ist festzuhalten, dass die österreichische Umweltministerin beauftragt wurde, bis zum Jahresende 1991 den Entwurf einer Rahmenkonvention zum Schutz des Alpenraumes vorzulegen und dabei insbesondere die Fachbereiche Naturschutz und Landschaftspflege, Verkehr, Tourismus und Raumplanung sowie Landwirtschaft zu berücksichtigen.

Die CIPRA wird sich im weiteren Verlauf der Ausarbeitung der Alpenkonvention mit Engagement dafür einsetzen, dass völkerrechtlich verbindliche Regelungen zwischen den Alpenstaaten auf der Grundlage des CIPRA-Leitbildes getroffen werden. Damit dies auch tatsächlich geschieht, ist eine weitere Sensibilisierung der Bevölkerung – nicht nur des Alpenraumes – für die Alpenproblematik erforderlich. Auf dieser Sensibilisierung wird deshalb ein Schwerpunkt künftiger CIPRA-Arbeit liegen müssen. Auch dieser Beitrag für das Geographische Institut der Universität Bern dient diesem Ziel.

MARIO F. BROGGI*

Die integrale Berggebietssanierung im Fürstentum Liechtenstein

Einleitung

Der Kleinstaat Liechtenstein ist mit vielen Clichés behaftet. Es sind wenige Aussagen, die bei einer Umfrage über das Ländchen immer wiederkehren, so u.a.

- ein Schloss mit einem dort residierenden Fürsten,
- schöne Briefmarken,
- Steuerparadies mit vielen Briefkastenfirmen,
- mit den Namen Wenzel und Frommelt verbundener Skisport.

Nur wenige kennen zudem mehr als den bei der Durchfahrt besuchten Hauptort Vaduz. Bereits das Autokennzeichen wird ab dem 100-km-Entfernungsbereich mit Finnland und eigentümlicherweise mit Flandern verwechselt. Noch weniger Leute kennen das Hinterland dieses souveränen Kleinstaates. Darum zum besseren Verständnis der nachfolgenden Aussagen ein kurzer Landschaftsbeschrieb.

Naturräumliche Ausgangslage

Das Fürstentum Liechtenstein liegt mit seinen 160 km² Landesfläche im Alpenrheintal und grenzt an die Schweiz (Kantone Graubünden und St. Gallen) sowie an Österreich (Bundesland Vorarlberg). Es besitzt mit seinen Nachbarn insgesamt eine Grenzlinie von rund 76 km. Der liechtensteinische Rheintalraum von 27 km Länge macht nur ein Viertel der Landesfläche aus. Dort finden sich acht der elf liechtensteinischen Gemeinden, vor allem entlang des Hangfusses des Rhätikonausläufers mit dem Drei-Schwestern-Massiv; eine Gemeinde sitzt auf dem Inselberg Schellen- oder Eschnerberg inmitten des Rheintals und nur zwei Gemeinden – Triesenberg und Planken – sind auf Terrassenlagen am Berghang situiert. Nur für sie trifft das Kriterium der Berglandwirt-

* Adresse des Verfassers: Dr. MARIO F. BROGGI, Büro für Umweltplanung, Heiligkreuz 52, FL-9490 Vaduz (Fürstentum Liechtenstein)

schaft zu, während die weiteren vier Oberländer Gemeinden (der früheren Grafschaft Vaduz entsprechend) ebenfalls noch Alpenanteile mit eigenen Hoheitsgebieten besitzen.

Die 5 Unterländer Gemeinden (die frühere Herrschaft Schellenberg, 1721 mit der Grafschaft Vaduz zum Fürstentum Liechtenstein vereint) haben ihre Alpen in Österreich erworben.

Die liechtensteinische Landschaft besitzt, abgesehen von der erwähnten Rheintalebene, einen ausgesprochenen Gebirgscharakter. Auf kurzer Strecke überragen die Bergkuppen die Talebene um 2000 m. Wilde Felsmassive und Steilhänge, die nur selten durch Terrassen unterbrochen sind, geben den liechtensteinischen Berg- und Gebirgslagen ein besonderes Gepräge. Die Verschiedenheit der Geologie – wir befinden uns im Grenzbereich zwischen Ost- und Westalpen – und die daraus resultierende reiche Gliederung bringt für das Alpenländchen landschaftliche Schönheiten, dafür aber auch für weite Flächen ungünstige Voraussetzungen für die Besiedlung und die Bodennutzung.

Auslösende Faktoren für integrale Berggebietssanierung

Trotz ausgesprochenem Gebirgscharakter ist Liechtenstein relativ waldarm. Wald und Busch nehmen in den Hochlagen nur ein Drittel ein. Es fehlen vor allem die Schutzwaldungen. «Der Wald hält die Alpen warm» oder «der Wind frisst mehr Gras als das Vieh» heisst es in alten Bauernregeln, die in Liechtenstein wenig Anwendung fanden. In einem jahrhundertelangen Fortschreiten ist der Wald von seinen höchsten Standorten zugunsten einer extensiven Weidewirtschaft – vor allem auch von den im 13. Jh. einwandernden Walsern – stetig zurückgedrängt und vermindert worden. Auf den vom Wald entblössten Steilhängen stellten sich zunehmend Bodenerosionen und Lawinen ein.

Der ungeregelte Weidebetrieb zerstampfte den Waldboden und vernichtete die natürliche Verjüngung. Ein bekannter Ausspruch lautet auch hier: «Eine Kuh frisst mit 5 Mäulern, nämlich mit dem Maul und den vier Füssen.» Grosse Waldschlägerungen sind früher auch in abgelegenen Hochlagen durchgeführt worden. Holzservitute lasteten ebenso auf den Alpwaldungen und führten durch zu starke Entnahmen zur Degradation. Die Viehalpung, insbesondere die Kuhalpung, ist in starkem Rückgang begriffen.

Auf den liechtensteinischen Alpen war der Rückgang progressiv festzustellen:
1943	1071 Kühe
1952	926 Kühe
1962	625 Kühe
1965	512 Kühe
1969	344 Kühe
1979	337 Kühe (mit Gastvieh aus der Schweiz)

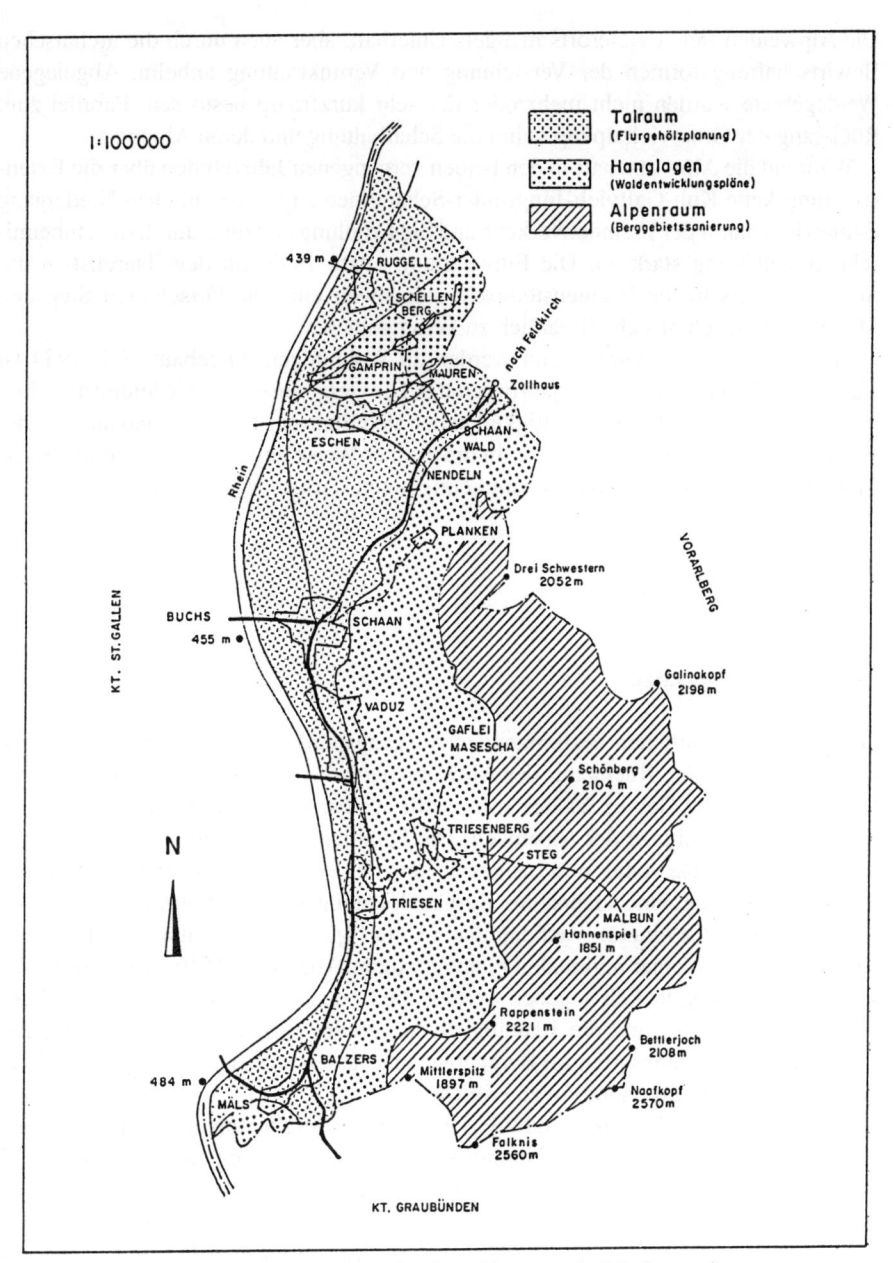

Abbildung 1. Landschaftspflege-Konzepte in Liechtenstein.

Die Alpweiden fielen vielerorts mangels Unterhalt, aber auch durch die archaischen Bewirtschaftungsformen der Versteinung und Verunkrautung anheim. Abgelegene Weidegebiete wurden nicht mehr oder nur sehr kurzfristig bestossen. Parallel zum Rückgang der Grossviehalpung nahm die Schafhaltung und deren Alpung zu.

Während die Alpwirtschaft in den beiden vergangenen Jahrzehnten über die Extensivierungskette Kuh-Galtvieh-Jungrinder-Schaf einen augenscheinlichen Niedergang erlitten hat, nahm der Fremdenverkehr und die Erholungsnutzung durch die einheimische Bevölkerung stark zu. Die Entwicklung setzte 1947 mit dem Durchstich des Strassentunnels in die liechtensteinische Alpenwelt ein. Die Ortschaften Steg und Malbun entwickelten sich allmählich zu Feriengebieten.

Frühere Viehställe wurden und werden zu Wohnungen umgebaut. Seit 1954 ist Malbun als Wintersportort ganzjährig genutzt. Die Gefahren der Zersiedelung und einer unkontrollierten planlosen Bautätigkeit haben sich Ende der fünfziger und anfangs der sechziger Jahre für das Alpengebiet in drastischer Weise abgezeichnet. Vor allem das Malbuntal war und ist solchen Beeinträchtigungen stärkstens ausgesetzt.

Erste Planungsansätze

Die drei im wesentlichen bestimmenden Ausgangspunkte – die Zunahme der Erholungsuchenden, der Rückgang der Alpwirtschaft, die mangelnde Wirksamkeit der Schutzfunktion des Gebirgswaldes – waren die auslösenden Faktoren für eine gründliche Studie zum Schutze der Alpenwelt. Die Fürstliche Regierung erteilte 1963 dem Institut für Orts-, Regional- und Landesplanung der Eidg. Technischen Hochschule in Zürich den Auftrag, eine sogenannte Berglandplanung auszuarbeiten. Das Ziel dieser Planung war die Gewinnung sachdienlicher Unterlagen und zweckmässiger Rechtsinstrumente in Form einer regionalen Planungsstudie. Mit diesen Hilfsmitteln sollte der Regierung die Möglichkeit gegeben werden, die Bodennutzung der Zeit entsprechend sinnvoll zu gestalten und die Bautätigkeit in geordnete Bahnen zu lenken. Es galt demnach, alle Nutzungsarten im Berggebiet zu erfassen und eine optimale Koordination in einer Integralmelioration zu erreichen.

1965 wurde der sehr umfassende Bericht über die Berglandplanung im Fürstentum Liechtenstein abgeliefert. Der Planungsbericht enthielt auch einen Gesetzesentwurf, der die angestrebte Gesamtsanierung unterbauen sollte. Es handelte sich um ein Planungsgesetz mit einer auf die Alpengebiete zugeschnittenen Zonenordnung. Ein stark ausgebauter Liberalismus in bezug auf den Eigentumsbegriff am Boden macht sich in Liechtenstein bei allen Planungsbemühungen erschwerend bemerkbar (Liechtenstein kennt noch heute kein eigenes Raumplanungsgesetz!). Trotz intensiver Informationstätigkeit fand die Gesetzesvorlage in der Volksabstimmung vom 20./22. Januar 1967 keine Gnade. Damit war die Berglandplanung zumindest als Begriff gestorben.

Von der Berglandplanung zur integralen Berggebietssanierung

Mit dem negativen Volksentscheid war das Problem nicht gelöst. Es wurden darum umgehend die Bemühungen um eine gesetzliche Regelung wieder aufgenommen. Eine entsprechende Regierungsverordnung, die auf dem Waldgesetz, dem Gesetz über die Alpwirtschaft und dem Rüfegesetz basiert, wurde mit Zustimmung des Parlamentes in Kraft gesetzt. Die integrale Berggebietssanierung (BGS) war geboren.

Die Regierungsverordnung über die Sanierung der Alp- und Berggebiete vom 1. Juli 1968 enthält folgende wichtige Grundsätze:

1. Der Sanierungsraum wird abgegrenzt. Er umfasst mit 6191 ha knapp 39% der Landesfläche und beinhaltet alle Alp- und Berggebiete, die bis zum 2. Weltkrieg unter alpwirtschaftlicher Weidewirkung standen oder noch stehen. Der Sanierungsraum ist in topographisch zusammengehörende Projektgebiete aufzugliedern.

2. Für alle Alpen ist eine Trennung von Wald und Weide vorzunehmen. Die günstigen offenen Lagen und guten Böden sind dem Weideareal zuzuordnen. Steillagen und alle Gebiete, für die eine Schutzwirkung des Waldes wichtig ist, sind zu bewalden. Das ausgeschiedene Waldareal geniesst den Schutz des Waldgesetzes. Der Futterertrag darf auf den Alpen nicht vermindert werden. Als Ersatz für die Zuteilung grosser Flächen zum Waldareal sind die wertvollsten Weideflächen nachhaltig zu bewirtschaften. Die Alpbetriebe sind rationell einzurichten (z.B. Koppelwirtschaft mit Düngung).

3. Ein Sanierungszwang wie in der ersten verworfenen Vorlage besteht nicht mehr. Die generellen Projekte, die die wichtigsten zu treffenden Massnahmen summarisch in einem Sanierungskatalog festhalten und dementsprechend eine umfassende Nutzungsordnung festlegen, sind vom Grundeigentümer wie von der Regierung zu genehmigen. Auch alle Detailprojekte unterliegen diesem Genehmigungsverfahren.

4. Die Führung und die Verantwortung liegt bei einem vom Staat eingesetzten Team, dem der Leiter des Forstamtes, der Leiter des Landwirtschaftsamtes und derjenige der Wildbachverbauung angehören. Die Interessen der verschiedenen Dienststellen müssen jeweils intern gegenseitig abgewogen und nach aussen als Einheit vertreten werden. Für die Verhandlung mit dieser Fachgruppe haben die Alpbesitzer 3–5 Vertreter als Gesprächspartner zu nominieren.

5. Sämtliche Projektierungsarbeiten gehen zulasten des Staates. Die Kosten der Projektausführungen werden vom Land folgendermassen subventioniert: 85% für alle forstwirtschaftlichen Massnahmen der Erschliessung, Verbauung und Aufforstung; 60% für alle alpwirtschaftlichen Massnahmen. Eine Verbesserung der Weideareale bringt kurzfristig wirtschaftliche Vorteile mit sich, die eine grössere Beteiligung der Nutzniesser solcher Massnahmen an den Kosten rechtfertigen. Die Ausschüttung erfolgt unter der Bedingung, dass die als Hoheitsträger beteiligten Gemeinden an den Kosten mit 7,5 bzw. 13,5% partizipieren. Den Alpbesitzern verbleibt somit ein Restbetrag von 8,5 bzw. 13,5%.

6. Für die mit Staatssubvention sanierten Projektgebiete darf keine Zweckentfremdung stattfinden. Das Waldareal ist durch das Rodungsverbot des Forstgesetzes sichergestellt. Damit übergibt die jetzige Generation einer künftigen die Verantwortung über die Bergwelt Liechtensteins. Der Sanierungsraum befindet sich im Besitze von vier Gemeinden und acht Alpgenossenschaften. Privatbesitz liegt im Sanierungsraum nicht vor, die privaten Wiesen und Baugebiete im Malbun und Steg im Ausmass von rund 80 ha sind davon ausgenommen.

Der integrale Charakter aller Massnahmen

Auch diese Verordnung legt das Hauptgewicht auf den integralen Charakter der zu treffenden Sanierungsmassnahmen. Besonders im Alpgebiet bestehen zwischen den einzelnen Nutzungsarten engste Verflechtungen. Für jede Detailaufgabe ist die Gesamtschau und Koordination bei den engen Verbindungen der Interessen der Alpwirtschaft, der Waldwirtschaft, der Jagd, des Natur- und Landschaftsschutzes und des Tourismus besonders nötig.

Die Subventionsansätze für die Berggebietssanierung sind als hoch zu bezeichnen. Sie sind allerdings gerechtfertigt, weil es heute kaum mehr um wirtschaftliche Interessen geht. Der Alpenraum hat je länger je mehr überwirtschaftliche Funktionen zu erfüllen, die der gesamten Bevölkerung zugute kommen.

Mit den folgenden Prämissen

– Erhaltung und Mehrung der Bodenkrume,
– bestmögliche alpwirtschaftliche Erträge auf allen Bodenflächen, die hierfür geeignet sind,
– Sicherstellung ruhiger, naturnaher Erholungsgebiete,
– Konzentration der Ferienhausbauten und aller Anlagen für den Fremdenverkehr und ihre vernünftige Einpassung in die Gebirgslandschaft

hat gerechterweise die Allgemeinheit die Kosten im wesentlichen zu bezahlen. Auch hatte der Staat in der Vergangenheit trotz vorhandener Schutzgesetze seine Auftragspflicht vernachlässigt und ist damit am heutigen Zustand mitschuldig. Mit dem finanziellen Ertrag, den die Alpwirtschaft heute bringt, könnten keine wesentlichen Sanierungsmassnahmen finanziert werden. Ohne kräftigste Hilfe des Staates in allen finanziellen, technischen und administrativen Bereichen wäre eine Integralmelioration für den Alpenraum nicht möglich.

Sanierungsmassnahmen 1968–1988

Das umfassende Konzept wird als Aufgabe Jahrzehnte in Anspruch nehmen, dies insbesondere, wenn man an die langsam wachsenden Hochlagenaufforstungen denkt. Nach mehr als 20 Jahren ist es aber möglich, eine Zwischenbilanz zu ziehen.

Als erste Massnahme nach Inkrafttreten der BGS-Verordnung 1968 wurde die Formulierung der angestrebten Ziele sowie die dafür erforderlichen Massnahmen für jedes Projektgebiet in einem Vorprojekt in Angriff genommen. Von den 23 Projektgebieten konnte zwischenzeitlich die Zustimmung der Grundeigentümer für 19 Gebiete erhalten werden. Für zwei weitere sind keine Sanierungsmassnahmen vorgesehen, sie sind seit längerem für ein grösseres Alpenreservat in Diskussion.

48 km befahrbare Alpsträsschen waren bereits vorhanden, davon waren allerdings 21km ausbaubedürftig. Die ersten Detailarbeiten konzentrierten sich denn auch auf den Ausbau, z.T. auch Neubau, der Erschliessung, um die Sanierungsräume überhaupt erst zu erreichen. Nach Abschluss des Güterwegebaus verlagerte sich das Schwergewicht der Tätigkeiten auf Massnahmen der Lawinen- und Erosionsverbauungen und der Wald-Weide-Trennung. Äusserst kostenintensive Schutzmassnahmen konzentrierten sich vorerst auf das besonders lawinengefährdete Malbuntal. Der dortige stark aufkommende Tourismus und der damit verbundene notwendige lawinensichere Zugang hatte so erste Priorität. Die Wald-Weide-Trennungen bildeten ein ausserordentlich intensives Arbeitsfeld für die Verhandlungen. Diese stehen nun praktisch am Abschluss. Aufforstungen oder Förderungen der natürlichen Wiederbewaldung auf den ehemals extensiv genutzten Weiden waren häufig mit notwendigen Bauwerken zur Sicherung vor Kriechschnee verbunden. Das Land hat für die BGS einen eigenen Werkhof aufgebaut, wo in Eigenregie Rundholzsortimente für die Lawinenverbauung und Zäunung mittels einer Vakuum-Druckanlage imprägniert werden. Zu den Landesarbeiten gehören auch eigene Forschungs- und Versuchsanlagen wie die langfristige Schneebeobachtung mittels Schneepegeln, Auswertungen von Luftaufnahmen zur Feststellung der Ausaperungsvorgänge sowie das Führen eines Lawinenkatasters. Die Hochlagenpflanzen werden im eigenen Landespflanzgarten nach verschiedenen Höhenprovenienzen gezogen und zum Zweck der Austreibungsverzögerung im eigenen Kühlhaus eingelagert. Alpwirtschaftliche Massnahmen betrafen einerseits den Bau der Güter-, Trieb- und Misterwege, die Renovation der alpwirtschaftlichen Gebäude und die damit verbundenen Infrastrukturen. Diese bilden ihrerseits Grundlage für eine rationellere und intensivere Weidewirtschaft mit Koppelteilung und Umtriebsweise, der Unkrautbekämpfung sowie der allgemeinen Weidepflege. Für diese geregelte Weidewirtschaft mussten auch die ertragskundlichen Grundlagen vorerst erhoben werden.

Insgesamt wurde in der Berichtsperiode 1968–1988 über 30 Mio. Schweizer Franken aufgewendet, davon 55 Prozent für Verbauungsmassnahmen, 23% für Erschliessungen, 11% für alp- und 10% für forstwirtschaftliche Massnahmen. Weitere 13% wurden für die Projektierung, Bauleitung, Werkzeuge, Maschinen und den Materiallagerplatz aufgewendet. Ferner wurden waldschädliche Servitute abgelöst.

Die total ausgeschiedene Weidefläche umfasst 1857 ha oder 30% des Sanierungsraumes und entspricht der bereits im Jahre 1879 erhobenen Fläche der guten Weiden. Von der Gesamtweidefläche sind mehr als 300 ha bestockt und gelten rechtlich als Wald. Die totale Waldfläche beträgt ihrerseits 3323 ha. Die unproduktiven Flächen oberhalb des Waldareals inklusive der ausgeschiedenen Schafweiden machen 1320 ha aus.

Beurteilung der heutigen Situation und Schwerpunkte der Tätigkeit der nächsten Jahre

Die generellen Zielsetzungen der integralen Berggebietssanierung aus den 1960er Jahren dürfen nach wie vor als zeitgemäss gelten, wenn sich auch einige Wertvorstellungen geändert haben. Dieser Paradigmenwechsel kommt aber im allgemeinen eher den damaligen Zielsetzungen entgegen. Nach wie vor ist der Wille zur ganzheitlichen Betrachtung sowie die Zusammenarbeit aller tangierten Kreise unter Verzicht auf Durchsetzung kurzfristiger Sonderinteressen gefragt. Das BGS-Konzept hat wesentliche Impulse für die Alpwirtschaft gebracht, die Zersiedelung gestoppt und die Gefährdung vor Naturereignissen gemildert.

Die einzelnen Aspekte sollen im folgenden kurz skizziert und kommentiert werden:

Fremdenverkehr und Freizeitnutzung

Die bauliche Nutzung ist auf das obere Malbuntal und die Maiensässanordnung Gross- und Kleinsteg beschränkt. Die beiden Ringanordnungen der Bauten im Steg konnten durch entsprechende Bauordnungen erhalten werden. Die anfänglich eingetretene Zersiedelung im Malbun konnte zu Beginn der 1970er Jahre durch einen Lawinenzonenplan eingegrenzt werden. Die teils im Zuge der BGS-Vorprojekte als Kompromiss ausgeschiedenen Bauzonen auf einzelnen Alpen wurden nicht in Anspruch genommen, ja später wie im Falle Alp Guschg-Stachler in einer Abstimmung definitiv abgelehnt.

Die touristischen Infrastrukturen beschränken sich ebenfalls auf das obere Malbuntal mit Sessel- und Schleppliften mit einer Winterstundenleistung von etwa 6000 Personen und des weiteren ausgestattet mit 9 Hotels mit rund 400 Gästebetten. Im Valünatal ist eine Langlaufloipe situiert, von der «Sücka» wird eine Rodelbahn nach Steg betrieben. Die übrigen Täler sind ihrerseits von baulichen Einrichtungen für den Tourismus verschont, wenn auch nicht zu übersehen ist, dass durch neuere Freizeitaktivitäten wie Variantenskifahren, Paragleiten und Mountainbiking eine immer flächendeckendere Nutzung des Alpenraumes beginnt.

Zur Frage des Grenznutzens bei der angestrebten Sicherheit

Wer die Umweltveränderungen über längere Zeitspannen verfolgt, bemerkt eine zunehmende Tendenz, höhere Sicherheit einseitig mit technischen und baulichen Massnahmen zu bewerkstelligen, anstatt mit einem Verhalten, welches den Gegebenheiten der natürlichen Umwelt, aber auch den Grenzen unseres eigenen Menschseins besser angepasst ist. Die eingriffsrelevante Liste der «Notwendigkeiten» wird länger, weil keinerlei Abstriche bei den hochgeschraubten Ansprüchen an Komfort, Mobilität und Geschwindigkeit in Kauf genommen werden. Ganz unabhängig von der Frage wie man die Werte «Natur», «Landschaft», «Sicherheit», «technischer Komfort» bei der individuellen Lebensgestaltung einstuft, gilt auch hier das Gesetz des Grenznutzens: der materielle Aufwand wird immer grösser, während die damit erzielte Erhöhung der Sicherheit nur noch marginal oder jedenfalls partiell wird. Nicht alles, was so unter dem Aspekt der Sicherheit im Programm der integralen Berggebietssanierung im Bereich der Lawinen- und Wildbachverbauung, des allgemeinen Wasserbaues wie des Strassenbaues getätigt wurde, dürfte einer Kosten-Nutzen-Überlegung unter weiterer Beachtung der Raum- und Umweltverträglichkeit immer standhalten. Insbesondere in Lagen, wo nicht höhere Werte (Menschenleben, hohe Sachwerte) auf dem Spiel stehen, sollte unser häufig alleine egozentrische Standpunkt der Beurteilung etwas zugunsten der Anerkennung des Eigenwertes der Natur zurückstehen. Nicht zu übersehen ist auch ein gewisser Machbarkeitswahn, wie er für die 1960er Jahre typisch war. Er löste vorerst ein grösseres Investitionsprogramm aus, dem nur schwer seine Eigendynamik zu nehmen ist. Insbesondere der forcierte Strassenbau und -ausbau führte in weiten Kreisen der Bevölkerung zu der Befürchtung, die Berggebietssanierung strebe eine umfassende Erschliessung des Alpenraumes an. Die vehemente Kritik bewirkte, dass einiges an Neubaustrecken des einst mit 35 km geplanten Güterwege-Trasses ersatzlos gestrichen wurde.

Forstwirtschaft

Der Alpenwald ist durchgehend Schutzwald. Er hat sich, wie eingehende und flächendeckende Untersuchungen zeigten, auch ohne Pflege erstaunlich nachhaltig aufgebaut erhalten. Problembereiche bilden die zu Jahrhundertbeginn im Grosskahlschlag abgeräumten Flächen, welche mit standortsuntauglichen Provenienzen als schlagweiser Hochwald in Reinkultur angesetzt wurden. Diese Bestände sind den Naturgefahren, vor allem dem Windwurf, stark ausgesetzt. Dort ergeben sich darum auch erhöhte Stabilitätsprobleme. Die übrigen Waldungen brauchen entgegen den in forstlichen Kreisen häufig vertretenen Meinungen kaum eine Pflege und eine künstliche Verjüngung. Ein natürlicher, stufiger Aufbau erhält das Waldökosystem in sich selbst und ermöglicht auch die gewünschte Schutzfunktion. Der ohne Pflege zusammenbrechende Alpenwald entspricht somit eher dogmatischen Vorstellungen und wird der Funktion des Waldökosystems nicht gerecht. Die wünschbare Naturverjüngung ist allerdings durch einen zu hohen Schalenwildbestand langfristig in Frage gestellt. In den nächsten Jahrzehnten – eine Alpenwaldgeneration darf mit rund 400–500 Jahren angesiedelt werden und das Wald-Wild-Problem ist derzeit höchstens 40 Jahre virulent – ist das Schalenwild auf einen wesentlich niedrigeren Stand einzuschränken.

Jagdwirtschaft

Das Schalenwild besiedelt heute mit rund 140 Rehen, 400 Stück Rotwild und 1000 Stück Gamswild das Alp- und Berggebiet. Entsprechend seinem Futterbedarf nutzt es heute ein Alpflächenequivalent von rund 2000 ha. Mit diesen hohen Beständen ergeben sich Nutzungskonflikte zur Alp- wie zur Forstwirtschaft. Die Reduktion der Bestände erweist sich zudem durch Verhaltensänderungen des Wildes infolge Beunruhigung als recht schwierig. Aus einem jüngst erstellten Gutachten «Schalenwildbewirtschaftung im Fürstentum Liechtenstein» geht hervor, dass der Wildbestand drastisch reduziert werden muss. Als ein Lösungsansatz wird die Rotwildgatterung während rund eines halben Jahres vorgeschlagen, das «wilde» Tier wird so zum domestizierten Tier! Ebenso sollen zulasten des sich stark ausbreitenden touristischen Nutzungsanspruches in den Sommer- wie Winterlebensräumen dieser Tiere Ruhezonen ausgeschieden werden.

Alpwirtschaft

«Die Alpung ist der Gesundbrunnen für das Vieh», hiess es früher. Heute wird vom Nutzvieh eine Spitzenproduktion an Milch und Fleisch verlangt, wobei die Kuhalpung nicht mehr vertretbar scheint. Kann der Alp als landwirtschaftlicher Produktionsfläche zur Renaissance verholfen werden? Zwei fundamentale Forderungen standen am Beginn der BGS-Bemühungen: Konzentration der Weiden auf die ertragsfähigsten Flächen sowie die Einführung einer Koppelwirtschaft mit allfälliger Portionenweide. Dies verlangte nach Grundlagenerhebung sowie organisatorischen Sanierungen, bevor technische Massnahmen greifen konnten. Im Gegensatz zu technischen Voraussetzungen sind diese zwar nicht kostspielig, verlangen aber die innere Bereitschaft. Für alle Alpen wurden pflanzensoziologisch-ertragskundliche Untersuchungen durchgeführt und dann Schritt für Schritt in zähen Verhandlungen die Wald-Weide-Trennungen ausgehandelt und durchgeführt. Das durchschnittliche jährliche Futterangebot hat sich trotz höherem Viehgewicht und grösserer Milchleistung bei entsprechend sachgerechter Bewirtschaftung in den Bestossungszahlen nicht vermindert. Die Grundlagen für die Alpwirtschaft sind gelegt, die sachkundige Bewirtschaftung ist hingegen noch nicht unbedingt erreicht. Die Alpwirtschaft wird derzeit zwar etwas nostalgisch als Puffer für Krisen- und Mangelzeiten gesehen, aber damit noch nicht mit einem für die Neuzeit instruierten Senntum ausgestattet. Es ergibt sich hier auch das Problem, dass es einen eigentlichen Bergbauernstand im Lande bei einem Anteil von nur noch 2 Prozent Landwirten an der Gesamtbevölkerung kaum mehr ausreichend gibt. Auf vielen Alpen weidet heute ausländisches Vieh, wobei die nötige nachhaltige Sorgfaltspflicht für diese Weiden nicht immer gegeben ist. Die Kontinuität einer intakten Alpwirtschaft bildet sicher das Sorgenkind der Berggebietssanierung.

Sonderproblem Schafalpung

Parallel zum Rückgang in der Grossviehalpung nahm die Schafhaltung – im übrigen häufig durch Nichtlandwirte – und auch deren Alpung zu. 1983 wurden 2218 Schafe in Liechtenstein gehalten, was seit 1802 dem grössten Tierbestand entspricht. Rund die Hälfte davon wollten gealpt werden. Es ergab sich als Erfahrungswert der vergangenen

Jahre, dass sich verschiedene ehemalige Grossviehweiden insbesondere in den tiefen Lagen für eine Schafbeweidung nicht eignen. Die Futterqualität hat sich in kurzer Zeit drastisch gemindert. In einer Gesamtschau wurde darum 1982 abgeklärt, wo im Liechtensteiner Alpenraum unter Abwägung der Interessen der Land- und Forstwirtschaft, des Naturschutzes und der Jagd Schafe gealpt werden können, und wieviel und in welcher Organisationsform. Als eingrenzende Faktoren für eine zukünftige Schafalpung wurden folgende Parameter definiert:

Floristisch bedeutsame Gebiete
Es wird vorgeschlagen, die floristisch wertvollen Gebiete nicht durch Schafe beweiden zu lassen bzw. in jedem Fall auf eine Schafstandweide zu verzichten.

Erosionsgefährdete Gebiete
Erosionsgefährdete Lagen sollen wegen des bekannten «Trippelwalzeneffektes» durch das scharfe Schafhuf keinesfalls in eine Schafstandweide einbezogen werden.

Alpwirtschaftlich bedeutsame Lagen
Die ertragreichsten Lagen sind langfristig der Grossviehweide zu reservieren, allenfalls sind beim Auf- und Abtrieb Kombinationen denkbar.

Schutz den waldfähigen Standorten
Verbiss und Tritt verhindern ein Waldaufkommen speziell an der obersten Waldgrenze. Als Schutz der guten Viehweiden sind die obliegenden waldfähigen Lagen als Schutzwald auszuscheiden.

Aus diesen dargelegten Gründen lassen sich durch Überlagerung der entsprechenden Parameter indirekt die grösserflächig geeigneten Schafweiden eruieren.

Es zeigte sich im übrigen über die Auswertung historischer Quellen wie der Flurnamen, dass die hierfür als geeignet erachteten Lagen auch schon früher durch die Schafe genutzt wurden. Der vorgelegte Lösungsansatz bietet Platz für 1000–1200 Schafe. Es wird eine Wanderbeweidung mit Schafhirten vorgeschlagen. Die zunehmend aufkommende Schafalpung ist auch in Landwirtschaftskreisen umstritten. Das vorgelegte Konzept einer gemeinsamen Wanderherde konnte noch nicht durchgesetzt werden, hingegen sind mit einer Verordnung vom 17. Mai 1989 zum Schutz der Gebirgsflora die Beweidungsflächen für Kleinvieh klar abgegrenzt worden.

Natur- und Landschaftsschutz

Das jahrtausende alte Wirken des Menschen im Berggebiet hat die heute wechselvolle Kulturlandschaft geprägt. Die Nahtlinien von der Alp zum Wald erweisen sich aufgrund einer ornithologischen Wertanalyse als besonders reichhaltig. Aus der Sicht des Natur- und Landschaftsschutzes sind folgende Aspekte relevant:

– Über das ganze Alpengebiet sind funktionelle Ruheräume auszuweisen, die voraussetzen, dass auch der Mensch gewisse Restriktionen bei der Freizeitnutzung auf sich nehmen muss.

- Die Landnutzung muss ökologisch tragbar sein. Auf zu exzessive Erschliessungen wie auch den Einsatz von Herbiziden bei der Unkrautbekämpfung ist zu verzichten.
- Die Wald-Weide-Verteilung sollte nicht zu schematisch geschehen, der weiche Übergang ist zu fördern.
- Repräsentativ ausgewählte Räume sind als Reservate auszuscheiden und aus der Nutzung voll zu entlassen. Im Vordergrund der Betrachtung steht hier die Ausweisung eines etwa 1500 ha grossen Raumes im Unteren Saminatal.

Ausblick

Der Weg für ein gezieltes Weiterarbeiten zur Erhaltung der Natur- und Kulturlandschaft des Liechtensteiner Alpenraumes ist geebnet. Die alten Zielsetzungen und die bisherigen Schritte sind periodisch einer Erfolgskontrolle zu unterziehen. Dies findet derzeit gerade statt und soll in ein Landschaftskonzept «Alpenraum» einmünden. Der gegebene Raum ist übersichtlich, die nötigen finanziellen Mittel vorhanden. Man darf darum von einem Modellfall für Lösungsansätze für den Alpenbogen sprechen. Eingeschränkt allerdings deshalb, weil aus dem gegebenen Sonderfall Liechtenstein der Agrarpartner nicht mehr voll seine Rolle spielen kann. Dennoch dürfte einiges an den Lösungsansätzen auch anderswo auf Interesse stossen. Hoffen wir auch, dass die neuen Impulse wie die Ausweisung von Naturruhezonen den nötigen Erfolg bekommen. Der bisherige, zäh und stetig verfolgte Weg gibt zu berechtigtem Optimismus Anlass.

Literatur

BROGGI, M.F. (1969): Die Integralmelioration im Alpengebiet, dargestellt am Beispiel des Fürstentums Liechtenstein. Diplomarbeit (unveröffentlicht).

BROGGI, M.F. (1975): Landschaftspflege im Fürstentum Liechtenstein. Schweizerische Zeitschrift für Forstwesen 126, S. 840–851.

BROGGI, M.F. (1980): Die integrale Berggebietssanierung, dargestellt am Beispiel des Fürstentums Liechtenstein. Interprävent 1980, 4. int. Symposium über Katastrophen-Vorbeugung durch verbesserte Naturraumanalysen, Bd. 3, S. 235–247, Linz.

BROGGI, M.F. (1985): Naturschonzonen für das liechtensteinische Berggebiet, «Bergheimat»-Jahresschrift Liecht. Alpenverein, S. 35–47.

BROGGI, M.F. u. WILLI, G. (1982): Die Waldverhältnisse im Triesenberger und Plankner Garselli, Bergheimat, S. 63–94.

BROGGI, M.F. u. WILLI, G. (1983): Frühere Nutzungen und heutige Waldverhältnisse am Zigerberg (Gem. Balzers), Bergheimat, S. 3–28.

BROGGI, M.F. u. WILLI, G. (1984 a): Die Waldverhältnisse auf den Balzner Alpen Guschgfiel-Matta und Gapfahl-Güschgle, Bergheimat, S. 29–48.

BROGGI, M.F. und WILLI, G. (1984 b): Abklärung von Möglichkeiten der Schafalpung im Fürstentum Liechtenstein. Bot.-Zool. Gesellschaft Liechtenstein-Sargans-Werdenberg, 13, S. 243–266.

BROSSMANN, L. (1972): Zur Raumordnung im Hochgebirge am Beispiel Liechtensteins. Allgemeine Forstzeitschrift, Nr. 27, München: BLV Verlagsgesellschaft.

BÜHLER, E. (1952): Vom Alpenwald. Jahresschrift «Bergheimat» des Liecht. Alpenvereins. Vaduz.

BÜHLER, E. (1970): Die integrale Berggebietssanierung dient vorrangig dem Natur- und Landschaftsschutz. In: Mensch, Natur und Landschaft. Vaduz 1970.

BÜHLER, E. (1975): Die Berglandsanierung in Liechtenstein. In: Strasse und Verkehr, Nr. 5, 1975, Solothurn: Vogt-Schild AG.

BÜHLER, E. und ZÜRCHER, J. (1980): Zehn Jahre integrale Alp- und Berg-Gebietssanierung. Jahresschrift «Bergheimat» des Liecht. Alpenvereins.

Komitee für den Schutz der Alpengebiete (1966): Pro Bergland. Informationsschrift über die Berglandplanung, Vaduz.

NÄSCHER, F. (1989): Integrale Berggebiets-Sanierung der Alp- und Berggebiete – eine Zwischenbilanz nach 20 Jahren Tätigkeit, Bergheimat, Sonderdruck 19 S.

ONDERSCHEKA, K., u.a. (1990): Integrale Schalenwildbewirtschaftung im Fürstentum Liechtenstein unter besonderer Berücksichtigung landschaftsökologischer Zusammenhänge. Grundlagenstudie im Auftrag der Landesverwaltung des Fürstentums Liechtenstein. Forschungsinstitut für Wildtierkunde der Veterinärmedizinischen Universität Wien, Naturkundliche Forschung im Fürstentum Liechtenstein, Band 11, 265 S.

VON KLENZE, (1879): Die Alpwirtschaft im Fürstentum Liechtenstein, ihre Anfänge, Entwicklung und gegenwärtiger Zustand. Verlag Eugen Ulmer. Stuttgart 1879, 122 S.

WENZEL, H. (1975): Die integrale Berggebiets-Sanierung in Liechtenstein. Der Schweizer Förster 111, Nr. 9, S. 306–314.

WILLI, G.(1984): Die Brutvögel des Liechtensteinischen Alpenraumes – Avifaunistische Untersuchung mit Versuch der Bewertung ihrer Situation als Grundlage für Planungs- und Schutzmassnahmen, Naturkundl. Forschung im Fürstentum Liechtenstein, Bd. 4, Regierung des Fürstentums Liechtenstein, 187 S.

Paul Messerli*

Herausforderungen und Bedrohungen des schweizerischen Berggebietes durch Europa an der Wende zum 21. Jahrhundert

Im grossen europäischen Wirtschaftsraum der Zwölfergemeinschaft gibt es eine Vielzahl strukturschwacher Gebiete, die aufgrund ihrer Standort- und Strukturnachteile kaum eine Chance haben dürften, im Wettbewerb um die künftigen Schlüsselfunktionen im europäischen Binnenmarkt eine wesentliche Rolle zu spielen. Geringe wirtschaftliche Dynamik und die Abwanderung des Humankapitals dürften ihr künftiges Schicksal sein, es sei denn, man finde für einige dieser Gebiete neue Funktionen im europäischen Rahmen. Zu diesen strukturschwachen Gebieten zählen nicht nur grosse Teile des Alpenraumes (die klassischen Berggebiete Europas), sondern auch Mittelgebirgsregionen (Jura, Massif Central, Deutsches Mittelgebirge, Ardennen, mediterrane Gebirge), alte Industrieräume (der nordbelgisch-südholländische Grenzraum, Teile des Ruhrgebietes, Nordostengland usw.) und Grenz- und Randgebiete, wie etwa der Osten der Bundesrepublik und Süditalien. Soll nun Artikel 2 des Römervertrages (1958) nachgelebt werden und eine harmonische Entwicklung des Wirtschaftslebens in der gesamten Gemeinschaft erreicht werden, dann muss sich die künftige europäische Regionalpolitik auch all dieser Gebiete annehmen. Es ist zu befürchten, dass eine eigentliche «Berggebietspolitik» darin kaum einen eigenständigen Platz finden wird.

Die Erfahrungen der Schweiz mit einer schwergewichtig auf das Berggebiet ausgerichteten Regionalpolitik zeigen aber mit aller Deutlichkeit, dass die natürlichen, strukturellen und kulturellen Voraussetzungen und Bedingungen regionaler Entwicklung im Berggebiet eine spezifische, diesen Verhältnissen angemessene Politikgestaltung erfordern. Die Tatsache, dass es *das* schweizerische Berggebiet nicht gibt, sondern ein vielfältiges Nebeneinander von tertiären Kleinzentren, landwirtschaftlich-touristischen Mischgebieten, überlasteten touristischen Regionen neben landwirtschaftlichen Entleerungsgebieten macht zudem deutlich, dass selbst für die Berggebietspolitik Einheitsmenüs nicht mehr gefragt sind, sondern im Gegenteil eine weitere Differenzierung der regionalpolitischen Massnahmen nötig wird.

Die Schweiz muss gerade auch aus dieser Erkenntnis heraus ein vitales Interesse haben, im sich konstituierenden Haus Europas für eine föderalistische und differenzierende Regionalpolitik einzutreten und dazu ihre positiven Erfahrungen zusammen mit andern Alpenländern, wie Österreich und Bayern, einzubringen. Denn europafähig

---

* Adresse des Verfassers: Prof. Dr. P. Messerli, Geographisches Institut der Universität, Hallerstrasse 12, CH-3012 Bern (Schweiz)

muss nicht nur die Schweiz werden, auch Europa muss fähig werden, seine Berggebiete in die künftige Entwicklung Europas sinnvoll zu integrieren.

Die folgenden Ausführungen sollen aufzeigen, mit welchen wirtschaftlichen und politischen Rahmenbedingungen, demographischen und touristischen Entwicklungstrends, aber auch klimatischen und ökologischen Veränderungen das schweizerische Berggebiet konfrontiert sein wird. Dabei wird nicht einer einseitigen Anpassung unserer Berggebietspolitik an diese ändernden Umweltbedingungen das Wort geredet, sondern auch deutlich gemacht, in welchen Punkten aus den positiven Erfahrungen und gesicherten Erkenntnissen keine Konzessionen gemacht werden dürfen (pièce de résistance). Daraus ergibt sich die klare Forderung, dass die Schweiz einen wesentlichen Beitrag an die Gestaltung der europäischen Berggebietspolitik zu leisten hat und dass diese Chance, eine aktive Rolle im Haus Europas zu spielen, unbedingt wahrgenommen werden muss.

Mit der folgenden Frage soll diese Einleitung abschliessend auf den Punkt gebracht werden, um den sich die künftige Berggebietsentwicklung drehen wird: Wird sich der Gegensatz zwischen intensiv genutzten, zum Teil übererschlossenen Gebieten und passiven Rückzugsräumen verstärken (Polarisationsthese), oder gelingt es auch unter veränderten europäischen Rahmenbedingungen, eine Ausgleichspolitik zu betreiben, bei der eine angemessene Besiedlung auch abgelegener Talschaften (als wichtige ökologische und touristische Ergänzungsräume) aufrechterhalten werden kann? Sollte dies nicht gelingen, dann werden Entscheide durch die Betroffenen gefällt, die ökologisch und kulturell irreversibel sein werden.

Für die Polarisationsthese spricht einiges: Die höchsten Erneuerungsraten der Infrastruktur, die stärkste Bautätigkeit und die grösste Konzentration der touristischen Nachfrage (im Sommer wie im Winter) finden wir in den am stärksten entwickelten touristischen Zentren. Sie sind es, die mit den immer kürzer werdenden Innovations- (und Mode-)Zyklen noch Schritt halten können.

Im Kontrast dazu stehen die auf die Land- und Forstwirtschaft angewiesenen Bergbauerndörfer mit geringem touristischem Potential und ungenügendem Zugang zum Arbeitsmarkt eines dynamischen Regionalzentrums. Diese Bergdörfer sind bedroht durch den Wegzug einer besser ausgebildeten und informierten Jugend, durch attraktive Arbeitsplätze in den tertiären Mittelzentren und mittelländischen Agglomerationen und die unaufhaltsame Überalterung der verbleibenden Bevölkerung. In solchen Situationen lässt sich auch durch Flächenbeiträge der Rückzug der Landwirtschaft aus der Fläche nicht verhindern.

Zwischen diesen beiden Extrempositionen gibt es selbstverständlich (fast) alle Zwischenlagen, deren Entwicklungschancen im übrigen sehr unterschiedlich zu beurteilen sind. Die zentrale Frage aber ist doch die, ob wir künftig mit der ersatzlosen Aufgabe gewisser Gebiete rechnen müssen und damit vom bisher hochgehaltenen Ziel einer angemessenen Besiedlung des gesamten Berggebietes abgerückt werden muss. Diese Frage wird uns begleiten und, das Bild der verlassenen Bergtäler in Frankreich und Italien vor Augen, motivieren, die Voraussetzungen zu schaffen, dass die Betroffenen in ihren Dörfern und Talschaften eine Zukunft haben.

1. Ein rascher Szenenwechsel erfasst das Berggebiet in den achtziger Jahren

Dieser Szenenwechsel hat durchaus grossräumige Komponenten, die den ganzen Alpenraum betreffen, äussert sich aber zudem in zwei gegenläufigen Schicksalskurven, die speziell für das schweizerische Berggebiet von Bedeutung sind.

Die Entwicklung der Alpen als «Dachgarten Europas» (als zentrales und grösstes zusammenhängendes Erholungs- und ökologisches Ergänzungsgebiet Europas) zwischen den wachsenden Ballungsräumen im Norden und Süden führte zur touristischen Aufschliessung und Aufrüstung vieler Bergtäler, zur fast flächendeckenden Fassung und technischen Nutzung des hydroelektrischen Potentials und zum Ausbau der Transitachsen für eine rasche Nord-Süd-Querung. Die Alpen standen in den Nachkriegsjahrzehnten unter einem wachsenden Druck von aussen auf die begehrten Ressourcen Wasser, Schnee und Landschaft (Fig. 1). Das Europa-Seminar 1978 in Grindelwald zum Thema «Belastungen und Raumplanung im Berggebiet» war ein Spiegel dieses *äusseren Bedrohungsbildes,* dem mit einer wirksamen Raumplanung, Umweltschutz- und Regionalpolitik entgegenzutreten war.

Zu Beginn der achtziger Jahre stellen wir eine Akzentverschiebung in diesem Bedrohungsbild fest. Aus der äusseren wurde zunehmend eine *innere Bedrohung,* weil die Wachstumsstrukturen aus den sechziger und siebziger Jahren ihre Zukunftslastigkeiten zu entfalten begannen. Das Unerwartete war eingetreten: Die touristische Nachfrage stagnierte, und einem nicht mehr wachsenden Nachfragekuchen standen immer mehr Reiseziele innerhalb und ausserhalb des Alpenraumes gegenüber. Das Wachstum des touristischen Angebotes war übers Ziel hinausgeschossen; Überkapazitäten sind die Folge. Wo das touristische Baugewerbe Hauptträger dieser Wachstumserfolge war, verbot sich kurzfristig ein Ausstieg; zuviele Arbeitsplätze standen auf dem Spiel! Wachstumszwänge führten zur Flucht nach vorne in einen risikoreichen Verdrängungswettbewerb. Erst jetzt wurde der Gast im touristischen Käufermarkt wirklich König; doch die Wahl in einem mehr und mehr standardisierten Angebot fiel ihm nicht leicht, und die Umweltqualität entsprach vielerorts nicht mehr seinen Vorstellungen. Dies fordert die Anbieter nach Jahren des problemlosen Wachstums zu ganz neuen Leistungen heraus.

Ein Blick in die nahe Zukunft zeigt, dass sich das Belastungsbild leicht nochmals ändern könnte. Die Bedrohung kann gleich eine doppelte werden: von *innen* bleibt sie in Form des gefährlichen Verdrängungswettbewerbes im stagnierenden Tourismusmarkt bestehen; und von *aussen* kommt erneut der Zugriff der europäischen Bevölkerungs- und Entscheidungszentren auf ihren «Dachgarten» hinzu. Sollte dieser Zugriff selektiv erfolgen, das heisst vor allem den Transitachsen, den touristischen Zentren und den verbleibenden Energieressourcen gelten, dann ist das oben skizzierte Bild einer zunehmend polarisierten Entwicklung im Berggebiet ein sehr wahrscheinliches Szenario.

Zwei Schicksalskurven kennzeichnen die Entwicklung im schweizerischen Berggebiet (Fig. 2), präziser im touristischen Berggebiet. Die Gegenläufigkeit und exponentiellen Verläufe der touristischen Wachstumskurve (basierend auf den Logiernächten)

Fig. 1: Gefährdeter Erholungsraum Alpen: Wachstum der Bevölkerung und Zunahme des Fremdenverkehrs zwischen 1938 und 1988

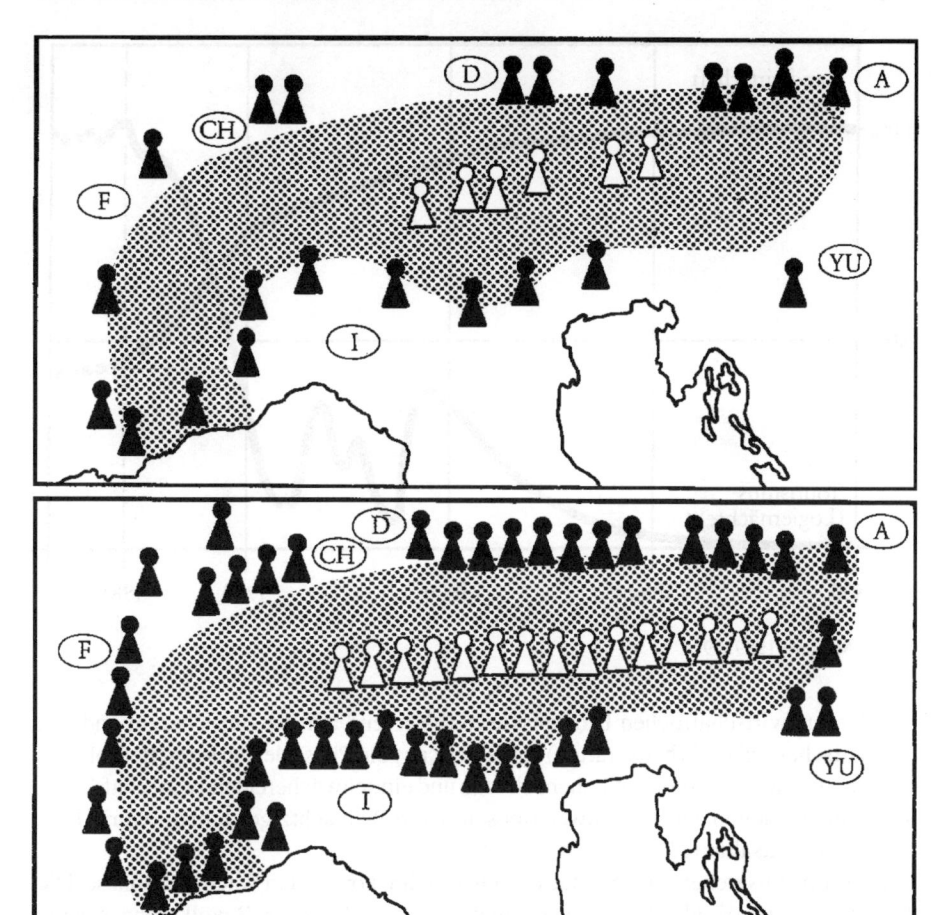

Bevölkerung		
⛉	Bevölkerungswachstum in den Alpen	
	1938: 3 Mio. / 1988: 7.5 Mio. (Konzentration auf beste Böden)	
♟	Bevölkerungswachstum in den Ballungsgebieten rund um die Alpen	
	1938: 11 Mio. / 1988: 25 Mio. (Konzentration in grossen Städten und Agglomeration)	

Tourismus		1938	1988	
Ferienurlauber	} geschätzt	10	45–50	} in Millionen
Weekend-/Tagesgäste		13	>100	
Logiernächte		50	350	
Fremdenbetten je Einwohner		<1	4–6	
Siedlungsfläche		100 (Index)	300–500 (Index)	

Quelle: Messerli 1989: 96

Fig. 2: Schicksalskurven des schweizerischen Berggebietes: gegenläufige Entwicklung von Landwirtschaft und Tourismus

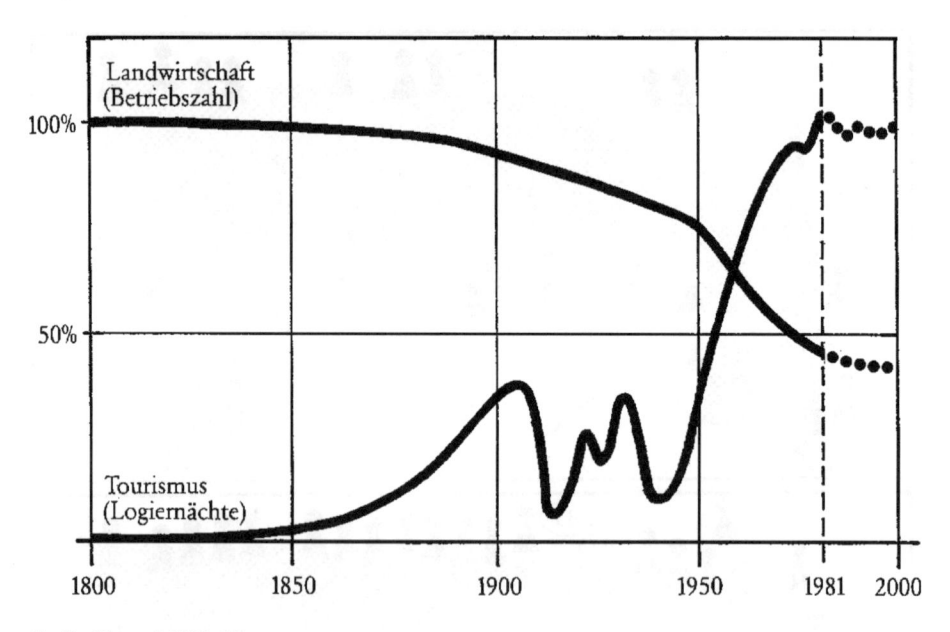

Quelle: Messerli 1989: 99

und der landwirtschaftlichen Erosionskurve (basierend auf der Betriebszahl und den landwirtschaftlichen Arbeitskräften) charakterisiert die Phase der äusseren Bedrohung; die touristische Stagnation auf hohem Niveau und ein schwächerer landwirtschaftlicher Rückgang begleiten den Szenenwechsel seit den frühen achtziger Jahren. Worin liegt nun das Schicksalhafte?

Im Tourismus stehen wir am Ende einer über Jahre konstanten Wachstumsphase. Die demographische Wende in der Schweiz und in Europa (Ende des Bevölkerungswachstums und Zunahme der nichterwerbstätigen Bevölkerung) und die wachsende Zahl preislich interessanter Destinationen ausserhalb des Berggebietes (auch im Winter) zeigen ihre Wirkung. Diese Marktsituation ruft nach Innovationen *im* Tourismus, um Marktanteile zu halten und das Produkt zu veredeln, also bei nicht wachsenden Kapazitäten (Betten, Pisten, Transportkapazitäten) eine höhere touristische Wertschöpfung zu erzielen. Nachdem während Jahren die Debatte über ökologische Wachstumsgrenzen und Überfremdungsgefahren die Tourismusszene beherrschten, stehen fast unverhofft wieder vermehrt ökonomische Probleme im Vordergrund. Allein die Erneuerungsinvestitionen im Berner Oberland im Bereich der touristischen Transportanlagen belaufen sich für die nächsten Jahre auf 150–200 Millionen Franken. Dieser Szenenwechsel erfordert von allen touristischen Entwicklungsträgern erhebliche Anstrengungen und grosse Anpassungsleistungen.

Nicht weniger dramatisch ist der Verlauf der landwirtschaftlichen Entwicklungskurve. Obschon die Jahre des stärksten Aderlasses vorüber scheinen, weist der Trend weiterhin nach unten, stärker in Gebieten ohne Tourismus, gedämpft in Regionen mit günstigen touristischen Erwerbskombinationen. Die einkommenspolitischen Rahmenbedingungen (wachsende Einkommensdisparitäten zum ausserlandwirtschaftlichen Erwerb) werden diese Entwicklung weiter fördern. Wir können uns aber einen weiteren Rückgang der landwirtschaftlichen Betriebszahl in vielen Gebieten nicht mehr leisten, weil die verbleibenden Arbeitskräfte immer weniger in der Lage sind, die unverzichtbare ökologische Flächensicherung wahrzunehmen (Messerli, 1989). Agrarpolitisch stehen wir an einem Wendepunkt, der sich in den verschiedenen Initiativen für eine Neuorientierung der schweizerischen Agrarpolitik artikuliert. Gefordert ist ein neuer, umfassender Leistungsauftrag für die Berglandwirtschaft, der neben der Produktion qualitativ hochstehender Nahrungsmittel die Reproduktion der Kulturlandschaft als Voraussetzung des Lebens im Berggebiet und als wichtigste Ressource des Tourismus gleichwertig miteinbezieht.

Aber auch bezogen auf die *natürliche Umwelt* muss von einem Szenenwechsel gesprochen werden. Der Katastrophensommer 1987 kostete zwar die Volkswirtschaft nur halb so viel wie die Unwetterschäden vom September und Oktober 1868 (Petrascheck, 1989). Dass sich aber das Schadenbild trotz über 100 Jahren systematischer Gewässerverbauung und Hochwasserschutz im ähnlichen Ausmass präsentiert, zeigt uns die Grenzen technischer Berherrschbarkeit solcher Ereignisse. Der passive Gefahrenschutz wird dadurch an Bedeutung gewinnen und einer weiteren Ausdehnung der menschlichen Nutzungszonen Grenzen setzen, oder anders gewendet, um weitere Katastrophen zu vermeiden, wird man den natürlichen Kräften im Berggebiet wieder mehr Entfaltungsraum gewähren müssen!

Die *Waldschäden* durch Luftverschmutzung und weitere komplexe Umwelteinflüsse haben sich ähnlich der touristischen Nachfrage auf hohem Niveau stabilisiert. Eine Wende zum Besseren ist aber noch nicht eingetreten. Die Erhaltung der Schutzfunktion des Bergwaldes wird in vielen Gebieten über Jahrzehnte eine vordringliche Aufgabe bleiben.

Der *Schneemangel* der letzten Jahre hat den Wintertourismus hart getroffen und die auf Schnee und Ski fixierten Monostrukturen vielerorts in Frage gestellt. Klima und Umwelt, über Jahrzehnte verlässliche Konstanten, sind nun selber Variablen geworden, von denen erhebliche Risiken ausgehen, beruhen doch zwei Drittel des touristischen Umsatzes auf dem weissen Gold, das sich nicht ersetzen lässt.

Mit diesen Ereignissen ist für jedermann sichtbar geworden, dass Rückschläge, an die schon niemand mehr glaubte, in den Bereich des Möglichen gerückt sind.

Was ist nun als *Fazit* aus diesem kurz skizzierten Szenenwechsel zu folgern?

1. *Risiken* im Zusammenhang mit der kapitalintensiven und zum Teil grossflächigen Aufschliessung des Berggebietes, von denen immer die Rede war (Bätzing, 1986, Messerli, 1989), sind «greifbar» geworden: *Ökologische* etwa in der Form des geschwächten Waldschutzes und des fehlenden Raumes für die Entfaltung der

technisch nicht beherrschbaren natürlichen Dynamik der Gebirgsökosysteme, *ökonomische* durch eine auf Schnee und Ski fixierte Angebots-Monostruktur, der mit dem fehlenden Schnee die existentielle Basis entzogen wird.

2. *Wendepunkte* wurden erreicht. Die Stagnation der touristischen Nachfrage im Berggebiet ist mehr als eine momentane Erscheinung; sie hat durchaus System. Demographische Entwicklung, Umweltbewusstsein und Wertewandel, und angebotsseitig die Vervielfachung neuer Zielorte in (noch) klima- und wetterbeständigeren Zonen sind die schwerwiegenden Gründe. Sie fordern zu einem tiefgreifenden Umdenken und Umhandeln heraus. Der erreichte Tiefpunkt in der Landwirtschaft, besonders in agrarischen Gemeinden des Berggebietes darf nicht unterschritten werden, wenn die Berglandwirtschaft ihre unverzichtbaren ökologischen und kulturellen Funktionen wahrnehmen soll. Agrarpolitisch müssen die Weichen rasch in Richtung eines umfassenden, für den Lebensraum Berggebiet sinnvollen Leistungsauftrages gestellt werden.

Damit sind bereits Herausforderungen genannt, die aus der jüngsten Entwicklung resultieren und scheinbar noch wenig mit dem künftigen Europa zu tun haben. Wie sich aber herausstellen wird, werden sich diese Herausforderungen unter den künftigen europäischen Rahmenbedingungen noch verstärken.

Die Frage bleibt am Schluss, ob diese deutlichen Signale rechtzeitig erkannt, Massnahmen ergriffen, Anpassungsprozesse eingeleitet und touristische Entwicklungsstrategien geändert wurden.

Ein Blick in die Praxis zeigt, dass man die Signale wahrgenommen hat und politisch aktiv geworden ist. Eine Arbeitsgruppe unter der Leitung des Bundesamtes für Landwirtschaft leuchtet den Handlungsspielraum (unter Berücksichtigung des GATT und des europäischen Binnenmarktes) für eine umwelt- und sozialgerechtere Agrarpolitik aus; zwei eidgenössische Initiativen für eine «neue Agrarpolitik» sind unterwegs.

Die Unwetterschäden 1987 werden in einem grossen wissenschaftlichen Programm systematisch aufgearbeitet, um möglichst viele Hinweise und Anhaltspunkte für eine sinnvollere Gefahrenschutzpolitik zu erhalten, um entsprechende Richtlinien für die künftige Raumplanung und die Erschliessungspolitik im Berggebiet erlassen zu können.

In touristischen Kreisen sind Bemühungen erkennbar, den quantitativen Ausbau zu begrenzen und das neue Konzept des «qualitativen Umbaus» mit Inhalt zu füllen. Dafür zeugen die zahlreichen touristischen Leitbilder, die neue Entwicklungsstrategien verkünden. Aber auch die öffentliche Hand verstärkt ihre Anstrengungen, den touristischen Umbau zu beschleunigen, so zum Beispiel der Kanton Bern, der zum touristischen Leitbild gleichzeitig ein revidiertes Tourismusförderungsgesetz vorlegt, das mit mehr Mitteln den Anpassungsprozess flexibel unterstützen soll.

Fig. 3: Abgrenzung des schweizerischen Berggebietes nach dem Bundesgesetz über Investitionshilfe für Berggebiete vom 28. 6. 1974

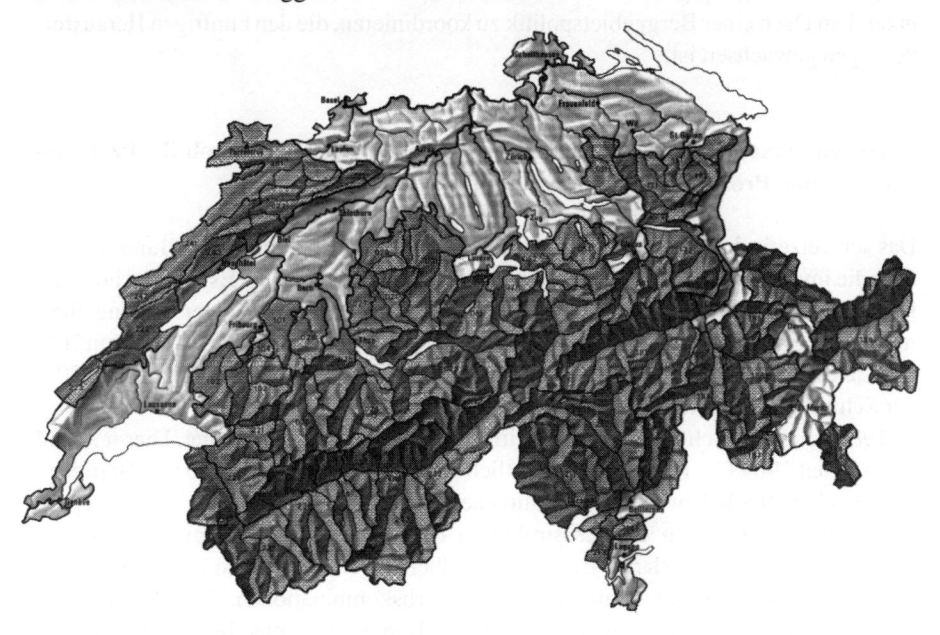

Die 54 IHG-Regionen (Stand 1989)

011	Zürcher Berggebiet	104	Haute Sarine	223	Vallée de Joux
021	Oberes Emmental	111	Thal	231	Goms
022	Jura-Bienne	151	Appenzell A.Rh.	232	Brig – östlich Raron
023	Oberland-Ost	161	Appenzell I.Rh.	233	Visp – westlich Raron
024	Kandertal	171	Toggenburg	234	Leuk
025	Thun-Innertport	172	Sarganserland-Walensee	235	Sierre
026	Obersimmental-Saanenland	181	Surselva	236	Sion
		182	Moesano	237	Martigny
027	Kiesental	183	Heinzenberg Domleschg/Hinterrhein	238	Chablais valaisan et vaudois
028	Schwarzwasser				
029	Trachselwald	184	Prättigau	241	Centre Jura
031	Luzerner Berggebiet	185	Schanfigg	242	Val-de-Travers
041	Uri	186	Mittelbünden	243	Val-de-Ruz
051	Einsiedeln	187	Bergell	261	Jura
052	Innerschwyz	188	Puschlav		
061	Sarneraatal	189	Unterengadin-Münstertal		
071	Nidwalden	211	Locarnese e Vallemaggia		
081	Glarner Hinterland-Sernftal	212	Tre Valli		
		213	Malcantone		
101	Sense	214	Valli di Lugano		
102	Gruyère	221	Pays-d'Enhaut		
103	Glâne et Veveyse	222	Nord vaudois		

Quelle: ZRW/BIGA 1989

Diese Hinweise müssen genügen, um aufzuzeigen, dass mit dem Szenenwechsel einiges in Bewegung gekommen ist. Entscheidend wird aber sein, diese Aktivitäten unter dem Dach einer Berggebietspolitik zu koordinieren, die den künftigen Herausforderungen gewachsen ist.

2. Akzentverschiebungen in der schweizerischen Berggebietspolitik: Problementwicklung, Problemlösungen, Erkenntnisse für die Zukunft

Das schweizerische Berggebiet hat seine modernen Grenzen durch das Bundesgesetz über die Investitionshilfe für das Berggebiet 1974 erhalten (Fig. 3). Es umfasst heute 54 Regionen, die Anspruch auf bundesstaatliche Unterstützung bei der Lösung ihrer regionalen Entwicklungsprobleme haben. Das entspricht einem Flächenanteil von 70% des Landes und umfasst 40% der politisch autonomen Gemeinden, in denen rund 20% der Schweizer Bevölkerung ihren Wohnsitz haben.

1985 befanden sich 36% der Landwirtschaftsbetriebe im Berggebiet. Dieser Anteil hat sich seit 1969 (37,1%) nur unwesentlich verschoben. Von diesen 40 000 Betrieben werden über 40% in Erwerbskombination betrieben, was wesentlich zur Stabilisierung der landwirtschaftlichen Betriebsstrukturen beiträgt. Lokal und regional kann der Anteil der Nebenerwerbslandwirtschaft 80% übersteigen; dies besonders in touristisch stark entwickelten Gebieten mit günstigen Erwerbskombinationen. Unter Berücksichtigung der ausgedehnten Alpweiden tragen die Bergbetriebe eine bedeutend grössere Flächenverantwortung als die Tallandwirtschaft: sie pflegen eine Fläche, die dreimal grösser ist als im Talgebiet.

Das Berggebiet besitzt *drei zentrale Ressourcen,* die es in unterschiedlichem Masse selber veredelt. Beim Wasser verfügt es zwar über etwa 65% des hydroelektrischen Potentials, dessen Veredelung aber grösstenteils durch mittelländische Kapitalgesellschaften erfolgt. Der Wertschöpfungsanteil an der Nutzung der Wasserkraft im Berggebiet beträgt denn auch nur etwa 20% (Mauch, Schwank 1984: 681).

Anders sieht es beim Holz aus. Der Beitrag an die Energieversorgung macht zwar nur 3 bis 4% des Wassers aus, aber der Wertschöpfungsanteil, der im Berggebiet bleibt, liegt bei 70%. Das Ertragspotential des Bergwaldes, der zwei Drittel der schweizerischen Waldfläche ausmacht, kann aus preislichen Gründen (tiefe Holzpreise, hohe Lohnkosten) und ungünstigen betrieblichen Strukturen (viele Kleinbetriebe, fehlende Arbeitskräfte und Verarbeitungskapazitäten) nur zu zwei Dritteln ausgeschöpft werden.

Die dritte Ressource hat seit dem Zweiten Weltkrieg ständig an Bedeutung gewonnen, die alpine Kulturlandschaft. Als Basis der touristischen Entwicklung ermöglicht sie die Abschöpfung wachsender Landschaftsrenten bei gleichzeitig relativem Rückgang der landwirtschaftlichen Bodenrente. Die touristische Wertschöpfung fliesst zum Teil wieder ins Unterland (Fremdkapital) und ins Ausland (Fremdarbeiter) ab. Grösstenteils aber verbleibt sie im Berggebiet und begründete viele neue Arbeitsplätze (1985 rund 150 000 von 550 000 Arbeitsplätzen im zweiten und dritten Sektor).

Dem wirtschaftlichen Bedeutungsverlust der Berglandwirtschaft (der landwirtschaftliche Arbeitsverdienst liegt bei 60% des Paritätslohnanspruches; die 36% Bergbetriebe erwirtschaften noch 25% des Endrohertrages) steht eine ökologische und kulturelle Aufwertung der bergbäuerlichen Tätigkeit gegenüber, die nur zum Teil materiell abgegolten werden kann. Die reproduktive Arbeit an der Kulturlandschaft zur Erhaltung ihrer ökologischen Stabilität, natürlichen Vielfalt und ihres Erholungswertes wird heute mit Direktzahlungen (Flächenbeiträge, Sömmerungsbeiträge, Sozialleistungen) entschädigt, deren Höhe sich an der landwirtschaftlichen Einkommensentwicklung orientiert.

Seit der *historischen Wende,* ausgelöst durch die Industrialisierung, den Eisenbahnbau und das Städtewachstum nach 1850 haben sich die wirtschaftlichen Gewichte ins Mittelland verschoben, wodurch das Berggebiet in die Rolle der wirtschaftlich und politisch abhängigen Peripherie gedrängt wurde. Erst mit dem quantitativ bedeutsamen Ausbau der touristischen Infrastruktur gelang es ihm wieder (nach den einstigen bedeutenden Agrarexporten) einen Exportsektor aufzubauen, durch den es eine gewisse wirtschaftliche Eigenständigkeit zurückerlangte.

Weil unsere Bundesverfassung im Grundsatz eine auf den sozialen und regionalen Ausgleich zielende Politik vorsieht, ist die Ausgestaltung unserer Berggebietspolitik denn auch ein Spiegel der Problementwicklung im alpinen Lebens- und Wirtschaftsraum seit jener historischen Wende.

Das Problem der Abwanderung aus der Berglandwirtschaft und damit aus dem Berggebiet rückte sehr früh ins öffentliche Bewusstsein (Jahrhundertwende), löste aber erst in den zwanziger Jahren auf nationaler Ebene politische Massnahmen aus (Motion Baumberger, 1924). So wurde die erste Berggebietspolitik eine Politik gegen die Abwanderung und instrumentell als Agrarpolitik ausgestaltet. Mit der Einführung der Standardgrenze für das Berggebiet in den vierziger Jahren und des Viehwirtschaftskatasters seit den frühen fünfziger Jahren, der das Berggebiet in vier Erschwerniszonen unterteilt, wurden die Voraussetzungen für eine differenzierte Agrarpolitik zugunsten des Berggebietes geschaffen (Popp, 1989).

Doch das Problem der Abwanderung, vor allem junger, qualifizierter Arbeitskräfte, blieb. In keinem Jahrzehnt dieses Jahrhunderts waren die Wanderungssaldi je positiv. Die fehlende Zuwanderung konnte bis 1970 noch durch Geburtenüberschüsse kompensiert werden; zwischen 1970 und 1980 jedoch verlor das Berggebiet absolut (– 0,8%), wofür allerdings die Uhrenregionen im Jura wesentlich verantwortlich waren. Im alpinen Berggebiet schwächte sich hingegen die Abwanderung ab, zum Teil verstärkte sich die Zuwanderung, und die negativen Wanderungssaldi schrumpften auf die Hälfte (Schuler, 1984).

Der Substanzverlust an Arbeitskräften, Einkommen und Steuermitteln schränkte den Handlungsspielraum vieler Berggemeinden immer mehr ein; sie wurden in die Defensive gedrängt. Der Einführung des bundesstaatlichen Finanzausgleiches (1959) kommt deshalb erhebliche regionalpolitische Bedeutung zu.

Die Basis zu einer expliziten Regionalpolitik wurde allerdings erst mit dem Bundesgesetz über Investitionshilfe für Berggebiete 1974 gelegt, und zwar aus der Einsicht

Flächen bzw. Flächenanteile des Berggebietes mit Bevölkerungsrückgang
im schweizerischen Berggebiet

Jahre	Gesamtfl. Berggeb. mit Bev.-Rückgang in ha	Prod. Fl. Berggeb. mit Bev.-Rückgang in ha	Anzahl Gemeinden Berggeb. mit Bev.-Rückgang	Anteil Gemeinden Berggeb. mit Bev.-Rückgang in %	Anteil Gesamtfl. Berggeb. mit Bev.-Rückgang in %	Anteil Prod. Fl. Berggeb. mit Bev.-Rückgang in %
1980-1981	1'047'906	753'757	456	36.63	36.81	37.05
1981-1982	1'088'492	752'719	461	37.03	38.24	37.00
1982-1983	1'011'798	726'071	425	34.14	35.55	35.69
1983-1984	1'128'045	769'478	468	37.59	39.63	37.82
1984-1985	1'158'862	800'475	454	36.47	40.71	39.35
1985-1986	1'103'007	768'159	464	37.27	38.75	37.76
1986-1987	1'005'088	716'131	418	33.57	35.31	35.20
1987-1988	862'918	610'428	388	31.16	30.31	30.01
1988-1989	916'681	631'286	390	31.35	32.20	31.03
1980-1989	817'043	540'866	297	23.87	28.70	26.59

Gesamtzahl der Gemeinden im schweizerischen Berggebiet: 1245 Gemeinden

Produktive Fläche: Totalfläche abzüglich Oedland, Flüsse, Seen und bebaute Flächen

Quelle: Bundesamt für Statistik, Sektion Bevölkerungsentwicklung

heraus, dass eine Transferpolitik allein unzureichend war, die strukturellen Mängel der Berggebiete (einseitige Sektoralstruktur, ungenügende Infrastruktur, fehlende Erschliessungen usw.) zu beheben. Dem wachsenden wirtschaftlichen Rückstand des Berggebietes konnte nur durch eine gesamtwirtschaftliche Förderung wirksam begegnet werden.

Der institutionelle Rahmen dieser neuen (expliziten) Berggebietspolitik wurde durch die Bildung der IHG-Regionen (heute 54) geschaffen. Ohne dass sie eine zusätzliche bundesstaatliche Hoheitsebene zwischen Gemeinden und Kantonen bilden, sind sie die funktionalen Träger und territorialen Einheiten der heutigen schweizerischen Regionalpolitik. Das Instrumentarium umfasst heute vier Elemente:

(1) Das IHG (1974) zielt auf die Verbesserung der unternehmens- und haushaltsbezogenen Infrastruktur im Berggebiet und damit auf eine Erhöhung der Standortqualität. Mit dem Instrument der «Restfinanzierung» (maximal 25% der Investitionskosten) sollen regionale Initiativen ausgelöst und koordiniert werden.

(2) Das Hotelkreditgesetz (1966/75) fördert die Erneuerung der traditionellen Hotelbetriebe, die zu zwei Drittel aus der Zeit vor dem Zweiten Weltkrieg stammen.

(3) Das Bürgschaftsgesetz (1976) dient der Kreditbeschaffung für Klein- und Mittelbetriebe mit beschränktem Zugang zu Risikokapital.

(4) Der Bundesbeschluss zur Unterstützung wirtschaftlich bedrohter Regionen (1978) ist die Reaktion auf die Strukturkrisen, die mit der Rezession (1974/75) in den traditionellen Industrieregionen des Berggebietes (Uhren, Textil, Metallindustrie) ausgelöst wurden.

Parallel dazu wurden in den Kantonen Programme zur regionalen Wirtschaftsförderung in Gang gesetzt, im Kanton Bern etwa auf der Grundlage des 1971 eingeführten Wirtschaftsförderungsgesetzes. Die Bindung der Finanzhilfen an die Erarbeitung eines regionalen Entwicklungskonzeptes löste im Berggebiet eine intensive Planungsphase aus, die vielerorts zum Ausgangspunkt einer neuen regionalen Bewusstseinsbildung wurde.

Mit dem Vollzug des Investitionshilfegesetzes ab 1975 wurde in der langen Geschichte der schweizerischen Berggebietspolitik der Übergang von einer impliziten zur expliziten Regionalpolitik vollzogen, die auf dem Konzept der funktionalen Integration und selektiven Eigenständigkeit aufgebaut war. Die Verbesserung der regionalen Wirtschaftsstruktur und die Aufwertung regionaler Arbeitsmärkte war vordringliches Anliegen einer Regionalpolitik, die Hilfe zur Selbsthilfe anbot und Eigeninitiativen fördern wollte.

Mit diesem Schritt des Bundes anerkennt er aber auch die Notwendigkeit, dem Berggebiet einen «Sonderstatus» einzuräumen, wenn der Verfassungsauftrag der regionalen und sozialen Chancengleichheit und -gerechtigkeit eingelöst werden soll.

Die «Erfolge» der regionalpolitischen Bemühungen blieben nicht aus (Meier, 1988). Nach einem Jahrzehnt des absoluten Bevölkerungsrückganges ist zwischen 1980 und 1986 ein fast sensationelles Ergebnis von + 2,75% (mehr als das Schweizer Mittel) zu

154

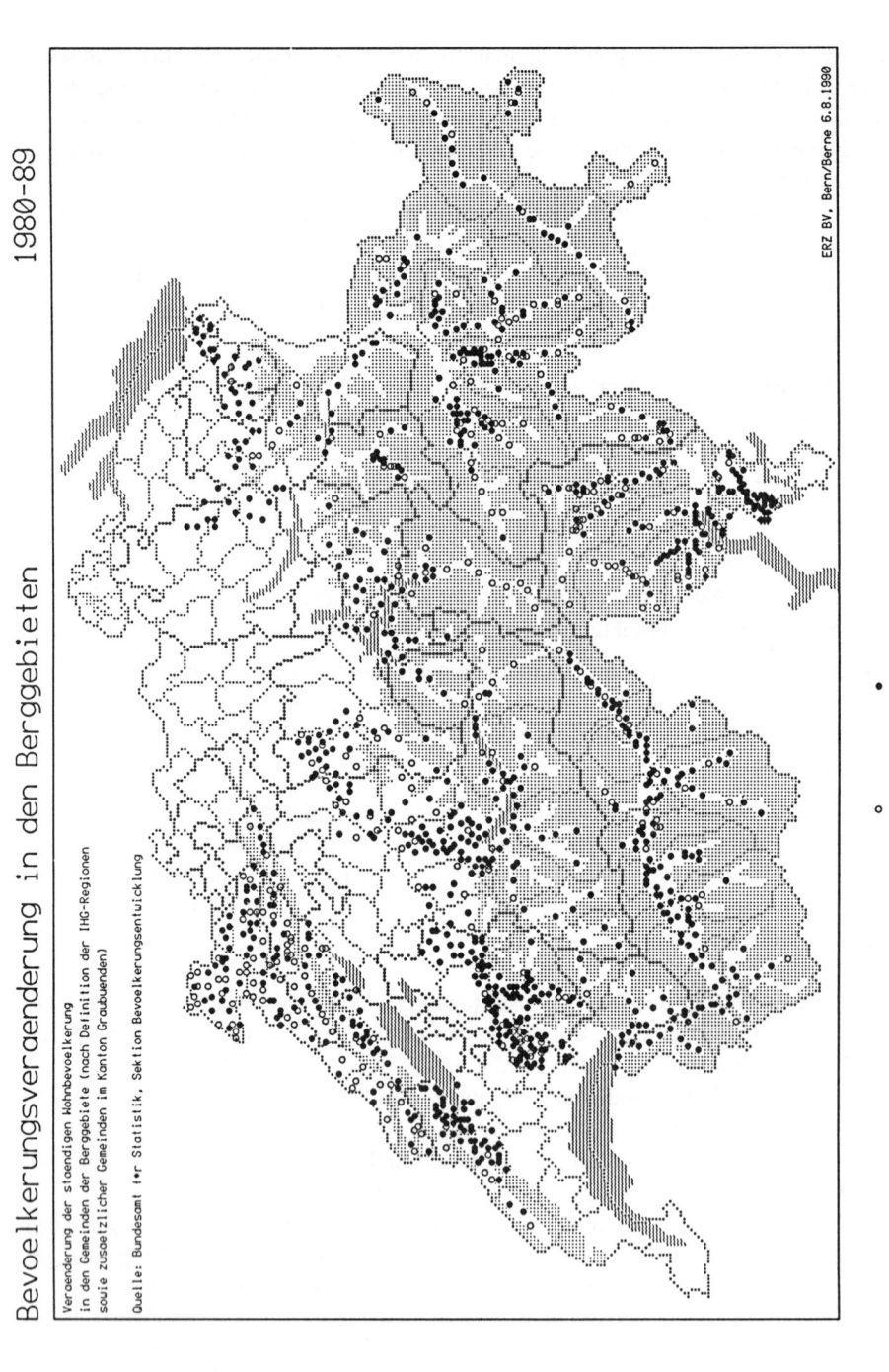

Bevoelkerungsveraenderung in den Berggebieten 1980-89

Veraenderung der stoendigen Wohnbevoelkerung
in den Gemeinden der Berggebiete (nach Definition der IHG-Regionen
sowie zusaetzlicher Gemeinden im Kanton Graubuenden)

Quelle: Bundesamt für Statistik, Sektion Bevoelkerungsentwicklung

ERZ BV, Bern/Berne 6.8.1990

Bevoelkerungsabnahme Bevoelkerungszunahme kein Berggebiet
      312   932   1671

155

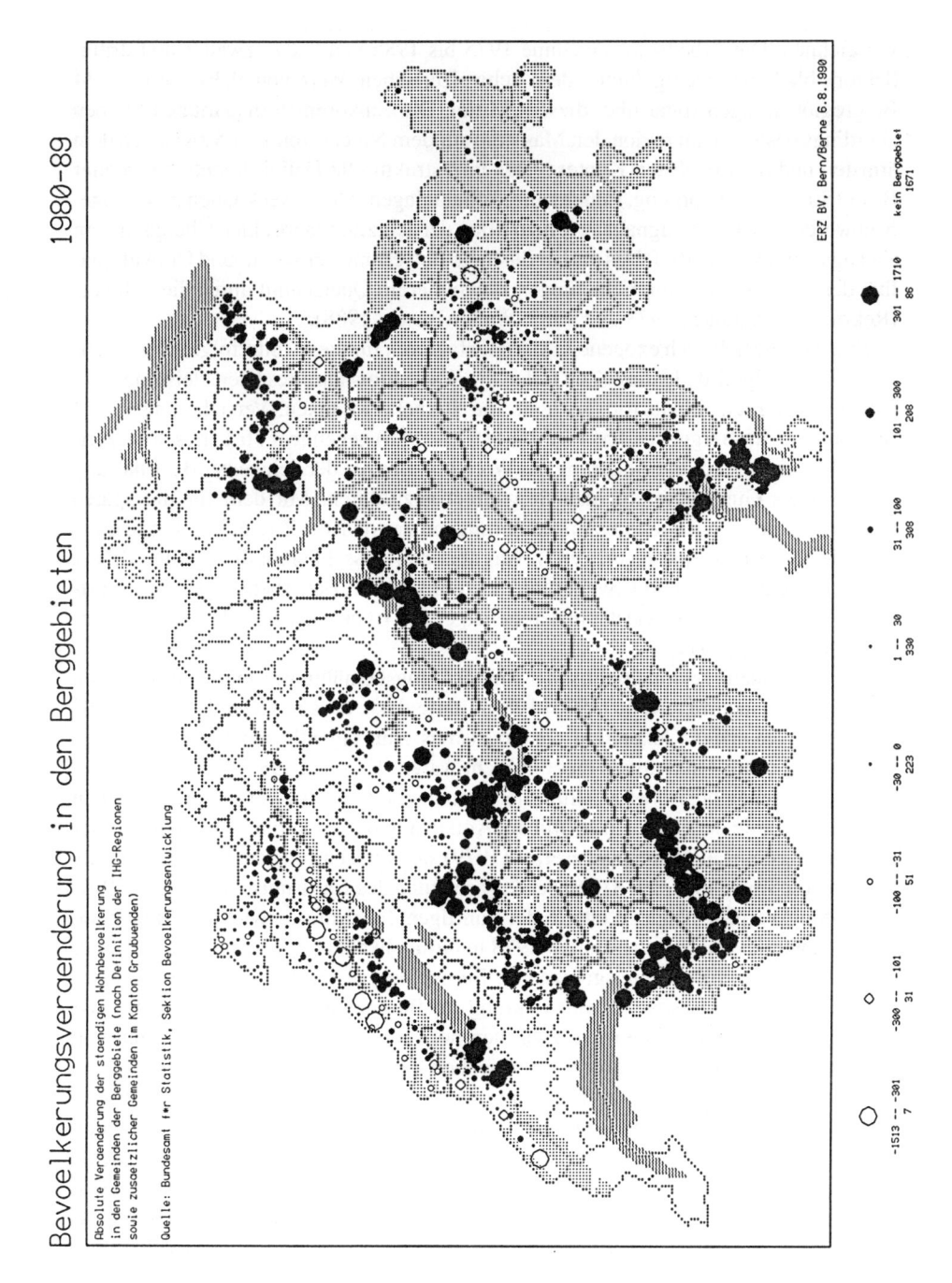

Bevoelkerungsveraenderung in den Berggebieten   1980-89

Absolute Veraenderung der staendigen Wohnbevoelkerung
in den Gemeinden der Berggebiete (nach Definition der IHG-Regionen
sowie zusaetzlicher Gemeinden im Kanton Graubuenden)

Quelle: Bundesamt für Statistik, Sektion Bevoelkerungsentwicklung

ERZ BV, Bern/Berne 6.8.1990

Symbol	Range	Count
⬤	301 -- 1710	86
●	101 -- 300	208
•	31 -- 100	308
·	1 -- 30	330
·	-30 -- 0	223
○	-100 -- -31	51
◇	-300 -- -101	31
◯	-1513 -- -301	7
	kein Berggebiet	1671

verzeichnen. Die Arbeitsplatzzunahme 1975 bis 1985 von 8,2% (zweiter und dritter Sektor) blieb nur wenig hinter dem schweizerischen Wert von 9,3% zurück; 34 Bergregionen lagen sogar über diesem Mittel. Die Einkommensdisparitäten blieben allerdings bestehen, im regionalen Massstab auf dem Niveau von 1 : 3,5 zwischen dem ärmsten und dem reichsten Kontext. Das infrastrukturelle Defizit konnte auf breiter Basis (Strassen, Versorgung, Entsorgung, Schulanlagen, Mehrzweckhallen usw.) abgebaut werden; vielerorts signalisierte man Mitte der achtziger Jahre einen Übergang vom Zwangs- zum Wahlbedarf. Das erklärt die hohe Bewertung der Wohn- und Umweltqualität der Bergregionen durch die jungen Bewohner im Querschnitt durch die Schweiz (Rekrutenbefragungen 1978 und 1987, Walter-Busch, 1988).

Es gibt natürlich auch exogene Erklärungsfaktoren für diese Teilerfolge schweizerischer Regionalpolitik. In diese Zeit fallen die Wachstumsjahre des Dienstleistungssektors und der Freizeitindustrie; so legte die Branche «Banken, Versicherungen und Immobilien» im Berggebiet um + 37,7% (1975–1985) gegenüber 36% im schweizerischen Mittel zu. Auch die Änderung der Wohnpräferenzen der Schweizer Bevölkerung sind hier als Gunstfaktor für das Berggebiet anzuführen. Mit dem für die späten siebziger Jahre nachgewiesenen Entstädterungsprozess hält der Zug aufs entfernte Land weiterhin an (Ernste und Jäger, 1987). Was aber den Ausschlag für die positive Bilanz gab, war die Nutzung und Erweiterung des touristischen Beherbergungs-, Transport- und Freizeitangebotes sowie der in den siebziger und frühen achtziger Jahren florierende Zweitwohnungsbau.

Die Koinzidenz regionalpolitischer Entwicklungsbemühungen und einer weiteren touristischen Nachfragewelle (1975–1981) führte dazu, dass in vielen Entwicklungskonzepten der ersten Generation der Tourismus zum eigentlichen Hoffnungsträger wurde, weil echte Alternativen nicht in Sicht waren (Elsasser, 1982).

Um die flächenintensive Entfaltung der alpinen «Leitindustrie» in geordnete Bahnen zu lenken, wurde der Ruf nach staatlicher Aufsicht und Regulierung laut, dem mit der Anwendung des Raumplanungsgesetzes (1979), der Verschärfung der Konzessionsverordnung für Seilbahnen (1978) und der Ausarbeitung des Tourismuskonzeptes 1979 als verwaltungsverpflichtendes Leitbild der künftigen Tourismusentwicklung Rechnung getragen wurde. Das Europaseminar 1978 in Grindelwald zum Thema «Probleme der Raumplanung und Belastungsgrenzen im Berggebiet» signalisierte den Beginn einer neuen Phase der touristischen Entwicklung im Berggebiet, die man als Balanceakt zwischen Wachsen und Bremsen, zwischen notwendiger Förderung und Setzen von Erschliessungs- und Ausbaugrenzen bezeichnen könnte.

Zwei Nationale Forschungsprogramme wurden denn auch bezeichnenderweise in dieser Zeit lanciert, um sich mit der jüngsten Entwicklung des Berggebietes eingehend zu befassen. Das Nationale Forschungsprogramm «Regionalprobleme» untersuchte Ausmass und Entwicklung der regionalen Disparitäten, ihre Ursachen und Folgen und die regionalpolitischen Möglichkeiten und Grenzen der staatlichen Einflussnahme auf einen Disparitätenabbau. Als Evaluationsprogramm der schweizerischen Regionalpolitik bestätigte es zwar die Richtigkeit des eingeschlagenen Weges, forderte aber ebenso deutlich eine Anpassung der Regionalpolitik an die veränderten gesamtwirtschaftlichen

Rahmenbedingungen der achtziger Jahre. Diese sind gekennzeichnet durch einen beschleunigten Strukturwandel aller Wirtschaftsbranchen infolge neuer Fertigungs- und Kommunikationstechnologien, durch wachsende internationale Konkurrenz und hohe Innovationsraten im Führungs- und Managementbereich. Technologietransfer ins Berggebiet und Innovationsfähigkeit im Berggebiet wurden als notwendige Bedingungen genannt, um im härter werdenden Kampf um Marktanteile bestehen zu können und um in Marktnischen auch vom Berggebiet aus erfolgreich operieren zu können (Fischer, Brugger, 1985).

Das Nationale Forschungsprogramm «Sozio-ökonomische Entwicklung und ökologische Belastbarkeit im Berggebiet», der Beitrag der Schweiz zum internationalen UNESCO-Programm «Mensch und Biosphäre» (MAB), untersuchte die Verträglichkeit des touristischen Wachstums, das über drei Jahrzehnte ungebrochen angehalten hatte, mit der Qualität und Stabilität der natürlichen Umwelt sowie den sozialen Strukturen und kulturellen Werten der betroffenen Bevölkerung. Die zentrale Erkenntnis lautet: Der Konflikt zwischen wirtschaftlichem Wachstum und fortschreitender Umweltzerstörung, zwischen Wachstum und Identitätsverlust ist nur lösbar, wenn das wertmässige Wachstum (Wertschöpfung) vom physischen Wachstum (mehr Betten, Pisten und Verkehrsflächen) entkoppelt werden kann und die Berglandwirtschaft in ihrer doppelten Schutzfunktion (gegen ökologische Degradierung und kulturelle Nivellierung) durch eine enge Verflechtung mit den anderen Wirtschaftszweigen (Tourismus, Gewerbe, Transport) wirtschaftlich und kulturell erhalten werden kann (Messerli, 1989). Mit der Strategie des «qualitativen Umbaus» gilt es nicht nur die negativen Strukturen der Wachstumsjahre zu überwinden, sondern ebenso die Position im künftigen Tourismusmarkt zu festigen. Beide Programme vertieften das Verständnis regionaler Entwicklungsprozesse, die einmal im Spannungsfeld von exogenen und endogenen Bestimmungsgrössen, zum andern im Zusammenwirken ökonomischer, ökologischer und kultureller Variablen stattfinden (Brugger, Messerli, 1984).

Diese Ergebnisse führten zu einer doppelten Erweiterung des Entwicklungsbegriffes: Nachhaltig kann wirtschaftliche Entwicklung nur sein, wenn sie ökologisch verträglich und kulturell gewollt ist und somit auf die regionalen Besonderheiten genügend Rücksicht nimmt.

Aus 15 Jahren expliziter Berggebietspolitik und diesen beiden wissenschaftlichen Programmen sind einige zentrale Erkenntnisse herausgewachsen, die auch für die nächste Zukunft wegweisend sein dürften. In aller Kürze sind sie hier in acht kommentierten Thesen zusammengefasst:

(1) *Seit der historischen Wende, in der zweiten Hälfte des letzten Jahrhunderts, sind die grossräumigen Disparitäten (Wirtschafts- und Machtgefälle vom Mittelland ins Berggebiet) nicht kleiner, die kleinräumigen jedoch grösser geworden.* Das bedeutet, dass das Eindringen der modernen arbeitsteiligen Wirtschaftsweise ins Berggebiet (Industrialisierung und Tertiärisierung) kleinräumig zu grösseren Differenzen zwischen reichen und armen Regionen geführt hat, als sie zwischen Mittelland und Berggebiet bestehen.

(2) *D a s Berggebiet ist deshalb eine unzureichende Bezeichnung für einen strukturell und kulturell vielfältigen Raum, dem man mit keinem entwicklungspolitischen Einheitsmenü gerecht werden kann.* Die strukturellen und kulturellen Unterschiede im Berggebiet sind zwar oft Ursache der beobachteten Entwicklungs- und Wohlstandsdisparitäten, aber zugleich ein grosser Reichtum und ein wichtiges Potential eines Lebensraumes, der nur aus seiner Vielfalt und Eigenart heraus seine Identität bewahren kann.

(3) *In einer rasch sich ändernden wirtschaftlichen, technischen und gesellschaftlichen Umwelt kommt jede Regionalpolitik zu spät, die auf den Abbau der eigenen Schwächen fixiert ist. Vielmehr gilt es, die regionalen Stärken rechtzeitig zu erkennen und in komparative Vorteile zu verwandeln (innovative Regionalpolitik).* Regionalpolitik darf ihre Aufgabe in den neunziger Jahren nicht mehr (ausschliesslich) in der Vergangenheitsbewältigung sehen, sondern muss sich viel stärker als früher der Gestaltung der Zukunft durch gezielte Investitionen in die Fähigkeiten und Kompetenzen regionaler Entscheidungsträger und regionaler Unternehmer zuwenden. Weniger Ausgleichspolitik ist also für die neunziger Jahre gefragt, dafür mehr Prozesspolitik.

(4) *Neben der materiellen Infrastruktur (die sich als notwendig, aber nicht hinreichend erwiesen hat) erhält die immaterielle Infrastruktur (regionale Organisationsstruktur, fachliche und politische Kompetenz, Kontaktnetze nach aussen und oben) eine immer grössere Bedeutung im regionalen Entwicklungsprozess.* Zu dieser immateriellen Seite regionaler Infrastruktur gehört auch das regionale Bewusstsein als verbindendes Element und Verständigungsbasis der regionalen Akteure. Die Entwicklung eines regionalen Bewusstseins in den IHG-Regionen wird denn zu Recht als einer der Haupterfolge bisheriger Regionalpolitik in der Schweiz gewertet.

(5) *Es gibt einen Zusammenhang zwischen kultureller Eigenständigkeit/Identität und wirtschaftlicher Entwicklung. Wo diese ausbleibt, folgt dem wirtschaftlichen Niedergang der kulturelle «Zerfall», die Verwerfung der regionalen Lebensformel. Kulturelle Vielfalt und regionale Identität sind aber nicht ohne wirtschaftliche Zukunft zu haben.* Regionalpolitisch bedeutet diese Erkenntnis, dass wirtschaftliche und kulturelle Entwicklung stets aufeinander bezogen werden müssen; denn nicht nur die fehlende wirtschaftliche Perspektive kann zur strukturellen und kulturellen Erstarrung führen, auch die Überforderung der kulturellen Kräfte durch ein ungebändigtes Wachstum kann die gewachsenen Strukturen erschüttern und Identitätskrisen herbeiführen. In beiden Fällen wird der regionale Entwicklungsprozess empfindlich gestört.

(6) *Die Berglandwirtschaft ist mit ihrer kulturlandschaftserhaltenden Bodenbearbeitung unverzichtbar geworden, weil es bei den heutigen vielfältigen Nutzungsansprüchen im Berggebiet keinen einfachen Weg zurück zur Natur gibt. Diese Erkenntnis erfordert die Definition eines neuen «Leistungsauftrages» an die Berglandwirtschaft.* Auf die stabilitätserhaltende Funktion der Berglandwirtschaft kann

nur dann verzichtet werden, wenn die Nutzungs- und Sicherheitsansprüche in vielen Teilen des Berggebietes zurückgenommen werden; denn der Weg zurück zur natürlichen Vegetation, zur ungestörten Prozessdynamik führt über Stadien erhöhter Instabilität, die wir bei der heutigen Siedlungs-, Erschliessungs- und Nutzungsdichte nicht hinnehmen können. Mit andern Worten: Solange das Berggebiet seine vielfältigen Funktionen erfüllen soll, darf der Bauer nicht aus der Fläche.

(7) *Es gibt aber auch keinen einfachen Weg aus dem touristischen Wachstum dort, wo zukunftslastige Baustrukturen und wachstumsabhängige Erwerbskombinationen mit der Landwirtschaft den politischen Handlungsspielraum stark begrenzen.* Wachstumsstrukturen sind das Ergebnis langjähriger regelmässiger Wachstumsraten, die sich vor allem im Bausektor niedergeschlagen haben. Sie entfalten ihre Zukunftslastigkeit besonders dann, wenn die Arbeitsplätze existenzsichernde Einkommen erzeugen, wie sie für die Nebenerwerbslandwirtschaft typisch sind und deshalb kaum abgebaut werden können. Der Zwang zum weiteren Wachstum ist dann immanent.

(8) *Im heutigen umfassenden Verständnis «regionaler Entwicklung» haben die wirtschaftliche, die kulturelle und die ökologische Dimension gleiches Gewicht. Ökonomisches Wachstum steht dann im Dienst der Wohlstandssicherung, der ökologischen Stabilitätserhaltung und der Förderung kultureller Eigenständigkeit.* Ein solches Wachstum, das nach innen gerichtet ist, auf die Erhaltung und Erweiterung der Lebensqualität im umfassenden Sinne erst verdient die Bezeichnung «Entwicklung». Wir verstehen darunter die regionale Fähigkeit und Kompetenz, den eigenen Lebens- und Wirtschaftsraum nachhaltig produktiv, ökologisch stabil und (er)lebenswert zu erhalten und künftigen Generationen offenzuhalten.

Keine Regionalpolitik kommt künftig an diesen zentralen Erkenntnissen vorbei. Dies bedeutet, dass die anfänglich zu eng auf die materielle Infrastrukturförderung ausgerichtete Regionalpolitik wesentlicher Erweiterungen bedarf. Sie liegen in drei Bereichen: Den *immateriellen Voraussetzungen* regionaler Entwicklung, der *Gleichwertigkeit* der ökonomischen, der ökologischen und der sozio-kulturellen Dimension und der *Betonung und Herausarbeitung der regionalen Stärken*. Mit dieser Erweiterung wird auch den veränderten Rahmenbedingungen regionaler Entwicklung Rechnung getragen, die sich mit den Stichworten «Wertewandel», «Umweltbewusstsein», «internationale Konkurrenzfähigkeit» und «EG-Annäherung» kennzeichnen lassen.

Die neuen Richtlinien zur Revision der regionalen Entwicklungskonzepte (ZRW/ BIGA, 1989) versuchen denn auch, diesen Herausforderungen Rechnung zu tragen. Sie sind stark an zwei Schlüsselworten orientiert: *Innovation* gilt nicht nur im Verfahrensbereich (mehrstufiges Vorgehen mit Drehbuch, Vorbericht und Konzept), sondern meint auch Inhalte, wie ganzheitlicher Entwicklungsansatz, Zukunftsorientierung und breite Mitbestimmung der regionalen Entwicklungsträger und der regionalen Bevölkerung. *Integration* schliesslich will vermeiden, dass die sektoralen Programme und Politikbereiche, wie Energie, Verkehr, Telekommunikation, Vergabe öffentlicher Aufträge

(Submissionswesen), die regionalpolitischen Bemühungen immer wieder unterwandern. Der schwelende Konflikt zwischen regionalen und sektoralen Tätigkeitsprogrammen soll durch die stärkere Ausrichtung der letzteren auf die regionalpolitischen Ziele abgebaut und damit die regionalpolitische Effizienz erhöht werden.

3. Die Schweiz im «Haus Europa»: Rahmenbedingungen der künftigen Berggebietsentwicklung

Mit der Aufteilung des Alpenraumes in nationale Berggebiete durch die Herausbildung der europäischen Nationalstaaten im 18. und 19. Jahrhundert zerfiel der einstige wirtschaftliche und kulturelle Zentralraum in marginalisierte Grenzräume (Bätzing 1986). Der einst starke innere Zusammenhang zwischen den Talschaften schwächte sich unter dem Einfluss der nationalen Klammern ab. Die Waren- und Güterströme über die Pässe und Gebirgsgrenzen hinweg erfuhren eine Umlenkung auf die wachsenden städtischen Zentren und nationalen Märkte im Alpenvorland hin. Die staatspolitische Bedeutung der nationalen Berggebiete wurde fortan hauptsächlich durch drei Faktoren bestimmt: Durch das historische Erbe, welches die Berggebiete in die Staatsgründung einbrachten, durch die territoriale Grösse dieser Gebiete und schliesslich durch die Staatsform (zentralistisch bis föderalistisch), die das Ausmass der Mitbestimmung der Gliedstaaten auf nationaler Ebene festlegte. Die Entwicklung und Ausgestaltung einer eigenständigen Berggebietspolitik in den verschiedenen Alpenländern ist denn auch ein Spiegel der unterschiedlichen gesellschaftlichen Bewertung des alpinen Lebens- und Wirtschaftsraumes.

Dieser Epoche der «Nationalisierung» des Alpenraumes mit stark trennender Wirkung auf einst zusammenhängende Lebensräume folgte erst in den siebziger Jahren wieder eine Phase der grenzüberschreitenden Zusammenarbeit im Rahmen der Arbeitsgemeinschaften «Cotrao» (westliche Alpen), «Arge Alp» (Mitte) und «Alpen-Adria» (Ostalpen). Unter dem Druck gemeinsamer Probleme wie wirtschaftliche und politische Marginalisierung, Umweltbelastung aus Tourismus- und Transitverkehr usw. wurden die alten Gemeinsamkeiten wieder entdeckt und im Rahmen der durch Staatsverfassung und Gesetzgebung gewährten Souveränität (der Länder, Kantone und Provinzen) politisch aktiviert. Über die Staatsgrenzen hinweg wollen die Mitglieder dieser Arbeitsgemeinschaften auf eine Aufwertung der Alpenregionen gegenüber den Nationalstaaten hinwirken. Die Verbindlichkeit ihrer Beschlüsse findet ihre Grenzen aber am Sanktionierungszwang durch die jeweiligen nationalstaatlichen Körperschaften. Die Schweiz ist jedoch kaum beteiligt; einzig die Kantone Graubünden, St. Gallen und Tessin sind Mitglied der Arge Alp.

Wenn unter dem neuen Dach des europäischen Binnenmarktes oder des erweiterten europäischen Wirtschaftsraumes die zwischenstaatlichen Grenzen an Bedeutung verlieren werden (Fig. 4), dann eröffnen sich einerseits neue Perspektiven für eine stärkere und effektivere Zusammenarbeit der alpenländischen Regionen zur Wahrnehmung ihrer gemeinsamen Interessen im künftigen Europa, andererseits besteht aber auch die

Fig. 4: Die Alpen im «Haus Europa»: Rahmenbedingungen der künftigen Berggebietsentwicklung und -politik

Nationalstaatliche Aufteilung des Alpenraumes

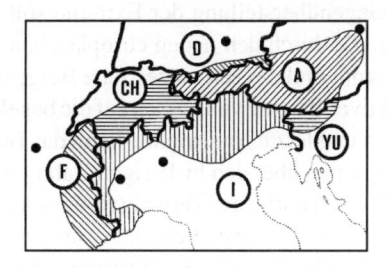

Die Berggebiete geraten in die Abhängigkeit nationaler Politiken

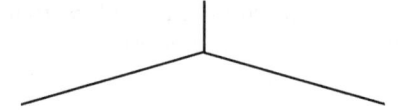

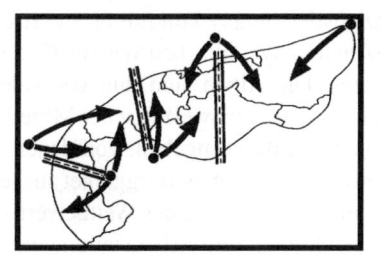

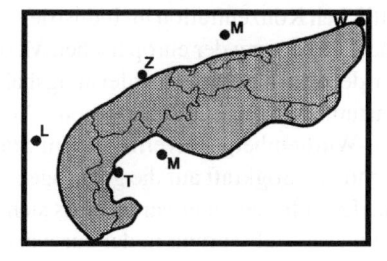

Szenario 1: Abhängigkeit

Szenario 2: Eigenständigkeit

Selektiver Zugriff von aussen

– Transitachsen
– Wasser, Energie
– Tourismuszentren
– Naturreservate
  Rest ohne Bedeutung

ALPEN = Ergänzungsraum der
        europäischen Zentren

Gemeinsame Politik der Alpenregionen

– Landwirtschaft
– Tourismus
– Energie
– Verkehr

ALPEN = Lebens- und Wirtschaftsraum der Alpenbewohner

Gefahr, dass der Alpenraum aus den potenten europäischen Wirtschaftszentren und Ballungsgebieten für die Erfüllung primärer (Transit, Energie, Wasser) und komplementärer Funktionen (Erholung) kolonisiert wird. Diese beiden Szenarien polarisieren bewusst die Interessengegensätze der alpinen und der ausseralpinen Bevölkerung im Schwarzweissmuster; denn weder das Abhängigkeitsmodell noch das Eigenständigkeitsmodell lässt sich aus der strukturellen realpolitischen Situation heraus in reiner Form verwirklichen. Die Gegenüberstellung der Extreme soll aber die Chancen und Gefahren deutlich machen, die durch den neuen europäischen Rahmen gegeben sind und in welchem der Alpenraum und das schweizerische Berggebiet seine Position neu definieren muss. Dem selektiven Zugriff von aussen auf die begehrten Ressourcen Transitachsen, Tourismuszentren und letzte Naturräume kann das Berggebiet nur widerstehen, wenn sich die Alpenregionen über den bisherigen Rahmen hinaus für eine Politik der Selbstbestimmung und, wenn nötig, der Verweigerung stark machen, die in Europa weder ignoriert noch mit Umgehungsversuchen unterwandert werden kann. Denn die europäischen Trümpfe in der Hand der Alpenregionen werden nur dann zu festen Verhandlungswerten um eine eigenständige Berggebietspolitik, wenn sie nicht gegeneinander, sondern miteinander ausgespielt werden. Diese gemeinsame Politik zur eigenständigen Gestaltung des alpinen Lebens- und Wirtschaftsraumes müsste vordringlich die vier Bereiche *Landwirtschaft, Tourismus, Energie* und *Verkehr* umfassen, in denen selbstredend die Umwelt- und Naturschutzanliegen zentraler Bestandteil sind (Bätzing, 1989).

Der wirtschaftliche Integrationsprozess Europas, wie er sich im Rahmen des Binnenmarktes abzeichnet, dürfte nach der vorherrschenden Auffassung zur weiteren wirtschaftlichen Konzentration im Industrie- und Dienstleistungssektor führen und zu einer raschen Vernetzung der europäischen Metropolen und dynamischen Wirtschaftsräume durch den Ausbau des Hochleistungsbahnnetzes. Die Alpen sind nun von solchen Wachstumsräumen im Westen (Rhône-Alpes), im Norden (schweizerisches Mittelland, Baden-Württemberg, Bayern) und im Süden (Lombardei) umgeben, von denen eine beträchtliche Sogkraft auf die gut ausgebildeten Arbeitskräfte im Berggebiet ausgehen dürfte. Es ist ferner zu erwarten, dass sich aus der Vergrösserung des Wettbewerbsraumes ein Massstabssprung in der europäischen Funktions- und Arbeitsteilung ergeben wird, der die Alpen allerdings nur am Rande (entlang der Transitachsen, in den grossen Quer- und Längstälern) einbeziehen dürfte. Die grossräumige Restrukturierung des europäischen Wirtschaftsraumes lässt nun aber im unteren Massstabbereich Spielraum zur regionalen Selbstversorgung im Bereich der täglichen und periodischen Güter und Dienstleistungen, aber auch zur hochwertigen Spezialisierung in Nischenbereichen offen. In der grossräumigen Integration tun sich also auch Chancen für die regionale Selbstorganisation auf, die von den Alpenregionen genutzt werden können, wenn Brüssel dafür günstige Rahmenbedingungen schafft und nicht einem übermässigen Zentralismus verfällt. Denn ein «Europa der Regionen» kann sich im hochintegrierten Wirtschaftsraum nur dann verwirklichen, wenn der regionalen Initiative über staatliche Grenzen hinweg genügend politischer Handlungsspielraum gewährt wird. Im europäischen Integrationsprozess erfahren die übergeordneten Funktionen des Alpenraumes

(Transit-, Ressourcen-, Erholungsfunktion) eine starke Aufwertung. Das verstärkt den Nachfragedruck von aussen auf günstige Standorte und Teilräume und verschärft die interregionalen Disparitäten, weil die übrigen Gebiete an Bedeutung verlieren. Die grossräumige europäische Arbeitsteilung, die über den Alpenbogen hinweggreift, schafft aber auch neuen Spielraum für regionale Zusammenarbeit in einem Massstab, der wesentlich über den heutigen kleinräumigen Entwicklungsregionen des schweizerischen Berggebietes liegt. Die Abwehr unerwünschter Zugriffe von aussen und die Nutzung des neuen Spielraumes von innen setzen die Zusammenarbeit der Alpenregionen zur Durchsetzung ihrer eigenen Politik in Europa voraus, deren Stossrichtung die Erhaltung eines ökologisch stabilen und kulturell vielfältigen alpinen Lebens- und Wirtschaftsraumes sein muss.

Die bisherige Berggebiets- und Regionalpolitik der Schweiz hätte keinen Sinn gehabt, wenn sich unser Land nicht mit dem ganzen Gewicht eines Kleinstaates für die Realisierung einer spezifischen Berggebietspolitik einsetzen würde. Dies kann allerdings vorläufig nur über europäische Gremien (Europarat, europäische Raumordnung und Umweltministerkonferenz usw.), Organisationen (wie EUROMONTANA) und die Alpenkonvention ausserhalb der EG-Institutionen erfolgen, solange keine direkte Mitsprachemöglichkeit besteht.

Im Verhältnis der Schweiz zur EG dürfte vorläufig noch gelten: kein Beitritt, aber Annäherung mit den EFTA-Staaten im Rahmen des EWR und damit ein schrittweiser Ausbau unserer «Europafähigkeit».

Für das schweizerische Berggebiet entscheidend ist eine Kosten-Nutzen-Abwägung des vorläufigen Abseitsstehens für die zentralen Bereiche Landwirtschaft und Tourismus. Figur 5 gibt dazu einige Stichworte und zeigt, wie ungleich die Sektoren abschneiden. Während aus der Sicht des Tourismus die Annäherung an die Binnenmarktbedingungen eher erwünscht ist, weil die zusätzlichen Kosten unter verschärften Wettbewerbsbedingungen zunehmend ins Gewicht fallen, liegen im Landwirtschaftssektor die Vorteile des eigenen Weges gerade in der Erhaltung zentraler touristischer Wettbewerbsvorteile, die aber kostenseitig durch die Allgemeinheit (Steuerzahler und Konsumenten) getragen werden müssen. Die Kosten der Öffnung des Agrarsektors gehen allein schon aus den Preisdifferenzen zum EG-Raum hervor; 40–60% tiefere Preise könnten kaum durch Direktzahlungen aufgefangen werden. Ein beschleunigter Strukturwandel käme erneut in Gang, und der definitive Rückzug aus arbeits- und kostenintensiven Flächen wäre kaum aufzuhalten. Diese ungleichen Ergebnisse zeigen, dass es aus der Sicht des Berggebietes wegen der starken gegenseitigen Abhängigkeit von Landwirtschaft und Tourismus keine einfache Antwort auf die Frage des Beitrittes gibt, und selbst für die Annäherung im Rahmen des europäischen Wirtschaftsraumes differenzierte Lösungen angestrebt werden müssen. Denn wer den europäischen Binnenmarkt will, sagt ja zur weiteren wirtschaftlichen Konzentration, zur weiteren funktionalen und regionalen Arbeitsteilung und damit zur vollen Nutzung der Standortvorteile im europäischen Wirtschaftsraum und nimmt in Kauf, dass dadurch die regionalen Wohlstandsdisparitäten grösser werden. Aus der Sicht des Berggebietes muss deshalb die minimale Forderung sein, auf nationaler Ebene Freiheitsgrade zu

Fig. 5: Verhältnis Schweiz–EG: Kosten-Nutzen-Abwägung für das Berggebiet

	Tourismus	**Landwirtschaft**
	offener Sektor geringe staatl. Regelung wenig Subventionen	geschlossener Sektor starke staatl. Regelung hohe Subventionen
Kosten des Abseitsstehens	– Engpässe auf dem Arbeitsmarkt – teure Produktionsfaktoren und Lebensmittel – keine Freizügigkeit für unsere Arbeitskräfte	– werden nicht durch Landwirtschaft getragen – sind (relativ) hoch für Konsumenten und Steuerzahler – keine Freizügigkeit für unsere Arbeitskräfte
Vorteile des eigenen Weges	– keine Mehrwertsteuer – kein Vorherrschen ausländischer Hotelketten – kein strenges Kartellrecht – keine Submissionskontrollen	– (relativ) hohes landwirtschaftliches Einkommen durch Preis-/Absatzgarantie und Direktzahlungen – Kulturlandschaftserhaltung ländischer Hotelketten
Fazit	Kosten fallen unter Wettbewerbsbedingungen in stagnierenden Märkten stark ins Gewicht.	Vorteile des eigenen Weges (bäuerliche Landwirtschaft und Kulturlandschaftserhaltung) sind zentrale Wettbewerbsmomente im künftigen Tourismusmarkt.

Quellen: Keller, 1990, 1989; Elsasser und Boesch 1989

behalten, um gegen unerwünschten Disparitätenentwicklungen genügend Gegensteuer geben zu können.

4. Sechs zentrale Herausforderungen des schweizerischen Berggebietes

Der rasche Szenenwechsel der achtziger Jahre, der empfindliche Einbrüche in die über lange Zeit konstanten Umwelt- und Wachstumsbedingungen des (touristischen) Berggebietes brachte und der dynamische Umbau des europäischen Wirtschaftsraumes (einschliesslich der Öffnung nach Osteuropa), der weitere Wachstums- und Mobilitätsimpulse auslösen, grossräumig die Zentrum-Peripherie-Gegensätze verstärken und dem Alpenraum aufgrund seiner zentralen Lage und seiner Ressourcen bestimmte europäische Funktionen zuweisen dürfte, bedeuten Herausforderungen, auf die das schweizerische Berggebiet, die schweizerische Regionalpolitik und die schweizerische Europapolitik angemessen reagieren müssen. Die wesentlichen Herausforderungen lassen sich in sechs Punkten zusammenfassen.

4.1 Der europäische Massstabsprung

Um es mit den Worten von Boesch (1986) zu sagen: nicht mehr Chur und Zürich werden Ilanz und das Bündner Oberland (Surselva) konkurrenzieren, sondern Frankfurt, Stuttgart und München Zürich und das schweizerische Mittelland, und einzig Zürich kann im harten Wettbewerb um Standortvorteile und zentrale Funktionen auf dieser europäischen Massstabebene noch mithalten. Die Frage ist also zu stellen, was sich denn als Region in dieser Wirtschaftslandschaft überhaupt noch behaupten und eine gewisse Eigenständigkeit entwickeln kann. Haben unsere kleinen, endogenen Entwicklungskonzepte dann noch eine Chance? Besteht nicht die eminente Gefahr einer Einebnung und Nivellierung unserer kleinräumigen Unterschiede? Das Bild einer doppelt geteilten Schweiz in ein hoch integriertes, wirtschaftsstarkes Mittelland und den Rest der Schweiz, der seinerseits wieder in wirtschaftlich stärkere Dienstleistungs-, Freizeit- und Tourismuszentren und strukturschwache Regionen zerfällt, ist nicht mehr von der Hand zu weisen. Der staatliche Mittelzufluss ins Berggebiet müsste dann wesentlich verstärkt werden, wenn an der Besiedlung auch dieser strukturschwachen Gebiete festgehalten wird.

Wenn sich aber, wie oben begründet, der Spielraum zur regionalen Selbstorganisation tatsächlich erweitern sollte, dann braucht es die nötige Kompetenz, die nötigen Strukturen und Mittel, um ihn wahrzunehmen. Unsere IHG-Regionen sind dann nicht zu klein, aber die kleinstmöglichen Einheiten, um im nächstgrösseren Verband aktiv mitgestalten zu können.

Bei aller Unsicherheit der hier gemachten Aussagen kann das Fazit gezogen werden, dass der europäische Massstabsprung nicht nur Gefahren für das Berggebiet bedeuten muss, sondern auch echte Chancen eröffnen kann. Die Stärkung der regionalen Strukturen und Netze ist die zwingende Forderung aus dieser Einschätzung.

4.2 Die demographische Wende

Für die Bevölkerungsentwicklung der nächsten 25 Jahre sind die wichtigen Zukunftswerte bekannt. Diese «programmierte Zukunft» lässt für das schweizerische Berggebiet erkennen, dass die Bevölkerungszahl in der zweiten Hälfte der neunziger Jahre stagnieren, nach 2000 sogar rückläufig sein wird. Die resultierenden Alterslasten aus dieser Entwicklung sind nun regional sehr unterschiedlich verteilt. Sie dürften zum gravierenden Belastungsfaktor landwirtschaftlicher Berggemeinden werden, die ausserhalb der Pendlerdistanz zu einem regionalen Arbeitsmarkt liegen. Im agrar-touristisch geprägten Berggebiet besteht die latente Gefahr einer weiteren Abwanderungswelle, ausgelöst durch eine besser ausgebildete und über die regionale und ausserregionale Arbeitsmarktentwicklung besser informierte Jugend. Beim Generationenwechsel in der Landwirtschaft und im Tourismus zeigt sich bereits vielerorts eine abnehmende Übernahmebereitschaft der elterlichen Betriebe. Die Arbeitsbelastung und die unsicheren Zukunftsaussichten in der Berglandwirtschaft einerseits, Tourismusmüdigkeit, Stress und grosses Zeitopfer andererseits sind die wesentlichen Gründe. Es ist deshalb wichtig, dass die Berggemeinden rasch zur Kenntnis nehmen, dass zunehmend ausseralpine Bevölkerungskreise gewillt sind, im Berggebiet zu leben und führende Funktionen zu übernehmen. Die «wiederentdeckte Ländlichkeit» als neues Lebensmodell einer stadt- und agglomerationsmüden Bevölkerung zieht immer weitere Bevölkerungskreise aufs Land und ins Berggebiet (Ernste, Jäger, 1987). Diese Entwicklung stellt neue Anforderungen an die Integrationsfähigkeit der ansässigen Bevölkerung, eröffnet aber auch neue Chancen, Humankapital für die Zukunftsbewältigung zu gewinnen. Die Öffnung der regionalen Strukturen und Institutionen ist deshalb ein Gebot der Stunde.

4.3 Akzentverschiebung zur immateriellen Infrastruktur

Die Erfolgskontrolle zur breiten Infrastrukturförderung des Bundes im Rahmen seiner Regionalpolitik hat deutlich gemacht, dass materielle Infrastruktur (Strassen, Versorgungs- und Entsorgungsanlagen, öffentliche Bauten und Anlagen usw.) zwar eine notwendige, jedoch keineswegs hinreichende Bedingung für die Auslösung regionaler Entwicklungsimpulse ist (Fischer, Brugger, 1985). Die Verallgemeinerung einer guten Ausstattung im Berggebiet hat ferner bewirkt, dass damit kaum mehr Standortvorteile erzielt werden können. Die zukunftsgerichtete Inwertsetzung dieser materiellen Voraussetzungen regionaler Entwicklung erfordern dagegen immer mehr Fähigkeiten, Know-how und Professionalität, was immer höhere Anforderungen an die Aus- und Weiterbildung der regionalen Entwicklungsträger stellt.

Mit den modernen Mitteln der Telekommunikation lassen sich heute Distanzbarrieren abbauen, neue Kommunikationsnetze aufbauen und dezentrale Arbeitsteilung organisieren. Damit diese Arbeitsteilung nicht wieder vor allem zugunsten der Zentren abläuft, weil sich das Berggebiet mit den Routinearbeitsplätzen begnügt, muss das technische, organisatorische und kommerzielle Know-how vor Ort vorhanden sein und die entsprechenden Dienstleistungen angeboten werden können. Software und Hardware dürfen nicht mehr getrennt werden, wenn der Wertschöpfungseffekt dieser neuen Arbeitsplätze und Dienstleistungen im Berggebiet bleiben soll. Das Projekt der Modell-Kommunikationsgemeinden, an dem sich auch verschiedene Bergregionen beteiligen, beschreitet hier einen neuen, hoffnungsvollen Weg.

Die Attraktivität der Arbeitsmärkte in den Grossstadtzentren im Mittelland, aber auch in den Mittel- und Kleinzentren am Alpenrand dürfte mit der fortschreitenden Tertiärisierung der schweizerischen Wirtschaft noch zunehmen. Es wird deshalb nicht leicht sein, gegen den Sog dieser Arbeitsmärkte auf gut ausgebildete Arbeitskräfte im Berggebiet anzukommen, weil die Grösse der regionalen Arbeitsmärkte keine wesentliche Erhöhung der qualifizierten Arbeitsplätze und Karriereketten zulässt. Unter diesen Gesichtspunkten könnte das Humankapital im Berggebiet leicht Mangelware werden, sei es weil es physisch nicht mehr da ist oder ungenügend ausgebildet ist. Die Förderung qualifizierter Arbeitsplätze im Berggebiet bleibt eine vordringliche Aufgabe.

4.4 Wachstum nach innen

Die Schweiz ist ein Hochlohn- und Hochpreisland und als solches eine ökonomische Insel in Europa. Die hohen Preise sind nur zu halten, wenn hohe Leistungen und Qualität sie rechtfertigen. Dies gilt insbesondere in der Tourismusbranche, die während der langen problemlosen Wachstumsjahre aus der Verkäufermarktposition profitieren konnte.

Unter dem Wettbewerbsdruck im europäischen Binnenmarkt mit einer zunehmend industrialisierten Tourismuswirtschaft wird das Preisniveau sinken und die Schweizer Anbieter zu Extraleistungen herausfordern; denn sich auf einen Preiskampf mit den ausländischen Anbietern einzulassen, dürfte aus zwei Gründen nicht ratsam sein: Einmal lassen sich die Faktorkosten (Löhne, Nahrungsmittel, Kapitalkosten usw.) kaum beeinflussen, und zum andern lassen die kleinbetrieblichen Strukturen nurmehr bescheidene Rationalisierungseffekte zu. Im einkommensstarken Tourismusmarkt kann das schweizerische Berggebiet seine Marktanteile nur halten, wenn es im Angebot qualitativ wächst. Es hat gar keine andere Wahl, als diesen Weg zu gehen, der weg vom Breitenwachstum und hin zum Tiefenwachstum führt, das sich wieder vermehrt am ursprünglichen touristischen Potential des Berggebietes, seiner «Landesnatur und -kultur» orientiert.

Die Gefahr, dass sich das Berggebiet in eine gewisse Exklusivitätenrolle hineinmanövriert und eine zweite «Belle Epoque» für reiche Europäer und Überseegäste anbricht, ist nicht von der Hand zu weisen, dürfte aber das kleinere Übel sein. Solange damit die touristische Entwicklung quantitativ verstetigt, ökologisch und sozial verträglich und wertschöpfungsstärker gestaltet werden kann, sind die wesentlichen Voraussetzungen einer nachhaltigen Entwicklung erfüllt.

Die zentrale Herausforderung an die touristischen Entwicklungsträger im Berggebiet geht also dahin, das qualitative Wachstum (über das viel geschrieben wurde, wozu brauchbare Konzepte vorliegen und das auch zum Teil praktisch umgesetzt wird) auf breiter Front zu realisieren und entsprechende Normen und Standards zu exportieren. Die Schonzeit für qualitatives Wachstum ist vorbei; jetzt schlägt die Stunde der Wahrheit. Dabei muss man vielerorts noch mit den Erbschaften der Wachstumsjahre (überdimensioniertes Baugewerbe, Überkapazitäten, ökologische Belastungen) fertig werden.

4.5 Ökologische Stabilität und Vielfalt

Beim hohen Erschliessungsgrad des Berggebietes (Siedlungen, Infrastruktur, Verkehrsachsen usw.) ist ein Rückzug aus der Fläche mit hohen ökologischen Risiken verbunden.

Die traditionelle bäuerliche Kulturlandschaft erweist sich als gültige Formel für ökologische Stabilität, nachhaltige Produktivität, natürliche Vielfalt und landschaftliche Eigenart, auf die wir im Konzept des «qualitativen Wachstums» nicht verzichten können (Messerli, 1989). Es gibt eben keinen einfachen Weg zurück zur Naturlandschaft, wenn und solange die hohen Nutzungsansprüche im Berggebiet bestehen bleiben. Schlüsselfaktoren zur Erhaltung und Weiterentwicklung einer erlebnisreichen und touristisch nutzbaren Kulturlandschaft ist die Berglandwirtschaft. Schon die MAB-Untersuchungen haben gezeigt, dass die Berglandwirtschaft die agrarpolitischen Ziele und die gesellschaftlichen und touristischen Anforderungen nur dann erfüllen kann, wenn durch eine genügend grosse Betriebszahl in unterschiedlichen Strukturen (Betriebsgrösse und -form) die flächendeckende Bewirtschaftung aufrechterhalten werden kann. Neuste Untersuchungen (Bernegger et al., 1990) haben gezeigt, dass das wirtschaftliche Überleben der Klein- und Mittelbetriebe unter unveränderten agrarpolitischen Massnahmen immer weniger gesichert ist, oder dann nur um den Preis einer ökologisch bedenklichen Intensivierung. Gerade in Gemeinden ohne günstige Nebenerwerbsmöglichkeiten ist deshalb der Rückzug aus der Fläche programmiert; wogegen in touristischen Grossgemeinden (wie etwa Davos) die Betriebe die Aufstockungsgrenze erreicht haben und die landwirtschaftlichen Arbeitskräfte bereits Mangelware sind.

Wenn der Bauer nicht aus der Fläche darf, weil damit unverzichtbare Werte und Qualitäten verschwinden, muss die bäuerliche Einkommens- und Existenzsicherung neue Wege gehen. Neben der Produktionsanteilssicherung in den herkömmlichen Bereichen sind auch alternative Produktionszweige vermehrt zu unterstützen. Mit der Erweiterung des Leistungsauftrages in Richtung umfassender Kulturlandschaftserhaltung sind weitere ökologisch sinnvolle Einkommensanteile zu erschliessen. Schliesslich muss auch der dritte Weg der Einkommenssicherung, die Erwerbskombinationen, ausgebaut und weiter entwickelt werden. Diese Erwerbskombinationen eröffnen die Möglichkeit, verschiedene Tätigkeiten wieder zu einem sinnvollen Ganzen zu verbinden. Dazu eignet sich das klassische Paar Landwirtschaft und Tourismus besonders gut, erhält doch die ökologische Flächensicherung als Aufgabe für den Bauern dann einen

Sinn, wenn er gleichzeitig von der touristischen Landschaftsrente direkt oder indirekt profitiert.

4.6 Kulturelle Eigenständigkeit

Kulturelle Identität ist als wichtige Grösse im regionalen Entwicklungsprozess erkannt und regionalpolitisch in den Richtlinien zur Überarbeitung der regionalen Entwicklungskonzepte (zweite Generation) aufgenommen worden (ZRW/BIGA, 1989). Nach Bassand (in Brugger et al., 1984: 497) gilt der Satz: «S'il n'y a plus d'identité régionale, il n'y a plus de régions.» Kulturelle Identität und regionale Identität sind zwar nicht identisch, aber ohne kulturelle kann es keine regionale Identität geben. Darunter verstehen wir die Kompetenz der regionalen Bevölkerung, den eigenen Lebensraum nach eigenen Vorstellungen gestalten und lebensfähig erhalten zu können. Der konservative Rückzug einer Region auf das Hergebrachte und Traditionelle ist ebenso gefährlich wie die bedingungslose Öffnung und Übernahme all dessen, was von aussen kommt. Der eine Weg führt in die kulturelle Erstarrung, der andere zur Aufgabe kultureller Eigenständigkeit. Nur die kritische Öffnung als Konfrontation der eigenen Werte und Handlungsweisen mit den neuen gesellschaftlichen Strömungen ermöglicht eine lebendige Weiterentwicklung der kulturellen Basis einer Region.

Das Eindringen der städtischen Freizeitgesellschaft in die hintersten Bergtäler hat sowohl zur Einebnung der kulturellen Unterschiede beigetragen wie auch zur verstärkten Profilierung einzelner Regionen. Das letztere ist vor allem dort zu beobachten, wo die Rückbesinnung auf die eigenen Werte und die verbindende Herkunft der Bevölkerung als Möglichkeit erkannt wurde, sich gegen das Fremde und zahlenmässig Überlegene abzugrenzen. Reaktiviertes Brauchtum und ein aktives, breit abgestütztes Vereinsleben sind Ausdruck dieser Entwicklung. Die stärkste Nivellierung ist aber im Konsumverhalten festzustellen; die Geringschätzung der eigenen Produkte lässt auf eine Überbewertung der fremden Güter und Waren schliessen. Erst allmählich wird der Wert der eigenen handwerklichen Erzeugnisse am hohen Tauschwert, den sie auf touristischen Absatzmärkten erzeugen, wieder erkannt. Unter dem Druck der zahlenmässig noch grösseren europäischen Konsumgesellschaft könnte ein positiv angelaufener Prozess der regionalen Identitätsfindung leicht wieder gefährdet werden. Die Schweiz dürfte sich diesem Druck so lange weniger ausgesetzt sehen, als das Preisniveau wie ein Numerus clausus wirkt und die touristischen Massenströme eher abhält als anzieht.

Hinter der Forderung, der Tourismus müsse qualitativ nach innen wachsen, steht der Anspruch, die touristischen Dienstleistungen in zunehmendem Masse mit Qualität und Kultur zu (er)füllen. Die kulturelle Qualität des touristischen Angebotes lässt sich aber nicht auf Kulturveranstaltungen und die «corporate identity» der touristischen Veranstalter und Leistungsträger reduzieren, sondern müsste aus der alltäglich gelebten Kultur eines Dorfes herauswachsen. So wichtig diese kulturelle Komponente in der qualitativen Weiterentwicklung des touristischen Angebotes sein wird, so wenig lässt sich kulturelle Eigenständigkeit verordnen oder durch Leitbilder und Entwicklungskonzepte herbeireden. Sie muss sich aus vorhandenen Ansätzen heraus in einem Prozess der Selbstfindung entwickeln können. Dazu braucht aber das Berggebiet eine gesellschaftlich und wirtschaftlich sinnvolle Perspektive, zu der wir ihm unter anderem durch eine die vitalen und legitimen Interessen der Bergbevölkerung schützenden und stützenden Berggebietspolitik verhelfen können.

Herausforderungen bedeuten immer Chancen und Risiken. Wir haben in den vorausgehenden Abschnitten auf beide Aspekte hingewiesen, um das Spannungsfeld aufzuzeigen, in dem das Berggebiet und seine Regionen künftighin stehen werden. In der zurzeit laufenden Überarbeitung der regionalen Entwicklungskonzepte muss eine Auseinandersetzung mit diesen Herausforderungen stattfinden, damit im Reflex auf die eigene regionale Situation die zukunftsgerichteten Stärken und Schwächen herausgearbeitet werden können. Das Ergebnis dieser Arbeit dürfte zu einem wichtigen Gradmesser des Kreativitäts- und Innovationspotentials des Berggebietes werden, das in den kommenden Jahren besonders gefragt ist.

5. Was wir in einer europafähigen Berggebietspolitik nicht preisgeben dürfen (pièce de résistance)

Die Europafähigkeit unserer Berggebietspolitik steht zurzeit nicht zur Debatte, und sie würde wohl durch die EG kaum in Frage gestellt, solange wir sie uns leisten können, wohl aber die Fähigkeit Europas, seine Berggebiete sinnvoll in die künftige Entwicklung integrieren zu können. Wie wir weiter oben bereits ausgeführt haben, ist die Gefahr nicht von der Hand zu weisen, dass in einer europäischen Regionalpolitik, die ja allen strukturschwachen Gebieten des europäischen Wirtschaftsraumes gerecht werden müsste, zu schematisch und einseitig nach sozio-ökonomischen Kriterien verfahren wird und die Berggebiete ihre spezifischen Bedürfnisse und Interessen weder einbringen noch durchsetzen könnten, oder aber dass sich Brüssel für ein zentralistisches Modell stark macht, das zwar die verschiedenen Problemgebiete unterschiedlich behandelt, aber dafür (fast) alles regeln will und unten an der Basis kaum noch Spielraum lässt. Weder Schematismus noch bürokratische Detailregelungen sind nach unserer föderalistischen Erfahrung brauchbare Modelle und deshalb abzulehnen. Andererseits könnte aber auch die strukturelle Vielfalt europäischer Problemgebiete zum Anlass genommen werden, einen ganz anderen Weg einzuschlagen und diesen Gebieten bei der Verwendung der Förderungsmittel weitgehend freie Hand zu lassen, also ein föderalistisch-dezentrales Modell zu verfolgen. Dieser Weg würde eine echte Chance für ein «Europa der Regionen» sein, weil er die Voraussetzungen schafft, dass sich historisch, kulturell und wirtschaftlich begründete Regionen über staatliche Grenzen hinweg als lebensfähige Einheiten entwickeln könnten.

Die schweizerische Regionalpolitik ist von ihrem Ansatz her dem zweiten Weg verpflichtet, und sie bräuchte den dadurch gewährten Spielraum, um das zu verteidigen, was sie auf Grund ihrer Erfahrungen und Erkenntnisse nicht preisgeben darf. Dies lässt sich als vier Grundforderungen an eine Berggebietspolitik formulieren, die unverzichtbar sind, solange das Berggebiet in unserem Lande als Lebens-, Wirtschafts- und Erholungsraum einen zentralen Stellenwert haben soll.

(1) Auf den regionalen Strukturen und dem regionalen Bewusstsein weiterbauen

Dass es in den letzten 15 Jahren gelungen ist, in den neu konstituierten IHG-Regionen durch die ausgelösten Planungs- und Entwicklungsprozesse regionales Bewusstsein zu schaffen, wird als eines der bedeutendsten Ergebnisse unserer Regionalpolitik gewertet. Zu Recht; denn es braucht viel Zeit und grosse Anstrengungen in einem Land mit starker Gemeindeautonomie, regionalem Denken und regionaler Zusammenarbeit zum Durchbruch zu verhelfen. Regionales Bewusstsein braucht auch den Erfolg gelungener Planungen und Entwicklungsprojekte; dann ist es aber Ausdruck eines wachsenden Vertrauens in die eigenen (regionalen) Möglichkeiten und Kompetenzen, mit Problemen und Herausforderungen fertig zu werden. Regionales Bewusstsein ist ein Kapital, das langfristig aufgebaut werden muss, ohne das aber die Nachhaltigkeit regionaler Entwicklung nicht garantiert ist.

(2) Den integralen Entwicklungsansatz, der Wirtschaft, Gesellschaft und Umwelt umfasst, (weiter)entwickeln

Es ist heute allgemein anerkannt, dass sich regionale Entwicklung nicht auf wirtschaftliches Wachstum reduzieren lässt; denn wirtschaftliches Wachstum darf weder die ökologische Stabilität gefährden noch die gewollten gesellschaftlichen Strukturen und kulturellen Werte, wenn es nachhaltig sein soll. Entwicklung heisst dann Wachstum im Gleichgewicht zwischen der Entfaltung der produktiven und der Erhaltung der reproduktiven Kräfte. Die im Berggebiet seit langem entwickelte Mehrberuflichkeit bietet dazu eine wichtige Voraussetzung und eine Rahmenbedingung, weil sich dieses Gleichgewichtsmodell ja gegen den vorherrschenden Trend der weiteren Sektoralisierung und Spezialisierung wirtschaftlicher Tätigkeiten durchsetzen muss (vgl. Punkt 4).

(3) Die dezentrale Besiedlung und den ökologischen Flächenschutz aufrechterhalten

Ökologische Stabilität ist eine Grundvoraussetzung für das menschliche Leben im Berggebiet. Die bäuerliche Kulturlandschaft ist die sicherste Grundlage einer flächenhaften Aufschliessung des Berggebietes für die Freizeitnutzung. Wegen der grossen zivilisatorischen Dichten, die heute in den meisten Haupttälern erreicht ist, können auch die weniger dicht besiedelten Seitentäler nicht aufgelassen werden. Der Rückzug der dort verbleibenden Bauern aus der Fläche würde nicht nur irreversible Prozesse einleiten, sondern auch zu unannehmbaren ökologischen Risiken führen.

(4) Die «geglückte Heirat» zwischen Landwirtschaft und Tourismus als Modell der wirtschaftlichen, sozialen und ökologischen Vernetzung entwickeln

Erwerbskombinationen sind eine alte Strategie der Einkommenssicherung und der Aufrechterhaltung einer genügenden Versorgung im Berggebiet. Häufig haben sie sich aus der Kombination von Landwirtschaft und Tourismus entwickelt und gerade hier gezeigt, dass die Verbindung mehrerer Tätigkeiten nicht nur wirtschaftlich notwendig, sondern auch sozial und kulturell wichtig und ökologisch sogar unverzichtbar ist. Denn ohne Tourismus kein landwirtschaftlicher Nebenerwerb, der den Bauern in der Fläche hält; und ohne Bauern fehlt die Basis einer eigenständigen Kultur, die weiter entwickelt werden kann. Das bisherige Zusammengehen der ökonomisch ungleichen Partner funktionierte als Mitnahme der freiwerdenden landwirtschaftlichen Arbeitskräfte im touristischen Wachstumsprozess und nicht als Partnerschaft gleichwertiger Teile als die sie im System Landwirtschaft, Tourismus und Umwelt erscheinen. Der Weg zur Partnerschaft ist dann offen, wenn die verschiedenen Tätigkeiten unter ihren wirtschaftlichen, ökologischen und soziokulturellen Aspekten umfassend bewertet werden. Erwerbskombinationen erhalten mit diesem Hintergrund eine umfassendere Bedeutung, als nur Strategien der Einkommenssicherung zu sein. Die Ausübung verschiedener Tätigkeiten durch dieselbe Person kann gegenseitige Kontrolle wirtschaftlicher Aktivitäten bedeuten (der Bauer zerstört kaum seine eigene Wiese mit den Pistenfahrzeugen), sie kann aber auch Ergänzung verschiedener Tätigkeiten zu einem sinnvollen Ganzen bedeuten. Diese Chancen gilt es vermehrt zu nutzen.

6. Das schweizerische Berggebiet und Europa: Folgerungen für künftiges Handeln

Wenn wir abschliessend nach dem Handlungsbedarf fragen, der heute besteht, um den skizzierten Herausforderungen gewachsen zu sein, um die zentralen Elemente unserer Berggebietspolitik (pièces de résistance) verteidigen zu können, dann kann die Antwort keine einfache sein; denn angesprochen sind nicht nur die verschiedenen sektoralen Politikbereiche (wie Tourismus, Landwirtschaft, Verkehr, Energie, Umwelt usw.), sondern auch die verschiedenen politischen Handlungsebenen (Gemeinden/Regionen, Kantone, Bund). In diesem Koordinatensystem sollen deshalb vier Felder herausgegriffen werden, in denen ein besonderer Handlungsbedarf festzustellen ist und die wesentliche Argumente dieses Artikels für eine neue Handlungsorientierung nochmals aufnehmen.

Tourismus

Tourismus, zur «Leitindustrie» des alpinen Berggebietes geworden, wird das Schicksal vieler Berggemeinden und ganzer Regionen bleiben. Dass hinter der touristischen Front nochmals doppelt so viele Arbeitsplätze von den touristischen Ausgaben abhängen, ist erst in jüngerer Zeit (durch verschiedene Untersuchungen) ins Bewusstsein der Betroffenen gerückt. Die Tourismusabhängigkeit erreicht in den touristischen Zentren sogar Werte zwischen 80% und 90%. Erstmals in der Nachkriegsgeschichte müssen sich die touristischen Anbieter auf eine neue Marktsituation einstellen. Nach Jahrzenten der expandierenden Märkte ist eine Phase der stagnierenden Nachfrage angebrochen, deren Konstanz in jüngster Zeit durch ausserordentliche Witterungsverläufe unterbrochen wurde. Die einst konstanten Rahmenbedingungen der touristischen Entwicklung (Wachstum der Nachfrage und Klima) sind variabel, zum Teil unberechenbar geworden. Im härteren Wettbewerb um Marktanteile (Verdrängungswettbewerb) setzt gleich ein doppelter Selektionsmechanismus ein, der jene Anbieter (Betriebe und Orte) ausfiltert, die in der Preis-Leistungs-Konkurrenz nicht mithalten können oder wegen ungünstiger Lage, dem «fehlenden Schnee» zum Opfer fallen. Selbst wenn aus dem internationalen Tourismus und den Wohlstandseffekten des europäischen Binnenmarktes neue Wachstumsimpulse zu erwarten sind, so kann der schweizerische Bergtourismus daraus nur gewinnen, wenn seine hohen Eintrittspreise durch Leistung, Professionalität und hohe Umweltqualität gerechtfertigt sind. Diese Beurteilung der künftigen Rahmenbedingungen lassen kaum einen anderen Schluss zu, als dass der schweizerische Bergtourismus seine Position nur verteidigen kann, wenn er konsequent sein Angebot qualitativ verbessert und vom Breiten- und Mengenwachstum systematisch zum Wachstum in die Tiefe (= Qualitätsausbau) übergeht. Diese Strategie des «qualitativen Umbaus» muss durch eine zweite, jener der «regionalen und funktionalen Spezialisierung» ergänzt werden. Der immer höhere Einsatz knapper Mittel bei Erneuerungs- und Ergänzungsinvestitionen erfordert eine optimale Standortwahl (Erreichbarkeit und Eignung) für einen genügend grossen Benützerkreis. Unter wachsendem Konkurrenzdruck lässt sich diese Standortfrage nur noch im grösseren regionalen Rahmen wirtschaftlich tragbar lösen. Der qualitative Erneuerungs- und Anpassungsdruck erzwingt auf diesem Wege eine stärkere Funktions- und Arbeitsteilung innerhalb und zwischen den Fremdenverkehrsregionen. Damit die notwendige Zusammenarbeit nicht politisch blockiert wird, muss ein regionaler Lastenausgleich gefunden werden, der die «Verzichtgemeinden» entsprechend entschädigt. Beide Strategien erfordern einen hohen Einsatz an Geld und Geist auf unterster Ebene; sie setzen Innovationsfähigkeit und Eigeninitiative voraus, aber auch die notwendige Unterstützung «von oben». Bund und Kantone müssen Rahmenbedingungen schaffen (und dies möglichst über die Schweizer Grenzen hinaus), dass unter vergleichbaren Wettbewerbsverhältnissen und ohne falsche Preissignale (Erhaltungssubventionen) die betrieblichen und regionalen Anpassungsprozesse vollzogen werden können.

Berglandwirtschaft
Das Ziel der dezentralen Besiedlung des Berggebietes ist mit der Existenz der Berglandwirtschaft aufs engste verknüpft. Ökologische Flächensicherung und Kulturlandschaftspflege sind in den touristisch weniger erschlossenen Gebieten zur Erhaltung dieser Lebens- und Erholungsräume ebenso wichtig wie sie in den touristisch stark genutzten Gebieten unverzichtbar sind. Diese Leistungskomponente der Berglandwirt-

schaft wird im Rahmen der flächengebundenen Direktzahlungen (teilweise) abgegolten; aber weder der Einkommensrückstand zur Tallandwirtschaft noch zu den ausserlandwirtschaftlichen Tätigkeiten im Berggebiet konnte dadurch abgebaut werden. Wenn aber diese Disparitäten weiter anwachsen, dann ist es äusserst fraglich, wie lange der Bergbauer seine landwirtschaftliche Tätigkeit noch als sinnvoll erachtet. Weil wir zudem die Einkommenssicherung der Landwirtschaft nicht mehr über die Preise steigern können (GATT, EG), müssen zunehmend Einkommensanteile an nicht produktbezogene Leistungen gebunden werden. Dies erfordert eine Neubewertung der bäuerlichen Tätigkeit und folglich einen neuen Leistungsauftrag an die Berglandwirtschaft, der die Produktion von Lebensmitteln und die Reproduktion der Erholungs- und Kulturlandschaft als gleichwertige Leistungskomponenten berücksichtigt. Weniger Produktion zur Entlastung der Märkte und des Naturhaushaltes könnten dann durch ein Mehr an Pflegeaufwand und ökologischem Flächenschutz kompensiert werden.

Eine solche Neuorientierung unserer Agrarpolitik, wie sie nicht zuletzt unter dem Druck der Kleinbauerninitiative vom schweizerischen Bauernverband gefordert und durch die verwaltungsinterne Kommission Popp geprüft wird, ist erforderlich, um unserer Landwirtschaft bei einer EG-Annäherung Einkommensanteile zu sichern, die mit der Preissenkung verlorengehen. Die Trennung von Preis- und Einkommenspolitik ist also nicht nur ökologisch sinnvoll, sie bedeutet auch mehr Flexibilität in den Verhandlungen mit dem GATT und der EG. Allein für die Berglandwirtschaft genügt sie nicht; weil wir einen weiteren starken Betriebsrückgang nicht hinnehmen können, muss stets auch ein genügend grosser Produktionsanteil im Berggebiet bleiben. Das erfordert eine Revision der Arbeitsteilung zwischen Berg- und Tallandwirtschaft. Das dritte Bein der Einkommenssicherung der Berglandwirtschaft aber bleibt die Erwerbskombination. Trotz Spezialisierung und Professionalisierung gewinnt sie an Bedeutung, weil sie die Kombination verschiedener Tätigkeiten zu einem sinnvollen Ganzen gestattet. Ihre Weiterentwicklung muss aber verstärkt in Richtung Mehrberuflichkeit gehen.

Berggebiet
Weil die wirtschaftlichen Prozesse unter den neuen europäischen Rahmenbedingungen wieder verstärkt zugunsten der Zentren und Agglomerationen ablaufen und diese durch öffentliche Mittel im Infrastrukturausbau stark gefördert werden (Frey, 1989), stellt sich die grundsätzliche Frage nach einer Wachstumsbremse dieser Zentren, damit die Disparitäten zum Berggebiet nicht wieder grösser werden. Die bisherigen regionalpolitischen Strategien konzentrierten sich auf den Abbau störender Disparitäten; sie hinkten somit der Entwicklung nach und sind heute zu schwach. Regionalpolitik muss sich darauf konzentrieren, die regionalen Stärken herauszuarbeiten und in komparative Vorteile zu verwandeln. Sie braucht aber als Gegengewicht, dass die starken und wachsenden Zentren in ihre Schranken verwiesen werden, nicht indem sie in ihrem Wachstum behindert, wohl aber dadurch, dass sie ihr Wachstum und die Folgekosten selber tragen müssen. Dieser symmetrische Ansatz der Regionalpolitik wurde bereits vom Nationalen Forschungsprogramm «Regionalprobleme» (Fischer, Brugger, 1985) als Option vertreten, die unter den künftigen europäischen Rahmenbedingungen

erhöhte Aktualität erhält. Jede Form der räumlichen Dezentralisierung gegen die Marktkräfte kostet Geld, das vor allem dort abgeschöpft werden sollte, wo das Wachstum ungehemmt weitergeht.

Europa der Regionen
Die Schweiz als Kleinstaat und ohne direkten Zugang zu den EG-Institutionen hat am Beispiel ihrer Alpen-Transitpolitik bewiesen, dass auch in dieser Position Politik zugunsten des Alpenraumes und seiner Bewohner möglich ist. Wenn uns zudem vom EG-Kommissar für Umweltschutz zugestanden wird, dass die EG auf die schweizerische Erfahrung in der Berggebietsentwicklung und im alpinen Umweltschutz nicht verzichten könne, dann sollte dies Aufforderung genug sein, aktiver an der Gestaltung einer gezielten Politik zugunsten der Alpenregionen mitzuwirken. Denn tatsächlich hätte die Schweiz bedeutende Erfahrungen einzubringen, die in einem *«Europa der Regionen»* zentralen Stellenwert erhalten, nämlich Föderalismus, Subsidiarität und kooperative Problemlösung. Möglichkeiten, ausserhalb der EG mitzuwirken, bestehen etwa im Rahmen der Alpenkonvention oder der EUROMONTANA (Europäische Arbeitsgemeinschaft für wirtschaftliche und soziale Probleme der Berggebiete). Es ist deshalb erfreulich, dass sich die Schweiz offiziell an der Ausarbeitung der Alpenkonvention (im Rahmen der Umweltministerkonferenz der Alpenländer) und Schweizer Vertreter federführend bei der Ausarbeitung eines Rahmenkonzeptes für die Entwicklung der europäischen Berggebiete beteiligt waren (Wyder, 1989).

Denn wie bereits gesagt, Europafähigkeit ist keine Einbahnstrasse; nicht nur die Schweiz muss europafähig werden, auch Europa muss fähig werden, den Alpenraum und seine Berggebiete sinnvoll in seine künftige Entwicklung zu integrieren.

Literatur

BÄTZING, W., 1986 bzw. 1988: Die Alpen – Naturbearbeitung und Umweltzerstörung. Sendler-Verlag, Frankfurt am Main.
BÄTZING, W., 1988: Ökologische Labilität und Stabilität der alpinen Kulturlandschaft. Traditionelle Lösungen, heutige Probleme und Perspektiven für die Zukunft. Fachbeitr. Schweiz. MAB-Info. BUWAL, Bern.
BÄTZING, W., 1989: Der Alpenraum als Vorreiter einer ökologischen Wende in Europa. Kommune 9/89: 50–57. Frankfurt.
BERNEGGER, U., et al., 1990: Existenzfähige Bergbauernbetriebe als Voraussetzung für die Nutzung von Grenzertragsböden und einer gesicherten Besiedlung in nicht-touristischen Bergdörfern. Bericht Nr. 34, NFP «Boden», Liebefeld-Bern.
BOESCH, M., 1986: Konstruktive Regionalpolitik. In: Neuorientierung der Regionalpolitik. SAB Schriften Nr. 127. SAB-Verlag, Brugg.
BROGGI, M.F. (Red.), 1987: Grenzen der touristischen Entwicklung im Alpenraum; drei Diskussionsbeiträge. CIPRA Kleine Schriften 1/87. Vaduz.
BRUGGER, E.A. et al. (Hrsg.), 1984: Umbruch im Berggebiet – Les régions de montagne en mutation. Verlag Paul Haupt, Bern.
CEA/SAB, 1989: Die Stellung der Berggebiete und ihrer Bevölkerung in Europa. SAB-Verlag, Heft Nr. 138, Brugg.
DANZ, W., 1989: Leitbild für eine Alpenkonvention. CIPRA Kleine Schriften 5/89. Vaduz.
ELSASSER, H. et al., 1982: Nicht-touristische Entwicklungsmöglichkeiten im Berggebiet. Schriftenreihe ORL Nr. 29, Zürich.

ELSASSER, H., BOESCH, M., 1989: Der EG-Binnenmarkt als Herausforderung für die schweizerische Raumplanung. Regio Basiliensis 30/2 + 3: 161–176, Basel.

ELSASSER, H., LEIBUNDGUT, H., 1987: Von der Berggebietspolitik zur Regionalpolitik. Entwicklung und Ansätze der zeitgemässen Neuorientierung in der Schweiz. Zeitschrift für Wirtschaftsgeographie, Heft 2: 63–67, Frankfurt am Main.

ERNSTE, H., JÄGER, C., 1987: Neuere Tendenzen schweizerischer Migrationsströme, Teil II: Entstädterung in der Schweiz. Geographica Helvetica Nr. 1: 27–34, Zürich.

FISCHER, G., BRUGGER, E.A., 1985: Regionalprobleme in der Schweiz. Ergebnisse eines Nationalen Forschungsprogrammes. Verlag Paul Haupt, Bern.

FREY, R., 1989: Fragwürdige Schweizer Regionalpolitik. NZZ Nr. 191, 19./20.8.: 33–34.

KELLER, P., 1990: Tourismus im europäischen Integrationsprozess. St. Galler Beiträge zum Fremdenverkehr und zur Verkehrswirtschaft Nr. 20: 13–14. Verlag Paul Haupt, Bern.

KELLER, P., 1989: Touristisches Wachstum und Tourismuspolitik. Referat, gehalten an der Generalversammlung der schweizerischen Beratungsgruppe für Regionen und Gemeinden (BEREG). Manuskript, Dienst für Tourismus, BIGA, Bern.

MEIER, R., 1988: Schaffung und Erhaltung von Arbeitsplätzen im Berggebiet. In: Arbeitsplätze im Berggebiet. SAB Schriften Nr. 130: 13–23. SAB-Verlag, Brugg.

MESSERLI, P. und BRUGGER, E.A., 1984: Das Berggebiet zwischen Eigenständigkeit und Abhängigkeit, zwischen Ökonomie und Ökologie – Versuch einer Bilanz. In: Brugger et al.(Hrsg.), 1984: 9/26–9/44. Verlag Paul Haupt, Bern.

MESSERLI, P., 1984: Auf die Landwirtschaft einwirkende und von der Landwirtschaft ausgehende Belastungen im Berggebiet – Versuch einer Bilanz. In: Berglandwirtschaft im Spannungsfeld zwischen Ökonomie und Ökologie. Wissenschaftliche Beilage zum landwirtschaftlichen Jahrbuch der Schweiz, Bundesamt für Landwirtschaft, Bern.

MESSERLI, P., 1986: Touristische Entwicklung im schweizerischen Berggebiet: Auswirkungen auf Wirtschaft, Gesellschaft und Umwelt. Jahrbuch Geographische Gesellschaft Bern, Band 55: 343–360. Lang Druck AG, Liebefeld-Bern.

MESSERLI, P., 1989: Mensch und Natur im alpinen Lebensraum: Risiken, Chancen, Perspektiven. Verlag Paul Haupt, Bern.

MESSERLI, P., 1989: Touristische Entwicklung im schweizerischen Berggebiet: Suche nach ökonomischer und ökologischer Nachhaltigkeit. In: Popp und Senn (Hrsg.): 11–17.

NÜSSEL, S., 1989: EG-Beitrag Österreichs stärkt Europa der Regionen. Der Förderungsdienst 10/89: 15–20, Wien.

PETRASCHECK, A., 1989: Die Hochwasser 1868 und 1987. Ein Vergleich. In: «Wasser, Energie, Luft – eau, énergie, air» 81. Jg., 1989 Heft 1–3.

PEVETZ, W., 1988: Tourismusformen und Ressourcennutzung. Hat die bäuerliche Kulturlandschaft touristisch «ausgedient»? Agrarische Rundschau 5/88: 32–36, Wien.

PEVETZ, W., 1989: Agrarstrukturrationalisierung – keine Patentlösung. Agrarische Rundschau 6/89: 31–33, Wien.

POPP, H.W., 1989: Eine Agrarpolitik für den bäuerlichen Familienbetrieb – Beispiel Schweiz. In: Popp und Senn (Hrsg.): 26–55.

POPP, H.W., SENN, E.W. (Hrsg.), 1989: Lebens- und Wirtschaftsraum Berggebiet Schweiz. Bundesamt für Landwirtschaft, Bern.

SAB, 1986: Das Einkommen der Bergbauern. Bericht einer Arbeitsgruppe. SAB Schriften Nr. 124. SAB-Verlag, Brugg.

SENGHAS, D., 1990: Ein europäisches System kollektiver Sicherheit. DER BUND Jg. 141 Nr. 71: 2. Bund-Verlag, Bern.

WALTER-BUSCH, E., 1988: Entwicklung der Lebensqualität in der Schweiz, 1978–1987. Ergebnisse der Rekrutenbefragungen 1987 und 1978. Sauerländer, Aarau.

WIESMANN, U., MESSERLI, P., 1988: Umweltbelastung im Alpenraum – Ursachen, Folgen, Lösungsansätze. Geographische Rundschau 40, Heft Nr. 10: 43–48.

WYDER, J., 1989: Europa 1993: Haben die Bergregionen eine Chance? Vortragsmanuskript (11 Seiten), SAB, Brugg.

Zentralstelle für regionale Wirtschaftsförderung/BIGA, 1989: Richtlinien für die Berggebietsförderung. Überarbeitung und Realisierung regionaler Entwicklungskonzepte. EVD, BIGA/ZRW, Bern.

Philippe Huet*

Die französische Berggebietspolitik und die aktuellen Probleme in den französischen Alpen

Frankreich ist kein Gebirgsland. Seine Bergmassive – so berühmt sie auch seien – umfassen nur ein Fünftel des nationalen Territoriums. Die französische Bergbevölkerung musste lange und zäh dafür kämpfen, damit ihre besonderen Probleme auf der nationalen Ebene überhaupt wahrgenommen wurden; allerdings hat es dabei dann einige fühlbare – und manchmal sogar spektakuläre – Ergebnisse gegeben. Aber heute besteht die Gefahr, dass die – für das Berggebiet charakteristische – enge Verbindung von naturräumlichen, ökonomischen und institutionellen Faktoren die Umsetzung bestimmter Problemlösungsstrategien verzögert oder sogar verunmöglicht, was eventuell dazu führen kann, dass grundsätzliche Veränderungen in der Berggebietspolitik – und zwar auf gesamteuropäischer Ebene – erforderlich werden.

1. Das französische Berggebiet und die staatliche Berggebietspolitik

Das französische Berggebiet wird heute in sieben verschiedene Gebirgsregionen bzw. Gebirgs«massive» (franz. Ausdruck: «massif», wörtlich «Massiv», aber nicht als Bergmassiv im geomorphologischen Sinne, sondern als Bergregion im raumplanerischen Sinne zu verstehen) unterteilt, die zugleich Verwaltungseinheiten darstellen: Korsika (Corse), Pyrenäen (Pyrénées), Zentralmassiv (Massif Central), französische Nordalpen (Alpes du Nord), französische Südalpen (Alpes du Sud), französischer Jura (Jura) und Vogesen (Vosges). Sie bedecken zusammen 22% der Fläche Frankreichs, aber hier wohnen nur 7% der französischen Bevölkerung. Die französischen Alpen (also die «Massive» Alpes du Nord und Alpes du Sud) umfassen dabei etwa ein Viertel der Fläche und der Bevölkerung aller französischen Berggebiete, und ihre einzelnen Gebirgsgruppen bzw. alpinen Landschaften wie Mt-Blanc-Gruppe, Tarentaise, Maurienne, Oisan, Queyras oder Mercantour sind meist sehr bekannt.

Die Oberfläche der französischen Alpen ist zu einem Drittel unproduktiv, zu einem Drittel mit Wald bestanden, und das letzte Drittel besteht aus landwirtschaftlich genutzter Fläche («terres cultivées»), d.h. vor allem aus Wiesen und Weiden. Die Statistik der landwirtschaftlich genutzten Flächen («Surface Agricole Utilisée», abge-

---

* Adresse des Verfassers: Dr. Philippe Huet, CEMAGREF, Dépt. Montagne et zones défavorisées, 2, rue de la papeterie, B.P 76, F-38402 St. Martin-d'Hères, Cedex (France)

Das klassifizierte Berggebiet und die "Bergmassive" in Frankreich

- klassifiziertes Berggebiet
- Jura "Bergmassive"

Carte 2
ESPACE

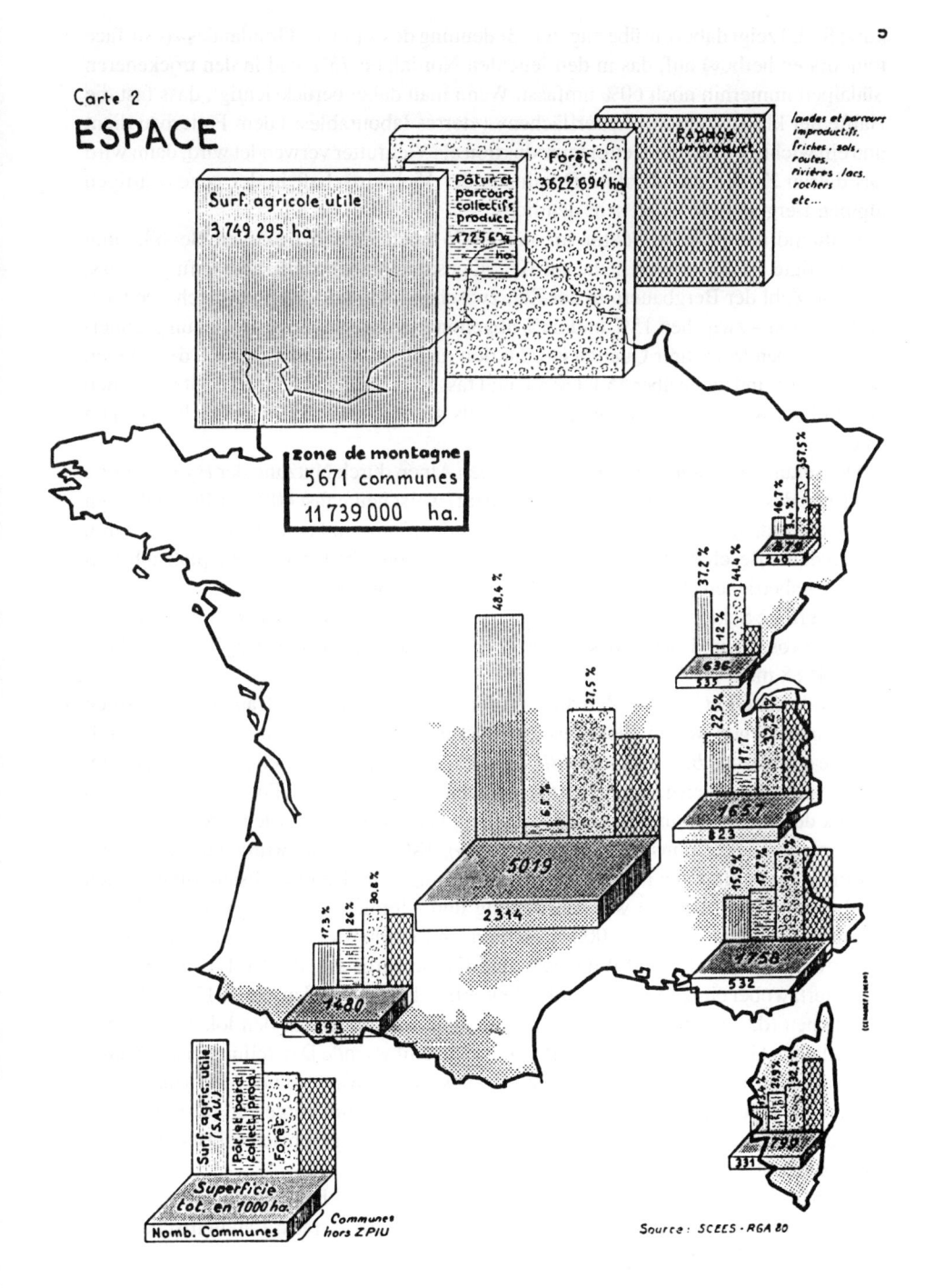

Surf. agricole utile
3 749 295 ha

Pâtur. et parcours collectifs product.
1 725 6?? ha

Forêt
3 622 694 ha

Espace improductif

landes et parcours improductifs, friches, sols, routes, rivières, lacs, rochers etc...

zone de montagne
5 671 communes
11 739 000 ha.

Source: SCEES · RGA 80

kürzt SAU) zeigt dabei die überragende Bedeutung des alpinen «Grünlandes» («surface toujours en herbe») auf, das in den feuchten Nordalpen 75% und in den trockeneren Südalpen immerhin noch 60% umfasst. Wenn man dabei berücksichtigt, dass fast die Hälfte der klassifizierten «Ackerflächen» («terres labourables») dem Futterbau dient und ein wichtiger Teil der Getreideproduktion als Viehfutter verwendet wird, dann wird aus diesen Zahlen die absolute Dominanz der Viehwirtschaft in der gegenwärtigen alpinen Berglandwirtschaft sehr deutlich.

Während der primäre Sektor im Jahr 1975 noch 18% der aktiven Bevölkerung beschäftigte, ist dieser Wert heute auf 10% abgesunken, wobei man aber anfügen muss, dass die Zahl der Bergbauern in der Zeit zwischen 1980 und 1988 nur noch – je nach Alpenregion – zwischen 15% und 25% abgenommen hat. In dieser Beziehung schneiden die Alpen trotz ihrer Qualitätsproduktion nicht gut ab: Mehr als 45% der alpinen Bergbauern sind heute über 55 Jahre alt, und fast zwei Drittel von ihnen besitzen keinen Nachfolger, während nur weniger als 10% als «jung» (unter 35 Jahre) zu bezeichnen sind.

Der sekundäre Sektor (in den französischen Alpen durch Nutzung der Hydroenergie seit Ende des 19. Jahrhunderts stark ausgebaut) weist heute fast 40% der Beschäftigten auf und wurde in den letzten Jahren von Grund auf um- und neustrukturiert. Dadurch sank hier die Beschäftigtenzahl um 20%, was vor allem durch den Arbeitsplatzabbau in den Grossbetrieben (Rückgang von 28%) verursacht wurde.

Der tertiäre Sektor – und damit der Tourismus – ist der einzige Wirtschaftssektor, der sich vergrössert und neue Arbeitsplätze schafft; der Zuwachs betrug in den Jahren 1980–1988 mehr als 15%.

Grundsätzlich ist in dieser Zeit die Zahl der Beschäftigten in den französischen Alpen leicht angestiegen, wobei allerdings grosse räumliche Disparitäten festzustellen sind.

Eine spezifische *Berggebietspolitik* entwickelt sich in Frankreich ab 1860, also dem Jahr, in dem die ersten gesetzlichen Grundlagen für die staatliche Forstverwaltung zum Zweck der Wildbach- und Lawinenverbauung verabschiedet werden («restauration et conservation des terrains en montagne/RTM»). 1864 und 1882 wurden diese Gesetze erweitert und umfassten neben Lawinenverbauungen und Wildbachsanierungen auch flächenhafte Massnahmen wie Aufforstung und Almmeliorationen. Auf diese Weise wurden insgesamt etwa 500 000 ha saniert und ökologisch stabilisiert, 300 000 ha aufgeforstet, mehr als 1500 Wildbäche und Flüsse verbaut und 3000 Lawinenbahnen gesichert, wobei einige zehntausend Arbeiter beschäftigt wurden. Ab 1913 wurden die staatlichen (d.h. forstlichen) Sanierungsarbeiten im Almbereich den lokalen alpwirtschaftlichen Genossenschaften übertragen. Eine umfassende Darstellung dieser Sanierungsarbeiten hat der damalige Generalinspektor für Wasser und Wald (Inspecteur Général des Eaux et Forêts) im Landwirtschaftsministerium vorgelegt: M. P. Mougin: La Restauration des Alpes; Paris 1931, 584 S. (mit kartographischer Darstellung im Massstab 1:500 000).

Nach dem Zweiten Weltkrieg diversifizierte sich die staatliche Berggebietspolitik in vier verschiedene Bereiche, nämlich Umweltschutz, Tourismus, Landwirtschaft und ländliche Entwicklung.

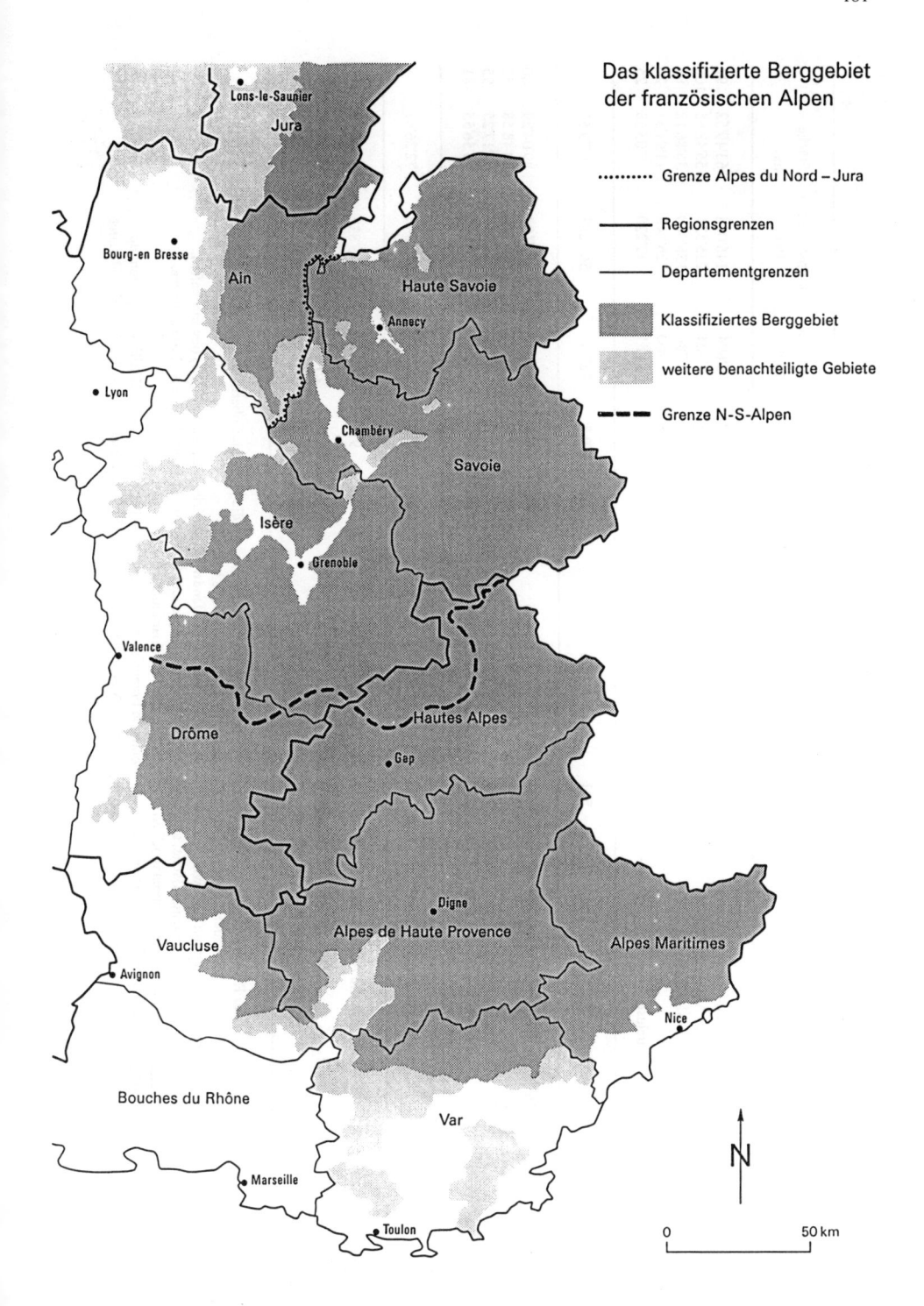

Das klassifizierte Berggebiet der französischen Alpen

.... Grenze Alpes du Nord – Jura
⎯⎯⎯ Regionsgrenzen
⎯⎯ Departementgrenzen
▓▓▓ Klassifiziertes Berggebiet
░░░ weitere benachteiligte Gebiete
━ ━ ━ Grenze N-S-Alpen

Tabelle 1: Strukturdaten der französischen Alpen

	Département	Berggemeinden (Zahl)	Bevölkerung 1982	Bevölkerung 1975-82	%	Landwirte 1979	tourist. Betten 1979	Fläche ha	%
04	Alpes-de-Haute-Provence	184	75'219	+3'399	4.7	3'894	146'008	634'952	92
05	Hautes Alpes	182	105'070	+7'712	7.9	4'304	235'531	554'868	100
06	Alpes-Maritimes	119	65'242	+9'755	17.6	2'786	138'380	368'618	86
83	Var	28	10'104	+1'434	16.5	700	26'148	119'157	20
84	Vaucluse	28	13'069	+1'839	16.4	1'081	17'220	90'358	25
	Massif des Alpes du Sud	541	268'704	+24'139	9.8	12'765	563'287	1'767'953	-
26	Drôme	201	52'316	+2'488	5.0	4'024	67'199	390'429	60
38	Isère	239	283'213	+24'689	9.5	5'787	217'400	404'858	55
73	Savoie	257	191'130	+10'266	5.7	9'077	314'947	571'725	95
74	Haute-Savoie	191	221'271	+24'856	12.6	7'222	410'999	355'655	81
	Massif des Alpes du Nord	888	747'930	+62'299	9.1	26'110	1'010'545	1'722'667	-
	Französische Alpen	1'429	1'016'634	+86'438	9.3	38'875	1'573'832	3'490'620	
	davon Alpes du Nord	62 %	73.6 %	72.1 %		67.2 %	64.2 %	49.4 %	
	Alpes du Sud	38 %	26.4 %	27.9 %		32.8 %	35.8 %	50.6 %	

Gemeinde: Zur Klassifikation als "Berggemeinde" ("*commune de montagne") muss die Gemeinde oberhalb von 700 m (Vogesen: 600 m) liegen und/oder die mittlere Hangneigung muss mindestens 20 % betragen.
Landwirte: Es werden nur Landwirte berücksichtigt, die mindestens 1 ha landwirtschaftliche Nutzfläche (SAU) bewirtschaften.
Fläche: Gesamte Gemeindefläche, allerdings abzüglich Seen, Sümpfe und Gletscher mit mehr als jeweils 100 ha Fläche.
Fläche %: Anteil der "zone montagne" an der Gesamtfläche des départements.
Quelle: Repertoire des Communes de la Zone de Montagne Française, édition 1988, erarbeitet vom CEMAGREF, Groupement de Grenoble/ Institut d'études rurales montagnards; St. Martin-d'Hères 1987, 417 S., Zusammenstellung der Daten: W. Bätzing

Tabelle 2: Gemeinden mit negativer Bevölkerungsentwicklung den Jahren 1975-1982

Département	Zahl Gem. abs.	%	Bevölk.1982 abs.	%	1975-82 abs.	Fläche abs.	%	Zahl der Gemeinden Einwohner				
								bis 50	51-100	101-500	über 500	
26 Drôme	75	37.3	19899	38,0	-922	1'655'11	42.6	32	16	23	4	
38 Isère	58	24.3	94'082	33,2	-6116	11'27787	19.7	7	9	24	18	
73 Savoie	98	38.1	59'765	31,3	-4'257	17'997'95	31,4	2	11	62	23	
74 Haute Savoie	28	14.7	12446	5,6	-695	4'48'12	12,6	0	0	18	10	
Massif des Alpes du Nord	259	29.2	186'192	24,9	-11'990	5039'05	29,2	41 (15.8%)	36 (13.9%)	127 (49.0%)	55 (21.2%)	
04 A.-de-H.-Provence	47	25.5	33183	44,1	-2'263	2081178	32,8	12	14	17	4	
05 Hautes-Alpes	65	35.7	17890	17,0	-1743	1611603	29,1	13	12	35	5	
06 Alpes-Maritimes	25	21.0	7984	12,2	-882	117062	31,7	0	4	17	4	
83 Var	5	17.9	930	9,2	-315	1'50005	12,6	1	1	3	0	
84 Vaucluse	2	7.1	262	2,0	-33	5555	6,1	0	1	1	0	
Massif des Alpes du Sud	144	26.6	60'249	22,4	-5'236	5074'03	28,7	26 (18.1%)	32 (22.2%)	73 (50.7%)	13 (9.0%)	
Französische Alpen	403	28.2	246441	24,2	-17226	101'13308	29,0	67 (16.6%)	68 (16.9%)	200 (49.6%)	68 (16.9%)	

Die Prozentangaben beziehen sich jeweils auf das gesamte Berggebiet des Départments bzw. Massifs

Quelle: wie Tabelle 1. Zusammenstellung der Daten: W. Bätzing

Tabelle 3: Grosse Gemeinden in den französischen Alpen mit Bevölkerungsrückgang 1975-82
(Gemeinden mit mehr als 1'000 Einwohnern im Jahr 1982)

Dépt.	Gemeinde	Bevölkerung 1982	Rückgang 1975-82
04	Digne	15'149	- 267
04	Sisteron	6'470	- 773
04	Château Arnoux	5'576	- 664
05	Laragne-Monteglin	3'647	- 200
05	Serres	1'200	- 83
05	Veynes	3'178	- 152
06	L'Escarène	1'424	- 129
06	St. Martin-Vésubie	1'156	- 32
26	Crest	7'518	- 1
26	Die	3'922	- 70
38	Allevard	2'391	- 174
38	St. Pierre-d'Allevard	2'016	- 131
38	Huez (mit 30'652 tour. Betten)	1'154	- 256
38	Livet-et-Garet	1'853	- 270
38	Froges	2'191	-112
38	Goncelin	1'467	- 39
38	Mens	1'116	- 23
38	La Motte-d'Aveillans	1'677	- 101
38	Pierre-Châtel	1'218	- 6
38	Pont-en-Royans	1'051	- 43
38	Entre-Deux-Guiers	1'459	- 42
38	Villars-de-Lans	3'224	- 34
38	Voiron	18'911	- 509
38	La Tronche	6'690	- 720
38	St. Martin-le-Vinoux	5'251	- 331
38	St. Martin-d'Hères	35'188	- 2'864
73	Aigueblanche	3'093	- 28
73	La Lechère	2'092	- 212
73	Salins-les-Thermes	1'021	- 57
73	Ugine	7'445	- 575
73	Les Echelles	1'145	- 52
73	Aiguebelle	1'044	- 20
73	Fourneaux	1'304	- 250
73	Modane	4'789	- 185
73	St. Jean-de-Maurienne	9'639	- 107
73	St. Julien-Mont Dénis	1'612	- 11
73	St. Michel-de-Maurienne	3'418	- 325
74	Le Clusaz	1'687	- 8
74	Seyssel	1'558	- 167

Ursachen für Bevölkerungsrückgang:
1. Mittel-/Unterzentrum in strukturschwacher region
2. Standorte industrieller Grossbetriebe mit starkem Arbeitsplatzabbau
3. Evtl. auch Suburbanisationsphänomene (im Raum Grenoble)

Quelle: wie Tabelle 1

Zusammenstellung der daten: W. Bätzing

1. Umweltschutz: Die von der Forstverwaltung begonnene Landschaftsschutzpolitik wurde im Jahr 1960 mit der Schaffung der Nationalparks («Parcs Nationaux») qualitativ erheblich erweitert. Heute umfassen die vier Nationalparks, die alle im Berggebiet liegen – Vanoise (Alpes du Nord), Ecrins (Alpes du Nord), Mercantour (Alpes du Sud), Pyrénées Occidentales (Pyrenäen) – eine Fläche von mehr als 200 000 ha; hierbei müsste eigentlich auch noch der Cevennen-Park berücksichtigt werden. Diese Nationalparks bemühen sich, ihrer dreifachen Aufgabe als Naturkundeschule, als Schutzregion der Natur und als Experimentierfeld für ein «sanftes» bergbäuerliches Wirtschaften («une économie montagnarde douce») als Ausgleich zu den «harten» («lourdes») Touristenzentren an ihrer Peripherie gerecht zu werden.

Juristische Basis für diese Entwicklung ist das Gesetz vom 22.7.1960 über die Gründung der Nationalparks, das Dekret vom 24.10.1975 über die Schaffung von Regionalparks («parcs régionaux»), das bisher zu 15 regionalen Parks im Berggebiet geführt hat (u.a. im Queyras, im Vercors, im Haut-Languedoc, in den Vogesen, im Jura, in den Vulkanbergen der Auvergne und demnächst auch im Limousin) sowie das Gesetz vom 1.7.1957, modifiziert am 10.7.1976 über Naturschutz, das zu mehr als hundert Naturschutzgebieten («réserves naturelles») im Berggebiet geführt hat (alle Naturschutzgebiete der drei Kategorien sind auf der IGN-Kartenserie «série rouge» im Massstab 1:250 000 dargestellt).

2. Tourismus: Die touristische Entwicklung und vor allem die Wintersporterschliessung in Form grosser und neuer Skizentren in grosser Höhe wurde vom französischen Staat lange Zeit nur indirekt – in Form günstiger Rahmenbedingungen für diese spezifische Erschliessungsform – gefördert. Erst im Zeitraum 1960–1970, d.h. im vierten französischen Wirtschaftsplan, wurde der Staat auf diesem Sektor aktiv und entwickelte eine gezielte Entwicklungspolitik mit Eignungsuntersuchungen des gesamten französischen Skigebietspotentials, Aufstellung eines touristischen Ausbauplanes sowie der Bereitstellung öffentlicher Gelder. In diesem Rahmen entstanden etwa 15 Stationen der sogenannten «dritten Generation», auch «integrierte Stationen» wegen ihrer staatlich verordneten Gesamtkonzeption genannt.

3. Landwirtschaft: Im Landwirtschaftsbereich wurden nach anfänglichen Pilotprojekten ab 1970 verschiedene Massnahmen nicht mehr nur zur Verhinderung von Nutzungseinstellungen, sondern vor allem zum Ausgleich von Nutzungserschwernissen entwickelt, darunter als wichtigste die sogenannte «Indemnité Spéciale Montagne/ISM» (wörtlich: spezielle Berggebietsentschädigung), die heute 85 000 Bauern in den Berggebieten erhalten, darunter etwa 15 000 Bauern in den Alpen (der Grossteil dieser Förderung geht an das Zentralmassiv), und deren Gesamtsumme pro Jahr derzeit über 1 Mia. Francs beträgt. Hinzu kommen Steuererleichterungen, günstige Kreditangebote sowie erhöhte Direktzahlungen. Einer besonderen Erwähnung bedarf an dieser Stelle das Gesetz vom 3.1.1972, das die Bewirtschaftung der Almflächen mittels neuzugründenden genossenschaftlichen Strukturen zu gewährleisten sucht. Daraufhin entstanden 124 «associations foncières pastorales/AFP» mit mehr als 112 000 ha Weidefläche und

12 000 Grundeigentümern als Genossenschaftsmitgliedern sowie 343 «groupements pastoraux/GP» mit über 5000 Mitgliedern (die Bewirtschaftung soll durch gesetzlich vorgeschriebene Nutzungsverträge zwischen den AFP-Genossenschaften als «Anbieter» und den GP-Genossenschaften als «Nachfrager» gesichert werden; Louis Chabert hat die Erfahrungen mit diesem System in den Alpes du Nord beschrieben in: Innsbrucker Geographische Studien, Bd. 16/1988, S. 185–191).

4. Ländliche Entwicklung: Mit dem Programm der «rénovation rurale» (ländliche Erneuerung) wurden ab 1967 Ansätze für eine integrale Entwicklungskonzeption zu realisieren versucht, deren Ziel es war bzw. ist, die Gesamtheit der ländlichen Welt vermittels ausgewählter Schlüsselprojekte zu stärken und aufzuwerten; dafür werden derzeit – vor allem aus dem staatlichen «Fonds de Rénovation Rurale» – Beträge von 400 Mio. Francs pro Jahr ausgezahlt.

Aber erst seit dem Jahr 1975 wurde bewusst und systematisch an einer integralen Gesamtkonzeption für die Berggebietspolitik gearbeitet, die sowohl auf eine ausgeglichene Wirtschaftsstruktur («une économie équilibrée») als auch auf einen umfassenden Umweltschutz abzielt und die dabei die Besonderheiten der Bergregionen («spécificité montagnarde») berücksichtigt. Als erster Schritt entstand auf Veranlassung des damaligen Präsidenten Giscard d'Estaing die «directive de protection et d'aménagement de la montagne» (Richtlinie zum Schutz und zur Sanierung des Berggebietes) mit konkreten Bestimmungen für den Umweltschutz und die Berglandwirtschaft, und anschliessend wurde die Berggebietsabgrenzung und -unterteilung in die einzelnen «Massive» entwickelt.

Im Laufe der Jahre entwickelte sich eine Übereinstimmung bei den gewählten Parlamentariern und den Verwaltungen im Berggebiet sowie bei den hauptberuflich mit Berggebietsproblemen befassten Personen, die Rahmenbedingungen für eine integrierte Entwicklungspolitik für das Berggebiet in Form eines nationalen Gesetzes zu fassen. Angesichts der Tatsache, dass eine gewisse «décentralisation» (Dezentralisierung der zentralistischen Strukturen) Frankreichs erst 1982 einsetzte, stellte dieses Vorgehen eine politische Premiere dar, und das am 9.1.1985 erlassene Gesetz, das sogenannte «Loi Montagne», ist das erste französische Gesetz, das sich nicht mehr auf das gesamte französische Territorium, sondern nur noch auf einen Teilbereich bezieht.

Dieses Berggesetz enthält vier verschiedene juristische Ebenen:

1. Nach einer Definition und Abgrenzung des Berggebietes werden die politischen Institutionen des Berggebietes festgelegt: die sogenannten «Comités de Massifs» als Vertretung der sieben Bergregionen bzw. -«massive» und der «Conseil National de la Montagne» als Vertretung des gesamten Berggebietes auf der nationalen Ebene. Beide Institutionen haben nur beratende Funktion und besitzen keine Entscheidungsbefugnisse, ihre Mitglieder werden vom Staat ernannt und der Vorsitzende ist jeweils ein Staatsvertreter (beim Conseil National de la Montagne der jeweilige französische Präsident). Über ihre allgemeine Aufgabe der Beratung bei allen Berggebietsproblemen haben die Comités de Massifs noch die besondere Aufgabe, bei der regionalen Tourismusentwicklung mitzuwirken.

"ÉTAPES DE LA POLITIQUE MONTAGNE"
en FRANCE

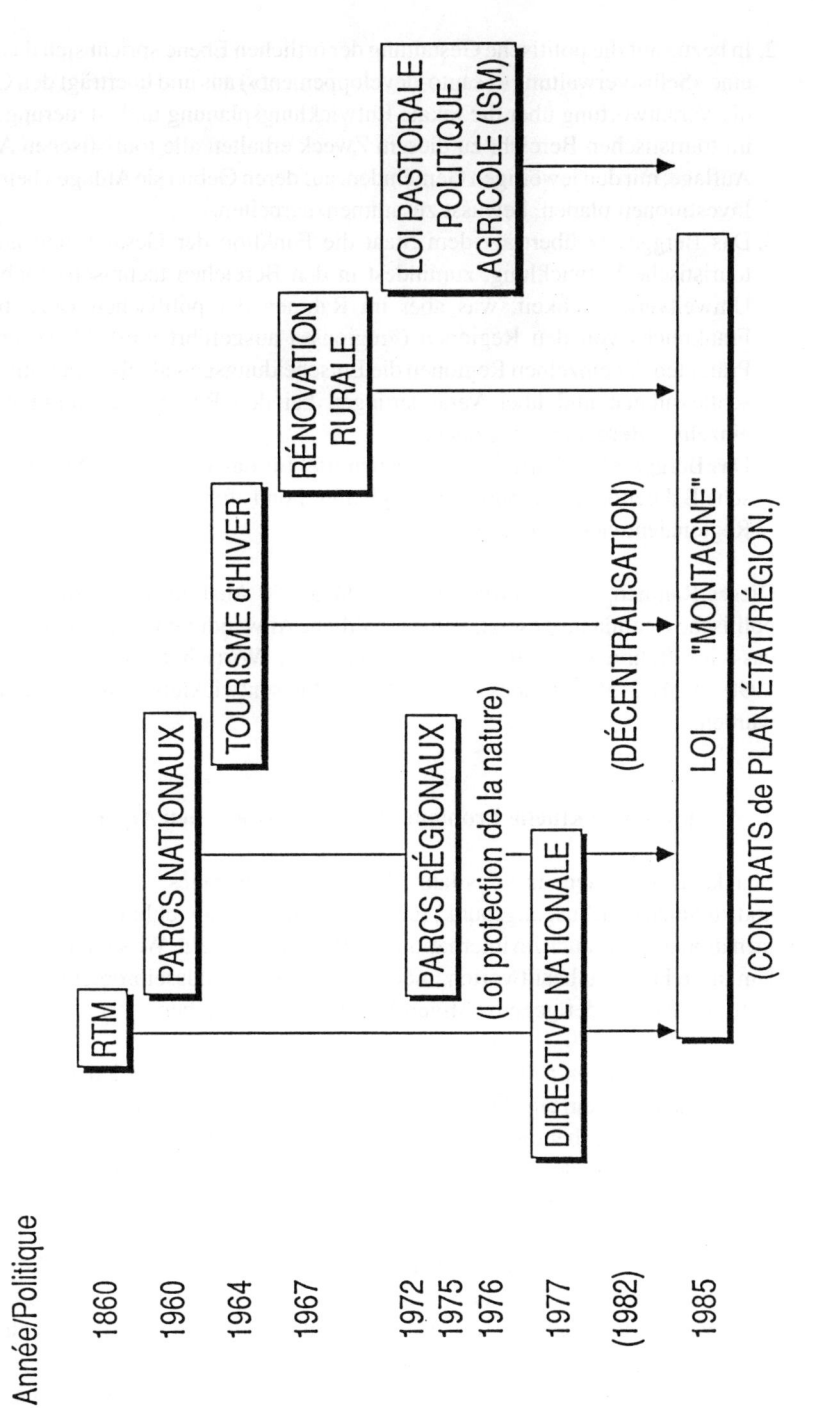

Année/Politique	
1860	RTM
1960	PARCS NATIONAUX
1964	TOURISME d'HIVER
1967	RÉNOVATION RURALE
1972	PARCS RÉGIONAUX
1975	(Loi protection de la nature)
1976	LOI PASTORALE POLITIQUE AGRICOLE (ISM)
1977	DIRECTIVE NATIONALE
(1982)	(DÉCENTRALISATION)
1985	LOI "MONTAGNE" (CONTRATS de PLAN ÉTAT/RÉGION.)

2. In bezug auf die politische Gestaltung der örtlichen Ebene spricht sich das Gesetz für eine «Selbstverwaltung» («auto-développement») aus und überträgt den Gemeinden die Verantwortung über die lokale Entwicklungsplanung und -steuerung, vor allem im touristischen Bereich; zu diesem Zweck erhalten alle touristischen Akteure die Auflage, mit den jeweiligen Gemeinden, auf deren Gebiet sie Anlagen betreiben oder Investitionen planen, bewusst zusammenzuarbeiten.
3. Das Berggesetz überträgt dem Staat die Funktion der Gesamtkontrolle über die touristische Entwicklung, zumindest in den Bereichen technische Sicherheit und Umweltverträglichkeit, was aber im Rahmen der politischen Dezentralisierung Frankreichs von den Regionen («régions») ausgeführt wird. Dabei erhalten die Präfekten der einzelnen Regionen die Entscheidungsgewalt über touristische Neuerschliessungen und über Veränderungen bei den Rahmenbestimmungen für die einzelnen Berggebietsregionen.
4. Das Berggesetz schafft eigene Finanzmittel für das Berggebiet (Steuer für touristische Bahnen/Lifte, Gebühr für Langläufer, Fonds für Initiativen zur eigenständigen Regionalentwicklung u.a.).

Dieses Rahmengesetz wurde mittels mehr als 50 Ausführungsbestimmungen in die politische Realität umgesetzt. Seine inhaltliche Anwendung wurde dadurch erleichtert, dass im Rahmen des 9. und 10. nationalen Wirtschaftsplans (1985–1989 und 1990–1994) 2 Mia. Francs für die Berggebietsentwicklung zur Verfügung gestellt wurden.

2. Ausgewählte aktuelle Probleme in den französischen Alpen

Man kann behaupten, dass das Jahr 1985 mit dem «Berggesetz» ein zentrales Ergebnis und zugleich den Ausgangspunkt für die zukünftige Entwicklung unserer Berggebiete im nationalen und auch im internationalen Rahmen darstellt. Wo stehen wir dabei heute? Um diese Frage zu beantworten, möchte ich einige Schlüsselprobleme skizzieren, die zentrale Aspekte der gegenwärtigen Situation verdeutlichen.

1. Eine Ökonomie mit zwei Geschwindigkeiten (Une économie à deux vitesses): Man kann zwar allgemein eine leichte Bevölkerungszunahme in den französischen Berggebieten feststellen, aber die Gesamtzahlen verdecken starke regionale und lokale Disparitäten. Um diese deutlich zu machen, hat ein wissenschaftlicher Mitarbeiter des CEMAGREF Entwicklungsszenarien für die französischen Berggebiete für die Zeit 1981–1994 erarbeitet (François Veron: Perspectives d'évolution de la zone de montagne française 1981–1994, CEMAGREF-INERM, Grenoble 1986, 7 Bde., davon 6 für die einzelnen «massifs» und ein Syntheseband). Das erste Szenario schreibt dabei die gegenwärtige Entwicklung fort, das zweite und dritte Szenario geht von einer zurückhaltenden bzw. rigiden Berggebietspolitik (in bezug auf Milchquotenregelungen, Besteuerung der touristischen Angebote/Nachfrage, Wiederaufschwung des industriel-

BILAN DU IXe PLAN

Les Contracts particuliers "Montagne" en chiffres (1984-1988)
Ventilation des concours de l'Etat en MF
(Francs de 1984)

FIDAR (1)		1273	55.5 %
FIAT (2)		352	15.5 %
Ministère de l'Agriculture		307	13.5 %
Autres ministères		356.4	15.5 %
	dont PTT	96	4 %
	Tourisme	71.7	3 %
	Environnement	47.7	2 %
	Education	45	2 %
	Artisanat	43.5	1.9 %
	Industrie	22.5	1 %
	Formation	13	0.5 %
	Jeunesse et Sport	9.5	0.4 %
	Emploi	7.5	0.3 %
Total		**2289 MF**	**100**

(1) Fonds interministériel de Développement et d'Aménagement Rural
(2) Fonds interministériel d'Aménagement du Territoire

Répartition des financements d'Etat par massif en MF
(francs de 1984)

Alpes du Nord	260	11.3 %
Alpes du Sud	342	14.9 %
Corse	53	2.3 %
Jura	102	4.8 %
Massif Central	1173	51.2 %
Pyrénées	261	11.3 %
Vosges	98	4.2 %
Total	2289 MF	100

A ces 2.3 milliards de F doit être ajoutée la part des régions dans les contracts, soit 0.9 milliards de F.

Etat	2.3	72 %
Régions	0.9	28 %

soit un total de 3.2 milliards de F de subventions spécifiques sur 5 ans (1).

Total	2289 MF	100

(1) Ne soit pas compris dans ces crédits-là:
- les aides directes
- les aides à l'agriculture de montagne
- les prêts bonifiés

len Sektors durch entsprechende Förderungen u.ä.) aus. Innerhalb des ersten Szenarios werden darüber hinaus die Auswirkungen einer schwachen und einer starken Urbanisierung auf das Berggebiet abgeschätzt.

Die Ergebnisse dieser beispielhaften Untersuchung, die von den gewählten Berggebietsvertretern stark beachtet wurden, sind folgende:

Die Bevölkerungsentwicklung verläuft nur im Rahmen des ersten Szenarios positiv, bei den beiden anderen dagegen negativ; dabei treten aber in allen Fällen starke regionale Disparitäten auf. So geht zum Beispiel bei Szenario 1 im Rahmen eines gesamtalpinen Bevölkerungswachstums die Bevölkerung in den Alpes de Haute-Provence und in den Alpes de la Drôme (südwestlich von Grenoble) weiterhin zurück. Im Rahmen des Bevölkerungsaufbaues lässt sich dabei ein «junges Berggebiet» (Alpes du Nord) und ein «überaltertes Berggebiet» (Teile der Alpes du Sud) unterscheiden, während die Migrationsbewegungen ein «attraktives Berggebiet» und ein «Berggebiet, das seine Substanz verliert» erkennen lassen. Die Ursachen für die Attraktivität sind dabei vor allem die Existenz von aktiven Persönlichkeiten, die Nähe zu Zonen mit stark ausgeprägter Urbanisation sowie besondere naturräumliche oder klimatische Gunstregionen.

Im Rahmen der Wirtschaftsentwicklung stellt die zukünftige weitere Ausweitung des tertiären Sektors die grösste Veränderung dar: Die Berglandwirtschaft steckt in der Krise, und die hier Beschäftigten werden bis 1994 um ein Viertel bis ein Drittel zurückgehen. Der Rückgang der touristischen Wachstumsraten, der übrigens von Region zu Region unterschiedlich verläuft, scheint sich im nächsten Jahrzehnt eher noch zu verstärken, vor allem aufgrund der abnehmenden Binnennachfrage im Wintertourismus.

Aber trotz dieser allgemeinen Tendenz gibt es eine Reihe von Regionen, die starke Entwicklungsimpulse aufweisen und die darüber hinaus zahlreiche Aktivitäten auf sich zu konzentrieren versuchen: Der aktuellste und spektakulärste Fall ist gegenwärtig das Département Savoyen als Austragungsort (besser: -region) der Olympischen Winterspiele im Jahr 1992, was unzählige unterschiedliche Entwicklungsimpulse zur Folge hat. So gibt es beispielsweise im Bereich der ländlichen Infrastruktur und der Landwirtschaft aus Anlass der Olympiade spezielle Entwicklungsprogramme der öffentlichen Hand, die von ökologischen Sanierungsarbeiten (als Naturkatastrophen-Prävention) über Aufwertungsmassnahmen der traditionellen Landwirtschaft (bessere Kommunikationsmöglichkeiten der Bergbauern untereinander) hin zu gezielten Modernisierungen (Produktionsverbesserungen im Bereich der Milchwirtschaft, Schaffung und Vermarktung von Qualitätsprodukten der Marke «Savoie») reichen. Dabei nutzt die Strategie der Förderung innovativer Unternehmer/Landwirte sowie diejenige der systematischen Untersuchung der aktuellen Situation und ihrer Probleme die vorhandenen endogenen Potentiale gut, die bereits durch eine sorgfältige Ausbildung verbessert wurden.

Leider gibt es keine vergleichbaren Aktivitäten in zahlreichen Regionen der Alpes du Sud, in denen man bloss einen allgemeinen Rückgang jeglichen Engagements beklagt, ohne dass klare Lösungsstrategien dagegen entwickelt würden. Dafür nur ein exempla-

Tabelle 4: "La Montagne à deux vitesses"

Typ	Gemeinden Zahl	%	Bevölkerung 1975	Bevölkerung 1982	Anteil an Gesamtbev.	Veränderung 1975-1982 %	Fläche ha	Anteil an Gesamt- fläche
Alpes du Nord:								
A	259	29	198'182	186'192	24.9	- 6.1	50'39'05	29
B	12	1	2'049	2'049	0.3	0	1'62'99	1
C	617	70	485'400	559'689	74.8	+15.3	120'24'63	70
	888	100	685'631	747'930	100.0	+ 9.1	172'26'67	100
Alpes du Sud:								
A	144	27	65'485	60'249	22.4	- 8.0	50'74'03	29
B	8	1	759	759	0.3	0	1'70'25	1
C	389	72	178'321	207'696	77.3	+ 16.5	124'35'25	70
	541	100	244'565	268'704	100.0	+ 9.8	176'79'53	100
Französische Alpen:								
A	403	28	263'667	246'441	24.2	- 6.6	101'13'08	29
B	20	1	2'808	2'808	0.3	0	3'33'24	1
C	1'006	71	663'721	767'385	75.5	+ 15.6	244'59'88	70
	1'429	100	930'196	1'016'634	100.0	+ 9.3	349'06'20	100

A = Alle Gemeinden mit Bevölkerungsrückgang in den Jahren 1975-1982
B = Alle Gemeinden mit identischer Bevölkerung im Jahr 1975 und 1982
C = Alle Gemeinden mit Bevölkerungswachstum in den Jahren 1975-1982

Quelle: wie Tabelle 1

Zusammenstellung der Daten: W. Bätzing

risches Beispiel, nämlich die Reaktion auf den Abzug von Militäreinheiten aus den Alpen: Während die Verlegung einer Hubschrauber-Ausbildungseinheit aus Le-Bourget-du-Lac (10 km nördlich von Chambéry) innerhalb weniger Jahre zur Umnutzung des ehemaligen Militärgeländes als Technologiepark für innovative Unternehmer und als Standort für die Universität Savoyen führte, bedeutete der Abzug eines Bataillons der Alpenjäger aus Barcelonnette (Alpes du Sud, 150 km nordöstlich von Marseille) in dieser strukturschwachen Region den nicht zu verkraftenden Verlust von 600 jungen Menschen und 300 Familien; weil man glaubte, dass für die freiwerdenden Flächen keine neue Nutzung gefunden werden könnte, wurde das Verteidigungsministerium gebeten, hier eine andere Militäreinheit zu stationieren. Während wir im ersten Fall eine Investitionsspirale vorfinden, die sich durch freiwerdende Flächen in günstiger Lage noch erheblich beschleunigt, wird im zweiten Fall durch das gleiche Phänomen nur der Niedergang beschleunigt. Dies sind derzeit die beiden Realitäten in den französischen Alpen, die die aktuelle Situation prägen.

2. Gibt es Lösungsstrategien für die strukturschwachen Regionen? Die Ursachen dieser Strukturschwäche liegen in der grossen Entfernung dieser Gebiete von den wichtigen Kommunikationsrouten und den urbanen Zentren sowie in der Schwierigkeit der Nutzung der naturräumlichen Ressourcen (d.h. schlechte Voraussetzungen für Landwirtschaft und Tourismus), so dass es heute kaum möglich ist, geeignete Lösungen zur Überwindung dieser Strukturschwäche zu finden. Selbst die Politik der «rénovation rurale» und die jüngsten Programme zur integralen räumlichen Entwicklungsplanung sind hier gescheitert.

Vor 15 Jahren lag das Schwergewicht der staatlichen Berggebietspolitik in diesen Regionen darauf, die öffentliche Infrastruktur (Strassen und Wege, Trinkwasserversorgung, Gesundheitswesen, Elektrifizierung usw.) sowie die landwirtschaftlichen Rahmenbedingungen (Flurbereinigung, Bewässerungsanlagen usw.) zu verbessern. Damit handelte es sich aber mehr um Aktivitäten zur «Begleitung» des Rückzuges, die einen kontinuierlichen Rückgang ohne plötzliche dramatische Zusammenbrüche ermöglichten, als um echte Wiederbelebungs- und Aufwertungsprogramme. Dies gilt in besonderem Masse für den besonders strukturschwachen Bereich der «moyenne montagne», also das mittlere Höhenstockwerk im Alpenraum, wo (tief gelegene) landwirtschaftliche Gunsträume und (hoch gelegene) touristische Gunsträume fehlen. (Die Analyse der «moyenne montagne» nimmt in der jüngeren wissenschaftlichen Diskussion in Frankreich einen wichtigen Stellenwert ein, siehe dazu: H. Gumuchian: Images et partage de l'espace – le succès de la «moyenne montagne»; in: RGA 72/1984, S. 265–271).

Die heutigen Massnahmen konzentrieren sich vor allem auf die Lösung der folgenden Problemkreise:

– Wie sehen günstige Bedingungen zur Schaffung neuer Arbeitsplätze (vor allem im Bereich Kleinunternehmer und im Tourismus) aus?
– Wie können die Probleme der landwirtschaftlichen Betriebsnachfolge gelöst werden? Stellen Mehrfacheinkommen eine Lösung dar?

Tabelle 5: Gemeinden in den französischen Alpen
ohne einen einzigen Landwirt im Jahr 1979

Dépt.	Zahl der Gemeinden	%	Fläche der Gemeinden ha	Anteil Berggebiet des Départements in %
04	3	1.6	1'07'17	1.7
05	4	2.2	61'68	1.1
06	11	9.2	1'85'32	5.0
83	3	10.7	63'84	5.4
84	-		-	
Alpes du Sud	21	3.9	4'18'01	2.4
26	6	3.0	65'10	1.7
38	8	3.3	77'70	1.9
73	4	1.6	1'00'11	1.7
74	1	0.5	3'91	0.1
Alpes du Nord	19	2.1	2'46'82	1.4
Franz. Alpen	40	2.8	6'64'83	1.9

Definition "Landwirt": Landwirte, die mindestens 1 ha landwirtschaftliche Nutzfläche bewirtschaften

Quelle: wie Tabelle 1

Zusammenstellung der Daten: W. Bätzing

– «désenclavement»: Wie können die marginalen und peripheren Räume an die allgemeine Entwicklung angebunden werden?
– Welches sind die erforderlichen öffentlichen und privaten Dienstleistungen und wie muss ihre Erreichbarkeit/räumliche Verteilung aussehen?
– Wie müsste eine aktivitätsfördernde Landnutzung und -pflege und ein entsprechendes kulturelles Leben im ländlichen Raum aussehen?

Aber nicht wenige Menschen glauben, dass diese integral konzipierten Programme – so angemessen sie auch seien – zu schwerfällig seien und dass ihre Durchsetzung sogar kontraproduktive Auswirkungen zur Folge hätte.

Die Wissenschaftler – vor allem im Rahmen des CEMAGREF – sind derzeit damit beschäftigt, aus der Norm fallende Arbeitsplätze (Mehrfacheinkommen, Funktionsteilungen und -durchmischungen) zu untersuchen und effektive Möglichkeiten zu ihrer Förderung zu erarbeiten. Diese strukturschwachen Alpenregionen umfassen derzeit vor allem die Drôme-Alpen, die Alpes de Haute-Provence und die Seealpen (das «Hinterland» des Départements Alpes Maritimes). Hier stellt sich die Frage, die auch anderswo – zum Beispiel im Bericht «Die Zukunft des ländlichen Raumes» des Europarates – diskutiert wird: Besitzen die heutigen strukturschwachen Regionen auch in Zukunft keine andere Bedeutung als marginal zu sein?

3. Die Probleme der touristischen Entwicklung sind derzeit die folgenden:
– Die derzeit etwa 1 Mio. Gästebetten in den französischen Alpen, die im Sommer und Winter zur Verfügung stehen, entsprechen in etwa dem Angebot unserer alpinen Nachbarn – Schweiz (1,15 Mio. Betten) und Österreich (1,25 Mio. Betten) –, aber die Struktur ist völlig verschieden, weil bei uns die «résidence secondaire» (vermietete Eigentumswohnungen im Alpenraum meist in grossen Touristenzentren, im Besitz von Personen/Gesellschaften aus den grossen Agglomerationen) mehr als die Hälfte des Bettenangebotes umfasst; dabei kann man gerade in der jüngsten Zeit – d.h. parallel zum Rückgang der touristischen Wachstumsraten – ein spürbares, fast schon spektakuläres Wachstum beim Bettenausbau und bei der touristischen Infrastruktur feststellen, das unsere Nachbarn so nicht kennen.
– In der Nachkriegszeit ist die touristische Nachfrage – vor allem für den Wintersport – sehr stark angestiegen, und Frankreich ist derjenige Staat in Europa, der die höchste Wintersportquote der Bevölkerung aufweist (10% der Bevölkerung im Jahr 1984, derzeit 8,8%); sie hat sich innerhalb von zwanzig Jahren verfünf- bis versechsfacht, und derzeit stellt die französische Binnenmarktnachfrage das grösste Wintersportnachfragepotential in ganz Europa dar.

Das Problem besteht aber darin, dass das Maximum der Wintersportnachfrage aus dem Jahr 1984 stammt, dass seitdem die Nachfrage leicht zurückgegangen ist und auf diesem Niveau stagniert und dass für die Zukunft weitere Rückgänge nicht auszuschliessen sind. Daher wird es notwendig werden, den auf hohes Wachstum orientierten Touris-

Taux de départ aux sports d'hiver (en %)

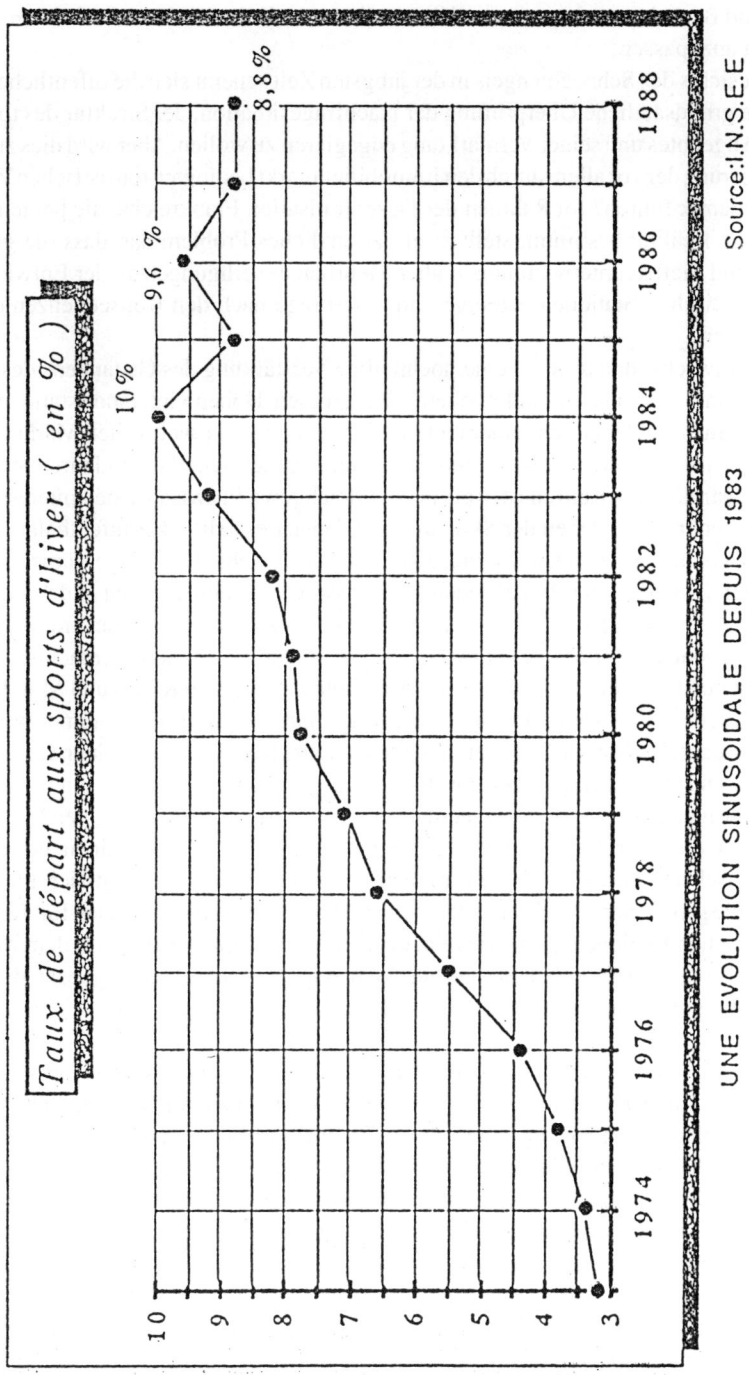

UNE EVOLUTION SINUSOIDALE DEPUIS 1983

Source:I.N.S.E.E

mus- und Bausektor zu bremsen und ihn an die neuen Erfordernisse und Rahmenbedingungen anzupassen.

Angesichts des Schneemangels in der jüngsten Zeit scheint sich die öffentliche Hand für eine grundsätzliche Überprüfung der Nachfragesituation, der Struktur des touristischen Angebotes und seiner Vermarktung engagieren zu wollen. Aber wird dies zu einer Verringerung der vor allem durch den Immobilienmarkt bedingten touristischen Wachstumsdynamik führen? Im Rahmen der Dezentralisation Frankreichs, die heute unsere politische Realität bestimmt, stellt es ein zusätzliches Problem dar, dass die grossen Hoch- und Tiefbauunternehmungen über Mehrheitsbeteiligungen an der Entwicklung der touristischen Stationen beteiligt sind. Die Frage nach den Konsequenzen daraus bleibt offen.

Aber erwächst daraus nicht eine nochmalige Verstärkung des Gedankens des Berggebietes mit zwei Geschwindigkeiten? Die grossen Höhenwintersportstationen, die übrigens mehr und mehr auf einem internationalen, ja sogar weltweiten Markt operieren, dürften wahrscheinlich aufgrund ihrer Lage, Schneesicherheit und ihrer bestehenden Infrastruktur noch am ehesten ein neues Gleichgewicht zwischen den Interessen der Immobilienbranche, denen der Skiläufer und denen des Erholungsaufenthaltes finden können, vorausgesetzt die Solidarität zwischen den verschiedenen Eigentümergruppen funktioniert auch weiterhin zufriedenstellend, so wie offenbar in den anderen Alpenstaaten auch. Aber diese grossen Stationen stellen nur einen Drittel des französischen Angebotes dar und befriedigen nur 40% der Winter- und 5% der Sommernachfrage. Und was geschieht mit den übrigen 70% des Angebotes, das sich in Klein- und Mittelstationen findet, das zu 60% von der Binnennachfrage und vor allem vom Sommertourismus lebt bzw. das französische Sommerangebot darstellt? Können diese kleinen Gemeinden den drohenden Nachfragerückgang durch eine Ausrichtung auf den internationalen Markt ausgleichen, oder wird es hier zu schweren Strukturkrisen kommen?

Um all diese Probleme zu lösen, braucht es für unser Land einen gewaltigen ökonomischen, sozialen und konzeptionellen Einsatz. Zugleich zeigt sich hier noch einmal die grosse Schwierigkeit, angemessene Problemlösungsstrategien für die strukturschwachen Regionen zu entwickeln, denn einige von ihnen haben mit dem Mut der Verzweiflung und sehr hohen Kosten eine Wintersportinfrastruktur aufgebaut, die unter den heutigen Bedingungen praktisch nicht mehr zu retten ist.

4. Die beiden gemeinsamen Probleme der Aktiv- und der strukturschwachen Regionen bestehen in folgenden Punkten: Das eine Problem ist ein ziemlich Frankreich-spezifisches Problem, nämlich dasjenige der Zusammenarbeit der einzelnen Gemeinden untereinander (es gibt ja bei uns 36 000 Gemeinden, d.h. soviel wie in der gesamten restlichen EG). Im Durchschnitt zählt eine französische Gemeinde 1500 Einwohner, im Berggebiet sind es weniger als 650, und es gibt nicht wenige Fälle, in denen eine Berggemeinde aus weniger als 300 Einwohnern besteht, dabei aber bei allen grösseren Projekten in heftiger Konkurrenz mit den benachbarten Kleingemeinden steht, so dass die anstehenden kommunalen Aufgaben auf keine befriedigende Weise gelöst werden können. Das neue «Berggesetz» hat die Notwendigkeit formuliert, neue kommunitäre

LES ORGANISATIONS "MONTAGNE" EN FRANCE

* ADMINISTRATIONS

- Agriculture
- Urbanisme   . Bureau Montagne
- Environnement
- Tourisme   . Service d'Etudes et d'Aménagement Touristique de la
                             Montagne (SEATM)
- Transport   . Service Technique des Remontées Mécaniques (STRM)
                           . Centre d'Etudes de la Neige (CEN)
- Aménagement territoire   . DATAR / Commissaires à l'Aménagement
- Recherches / Agriculture . CEMAGREF
                           . Laboratoires de la Montage Alpine (LAMA)

* ELUS

- Association Nationale des Elus de la Montagne (ANEM)
- Association des Maires des Stations Françaises de Sports d'Hiver (AMSFSH)

* PROFESSIONELS

- Association Nationale pour l'Etude de la Neige et des Avalanches (ANENA)
- Association des Directeurs de la Sécurité et des Pistes (ADSP)
- Association Nationale des Pisteurs Secouristes (ANPS)
- Syndicat National des Guides de Haute Montagne (SNGHM)
- Syndicat National des Téléphériques de France (SNTF)
- Syndicat National des Moniteurs de Ski Français (SNMSF)
- Fédération Française d'Economie Montagnarde (FFEM)

«Interessengemeinschaften» («communautés d'intérêts entre collectivités montagnardes») zur Lösung der verschiedenen Aufgaben zu entwickeln. Aber man muss noch weiter gehen – und konkrete Arbeiten in diese Richtung sind bereits im Gang, u.a. von Seiten der ANEM («Association Nationale des Elus de la Montagne» – nationale Vereinigung aller gewählter Politiker im Berggebiet, organisiert auf drei Ebenen: Gemeinde, Département, Région) – und eine wirkliche «communauté rurale» (also eine «ländliche Gemeinschaft», die für *alle* Fragen zuständig ist, nicht bloss sektoral strukturiert ist) von ausreichender Grösse zu schaffen, die zwei Institutionen in sich vereinigt, nämlich die der politischen Entscheidungsgewalt und die eines Wirtschafts- und Sozialrates. Die Entwicklung einer solchen Struktur, die unsere alpinen Nachbarn schon seit längerer Zeit geschaffen haben (die «comunità montana» in Italien und die «Investitionshilferegion/IHG-Region» in der Schweiz), dürfte durch die Dezentralisierung Frankreichs und das damit verbundene geschärfte Bewusstsein der regionalen Dimension erleichtert werden.

Das zweite Problem betrifft die Gestaltung des Raumes bzw. der Landschaft: Ich möchte hierbei das Gewicht weder auf die übererschlossenen, übernutzten und degradierten Räume legen, die zu restaurieren wären, noch auf die besonders geschützten Regionen (nationale und regionale Parks und Naturschutzgebiete), sondern auf diejenigen Räume, deren Nutzung allmählich zusammenbricht und aus denen sich der Mensch immer stärker zurückzieht («l'espaces en voie d'abandon»); sie finden sich grossflächig in den strukturschwachen Alpenregionen und kleinflächig im Umkreis der grossen Wintersportstationen. Im Rahmen der genannten Szenarien gehen zwei dieser Szenarien von einem weiteren Rückgang der landwirtschaftlich genutzten Fläche in einer Grössenordnung von 15–20% aus, was aber nur stellenweise zur Vergrösserung der Waldfläche führen dürfte, so dass das Brachland noch weiter stark zunehmen wird.

Ist es nicht sehr bezeichnend für die gegenwärtige Situation, dass ein so hoch entwickeltes Département wie Savoyen es für notwendig hält, ein besonderes Programm «Paysages ruraux et développement des friches» (Ländlicher Raum und Brachlandentwicklung) zu entwickeln? Die traditionellen Gleichgewichte dieser Region – wie beispielsweise das Zusammenspiel zwischen den grossen Industriebetrieben in den Talböden der Alpentäler und den Arbeiter-Bauern der benachbarten Berghänge – sind heute längst zusammengebrochen, und man sieht das vorrückende Brachland selbst in unmittelbarer Nähe der inneralpinen Siedlungszentren. Daher ist es zentral wichtig, Überlegungen für eine Wiedernutzung dieser Flächen anzustellen, also zu fragen: Wer könnte diese Aufgaben mit welchen Techniken und mit welchen Nutzungszielen übernehmen und wie könnte dies finanziert werden?

In einigen Départements – zum Beispiel Alpes de Haute-Provence – wachsen diese Brachflächen besonders schnell, aber es liegt auf der Hand, dass eine Problemlösung sehr unterschiedlich ausfallen muss, je nachdem, ob diese Brachflächen in reichen Départements oder Regionen liegen, wo die Möglichkeiten eines innerdepartementalen Lasten- oder Finanzausgleichs bestehen, oder ob sie in strukturschwachen Regionen liegen, die dafür keine Mittel besitzen. In beiden Fällen besteht aber – angesichts des vorangeschrittenen Zusammenbruchs der traditionellen Berglandwirtschaft – das zentrale Problem darin, geeignete Personen für die erneute Bewirtschaftung dieser Räume zu finden.

Dieses Problem hat inzwischen eine solche Bedeutung erlangt, dass es im Frühjahr 1990 Gegenstand eines von der «Euromontana» unterstützten Kongresses in Grenoble anlässlich des Salon International de l'Aménagement des Montagnes/S.A.M. geworden ist.

3. Europäische Perspektiven

Die jüngste europäische Entwicklung hat die französischen Berggebietsverantwortlichen dazu geführt, zwei Fragenkomplexe vordringlich zu behandeln:

– Welche spezifische Stellung sollen die Berggebiete im Rahmen der EG-Politik einnehmen und welche Rolle sollen sie dabei spielen?
– Welche Konsequenzen soll der EG-Binnenmarkt für die spezifischen ökonomischen Aktivitäten der Berggebiete (Berglandwirtschaft, Tourismus, Hydroindustrie) und für den Bodenmarkt vor allem in den Grenzgebirgsräumen haben?

Ausgehend von Überlegungen einer Expertengruppe beim «Conseil National de la Montagne» (Nationaler Berggebietsrat) sollen hier zwei unterschiedliche Lösungsstrategien vorgestellt werden:

Die erste Strategie geht davon aus, dass in Zukunft im Rahmen der EG-Politik das Berggebiet als solches nicht mehr berücksichtigt werden wird (so wie es sich bereits in Texten aus dem Jahr 1975 andeutet): Die spezifischen Gesetze und Entwicklungsprogramme für das Berggebiet seit 1975 zielen vor allem auf die Förderung der Landwirtschaft ab; im Laufe der Zeit hat man dann in Frankreich das Schwergewicht immer mehr auf die ökonomisch benachteiligten Gebiete («territoire économiquement défavorisé») gelegt, die im Verhältnis zum eigentlichen Berggebiet (mit einer klaren Definition auf physisch-geographischer Basis) mehr und mehr ausgeweitet wurden. Aber heute – d.h. nach der Reform der EG-Strukturfonds im Jahr 1980 (Schaffung von drei Fonds: Regional-, Sozial- und Agrarstruktur) – beziehen sich die Programme zur ländlichen Entwicklungsförderung vor allem auf die «zones en déclin» bzw. «zones en retard de développement» (Niedergangsgebiete bzw. Gebiete mit einem Entwicklungsrückstand), wobei es keine Rolle spielt, ob sie im Berggebiet liegen oder nicht. Im landwirtschaftspolitischen Rahmen ist das Berggebiet – mit etwa 20% der nationalen Fläche – damit völlig in die ökonomisch benachteiligten Gebiete (die etwa 50% der nationalen Fläche ausmachen) integriert, während es im Rahmen der «ländlichen Entwicklung» zum erheblichen Teil in die EG-Programme «Ziel 5 b» (EG-Begriff für Mittel zur Entwicklung des ländlichen Raumes, die aus den drei Strukturfonds stammen; da Frankreich kaum EG-Mittel aus «Ziel 1», der Förderung benachteiligter Gebiete, erhält, wurde das Programm «Ziel 5 b» speziell auf Frankreich zugeschnitten) einbezogen ist, die 33% der nationalen Fläche umfassen. Diese allmähliche Verschiebung des Schwergewichts vom Berggebiet hin zu den benachteiligten Gebieten (im weiteren Sinne) wurde übrigens bereits im Jahr 1985 mit der EG-Direktive Nr. 787/85 (Reform der sozio-strukturellen Förderungsmassnahmen) begonnen.

Wir können also eine «banalisation», eine Art Trivialisierung des Konzeptes «Berggebietsförderung» feststellen, weil das eigentliche Berggebiet im Rahmen der Förderungspolitik nur noch teilweise berücksichtigt wird und weil die «Vorteile» (Fördermittel), die es zum Ausgleich seiner naturräumlichen Nachteile erhält, auf eine immer grössere Fläche ausgeweitet werden.

Wenn man sich eine Karte mit der räumlichen Verteilung der Berggebiete in Europa ansieht, dann wird schnell klar – und diese Position wird von einer Reihe von hochrangigen Politikern in ganz Europa vertreten –, dass es eigentlich gar keine spezifische EG-Berggebietspolitik geben kann, weil diese nur einige EG-Länder betrifft und weil die eigentlichen «Gebirgsstaaten» in Europa gar nicht Mitglied der EG sind. Die Berggebietspolitik muss daher im Rahmen der EG in erster Linie auf nationaler Ebene erarbeitet und gestaltet werden und kann darüber hinaus dann bilaterale, vielleicht sogar auch multilaterale Strukturen entwickeln, die aber im EG-Rahmen nie eine Priorität erhalten können. Anstelle einer Berggebietspolitik kann die EG – als gemeinsame Politik der 12 Mitgliedsstaaten – daher nur eine allgemeine Entwicklungspolitik für sämtliche benachteiligten Gebiete («zones défavorisées») durchführen.

Es gibt im Rahmen der jüngsten europäischen Entwicklung dazu zwar einige Gegentendenzen wie beispielsweise die Deklaration des vom Europarat organisierten Kongresses von Trient im Jahr 1988, den Beschluss des EG-Wirtschafts- und -Sozialausschusses aus dem Jahr 1988 (siehe den Beitrag von Edoardo Martinengo) oder den Beschluss des Europa-Parlamentes von 1987, die sich alle für eine europäische Berggebiets- bzw. Alpenpolitik aussprechen, aber sie stellen doch eine spürbare Minderheitsposition dar, die sich in der EG noch nicht durchgesetzt hat.

Die zweite Lösungsstrategie besteht darin, entgegen der herrschenden EG-Strömung doch eine spezifische Berggebiets- bzw. Alpenpolitik auf europäischer Ebene zu entwickeln, und ich sehe einige wichtige Entwicklungen, die in diese Richtung gehen. So haben zum Beispiel die Verantwortlichen der Région Rhône-Alpes (die ausser den französischen Nordalpen grosse Teile des Rhonetales mit der Hauptstadt Lyon sowie Berggebiete im Zentralmassiv umfasst) auf Veranlassung der gewählten Regionsvertreter und der vom Staat bestimmten Regionsvertreter Ende 1988 einen Bericht «Prospective 2000 pour la Région» erarbeitet, der der geographischen Lage der Region im Rahmen eines «Europe médiane alpine» (wörtlich eigentlich: «alpines Mitteleuropa», da der Begriff «Mittel-» in Verbindung mit Europa im deutschsprachigen Raum eine spezifische Bedeutung besitzt, soll hier auf eine Übersetzung verzichtet werden) einen zentralen Stellenwert einräumt: Die Region Rhône-Alpes, die zwischen dem «Europe des capitales au Nord» (das Europa der Wirtschaftsagglomerationen im Norden), dem «Europe des rivages à l'Ouest» (das Europa der Küsten im Westen), dem «Europe des rivages au Sud» (das Europa der Küsten im Süden) und dem «Europe des rivages de l'Est» (das Europa der Küsten im Osten) liege, scheine sich über die Alpenketten hinweg im Rahmen eines «Europe médiane alpine», also eines «Europa der Pässe und Tunnel»

(«Europe des Cols et Tunnels»), neu zu strukturieren. Dabei stellen die beiden Achsen der gegenwärtigen urbanen Entwicklung – die Achse Genf–Mt-Blanc-Tunnel im Norden und die Achse Grenoble/Chambéry–Fréjus-Tunnel/Mt-Cenis-Pass im Süden – die Leitlinien der zukünftigen Entwicklung dar, und sie werden in Zukunft noch eine erhebliche zusätzliche ökonomische Aufwertung erfahren, so dass die Region Rhône-Alpes sich bewusst auf diesen Rahmen hin ausrichten müsse. In dem genannten Bericht folgen dann eine Reihe von konkreten Vorschlägen wie beispielsweise eine enge Zusammenarbeit mit Genf, die Erarbeitung einer gemeinsamen Wirtschafts- und Verkehrspolitik in den gesamten Westalpen, vor allem zusammen mit der Schweiz und Piemont, der Ausbau der internationalen Eisenbahnverbindungen (Direktverbindungen zwischen Lyon, Turin und Genf vermittels eines Mt-Blanc- und eines Montgenèvre-Tunnels), die Entwicklung eines grenzüberschreitenden Kulturprojektes für die frankophonen Gebiete des «Europe médiane alpine» und ähnliches, die alle deutlich machen, welche Bedeutung die «alpinen Wurzeln» für die zukünftige Entwicklung der Région Rhône-Alpes besitzen.

Ein weiteres Beispiel für die wachsende Bedeutung der «europäisch-alpinen» Dimension in Frankreich findet sich im touristischen Sektor: Im Rahmen wachsender Konkurrenzen im internationalen Fremdenverkehrsmarkt sind die Alpen einem immer stärkeren Konkurrenzdruck von seiten aussereuropäischer Gebirgsregionen und ausseralpiner Regionen in Europa ausgesetzt, was eine verstärkte Zusammenarbeit aller Anbieter im Alpenraum erforderlich macht. Auf diesem Hintergrund hat man im Jahr 1986/87 in Frankreich eine umfangreiche Studie über den alpinen Wintersportmarkt durchgeführt, die die Entwicklung der französischen Skistationen im Rahmen der gesamteuropäischen Winternachfrage untersucht hat; daraus ist einerseits eine genaue Kenntnis der derzeitigen Konkurrenzsituation im alpinen Wintersport erwachsen, aber andererseits sind dabei auch potentielle alpenweite touristische Ergänzungen und Komplementaritäten deutlich geworden. Dies hat dazu geführt, dass das Interesse an gemeinsamen alpenweiten Tourismusstrategien nicht nur in Frankreich steigt – u.a. beschleunigt durch das «Schlüsseldatum» 1992 (EG-Binnenmarkt plus Olympische Winterspiele in Albertville) – und dass möglicherweise noch im Jahr 1990 ein «Comité européen des Stations d'Hiver» gegründet wird. (Zu ergänzen wäre hier, dass es bereits seit 1989 eine alpenweite internationale «Alpine Tourist Commission» gibt, vermittels derer die Alpenländer gemeinsam in Übersee werben; der Werbeslogan für die USA lautet dabei nicht unzutreffend «United States of the Alps».)

Die Alpen als «Durchgangs- und Begegnungsraum» («terre de rencontre, voie de passage») beinhalten auf der europäischen Ebene drei zentrale Problemfelder:

1. Die Transitproblematik, die allerdings in den französischen Alpen kaum existiert, vielleicht weil die grossen Transitrouten (Mt-Blanc-Tunnel und Fréjus-Tunnel – es existiert im Gegensatz zu Österreich und der Schweiz keine durchgehende Autobahnverbindung) erst neueren Datums sind; allerdings geht es auch hier darum, den Schienentransitverkehr stärker zu entwickeln.

LES EUROPES

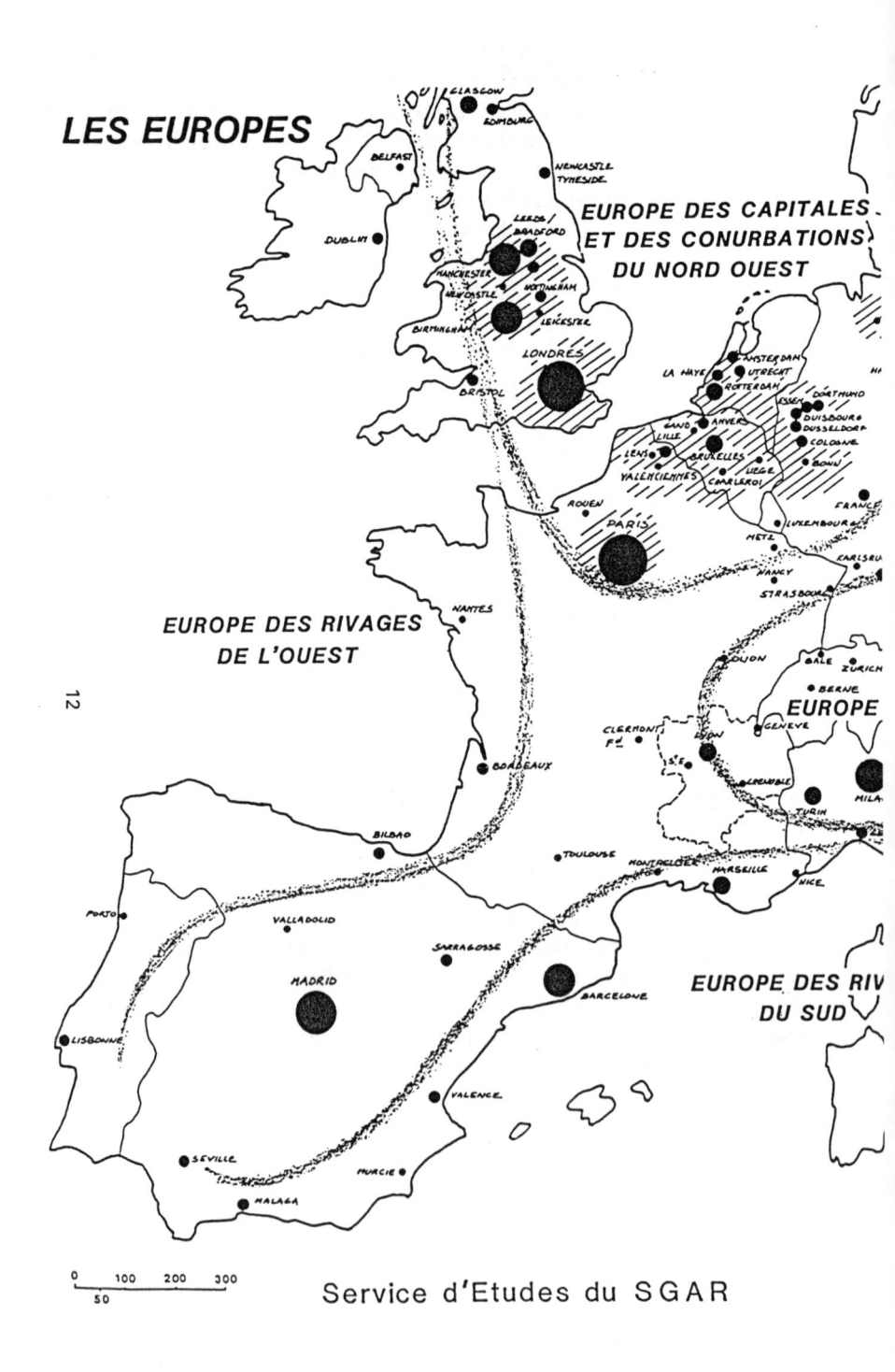

EUROPE DES CAPITALES ET DES CONURBATIONS DU NORD OUEST

EUROPE DES RIVAGES DE L'OUEST

EUROPE

EUROPE DES RIVAGES DU SUD

0 100 200 300
50

Service d'Etudes du SGAR

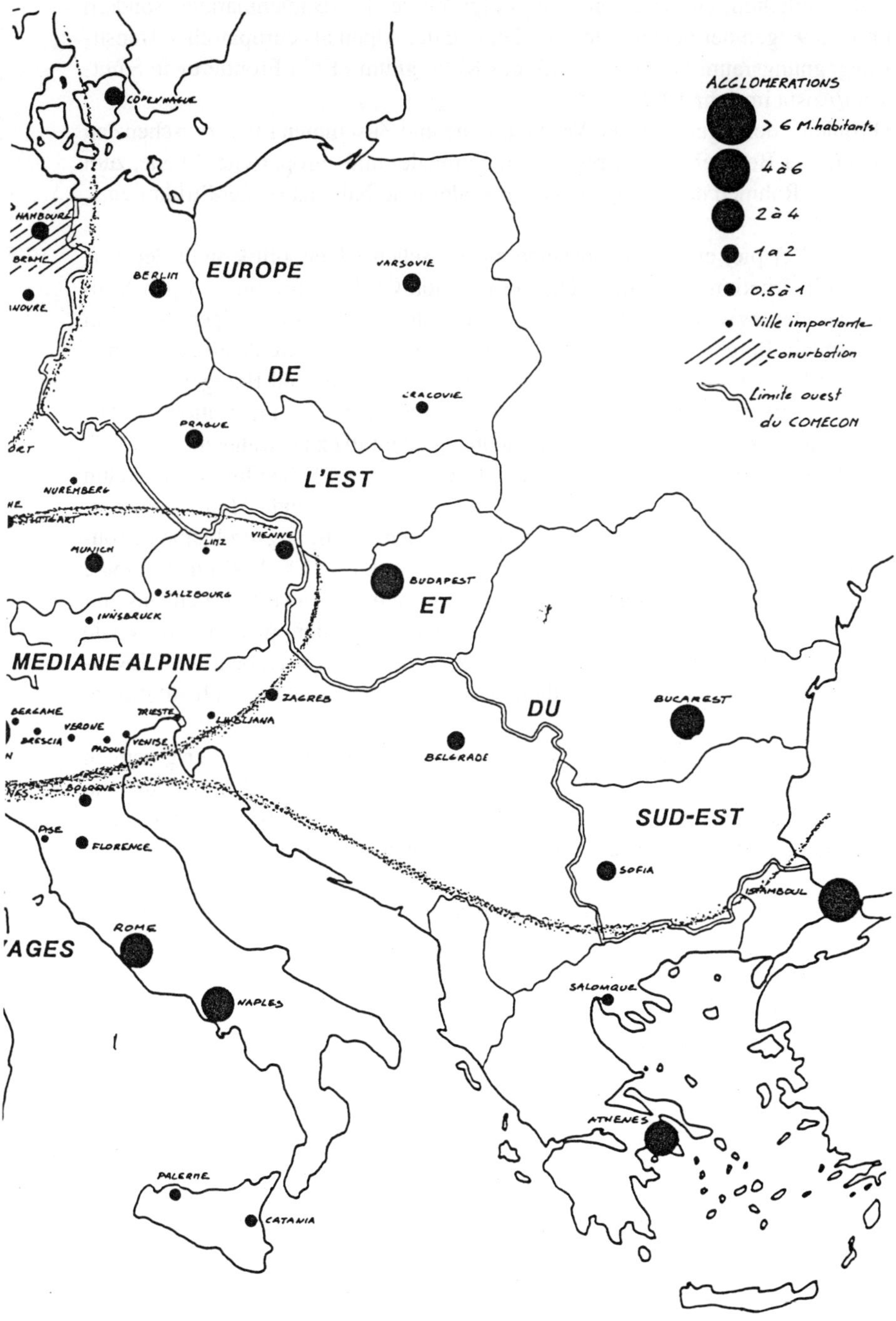
AGGLOMERATIONS
> 6 M.habitants
4 à 6
2 à 4
1 à 2
0,5 à 1
Ville importante
Conurbation
Limite ouest du COMECON
EUROPE
DE
L'EST
ET
DU
SUD-EST
MEDIANE ALPINE
COPENHAGUE
HAMBOURG
BERLIN
VARSOVIE
CRACOVIE
PRAGUE
NUREMBERG
STUTTGART
MUNICH
LINZ
VIENNE
SALZBOURG
INNSBRUCK
BUDAPEST
ZAGREB
LJUBLJANA
TRIESTE
BERGAME
VERONE
BRESCIA
PADOUE
VENISE
BOLOGNE
PISE
FLORENCE
BUCAREST
BELGRADE
SOFIA
ISTAMBOUL
ROME
NAPLES
SALONIQUE
ATHENES
PALERME
CATANIA

2. Die Probleme der grenzüberschreitenden Zusammenarbeit, die derzeit eine neue Aktualität erhalten, und zwar nicht nur aufgrund des EG-Binnenmarktes, sondern mehr noch wegen der neuen (alten) Bedeutung der Alpen als europäischer Transit- und Begegnungsraum (siehe dazu z.b. das Kolloquium «Effet Frontière» in Saint-Vincent/Aosta im Jahr 1988).
3. Die Probleme der regelmässigen Verständigung und Zusammenarbeit zwischen den Vertretern der Berggebiete auf regionaler, nationaler und europäischer Ebene, zum Beispiel im Rahmen des Europaparlaments oder innerhalb nationaler Strukturen.

Ein weiteres Beispiel einer gemeinsamen europäischen Alpenpolitik stellt der Vorschlag der «Internationalen Alpenschutzkommission CIPRA» für eine «Alpen-Konvention» dar, der inzwischen von der Umweltministerkonferenz der Alpenstaaten im Oktober 1989 in Berchtesgaden aufgenommen worden ist. Frankreich arbeitet selbstverständlich daran mit, vor allem in den Bereichen Tourismus und Berggebietssanierung. Und das gemeinsame italienisch-französische Projekt eines internationalen Mt-Blanc-Nationalparks ist in diesem Zusammenhang ebenfalls zu erwähnen.

Zum Schluss möchte ich noch kurz auf die Alpen als europäischen Innovationsraum hinweisen: Neben dem von Grenoble aus initiierten «Réseau Monde Alpin» («wissenschaftliches Alpen-Netzwerk»), das derzeit die Themen «Sättigungsprobleme in Touristenzentren» (siehe dazu Elsasser/Frösch/Finsterle in DISP 100/1990) und «alpine Hydrologie» bearbeitet und sich darüber hinaus um eine alpenweite Datenbank mit einschlägiger Literatur bemüht (RESALP), wäre dann vor allem das «Internationale Zentrum für alpinen Umweltschutz» in Chambéry/Savoyen zu nennen; der CEMAGREF arbeitet selbstverständlich mit allen diesen alpenweit orientierten Institutionen zusammen.

Diese Entwicklung hin zu einer gemeinsamen europäischen Politik für den gesamten Alpenraum scheint zwar immer stärker zu werden; allerdings geht es heute darum, ein entsprechendes europäisches Instrumentarium zu entwickeln, das aber erst noch gegen den Widerstand der EG-Mehrheitsposition durchgesetzt werden muss.

(Übersetzung aus dem Französischen: Werner Bätzing)

EDOARDO MARTINENGO*

Die Berggebietspolitik in Italien und die Schlüsselprobleme der Entwicklung des italienischen Alpenraums

Die italienischen Alpen umfassen mit ihren gut 50 000 km² knapp 28% der Alpengesamtfläche, und ihre 3,7 Millionen Einwohner (1.1.1989 = 3 748 484 Einwohner) machen 33% der alpinen Bevölkerung aus, so dass sie den grössten nationalen Teilraum in den Alpen darstellen. Die italienischen Alpen sind mit 16% der Fläche Italiens aber auch innerhalb Italiens ein wichtiger Raum, in dem jedoch nur knapp 6% der italienischen Bevölkerung leben. Die naturräumlichen, kulturgeschichtlichen und politischen Unterschiede dieses Raumes, der heute sieben verschiedenen politischen Regionen zugehört (Ligurien, Piemont, Aostatal, Lombardei, Südtirol-Trentino, Venetien, Friaul-Julisch Venetien), sind aber so stark ausgeprägt, dass eine Gesamtdarstellung in knapper Form kaum möglich ist.

Die spezifische sozio-ökonomische Realität der italienischen Alpen gründet sich auf der Nutzung der «dritten Dimension», die die Ursache für zahlreiche komplizierte jahreszeitliche Wanderungen zwischen den verschiedenen Nutzungsstockwerken ist und die hier bedeutender waren bzw. sind als auf der Alpennordseite. Diese haben zu einer ausgeprägten traditionellen landwirtschaftlichen Nutzungsvielfalt – von den Intensivkulturen der mediterran und submediterran geprägten Talböden der grossen alpinen Längs- und Quertäler bis hinauf zur extensiven Weidewirtschaft der Almregionen – geführt, wodurch die gesamte Gebirgsregion auf unterschiedliche Weise stark vom Menschen geprägt und gestaltet wurde. Nicht so sehr das Faktum der absoluten Höhe, sondern vor allem diese komplexe Stockwerksnutzung macht also das Charakteristikum der Alpen und ihren Unterschied zum Gebiet der Hügel und der Ebenen aus; ein Unterschied, der im Laufe der Geschichte stets zu spüren war, und zwar je nach Epoche auf positive oder negative Weise. So sei an dieser Stelle nur daran erinnert, dass beispielsweise die Bauern der lombardischen Alpen in der ersten Hälfte des 18. Jahrhunderts aus verschiedenen Gründen ökonomisch deutlich besser dastanden als ihre Kollegen aus der oberitalienischen Tiefebene. Aber auch in Italien waren es letztlich die mit der industriellen Revolution verbundenen ökonomischen und gesellschaftlichen Veränderungen, die aus dem «Unterschied» zwischen Alpen und Ebene eine grundsätzliche Benachteiligung machten und die die Alpen zu einer Problemregion abwerteten.

---

* Adresse des Verfassers: Dr. EDOARDO MARTINENGO, Ass. Agricolture e Foreste, Corso Stati Uniti 21, I-Torino (Italia)

Diese Entwertung der Alpen im Kontext der Industriellen Revolution zeigt sich an zahlreichen Phänomenen, dessen auffälligstes die Entvölkerung («spopolamento») darstellt, die besonders in den italienischen Westalpen (Ligurien, Piemont, Aostatal) sehr hohe Werte erreicht hat. Der damit verbundene Zusammenbruch von Wirtschaft, Gesellschaft und Kultur («abbandono» = Verlassen; im Gegensatz zu den im deutschen Sprachraum verwendeten Begriffen «Höhenflucht» oder «Bergflucht», die zwischen günstigen Tallagen und ungünstigen Höhen- und Schattenlagen differenzieren, drücken die italienischen Schlüsselbegriffe «abbandono» und «spopolamento» aus, dass die Alpenregionen insgesamt zusammenbrechen) wurde besonders zur Zeit Mussolinis sehr negativ bewertet, weil dadurch vor allem die so empfindlichen Grenzregionen Italiens militärisch geschwächt wurden. Daher wurde damals eine sehr umfangreiche und gründliche Untersuchung in Auftrag gegeben, die den ersten Höhepunkt der systematischen wissenschaftlichen Analyse der Gebirgsproblematik in Italien bildet und die heute noch einen wichtigen Referenzwert darstellt: «Lo spopolamento montano in Italia, indagine geografico-economico-agraria», hrsg. vom Istituto Nazionale di Economia Agraria/Istituto Nazionale per la Geografia del Consiglio Nazionale delle Ricerche, 8 Bände in 11 Teilbänden, etwa 4000 Seiten, Tip. Failli, Roma 1932–1938 (die Alpen werden in Bd. 1–5 in 8 Teilbänden behandelt).

Nach dem Zweiten Weltkrieg setzte sich die Entvölkerung weiterhin fort, obwohl allmählich eine staatliche Berggebietspolitik mit Infrastrukturförderungen und Verbesserungen der Produktionsvoraussetzungen entwickelt wurde. In den letzten Jahrzehnten wurde allerdings die Entvölkerung nicht mehr so negativ bewertet wie früher: Man wurde sich bewusst, dass die Grösse der vor Ort lebenden Bevölkerung in einem sinnvollen Verhältnis zu den lokal nutzbaren Ressourcen stehen müsse, und unter diesem Aspekt kann heute von einem gewissen Gleichgewicht gesprochen werden. Das bedeutet natürlich nicht, dass in früheren Zeiten die Bevölkerung der italienischen Alpen unverhältnismässig hoch gewesen ist («Überbevölkerung»), denn damals wurden Ressourcen genutzt, die unter den heutigen wirtschaftspolitischen Rahmenbedingungen nicht mehr sinnvoll zu nutzen sind. Und wenn man heute von einem neuen Bevölkerungswachstum in den italienischen Alpen («ripopolamento» = Wiederbevölkerung) spricht, dann ist dies untrennbar mit einer ökonomischen (Wieder-)Aufwertung lokaler Ressourcen verbunden. Die Idee eines solchen Bevölkerungwachstums gründet sich übrigens darauf, dass im Verlauf der siebziger Jahre der allgemeine Bevölkerungsrückgang in den italienischen Alpen gestoppt wurde und in den achtziger Jahren sogar ein – wenn auch erst leichtes – Wachstums festzustellen ist.

Während sich die Bevölkerung Italiens in den letzten 130 Jahren fast verdreifacht hat (von 21 auf 57 Mio.), ist sie in den italienischen Alpen – bei sehr grossen internen Disparitäten und bedeutenden Verschiebungen vom ländlichen Raum in die alpinen Mittel- und Unterzentren – in dieser Zeit nur leicht angestiegen, und die mittlere Bevölkerungsdichte liegt derzeit bei etwa 68 Einwohnern/km^2.

Die bisherigen Aussagen waren so allgemein, dass sie zwangsläufig oberflächlich bleiben mussten. Daher wird es jetzt notwendig, die Begriffe «Alpen» («montagna alpina») und «Alpenregionen» («regioni alpine») abzuklären, weil nur so die statisti-

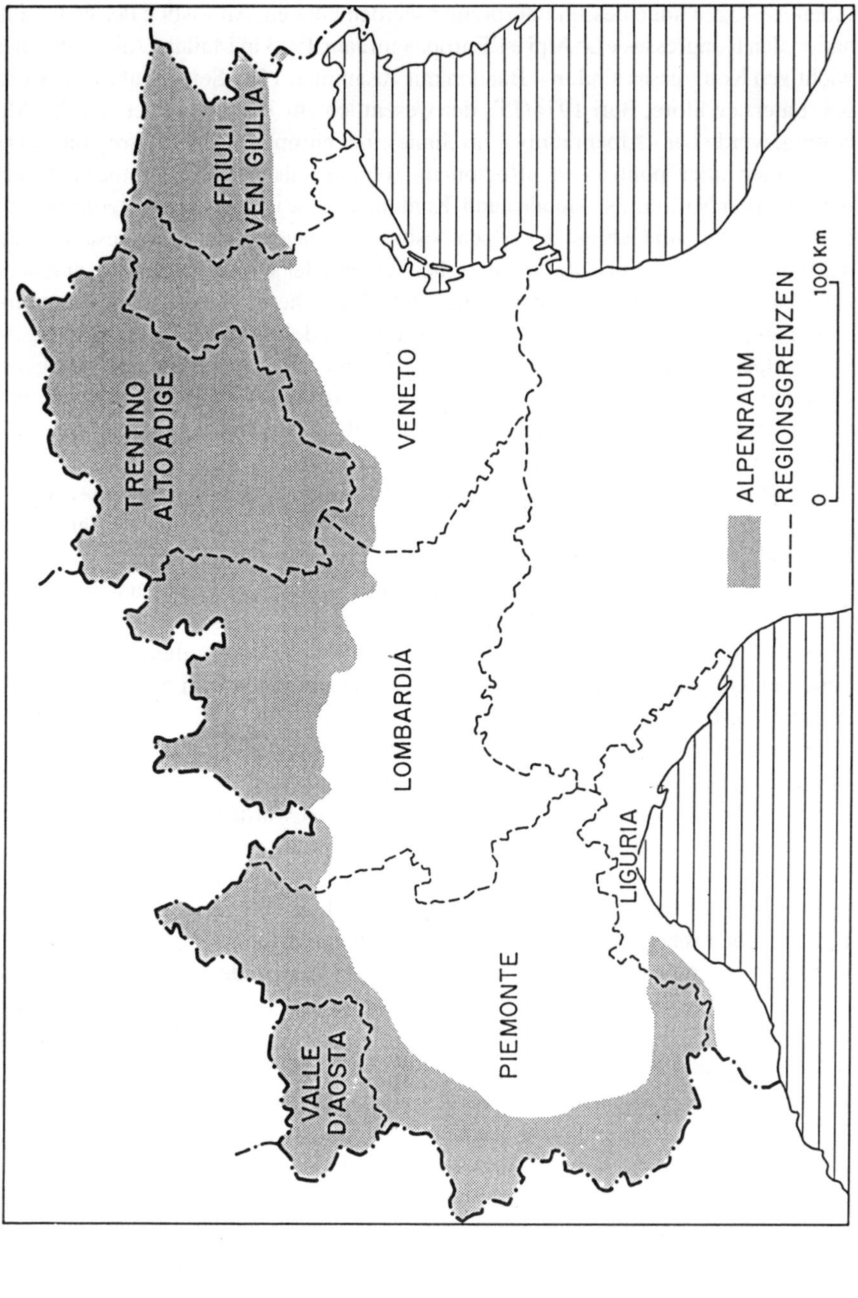
FRIULI
VEN. GIULIA
TRENTINO
ALTO ADIGE
VENETO
LOMBARDIA
VALLE
D'AOSTA
PIEMONTE
LIGURIA
ALPENRAUM
REGIONSGRENZEN
0
100 Km

schen Aussagen angemessen interpretiert werden können. Anlässlich des ersten internationalen Kongresses «Le Alpi e l'Europa» im Jahr 1973 in Mailand (die «atti» dieses wichtigen Kongresses sind in 4 Bänden mit zusammen 1681 Seiten publiziert worden bei: Laterza editore, Bari 1974/75), der wesentlich zur Wiederentdeckung der Alpen beitrug, wurde der «Alpenraum» – im Sinne einer europäischen Grossregion – als die Gesamtheit aller politischen «Regionen» (regione als höchste politische Struktur unterhalb der Nation, also Bundesland, Kanton, regione usw.) betrachtet, die ganz oder teilweise Anteil am Gebirge der Alpen besitzen. Genauer gesagt: Das gesamte Gebiet der französischen régions, der italienischen regioni, der schweizerischen Kantone, der österreichischen Bundesländer und der jugoslawischen sozialistischen Republiken wurde als grosse «Alpenregion» («regione alpina») definiert, die dann in ein eigentliches «Alpengebiet» («area alpina») – Abgrenzung nach Relief und geomorphologischen Kriterien) und in ein «perialpines Gebiet» (area perialpina») unterteilt wurde. Ich zitiere dieses schon historische Beispiel, weil der Begriff «Alpen» nicht eindeutig definiert ist und sehr verschieden interpretiert werden kann.

In Italien ist das «Berggebiet» («zona montana» oder «territorio montano») durch das Gesetz Nr. 991 aus dem Jahr 1952 eindeutig bestimmt. Basiseinheit dafür ist die Gemeinde, deren Fläche ganz oder teilweise als Berggebiet klassifiziert wird, wobei die Höhenlage, der Reliefunterschied innerhalb des Gemeindegebietes und steuerpolitische Faktoren ausschlaggebend sind. Dieses Berggebiet umfasst die Alpen, den Apennin und die Gebirge Inselitaliens, wobei es keine offizielle Unterteilung zwischen Alpen und Apennin gibt, so dass es schwierig ist, aus den amtlichen Statistiken den Anteil der Alpen zu bestimmen.

Im Jahr 1971 wurde mit dem Gesetz Nr. 1102 die moderne Verwaltungsstruktur des Berggebiets geschaffen, indem die 4190 Berggemeinden zu 337 homogenen Zonen, den sogenannten «comunità montane», zusammengefasst wurden. Jede dieser «comunità montana» erhielt eine gesetzlich verankerte Verwaltung («ente pubblico») aus angestellten Fachleuten und gewählten Vertretern, der die Aufgabe zugeteilt wurde, die gesamte sozio-ökonomische Entwicklung ihres Gebietes zu gestalten und voranzutreiben. Im italienischen Alpenraum besteht eine «comunità montana» sehr häufig aus dem Gebiet eines alpinen (Quer-)Tales mit etwa 10–15 Gemeinden (oft in Korrespondenz mit historischen Talschaftsstrukturen), und es gibt hier 148 «comunità montane» mit zusammen 1937 Berggemeinden.

Damit sind diese «comunità montane» so etwas wie die «Schlüsseleinheiten» der italienischen Berggebietspolitik geworden, auch wenn jede einen kleinen Mikrokosmos für sich mit jeweils erheblichen internen Disparitäten (v.a. zwischen dem jeweiligen Talschaftszentrum und seinem «Hinterland») und teilweise spezifischen Problemstellungen darstellt. Um die Kenntnis der aktuellen Situation und ihrer Probleme zu verbessern, hat die «Unione delle Camere di Commercio dell'Arco alpino» (Handelskammer des Alpenraums) in Mailand auf meinen Vorschlag hin die wichtigsten sozioökonomischen Strukturdaten über den gesamten italienischen Alpenraum auf der Ebene der «comunità montane» zusammengestellt und veröffentlicht: C.I.P.D.A.: Rapporto sulla situazione economico-sociale nelle zone alpine; Milano 1988, 3 Bände, zus. 521

Tabelle 1: Das Berggebiet ("zona montana") in Italien am 31.12.1989 (nach Montana Oggi 36/1990, Nr. 2, S. 10) (Bevölkerung: 31.12.1988)

	Berggemeinden ("comuni montani")		"comunità montane"	Fläche des Berggebietes ("superficie montana")		Bevölkerung des Berggebietes ("popolazione montana")		Staatliche Finanzmittel und Finanzschlüssel für die Berggebiete	
	Zahl	% aller Gemeinden	Zahl [1]	km²	% der Fläche	Zahl	% der Bevölkerung		
Italien gesamt	4190	52	337	163238	54	10.5 Mio.	18	145 Mia. Lire (1986) 157 Mia. Lire (1987) 169 Mia. Lire (1988) = 100 %[2]	182 Mia. Lire (1989) 196 Mia. Lire (1990) 210 Mia. Lire (1991)
davon Berggebiet im italienischen Alpenraum:									
Ligurien	187	80	19	4422	82	347145	20	3.1	Liguria
Piemont	531	44	45	13164	52	661604	15	7.6	Piemonte
Valle d'Aosta	74	100	8	3262	100	114760	100	1.6	Valle d'Aosta
Lombardei	543	35	30	10324	43	1178319	134	9.3	Lombardia
Trentino - Südtirol:									
- Trento	223	100	11	6218	100	446030	100	1.4	- Trentino
- Südtirol	116	100	7	7400	100	438009	100	1.6	- Südtirol
Venetien	158	27	18	5876	32	386102	9	3.9	Veneto
Friaul - Jul. Venet.	105	50	10	4473	57	180983	15	2.4	Friuli - Venezia G.
Berggebiet ital. Alpen ohne Ligurien[3]	1750	44	129	50717	55	3405847	17	27.8	Ital. Alpen ohne Ligurien
Berggebiet alle 7 Regionen ("Alpen")[3]	1937	46	148	55139	56	3752992	17	30.9	Ital. Alpen einschl. Ligurien
Anteil ital. Alpen am ital. Berggebiet		42	38		31		32.5	27.8	Anteil der ital. Alpen am ital. Berggebiet

Anmerkungen zu Tabelle 1

1 Ohne Sizilien, das zwar 185 Berggemeinden besitzt, aber die Institution der comunità montana 1986 abgeschafft hat.
2 Finanzmittel für das Berggebiet, die über die Regionen an die comunità montane ausgezahlt werden.
3 Da es keine amtliche Abgrenzung des Alpenraums gibt, kommt die Addition der Berggebiete ohne Ligurien der realen Situation relativ nahe. Italienische Darstellungen bezeichnen als "Alpen" meist die Berggebiete in allen sieben Regionen, was aber zu hohe Werte ergibt. Die Prozentangaben in dieser und der folgenden Spalte beziehen sich auf die jeweilige Gesamtsituation der sechs bzw. sieben Regionen.

Seiten. Damit liegt zum erstenmal seit langer Zeit eine sehr detaillierte, aktuelle und flächendeckende Materialsammlung über die italienischen Alpen vor, die auf vielfältige Weise ausgewertet werden kann. Um die internen Disparitäten innerhalb der einzelnen «comunità montane» deutlich zu machen, wurde dabei das klassifizierte Berggebiet in eine «zona pedemontana» (vor- bzw. randalpine Hügelzone) und ein Gebiet «montagna interna» (eigentlicher Alpenraum) aufgeteilt. Leider beziehen sich die Angaben nur auf die beiden Jahre 1971 und 1981, aber die UNCEM erarbeitet gegenwärtig ein Modell zur Aktualisierung dieser Daten im 2-Jahres-Rhythmus, um die sozio-ökonomische Dynamik besser erfassen zu können.

Abgesehen von den internen Voraussetzungen des Berggebiets wie Naturraum, Relief, Nutzungsmöglichkeiten, Infrastruktur usw. spielen exogene Faktoren im italienischen Alpenraum eine sehr wichtige Rolle: Es macht einen sehr grossen Unterschied, ob ein Alpental in der Nähe einer Millionenstadt in die oberitalienische Tiefebene mündet oder nicht, oder ob es sich um ein offenes Transittal oder um ein enges «Sackgassental» handelt. Trotz dieser deutlichen Differenzen lässt sich aber ganz allgemein feststellen, dass die Bevölkerung der «comunità montane» im italienischen Alpenraum in den letzten 15 Jahren wieder leicht zunimmt, und zwar vor allem in Teilen Friauls, in Südtirol-Trentino, in den gesamten lombardischen Alpen, im Aostatal, in den nordpiemontesischen Alpen und in zwei ligurischen Provinzen, während die Entvölkerung im Ostteil Friaul-Julisch Venetiens noch stark und in den Bergen Venetiens und der Provinz Cuneo (Piemont) etwas weniger stark ausgeprägt ist.

Diese demographische Konsolidierung wird von einer spürbaren ökonomischen Konsolidierung im Berggebiet begleitet: Die Zahl der landwirtschaftlichen Betriebe verringert sich zwar weiterhin deutlich, aber der Rückgang der in der Landwirtschaft tätigen Personen und der Viehzahlen ist nur noch leicht ausgeprägt. Dies basiert auf dem Erlöschen der traditionellen Klein- und Kleinstbetriebe, die grösseren, moderneren und konkurrenzfähigeren Betrieben Platz machen. Dabei stellt es meist keinen Nachteil dar, dass die in der Tiefebene lebenden Erben der ehemaligen Bergbauern ihre Nutzflächen im Gebirge als Eigentum behalten, weil sie ihre Flächen an die modernen Betriebe zu meist günstigen Bedingungen langfristig verpachten. Durch diesen Strukturwandel verbessert sich die ökonomische Lage der Berglandwirtschaft spürbar. Parallel dazu weist der sekundäre Sektor (der stellenweise durch Mussolini forciert ausgebaut worden war) eine gewisse Stabilität auf, und es steigt die Zahl der Arbeitsplätze im tertiären Sektor. Natürlich müsste man diese sehr allgemeinen Aussagen räumlich differenzieren (mindestens auf Regionsebene), wozu hier der Platz fehlt, aber trotzdem kann man meines Erachtens davon sprechen, dass sich fast überall in den italienischen Alpen im letzten Jahrzehnt die wirtschaftliche Lage konsolidiert hat, wobei eine enge Beziehung zwischen der Aufwertung der lokalen Ressourcen und der Erhöhung der lokalen Bevölkerungszahl festzustellen ist. Derzeit diskutiert man in Italien darüber, ob diese wirtschaftliche Konsolidierung den italienischen Alpen eine tragfähige Zukunftsentwicklung ermöglicht, oder ob sie nur oberflächlich und von kurzer Dauer ist. Ich persönlich bin der Ansicht, dass die Möglichkeiten für eine positive Entwicklung grösser sind als für eine negative, wobei ich mich auf folgende Überlegungen stütze:

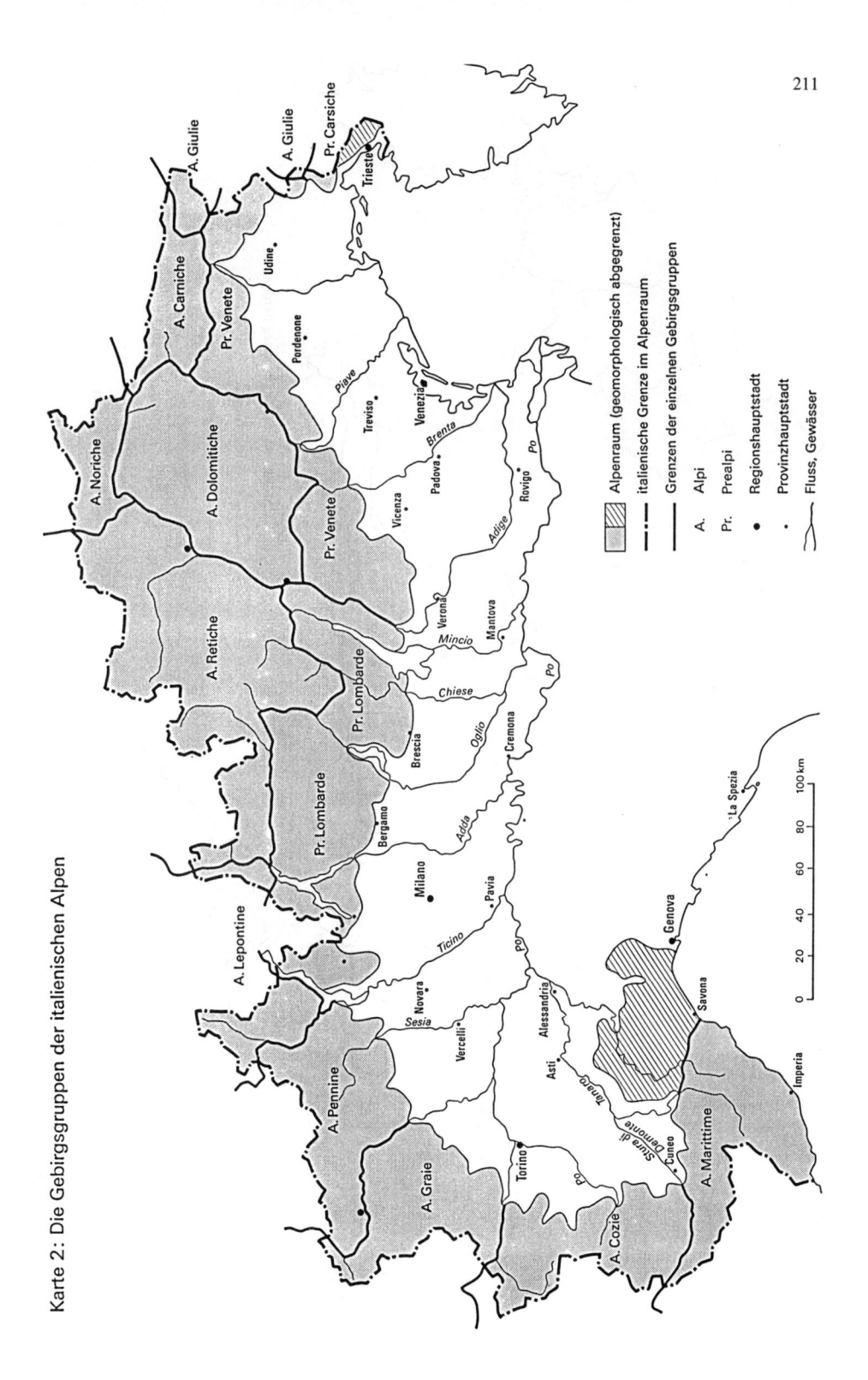

Karte 2: Die Gebirgsgruppen der italienischen Alpen

Karte 3: Die Verwaltungsgliederung der italienischen Alpen und Oberitaliens

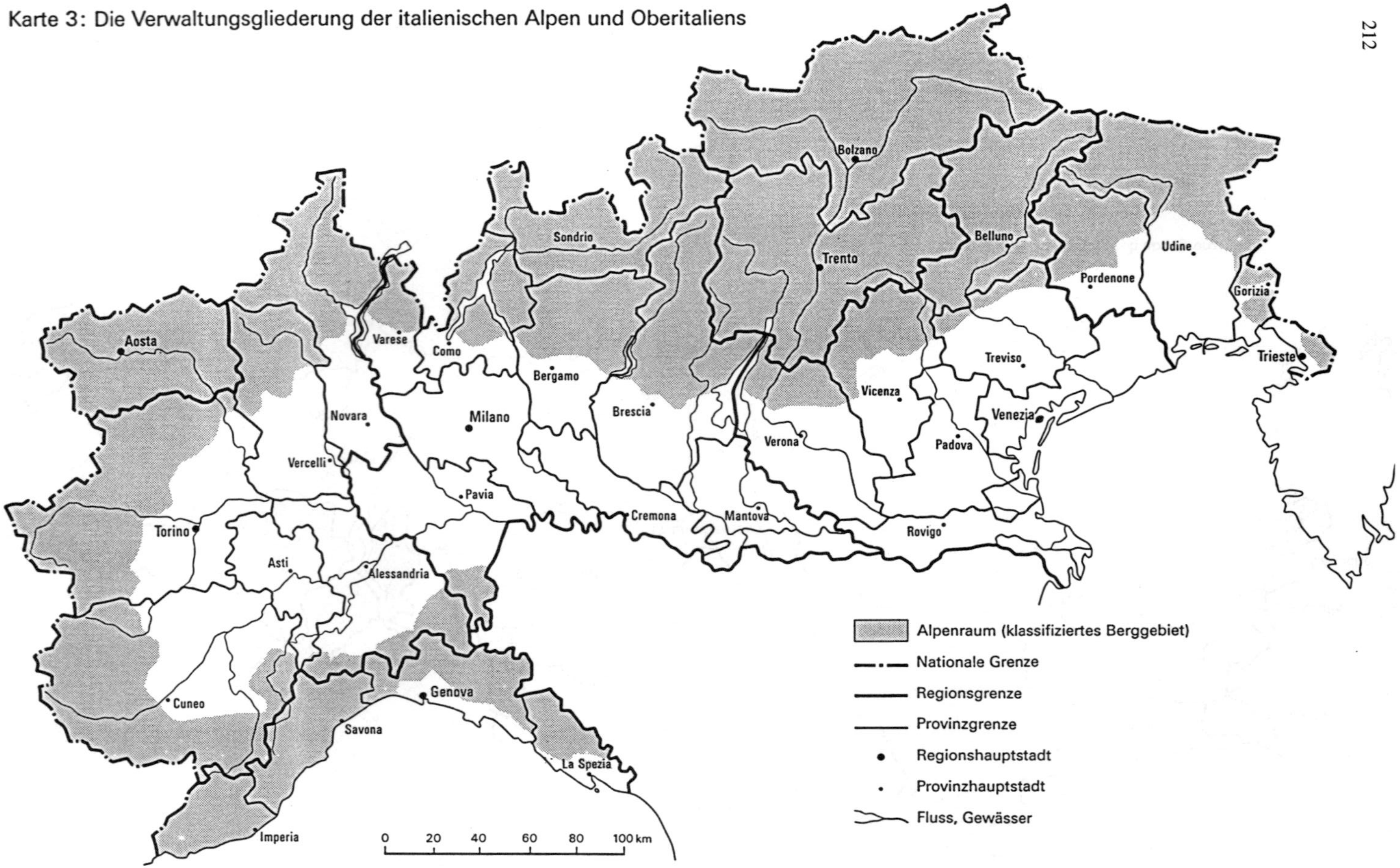

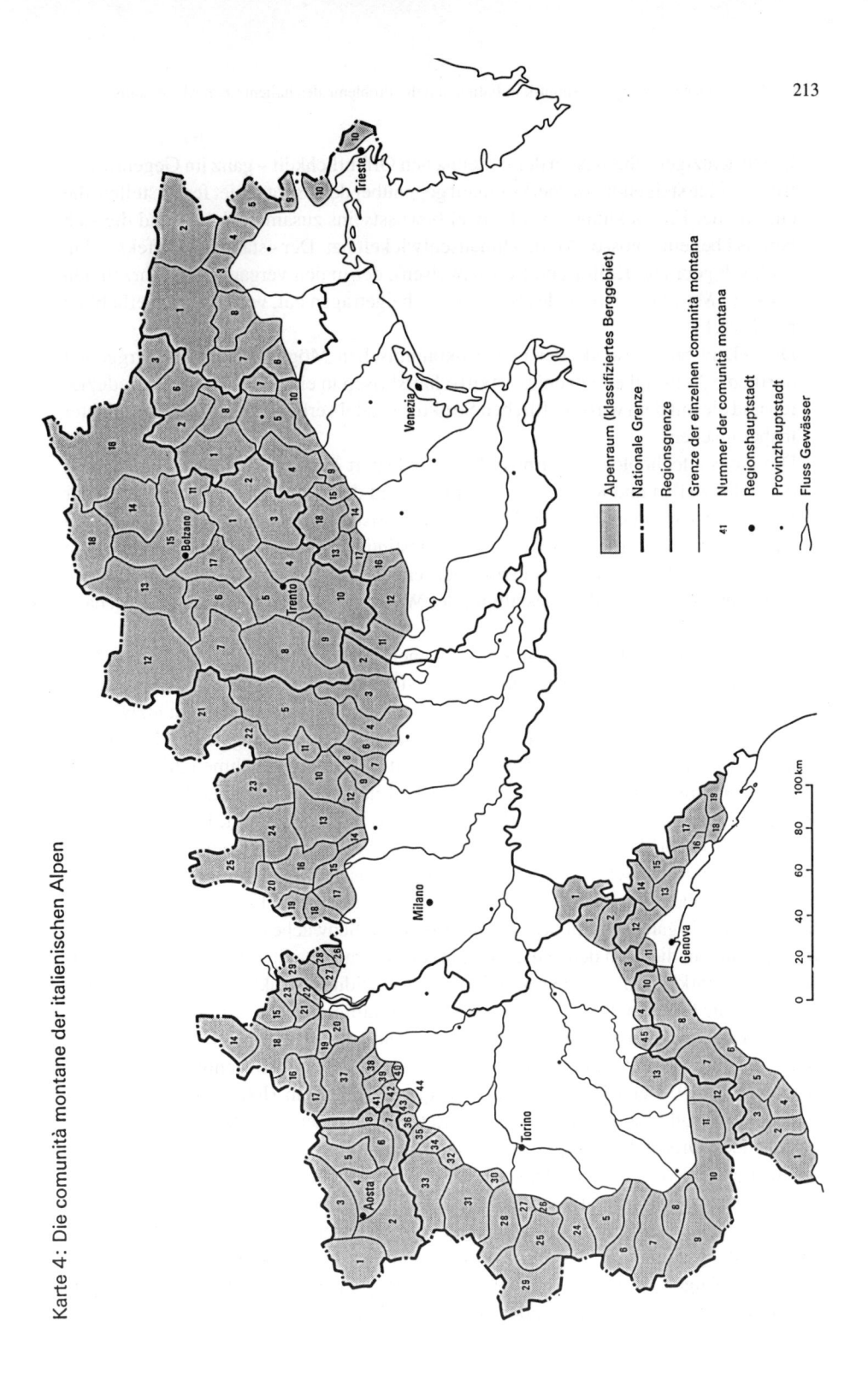

Karte 4: Die comunità montane der italienischen Alpen

- In den achtziger Jahren ist in der italienischen Öffentlichkeit – ganz im Gegensatz zu früher – eine steigende Aufmerksamkeit gegenüber dem Berggebiet festzustellen, die eng mit der Entwicklung eines Umweltbewusstseins zusammenhängt und die sich bereits über eine blosse «Mode» hinausentwickelt hat. Der «städtische Effekt» (d.h. städtisch geprägte Kultur und Lebensweisen), der in den vergangenen Jahrzehnten stark zur Marginalisierung des Berggebiets beigetragen hat, wird dadurch erheblich geschwächt.
- Die relativ breite Palette der neuen ökonomischen Möglichkeiten im Berggebiet dürfte die Anfälligkeit gegenüber Wirtschaftskrisen in einzelnen Branchen reduzieren und die mit dem wirtschaftlichen Strukturwandel verbundenen Probleme leichter lösbar machen.
- Die jüngste technologische Entwicklung reduziert die enge Standortgebundenheit der industriellen und tertiären Arbeitsplätze und damit die hohe Konzentration der Wirtschaft in wenigen Zentren, die ein Charakteristikum der industriellen Revolution darstellt. Die zukünftige Entwicklung der postindustriellen Gesellschaft könnte dem Berggebiet – gemeinsam mit einem wachsenden Umweltbewusstsein – im Rahmen einer bewusst dezentralen Gestaltung der Wirtschaft eine völlig neue gesellschaftliche Bedeutung zuweisen.
- Die Berggebietspolitik auf den verschiedenen internationalen und nationalen Verwaltungsebenen dürfte die zukünftige Entwicklung ebenfalls positiv beeinflussen. Die Basisstruktur dafür stellt in Italien die «comunità montana» dar, die inzwischen ihre Anfangsschwierigkeiten überwunden hat und ein wirkungsvolles Instrument geworden ist und die auch in Zukunft noch an Bedeutung zunehmen dürfte.

Meine optimistische Bewertung der jüngsten Entwicklung wird durch den Schneemangel in den Wintern 1988/89 und 1989/90 etwas in Frage gestellt: Die italienischen Skistationen haben dadurch schwere ökonomische Verluste erlitten, und dieses Faktum stellt einen zentralen Schwachpunkt bei einer touristischen Wintermonostruktur dar. In Wirklichkeit aber – lassen Sie mich dies nur kurz anmerken – hängt das Problem des Schneemangels ganz eng mit der charakteristischen Schwäche der Berggebietsökonomie zusammen, die nach dem Zusammenbruch der traditionellen Selbstversorgerwirtschaft sehr stark durch externe Kapital- und Entscheidungsstrukturen bestimmt wurde und wird, die letztlich die Ursache für diese so anfälligen Monostrukturen sind.

Was den Schneemangel und die Winterinfrastruktur betrifft, so muss man berücksichtigen, dass die Skizentren in den italienischen Alpen mit einigen wenigen Ausnahmen (darunter die 1931 errichtete Skistation Sestriere in 2000 m Höhe in den Cottischen Alpen, die Vorbild für die französischen «Retortenstationen» wurde) immer in bereits bestehenden Ortschaften aufgebaut wurden. Damit sind diese Orte und Gemeinden weniger extrem vom Schnee abhängig als die «künstlichen» französischen Skistationen. Die jüngsten Informationen aus den italienischen Wintersportgebieten besagen, dass trotz Schneemangels bzw. unabhängig von den jeweiligen Pistenverhältnissen die Übernachtungszahlen nicht signifikant abgenommen haben. Dies dürfte auch damit zusammenhängen, dass sich Angebot und Nachfrage nicht allein auf den Abfahrtsskilauf konzentrieren, sondern dass den sozialen, kulturellen und gastronomischen Akti-

Tabelle 2: Die Bevölkerung des italienischen Alpenraums 1971-1981 aufgeschlüsselt nach "montagna interna" und "zona pedemontana"

	Montagna interna 1971	1981	Diff. %	Zona pedemontana 1971	1981	Diff. %
Liguria	211'459	207'532	- 1.9	110'613	114'906	+ 3.9
Piemonte	295'632	277'093	- 6.3	344'422	353'848	+ 2.7
V. d'Aosta	57'763	60'134	+ 4.1	14'481	15'025	+ 3.8
Lombardia	270'525	268'443	- 0.8	803'197	856'592	+ 6.6
Trentino-Südtirol	382'814	390'955	+ 2.1	211'080	343'567	+ 62.8
Veneto	147'992	131'449	- 11.2	459'707	476'458	+ 3.6
Friuli-Ven.Giulia	43'453	38'416	- 11.6	115'271	112'995	- 2.0
Gesamt	1'409'638	1'374'022	- 2.5	2'058'771	2'273'391	+ 10.4
Verhältnis	40.6%	37.7%		59.4%	62.3%	

Basis: Martinengo/CIPDA 1988

Bevölkerung = popolazione residente
zona pedemontana = Gemeinden, deren Gemeindezentrum (d.h. grösste Siedlung) unterhalb von 500 m liegt (auch wenn der Grossteil der Gemeindefläche über 600 m liegt = Voraussetzung für Berggebietsklassifikation); in Ligurien Gemeinden, deren Gemeindezentrum dirkt an der der Küste liegt.

vitäten im Rahmen eines italienischen Winterurlaubs ein erheblicher Stellenwert zukommt. Darüberhinaus besitzen fast alle Wintersportgemeinden eine mehr oder weniger bedeutende Sommersaison, so dass auch dadurch eine gewisse Diversifizierung gegeben ist.

Während die Übernachtungsstrukturen im italienischen Alpenraum zu einem guten Teil im Besitz der Einheimischen sind, sind die Aufstiegsanlagen und die touristischen Bahnen meist im Besitz auswärtiger Kapitalgesellschaften. Damit sind die italienischen Wintersportgemeinden zwar wesentlich stärker vom Fremdkapital abhängig als vergleichbare schweizerische oder österreichische Gemeinden, aber es fehlt andererseits die absolute Dominanz fremder Geldgeber wie in den französischen Alpen, wo die lokale Bevölkerung mehr oder weniger aus der Wintersportentwicklung ausgeschlossen wurde. Und in diesen allein auf den Pistenskilauf ausgerichteten Zentren spürt man natürlich den Schneemangel ganz besonders deutlich.

Im internationalen Vergleich im Alpenraum fällt der grosse Unterschied zwischen föderalistisch und zentralistisch aufgebauten Staaten deutlich ins Auge: Während die Gemeinden in föderalistischen Staaten erhebliche ökonomische und strukturelle Unterstützung erfahren, stellen die italienischen Alpen für mehr als ein Jahrhundert – und zwar gerade für das Jahrhundert mit den zentralen sozio-ökonomischen Veränderungen – eine strukturschwache und national völlig unbedeutende Randregion dar. Auch wenn die Verfassung der Republik Italien aus dem Jahr 1948 explizit ein spezifisches Engagement des Staates für das Berggebiet erwähnt und das erste Berggebietsgesetz aus dem Jahr 1952 stammt, so muss man doch bis zum Jahr 1971 warten, bis sich im Rahmen der «Regionalisierung» Italiens (Delegation gewisser zentralstaatlicher Aufgaben und Befugnisse an die neu aufgewerteten «regioni») ein neues Verhältnis zu den peripheren Gebieten entwickelt. Mit anderen Worten: Mit der Verlagerung staatlicher Macht von Rom nach Turin, Mailand, Genua, Venedig usw. sind die Alpen näher an die politischen Machtzentren herangerückt. Die Bewertung dieses gewaltigen Strukturwandels ist derzeit noch nicht abschliessend möglich, aber es lässt sich schon jetzt feststellen, dass die Regionshauptstädte die Probleme des Alpenraums – d.h. ihres eigenen «Hinterlandes» – weniger leicht verdrängen können als die Hauptstadt Rom.

Praktisch gleichzeitig mit der Regionalisierung Italiens trat das Gesetz Nr. 1102/1971 in Kraft, das seinerseits die zuvor starr zentralistisch ausgerichtete Berggebietsförderung auf eine neue, dezentrale Weise organisiert. Als Basisorganisation wurde die schon erwähnte «comunità montana» mit einem eigenen Status geschaffen, die aus einer Vollversammlung (bestehend aus je drei Vertretern jeder Gemeinde), einem Exekutivausschuss und einem Präsidenten besteht und die verpflichtet ist, einen detaillierten «sozio-ökonomischen Entwicklungsplan» («piano di sviluppo socio-economico») auszuarbeiten. Die «comunità montane» erhalten vom Staat einen jährlichen Finanzbeitrag zur Deckung ihrer laufenden Verwaltungsarbeit und einen zweiten Beitrag zur Realisierung der Vorschläge aus dem sozio-ökonomischen Entwicklungsplan, wobei dieser zweite Finanzbeitrag über die Region ausgezahlt wird, die die Entwicklungspläne der einzelnen comunità montane jeweils kontrolliert. Damit handelt es sich um eine moderne demokratische Struktur, die gut geeignet ist, der lokalen Bevölkerung und ihren gewählten Vertretern Verantwortung zu übertragen, damit sie die eigene Entwicklung selbst aktiv gestalten. Diese mutige Innovation war aber im Rahmen der konkreten Umsetzung mit unendlichen Schwierigkeiten, Widersprüchen, Misstrauen und Ablehnungen von den verschiedensten Seiten verbunden, die eigentlich erst in diesen Monaten – d.h. 18 Jahre nach der Verabschiedung dieses Gesetzes! – endgültig beigelegt zu sein scheinen, und erst in diesen Tagen ist die «comunità montana» als zentrale Verwaltungseinheit im Berggebiet zwischen Gemeinde und Provinz von allen gesellschaftlichen Kräften Italiens anerkannt. Trotz vielfältiger ökonomischer Probleme (die staatlichen Finanzbeiträge sind relativ gering) und gewissen Mängeln in der juristischen Konstruktion der «comunità montana» (worüber es eine endlose Diskussion gibt) und trotz des anfänglichen Widerstands von seiten der gerade neu aufgewerteten Regionen (die von der Institution der «comunità montana» eine Schwächung ihrer Position befürchteten), haben sich die «comunità montane» durch eine seriöse und effektive Arbeit inzwischen so weit konsolidiert, dass sie heute allgemein als *die* politische Vertretung des Berggebietes anerkannt sind. Derzeit gibt es im gesamten Berggebiet Italiens etwa 5000 Angestellte (im Alpenraum etwa 1500) bei den «comunità montane», wobei im Apennin und in Süditalien jede «comunità montana» aus etwa 15 Angestellten und im Alpenraum aus etwa 10 Angestellten besteht.

Im Rahmen der aktuellen internationalen Diskussion um eine «endogen geprägte Berggebietsentwicklung» muss man festhalten, dass die italienische Berggebietspolitik mit ihrem Gesetz Nr. 1102 der Zeit weit voraus war, indem sie schon vor 20 Jahren konsequent die Strukturen für eine endogene Entwicklung des Berggebiets geschaffen hat, während in der Europäischen Gemeinschaft solche Strukturen (mit den «integrierten Entwicklungsplänen für den Mittelmeerraum» oder der Neudefinition des «EG-Strukturfonds») erst seit Mitte der achtziger Jahre geschaffen wurden.

Trotz dieser positiven Aspekte weist eine Gesamtbewertung der italienischen Berggebietspolitik aber auch einige negative Gesichtspunkte auf:

1. Das Gesetz Nr. 1102/1971 ist ein sogenanntes nationales «Rahmengesetz», das nur die allgemeine Struktur der Berggebietspolitik festlegt, aber keinerlei Aussagen oder Bestimmungen über Inhalte und Ziele der Berggebietsentwicklung enthält. Dies erklärt sich daraus, dass zufälligerweise genau in den Monaten nach seinem Erlass die zentralen gesetzlichen und administrativen Zuständigkeiten für eine Entwicklung des Berggebietes – nämlich die für Land- und Forstwirtschaft, Fremdenverkehr, Gesundheitswesen usw. – vom römischen Zentralstaat an die neugeschaffenen Regionen übertragen wurden («Regionalisierung»), so dass für die römische Regierung allein der Spielraum übrigblieb, die Grundsätze der regionalen Entwicklung formal festzulegen. Die Möglichkeit, diesen Spielraum weit zu interpretieren und trotz diesen Einschränkungen Grundprinzipien einer *inhaltlichen* Berggebietspolitik von Rom aus zu entwickeln, wurde nicht genutzt – der Staat beschränkte sich allein auf formale Vorgaben mit dem Ergebnis, dass die konkreten Inhalte der Berggebietspolitik heute von Region zu Region so stark differieren, dass die Situation sehr unübersichtlich geworden ist. Die heutige Situation und ihre Probleme im italienischen Alpenraum sind nur verständlich, wenn

Tabelle 3: Bevölkerungszunahme und -abnahme 1981-1985
in den italienischen Alpen auf der Ebene der comunità montane [1]

Region	c.m. Zahl	c.m. Fläche km²	Einw. 1981	Einw. 1985	in %
Liguria	19	4'375	322'438	323'336	+ 0.3
Piemonte	45	13'164	630'941	620'921	- 1.6
Valle d'Aosta	8	3'255	75'159	78'645	+ 4.6
Lombardia	29	10'248	1'125'035	1'134'058	+ 0.8
Trentino-Südtirol	18	13'542	734'522	743'235	+ 1.2
Veneto [2]	18	5'876		388'589	
Friuli-V.G	10	4'474	151'411	148'448	- 2.0
	147	54'934		3'437'232	

Region	c.m.	Bevölkerungszunahme %	E. 1981	E. 1985	in %	Fläche km²	in %
Liguria	7	37	132'663	136'455	+ 2.8	1'474	34
Piemonte	9	20	103'073	105'854	+ 2.6	1'768	13
Valle d'Aosta	6	75	63'555	67'095	+ 5.6	2'820	87
Lombardia	20	69	891'097	902'491	+ 1.3	7'526	73
Trentino-Südtirol	14	78	647'723	656'877	+ 1.4	11'526	85
Veneto [2]	9	50		209'083		2'065	35
Friuli-V.G	1	10	16'470	16'487	+ 0.1	212	5
	66	45		2'094'342		27'391	50

Region	Bevölkerungsabnahme					Fläche	in %
	c.m	%	E. 1981	E.1985	in %	km²	
Liguria	12	63	189'775	186'881	- 1,5	2'901	66
Piemonte	36	80	527'868	515'067	- 2.4	11'396	87
Valle d'Aosta	2	25	11'604	11'550	- 0.5	435	13
Lombardia	9	31	233'938	231'567	- 1.0	2'724	27
Trentino-Südtirol	4	22	86'799	86'358	- 0.5	2'015	15
Veneto [2]	9	50	182'568	179'506	- 1.7	3'810	65
Friuli-V.G	9	90	134'941	131'961	- 2.2	4'262	95
	81	55	1'367'493	1'342'890	- 1.8	27'543	50

[1] Bevölkerung (popolazione residente) am 31.12.1985 ohne die Einwohner der "comuni parzialmente montani"; allerdings wurde die Fläche der comuni parzialmente montani hier mitgerechnet. Die Differenzen zu Tabelle 1 ergeben sich aus der zwischenzeitlichen Erweiterung des Berggebietes.

[2] In der Region Veneto verzeichnet die ausgewertete Statistik auch die comuni parzialmente montani. Da die Daten für 1981 nicht gemeindeweise verzeichnet werden und die comuni parzialmente montani in ihrer Gesamtheit verwendet werden, konnten die entsprechenden Zahlen für 1981 nicht ermittelt werden.

Mehr als die Hälfte (55%) aller comunità montane (c.m.) weisen in den 80er Jahren einen Bevölkerungsrückgang auf. Von dieser Bevölkerungsabnahme sind die Hälfte der Fläche der italienischen Alpen und knapp 40% ihrer Bewohner betroffen.

Quelle: Martinengo/CIPDA 1988; Zusammenstellung der Daten: W. Bätzing

man diese Hintergründe kennt und weiss, dass das Gesetz Nr. 1102 (das von der UNCEM ganz anders konzipiert worden war) durch die gleichzeitige Regionalisierung des italienischen Staates in seinem Kern verändert wurde.

2. Auf dieser politischen Grundlage – also auf der der Regionen – spielt sich heute die Umsetzung der EG-Normen ab, wobei allerdings meist Formen bzw. Lösungen entwickelt werden, die den realen Problemen vor Ort wenig angemessen sind. Die positiven Aspekte der regional strukturierten Berggebietspolitik werden heute durch die Überlagerung europäischer Normen und Gesetze, deren Inhalte der italienischen Realität meist völlig fremd sind, weitgehend wieder zunichte gemacht (als Beispiel dafür seien die von der EG erzwungenen «Landschaftsschutzpläne» genannt). In jüngster Zeit gibt es bei der konkreten Umsetzung der EG-Beschlüsse zwar einige positivere Erfahrungen, aber sie haben noch zu keinen besseren Resultaten geführt.

In dieser komplexen und teilweise unübersichtlichen Situation ist es sehr wichtig, klare und eindeutige Strukturen und Verantwortlichkeit für die Entwicklung des Berggebietes in den neunziger Jahren zu schaffen, wobei es notwendig wird, dass der Staat dabei für eine bewusste konzeptionelle Gestaltung der Berggebietspolitik gegenüber den Regionen wieder aufgewertet und gestärkt wird. Inhaltlicher Dreh- und Angelpunkt müsste dabei eine Verbesserung und Ausweitung der öffentlichen und privaten «Dienstleistungen» (v.a. in den Bereichen Bildung/Ausbildung, medizinische und allgemeine Versorgung, Kommunikation, öffentlicher Verkehr, Kultur) sein, damit die Lebensqualität im Gebirge derjenigen in den Städten in etwa entspricht. Ohne die Lösung dieses dringlichen Problems gibt es für das Berggebiet keine Zukunft, und dies gilt allgemein und nicht bloss für Italien. Dabei ist die Situation in zentralistisch strukturierten Staaten wie Italien, Frankreich oder Spanien, in denen die Berggebiete ökonomisch und sozial marginale Räume darstellen, besonders problematisch, und hier ist es dringend erforderlich, sich über die Grundprinzipien der künftigen Berggebietspolitik ganz bewusst Rechenschaft abzulegen und nicht einfach die Vergangenheit in die Zukunft hinein zu verlängern.

In Italien wird derzeit im römischen Parlament – nach vielen Jahren Vorbereitungszeit! – ein Gesetz zur Reform der unteren Verwaltungsebenen («enti locali») verabschiedet. Darin erhält die «comunità montana» die zentrale Rolle bei der Umsetzung bzw. Durchführung der spezifischen Berggebietsförderungen gemäss den EG-, den staatlichen und den regionalen Richtlinien bzw. Gesetzen. Mit diesem neuen Gesetz wird die italienische Berggebietspolitik klarer und eindeutiger strukturiert, so dass ihre Umsetzung leichter und effektiver werden dürfte.

Weiterhin hat die «Unione nazionale dei Comuni, Comunità ed Enti montane/UNCEM», die seit 1953 die Interessen der Berggebiete im politischen Sektor vertritt, unter Mitarbeit von Fachleuten zahlreicher Disziplinen ein Dokument vorbereitet, das die Grundlagen einer nationalen Berggebietspolitik für die neunziger Jahre enthält («nuovo scenario per la montagna degli anni '90»). Darüber hinaus hat die UNCEM erreicht, dass im Jahr 1989 beim Präsidenten des Ministerrates in Rom ein «beratendes Komitee für Berggebietsfragen» («comitato consultivo») gegründet wurde, das die Aufgabe besitzt, «... die ökonomischen, sozialen und verwaltungsstrukturellen Proble-

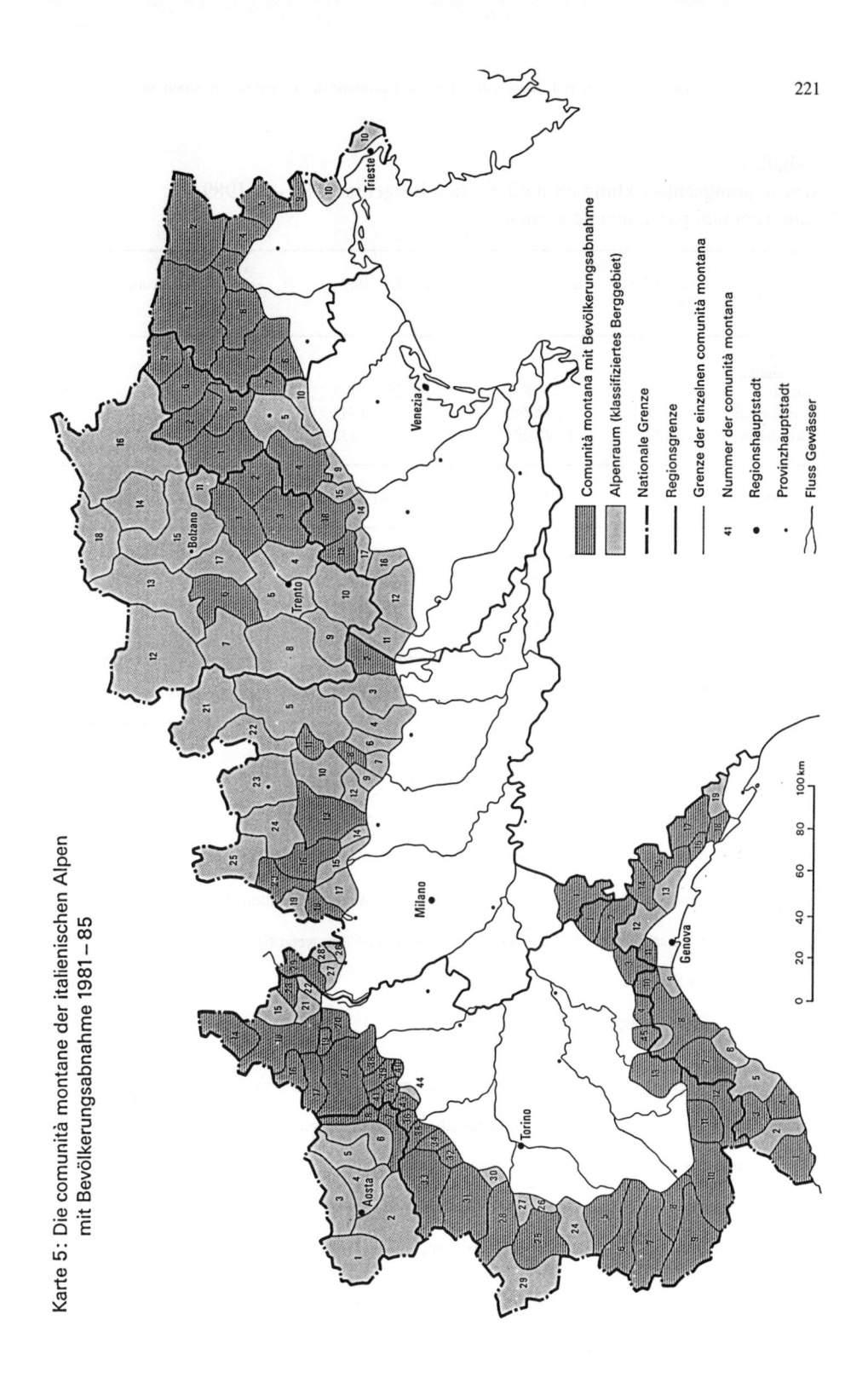

Karte 5: Die comunità montane der italienischen Alpen mit Bevölkerungsabnahme 1981–85

Comunità montana mit Bevölkerungsabnahme
Alpenraum (klassifiziertes Berggebiet)
Nationale Grenze
Regionsgrenze
Grenze der einzelnen comunità montana
41 Nummer der comunità montana
•   Regionshauptstadt
·   Provinzhauptstadt
    Fluss Gewässer

Tabelle 4:
Bevölkerungsentwicklung im italienischen Bergebiet 1981 - 1.1.1989
(ohne comuni parzialmente montani)

	Gemeinden (Zahl)	Bev. 1981	Bev. 1.1.1989	%-Veränderung
Norditalien				
Rurali	1'610	2'386'973	2'383'677	- 0.14
Capoluoghi	4	263'740	260'842	- 1.10
Altri urbani	298	1'175'083	1'174'635	- 0.04
Zusammen	1'912	3'825'796	3'819'154	- 0.17
Italien gesamt				
Rurali	3'179	6'773'134	6'830'792	+ 0.85
Capoluoghi	9	454'939	461'814	+ 1.51
Altri urbani	325	1'480'640	1'490'818	+ 0.69
Zusammen	3'513	8'708'713	8'783'424	+ 0.86

Norditalien: Regionen Ligurien, Piemont, Aosta-Tal, Lombardei, Trentino-Südtirol, Venetien, Friaul-Julisch Venetien, Emilia-Romagna

Italien: Gesamtitalien (Nord + Centro + Sud/Isole)

Rurali: Ländliche Gemeinden im Berggebiet (nach ISTAT-Klassifikation 1951)

Capoluoghi: Städtische Zentren im Berggebiet (hier nur aufgeführt, wenn sie <u>vollständig</u> als Berggemeinde klassifiziert sind)

Altri urbani: Städtisch geprägte Gemeinden im Berggebiet

Während das Berggebiet in Mittel- und Süditalien im Zeitraum 1981-1989 keinen Bevölkerungsrückgang mehr kennt (jedenfalls im Durchschnitt der Gemeinden), sieht die Situation in Norditalien (d.h. v.a. im Alpenraum) anders aus, indem hier die durchschnittlichen Werte noch im negativen Bereich liegen (allerdings nur noch schwach ausgeprägt). Dahinter verbergen sich allerdings starke räumliche Disparitäten, wie die folgende Aufstellung zeigt:

Tabelle 4 (Fortsetzung):
Bevölkerungsentwicklung im italienischen Alpenraum 1981-1989
auf Gemeindebasis nach Entwicklungstypen
(ohne comuni parzialmente montani)

Gemeindetyp	I	II	III	IV	Gesamt
		(jeweils Zahl der Gemeinden)			
Ligurien	1	0	132	34	167
Piemont	15	4	287	198	504
Aosta-Tal	12	0	47	14	73
Lombardei	132	85	169	144	530
Trentino-Südtirol	87	87	92	73	339
Venetien	9	7	56	48	120
Friaul-Jul.Venetien	1	1	43	39	84
Zusammen	257	184	826	550	1'817
	(=14%)	(=10%)	(=46%)	(=30%)	(100%)

I Gemeinden mit positiver natürlicher Bevölkerungsentwicklung und positiver Wanderungsbilanz

II Gemeinden mit positiver natürlicher Bevölkerungsentwicklung, aber mit negativer Wanderungsbilanz (mehr Abwanderer als Zuwanderer)

III Gemeinden mit negativer natürlicher Bevölkerungsentwicklung (mehr Todesfälle als Geburten), aber positiver Wanderungsbilanz

IV Gemeinden mit negativer natürlicher Bevölkerungsentwicklung und negativer Wanderungsbilanz

Quelle: "Montagna 2000" - erste Ergebnisse einer Analyse des Istituto Nazionale di Sociologia Rurale
(nach: Montagna Oggi 36/1990, Nr. 5, S. 21-23)

me des Berggebietes zu analysieren, um die Regierung mit Informationen, Bewertungen, Vorschlägen und Gesetzesentwürfen zu versehen». Dieses Komitee, das aus Universitätsprofessoren der verschiedenen Disziplinen, aus UNCEM-Vertretern und einigen Ministern besteht (den Vorsitz hat Soziologieprofessor Corrado Barberis, der Mitautor von «L'Italia rurale», Bari 1988), hat bereits zu arbeiten gegonnen und wird Ende 1990 einen Gesetzesvorschlag vorlegen, in dem zahlreiche Erfahrungen aus der bisherigen Praxis eingehen. Wir hoffen sehr, dass damit die nationale Berggebietsgesetzgebung schneller überarbeitet und auf einen aktuellen Stand gebracht wird und dass darüber hinaus die wissenschaftlichen Erkenntnisse und die Erfahrungen der Betroffenen systematisch einbezogen werden.

Auf der europäischen Ebene sind derzeit verschiedene Bestrebungen im Gange, die Europäische Gemeinschaft solle eine spezifische Berggebietspolitik für Europa entwickeln. Auch der Europarat hat wichtige Studien und Initiativen entwickelt, wie z.B. die «Kampagne für den ländlichen Raum», die in den Jahren 1987 und 1988 die Öffentlichkeit zahlreicher Staaten für diese Fragen sensibilisiert hat. Eine sehr wichtige internationale Konferenz aller alpinen «Regionen» fand 1988 in Trento statt, deren Schlussresolution sich an die Regierungen aller Mitgliedstaaten des Europarats wandte. Eine inhaltlich sehr interessante Konzeption für eine gesamteuropäische Berggebietspolitik wurde von der Euromontana – der «Europäischen Arbeitsgemeinschaft für wirtschaftliche und soziale Probleme der Berggebiete» – erarbeitet (deutschsprachige Publikation: «Die Stellung der Berggebiete und ihrer Bevölkerung in Europa», Brugg 1989, SAB-Heft Nr. 138), wobei die Euromontana die einzige nichtstaatliche Organisation auf europäischer Ebene darstellt, die sich für die Probleme der Bergbevölkerung einsetzt. Auch der neugegründete «Rat der europäischen Regionen» hat im Rahmen seiner Organisation im Oktober 1988 eine besondere Arbeitsgruppe gebildet, die sich mit Berggebietsfragen beschäftigt und deren Sekretariat sich in Spanien befindet. Und nicht zuletzt ist in diesem Zusammenhang eine allerjüngste Initiative zu erwähnen, die sich noch im Aufbau befindet, nämlich die «Europäische Vereinigung für die Berggebiete» («Associazione Europea per la montagna»), die alle gewählten Berggebietsvertreter Europas der verschiedensten politischen Ebenen – von den Gemeinderäten bis hin zum Europaparlament von Strassburg – umfassen soll.

Die konkreteste und wichtigste Initiative scheint aber diejenige zu sein, die derzeit vom «Wirtschafts- und Sozialausschuss» der «Fachgruppe Regionale Entwicklung, Raumordnung und Städtebau», einem beratenden Organ der EG-Kommission, lanciert wird; dieser Ausschuss hat ein reich dokumentiertes Grundsatzpapier entworfen und im Amtlichen Mitteilungsorgan der EG eine «Initiativstellungnahme zu einer ‹Politik für das Bergland›» veröffentlicht (Amtsblatt der Europäischen Gemeinschaften vom 4.7.1988, Seite C 175/47–55 Nr. 88/C 175/16), in der auf sehr konkrete Weise – und unseres Erachtens in sehr akzeptabler Form – der EG-Kommission, also der EG-Regierung, die Annahme einer europäischen Berggebietspolitik empfohlen wird, die auf fünf Grundprinzipien beruhen sollte (Anmerkung des Übersetzers: Zitate aus dieser Initiativstellungnahme wurden nicht aus dem italienischen Text übersetzt, sondern aus der oben genannten deutschsprachigen Veröffentlichung übernommen, die aber nicht in allen Fällen eine gute Übersetzung darstellt):

1. Rettung des natürlichen, menschlichen und kulturellen Erbgutes «Bergland»
2. Beendigung des Entvölkerungsprozesses im Bergland
3. Anwendung einer Entwicklungsstrategie, die die strukturellen Ursachen und nicht nur die Auswirkungen des Ungleichgewichts beseitigt
4. Schaffung «wettbewerbsfähiger» Lebensbedingungen im Bergland
5. Förderung der Beschäftigung.

Zur Erreichung dieser Ziele wird folgendes Instrumentarium empfohlen:

1. Eine globale und integrierte Entwicklungsstrategie, die alle Entwicklungsaspekte gleichzeitig in Angriff nimmt: wirtschaftliche, soziale, kulturelle, ökologische, technologische und institutionelle Entwicklung
2. Verbesserung der Produktionsstrukturen und Schaffung neuer Unternehmensformen; einheimische unternehmerische Kräfte sind mit externem Know-how zu verbinden
3. Nutzung aller endogenen Ressourcen, der natürlichen wie auch der menschlichen
4. Angemessene und gleichzeitig fortgeschrittene Technologien, deren gezielte Entwicklung auch durch die Ansiedlung von Forschungsaktivitäten im Bergland zu fördern ist
5. Zusammenwirken und nicht allein Gleichgewicht zwischen Entwicklungsbemühungen einerseits und Umweltschutz andererseits (die italienische Version heisst wörtlich: Synergien und nicht nur Gleichgewicht zwischen wirtschaftlicher Entwicklung und Umweltschutz); gemeint ist der Umweltschutz nicht als eine lästige Pflichtübung, sondern als ein in den Entwicklungsprozess integrierter Produktionsfaktor
6. Integrierte Programme und Vorhaben in bezug auf die Ausführung und Finanzierung von Massnahmen; von sektoraler Förderung und von der Bezuschussung auf Antrag ist abzusehen
7. Eigenverantwortliche Organisation der Entwicklung; dies beinhaltet die Möglichkeit zur Beteiligung der Bergbevölkerung an den Entwicklungsprozessen und einschlägigen Entscheidungen
8. Konkrete Solidarität der Bevölkerung als wirksames Instrument zur Förderung der eigendynamischen Entwicklung.

Das genannte Konzept schlägt vor, den Begriff «Berggebiet» (im deutschen Text wird der etwas unglückliche Begriff «Bergland» gebraucht) zu erweitern und darunter nicht nur Regionen mit naturräumlicher Benachteiligung zu fassen, sondern dabei auch sozio-ökonomische Indikatoren einzubeziehen. Weiterhin fordert es die EG-Kommission auf, in der Frage der Berggebietspolitik auf der europäischen Ebene eine Vorreiterrolle zu spielen, das Bewusstsein über die Berggebietsproblematik bei den beteiligten

Regierungen zu schärfen, Schritte zu einer europaweiten Harmonisierung der nationalen Berggebietsgesetzgebungen zu unternehmen und eine gemeinsame Methodologie für Berggebiets- und Entwicklungskonzepte zu erarbeiten. Konkret solle das so aussehen, dass alle politischen Bereiche der EG spezielle Aktionen zur Lösung der jeweiligen sektoralen Probleme entwickeln, die dann in sogenannten «Integrierten Programmen für die Entwicklung des Berglandes/IPEB» koordiniert und zusammengefasst werden sollen.

Welche Auswirkungen eine solche neue und wirklich europäische Berggebietspolitik haben würde, ist heute noch nicht abzusehen; ein wichtiges Faktum für ihre zukünftige Umsetzung besteht aber darin, dass dieser Vorschlag nicht von einer zweitrangigen Organisation oder Institution, sondern von einem hohen Gremium der EG selbst erarbeitet wurde, womit die Aktivitäten zur Schaffung einer europaweiten Berggebietspolitik eine neue Ebene erreicht haben.

Diese etwas längere Darstellung der europäischen Dimension war notwendig, um den Rahmen, in dem die derzeitige italienische Berggebietspolitik steht und von dem her sie beeinflusst wird, deutlich zu machen. Erlauben Sie mir an dieser Stelle eine persönliche Bemerkung: Ich beschäftige mich seit der Mitte der fünfziger Jahre hauptberuflich mit den Problemen der Berggebiete, und ich muss feststellen, dass in all diesen 35 Jahren das öffentliche Interesse für das Berggebiet nie so gross war wie gerade jetzt. In diese positive Feststellung mischt sich gleichzeitig eine gewisse Bitterkeit, weil dieses gestiegene Interesse nicht auf das Engagement der Bergbevölkerung und ihrer Vertreter, sondern auf das in den Städten entstandene Umweltbewusstsein («coscienza ambientale») zurückgeht. Ich möchte dieses nicht abwerten und schätze die Umweltbewegung als wichtiges und berechtigtes Anliegen, sofern daraus nicht eine neue Form der Kolonisation des Berggebietes durch die städtische Gesellschaft erwächst, indem man mit fanatischem Eifer aus den Alpen ein ökologisches Museum machen möchte. Ich möchte jetzt nicht den alten Konflikt zwischen Wirtschaft und Umweltschutz ansprechen, denn ich bin überzeugt, dass beides unter bestimmten Rahmenbedingungen durchaus gut vereinbar ist. Aber ich weiss aus eigener Erfahrung, dass die Bergbevölkerung der beste Garant für die Erhaltung der alpinen Umwelt ist, und darüber hinaus ist allgemein bekannt, dass die schlimmsten Umweltzerstörungen in den italienischen Alpen von auswärtigen Spekulanten und nicht von Einheimischen stammen. Dies ist ein zentrales Argument für eine endogen bestimmte Entwicklung des Berggebietes, gestaltet und organisiert von den lokalen «comunità montane», die auf der Nutzung der eigenen Ressourcen sowie zusätzlich auf der Nutzung derjenigen Ressourcen, die ihnen die regionale oder nationale Gemeinschaft zur Verfügung stellt, basiert bzw. basieren sollte.

Angesichts der Tatsache, dass der Umweltschutz im deutschsprachigen Alpenraum eine besonders grosse Aktualität besitzt, möchte ich noch einen Gedanken anfügen: Ich kenne zwar die Probleme in diesem Alpenteilraum nicht hinreichend gut genug, aber es verwundert mich etwas, dass dieselben Persönlichkeiten heute für einen radikalen Umweltschutz eintreten, die vor einigen Jahren noch eine forcierte wirtschaftliche und technische Erschliessung der Alpen propagierten. Man sagt bei uns, es wäre weise, seine

Ansichten zu ändern, und ich bin gern bereit, solche Lernprozesse anzuerkennen, aber es bleibt doch ein gewisses Misstrauen dabei.

Was das Thema Umweltschutz betrifft, so haben wir in Italien – und vor allem in den alpinen Regionen – seit einigen Jahren eine durchaus befriedigende Situation: Das Gesetz Nr. 431 vom Herbst 1984, das heftig diskutierte sogenannte «Galasso-Gesetz», stellt ein sehr weitreichendes und modernes Umweltschutzgesetz dar. Es gilt für alle Meer-, See- und Flussufer, für alle Wälder, für alle Gletscher und für alle Berggebiete oberhalb 1600 m (Apennin) bzw. 1800 m (Alpen) und verbietet hier alle Neu- bzw. Umbauten, Infrastrukturanlagen sowie jegliche Umwelt- bzw. Naturveränderung solange, bis die einzelnen Regionen spezielle und detaillierte «Landschaftsschutzpläne» («piani paesistici») verabschiedet haben, die diese allgemeinen Grundsätze konkret umsetzen und räumlich exakt festlegen. Gerade in diesen Tagen ist eine staatliche Anordnung erlassen worden, die alle wirtschaftlichen und infrastrukturellen Aktivitäten aufzählt, die – in Übereinstimmung mit den EG-Bestimmungen – einer Art Umweltverträglichkeitsprüfung zu unterziehen sind («esame di impatto ambientale»). Erhebliche Bedeutung kommt darüber hinaus den italienischen Umweltschutzgruppen zu, die eine wachsame Umweltschutz-«Kontrolle» – auch über staatliche Aktivitäten – ausüben.

Dies alles sind Rahmenbedingungen, die die Zukunft mit einer gewissen Zuversicht betrachten lassen. In allen italienischen Alpenregionen ist übrigens kürzlich ein Monitoringprogramm zur Untersuchung und Bewertung der Waldschäden durch den sauren Regen auf ausgewählten Testflächen angelaufen, das teilweise von der EG finanziert wird. Glücklicherweise ist das Waldsterben in unseren Alpen – gesamthaft betrachtet – nicht alarmierend, und es gibt einige Regionen, in denen es sogar völlig fehlt.

Was die Waldsituation bzw. die Forstwirtschaft betrifft, so möchte ich zwei Initiativen von grosser Bedeutung erwähnen: das nationale Forstinventar («inventario forestale nazionale») und den nationalen Forstplan («piano forestale nazionale»). Das Forstinventar hat es ermöglicht, die italienischen Waldbestände genau zu erfassen, wobei man entdeckte, dass die reale Waldfläche deutlich grösser ist als aufgrund der (fortgeschriebenen) Forststatistiken angenommen. Zentrales Ergebnis dabei war, dass Italien nicht – wie meist behauptet wird – ein waldarmer Staat ist, sondern ein an armen Wäldern reicher Staat ist, weil sehr grosse Waldbestände einer Pflege und Verbesserung bedürfen, die aber aus verschiedenen Gründen – Finanzen, Eigentumsfragen, Erschliessung – nicht möglich ist. Der nationale Forstplan besteht aus einer Gesamtanlayse der gegenwärtigen Situation und ihrer Schlüsselprobleme und einem Strategieteil, in dem die Grundprinzipien staatlichen Handelns dargestellt werden, wobei die konkrete Umsetzung dann aber in den Händen der einzelnen Regionen liegt, die dafür die gesetzlichen und administrativen Kompetenzen besitzen. Der Wald ist natürlich auch in den italienischen Alpen ein sehr wichtiger Faktor, genauso wie die grossen Almgebiete, und der Zustand beider wird stets mit grosser Aufmerksamkeit verfolgt. Bei Wäldern und Almen spielt das öffentliche und genossenschaftliche Eigentum eine grosse Rolle, was pflegerische Massnahmen und planerisches Handeln sehr erleichtert. Sowohl die EG-, als auch die nationale und regionale Gesetzgebung bieten verschiedene finanzielle Zuschüsse für eine Bewirtschaftung an, die ohne sie kaum möglich wäre. Natürlich ist die Bedeutung von Wäldern und Almen von Region zu Region verschieden, aber insgesamt lässt sich über die italienischen Alpen sagen, dass sie reich an gut produktiven Wäldern sind und damit im nationalen Vergleich eine Spitzenstellung einnehmen.

Ich möchte diese Darstellung mit einigen Hinweisen auf die besondere Situation unseres kulturell und geschichtlich so komplexen Alpenraums abschliessen. Man darf nicht ausser acht lassen, dass es einen italienischen Nationalstaat erst seit 1861, also seit einem guten Jahrhundert gibt, während die Geschichte – und damit auch die kulturelle Identität – der italienischen Alpengebiete Tausende von Jahren alt ist und einen übernationalen Charakter besitzt. Man denke dabei nur an den früheren Einfluss der Habsburger auf den Ostalpenraum oder der Savoyer auf den Westalpenraum, der mit den heutigen Nationalstrukturen nicht zu vergleichen ist, oder an die engen Beziehungen zwischen der Lombardei und der Schweiz, ganz zu schweigen von der internationalen Bedeutung der Alpenpässe für die Herausbildung einer übernationalen Identität der betroffenen Alpenregionen. Alle diese verschiedenen kulturellen Identitäten haben sich im Laufe der Zeit entwickelt und verändert, und sie prägen die lokale Bevölkerung noch heute, auch wenn sie seit 100 Jahren im Kontext des neuen Nationalstaats stehen. Sie sind die Grundlage für ein heute überall in den italienischen Alpenregionen anzutreffendes «instinktives Autonomiegefühl» («una sorta di autonomia culturale istintiva»), das in den offiziellen Beziehungen zur ausseralpinen Welt zwar oft unterdrückt wird, sich aber bei geeigneter Gelegenheit jeweils sofort deutlich äussert. Dabei handelt es sich nicht um Folklore, sondern um eine vielfältige Erscheinungsform der gemeinsamen alpinen Kultur, die aus den Alpen eine der grossen europäischen Regionen macht. Und damit existieren ideale – man könnte fast sagen: natürliche – Voraussetzungen, dass der Alpenraum zum Vorreiter eines integrierten Europas auf der Grundlage der grossen europäischen Regionen wird.

Meine persönlichen Erfahrungen – als einer der Vorbereiter des Mitte der siebziger Jahre gegründeten «Komitees zur Zusammenarbeit zwischen den Regionen des Alpenraums» («Comitato per la cooperazione tra le Regioni dell'Arco alpino» – eine Art Vorläufer- bzw. Dachorganisation der Arge Alp-Strukturen) – haben mir immer wieder den äusserst ausgeprägten Zusammenhalt der Alpenregionen untereinander über die Staatsgrenzen hinweg und die aussergewöhnliche und ausserordentliche Kraft der gemeinsamen alpinen Kultur vor Augen geführt und bestätigt. Das genannte Komitee, dessen Arbeit von den Regierungen lange Zeit mit Misstrauen betrachtet wurde, war in den siebziger und den frühen achtziger Jahren die einzige übernationale Struktur im Alpenraum, deren Stärke allein auf der grenzüberschreitenden alpinen Kultur beruhte, und in ihm haben alpine Regionen aus Staaten der NATO und aus neutralen Staaten sowie EG-, EFTA- und COMECON-Staaten zusammengearbeitet, um die politischen, ökonomischen und institutionellen Barrieren im Alpenraum abzubauen. Heute ist diese Pionieraufgabe im Sinne einer Wiederentdeckung des in sieben Nationalstaaten zerteilten einheitlichen Alpenraums abgeschlossen, und das Komitee hat seine Arbeit mit dem zweiten grossen internationalen Kongress «Le Alpi e l'Europa» in Lugano 1985 abgeschlossen. Die Kongressakten (sie wurden in zwei Bänden mit den Titeln «Le Alpi per l'Europa – una proposta politica», 631 Seiten, und «L'autonomia e l'amministrazione locale nell'area alpina», 744 Seiten, bei: Edizioni Universitarie Jaca Nr. 49/50, Mailand 1988) stellen eine der wichtigsten wissenschaftlichen Dokumente über die Rolle der Alpen in Europa dar. Dass die engagierte Arbeit dieses Komitees nicht umsonst war, zeigen die übernationalen Arge Alp-Strukturen, die flächenhaft fast den gesamten Alpenraum umfassen und die heute zum politischen Alltag gehören. Sie setzen jene allgemeinen Grundprinzipien der Zusammenarbeit aus den siebziger Jahren inzwischen ganz konkret in die Realität um.

Schliessen möchte ich mit einer Aussage von Paul Guichonnet, deren Inhalt ich voll teile: «Auf der Suche nach einem neuen Gleichgewicht zwischen Mensch und Raum können die Alpen mit ihrer ethnischen, kulturellen und politischen Vielfalt ein Laboratorium für neue Ideen und neue Lösungen werden – herausgefordert durch die Grösse der Berge und ihrer Bewohner.»

(Übersetzung aus dem Italienischen: Werner Bätzing)

Hans Haid*

Vom neuen Leben in den Alpen

– Aktuelles, sterbendes, wiedererwachendes Kulturleben in den Berggebieten

Ich gehe von einigen Eindrücken der letzten Wochen und Monate aus. Demnach erkenne ich immer deutlicher, dass es neue Ideen in den Alpen gibt; ein munteres, agiles, frisches, aktives und kritisches Leben.

- In Sölden im Tiroler Ötztal wurde 1986 der damals 24jährige Ernst Schöpf jüngster Bürgermeister Österreichs. In einem der grössten Massentourismuszentren des Landes (etwa 1,6 Mio. Gästenächtigungen bei etwa 2700 Einwohnern). Es war ein Protest der Jugend gegen die allzu mächtige Hotelierslobby. Offenbar kann er sich durchsetzen. Jedenfalls konnte er in der Gemeindezeitung sehr kritische Schüleraufsätze über Sölden abdrucken. Offenbar hat er etliche Internkämpfe gegen Liftbosse hinter sich. Ein kleiner Aufstand der Bereisten. In Sölden weht ein sehr frischer Wind.
- Im benachbarten Pitztal treiben sie es auf die Spitze. Der Landeshauptmann macht mit. Die kirchlichen Obrigkeiten machen ebenfalls mit. Sie haben dort die bislang höchste Seilbahn Österreichs eröffnet, ein gigantisches Wahnmonster auf 3440 Meter hinauf, knapp der Wildspitze (mit 3774 m zweithöchster Berg Österreichs) vor die weisse Nase gesetzt, seilbahn- und gletschersüchtig für den Skilauf auf den Gletschern. Der Landeshauptmann kommt, spricht zu diesem Wahn, lobt die Erschliessungs(Zerstörungs-)lobby, dieses Denkmal kürzestköpfiger Profitsucht in den Tiroler Bergen. Also spricht er davon: «Dieser Gletscher ist ein Segen für das ganze Tal» und: «Die Gletscher sind die Weizenfelder des Tiroler Oberlandes.» Und alle haben geklatscht. Eine katholische Heilige Messe wurde gelesen, der Dorfpfarrer hat sich prostituierend und segnend diesem Wahnsinn auf die Seite gestellt, eine Skirennläufermutter hat sich als Fahnenpatin hergegeben, eine Musik hat gespielt und jetzt darf der Dreck auf den Gletschern wachsen, gesegneter Dreck, geweihtes Gift. Langfristig darf das Tal verrecken. In einer kritischen Glosse im örtlich-regionalen Rundfunk habe ich den Rücktritt des «segnenden» Landeshäuptlings gefordert.
- Am Freitag, 26. Januar 1990, erschien in der deutschen Wochenzeitung «DIE ZEIT» von Rainer Schauer ein geschickt, gut fundiert und korrekt recherchierter Artikel über das kleine Dorf Vent in den Ötztaler Alpen. Unter dem Motto «Sanfter Winter» wurden bemerkenswert positive Tendenzen in diesem Dorf herausgestellt. Unter

* Adresse des Verfassers: Dr. Hans Haid, «Roale», Heiligkreuz 8, A-6450 Sölden/Tirol (Österreich)

Zillertaler – wehrt Euch!

- Die hintersten und schönsten Seitentäler sind bereits verbetoniert, unser Ziller kanalisiert!
- Jetzt sollen die letzten Bäche als Restwasser-Rinnsale vom Pioniergeist der E-Wirtschaft künden und das restliche Tal durch sonst nirgendwo anzutreffende Riesenmasten verunstaltet werden!
- Bedenke: Eine ruinierte Landschaft kann durch noch so hohe Talvertragsmillionen nicht abgegolten werden!
- Laßt Euch deshalb nicht noch einmal verkaufen, sonst müßte die nächste Aufführung in Stumm nicht „verlorene" sondern

„verscherbelte Heimat" heißen.

Hilf auch Du mit, daß es nicht so weit kommt. Trete - über alle Parteigrenzen hinweg - unserer Bürgerinitiative bei.

Schimpfen allein genügt nicht mehr, da wirst Du bestenfalls ausgelacht. „Da kann man eh' nichts mehr machen", so einfach darfst Du Dich nicht davonstehlen, denn da werden Dich eines Tages Deine Kinder fragen, was Du dagegen unternommen hast.

Bürgerinitiative
„Lebensraum Zillertal"

Spenden erbeten auf das Kto.Nr. 10.074 - Raika Ried-Kaltenbach

Für den Inhalt verantwortlich: Bürgerinitiative „Lebensraum Zillertal"

anderem: «In der Diskussion um die Zukunft führt die rebellische Jugend von Vent, die in Innsbruck studiert, eine scharfe Zunge – gegen die Alten und gegen den Fremdenverkehr. Wie überall in den Alpen ist auch bei Venter Jugendlichen der Antitourismus zum Schlag- und Modewort und zur Argumentationswaffe geworden... Gefüttert wird die Jugend auch mit dem Gedankengut des Schriftstellers Hans Haid, der mit Wortgewalt gegen die Tourismusprostitution und ihre Zuhälter in den Bergen zu Felde zieht...»

Das hat mich gefreut, ermuntert und aufgebaut. Seit wenigen Wochen lebe ich – wieder – in diesem Tal, gegen viele Widerstände, und baue dort mit am *Neuen Leben in den Alpen*. Mein Optimismus ist nicht einzubremsen. Jetzt erst recht!

– Bei den Vorbereitungen für eine Veranstaltungsserie im August 1990 an verschiedenen Orten Tirols unter dem Titel *Widerständigkeiten a*rbeiten wir eng mit Bürgerinitiativen zusammen. Es war ein Leichtes, eine Lust, mit welcher Freude die betroffenen Aktivisten der Initiativen mitmachen, an dieser gesamttirolerischen Darstellung über die Rolle von *Musik & Poesie* bei den Bürgerinitiativen. Es ist ein Erlebnis, wie phantasievoll, wie künstlerisch und innovativ diese Engagierten kämpfen: immer mit spritzigen Ideen, mit phantasievollen Namen, mit Aktionsorten, Plakaten, Einfällen und Ideen.

Ich stelle fest:
   Die *Älpler sind erwacht*
   Die *Bergler sind munter geworden*
Viele der von mir im Buch *«Vom neuen Leben – alternative Wirtschafts- und Lebensformen im Alpenraum»* dargestellten Aktivitäten sind inzwischen überholt, sind weitaus zahlreicher und stärker geworden. Ich habe in den Jahren 1987 und 1988 etwa hundert solcher Modelle und Initiativen dargestellt. Vier oder fünf Jahre früher hätte ich kaum fünfzig gefunden. Jetzt, im Jahre 1990, würde ich sicher weit mehr als hundert finden. Die Entwicklung geht sehr schnell.

Ich stelle weiter fest:
Immer häufiger treffe ich das selbstbewusste *«wir Bergler»*. Das werte ich als Ausdruck neuer Identität in den Bergen. Dahinter stecken meist diese engagierten, innovativen Menschen. Es häufen sich Schlagworte wie
   «Schützt uns Bergler vor dem Transitverkehr»,
   «Der Aufstand der bereisten Älpler».
Ich halte diese Bewegung, wie sie sich vor allem seit etwa 1987/88 abzeichnet, für den ersten umfassenden und tiefgreifenden Emanzipationsprozess in den Alpen. Es ist die erste breite Bewegung von unten nach oben. Es ist dies die Bewegung der Protagonisten und des neuen Selbstbewusstseins. Allein in Tirol zählte ich etwa hundert Bürgerinitiativen; im Kanton Graubünden dürften es fast ebenso viele sein.

… # echo

INIZIATIVA DA LAS ALPS

Nr. 5   11. Oktober 1989,   erscheint viermal jährlich

"Zum Schutze des Alpengebietes vor dem Transitverkehr"

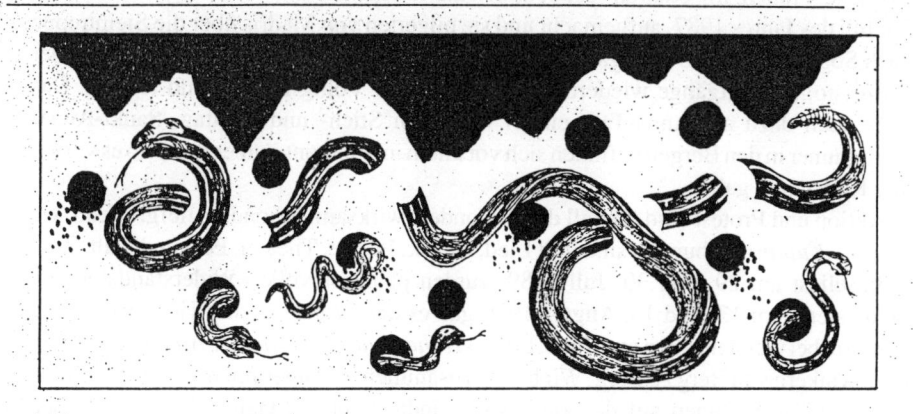

Wir lassen uns nicht überrollen!

Anfangs Mai haben wir, Leute aus den Bergkantonen Graubünden, Tessin, Uri und Wallis nach anderthalbjähriger Vorbereitungszeit die .dgenössische Volksinitiative "Zum Schutze des Alpengebietes vor dem Transitverkehr" (kurz: Alpen-Initiative) gestartet. Die Initiative verlangt konkret, die Verlagerung der Transitgüter auf die Bahn und den Verzicht auf einen Weiterausbau der Transitstrassen durch die Alpen.

Wagnis und Chance

Die Alpen-Initiative soll ein deutliches Zeichen setzen, dass die Betroffenen nicht gewillt sind, die wachsende Transitlawine durch unsere Täler stillschweigend hinzunehmen. Die Belastungen haben das für Menschen, Tiere und Pflanzen erträgliche Mass nämlich längst schon überschritten. Rekordzahlen an Unterschriften in Uri und im Oberwallis – in kürzester Zeit zusammengebracht – zeugen davon, dass die Bevölkerung vom Transitverkehr die Nase voll hat.

Die Alpen-Initiative, die erste Eidgenössische Volksinitiative aus dem Berggebiet ist ein Wagnis, da keine finanzstarken Verbände dahinter stehen und ihre "Stammlande" relativ schwach bevölkert sind. Die Initiative ist aber auch eine Chance, da sie griffige und klare Forderungen aufstellt, deren Erfüllung fürs Alpengebiet längerfristig zu einer Ueberlebensfrage werden.

Interesse

Das Oekosystem "Alpengebiet" ist heute schwer angeschlagen und droht umzukippen, wenn die Umweltbelastungen im bisherigen Rhythmus weiter zunehmen. Nicht nur die Bewohner des Berggebietes, die in den Tälern und auf den Hangterrassen leben und arbeiten, haben ein Interesse daran, das ökologische Gleichgewicht im Alpenraum zu erhalten. Auch die Bevölkerung in weiten Teilen Alpenvorlandes (Mittelland) müssten ein ureigenstes Interesse daran haben, die Stabilität des Alpenraumes zu bewahren. Denn ein ökologisch instabiler Alpenraum könnte kaum mehr als Erholungslandschaft dienen, würde die Verkehrswege bedrohen und dem Unterland Hochwasser- und Ueberschwemmungskatastrophen bescheren. Der Geograph Werner Bätzing: *"Es besteht also in Europa ein zentrales Bedürfnis an einem ökologisch stabilen Alpenraum."* Die EG-Forderung nach einem 40-Tonnenkorridor durch die Alpen verkennt dieses existentielle Bedürfnis.

Solidarität

Heute unterstützen zahlreiche Menschen ausserhalb der direkt betroffenen Regionen die Anliegen der Alpen-Initiative, weil sie sich mit den "Berglern" und dem Berggebiet verbunden fühlen und um die Bedeutung eines ökologisch stabilen Alpenraumes wissen. Nur dank der Solidarität aus dem bevölkerungsreichen Mittelland wird die Alpen-Initiative in absehbarer Zeit die Hürde der 100'000 Unterschriften schaffen.

Wann wir dieses Ziel erreichen werden, hängt letztlich auch von Ihnen ab, lieber Leser, liebe Leserin. Helfen Sie uns, das Alpengebiet als Lebensraum zu schützen für uns und auch für Sie!

Was tun? Hier ein paar Tips: Geben Sie den beiliegenden Bogen zum Unterschreiben weiter, benützen Sie den Einzahlungsschein, beteiligen Sie sich an einer Sammelaktion oder drücken Sie uns einfach ganz fest die Daumen! Danke.

Weiter stelle ich fest:
Das neue Selbstbewusstsein hängt engstens mit der Bedrohung der Alpen, mit einer drohenden ökologischen Katastrophe zusammen, mit dem geschärften Bewusstsein an dieser Problematik.

Und schliesslich erkenne ich immer besser, dass in Verbindung damit das *«Aufspüren der Wurzeln»* fast zu einer Elementarbewegung geworden ist. Wurzeln werden in der eigenen Kultur und Tradition gesucht. Und sie werden gefunden. Alte und älteste Traditionen werden wiederentdeckt, auf ihre gegenwärtige Brauchbarkeit getestet und dann neu verwendet. Formen und Rituale werden übernommen und adaptiert. Wachgewordene Frauen im Kanton Graubünden haben sich am Tag der Heiligen Anna, am 26. Juli des Jahres 1987, aufgemacht und sie pilgerten von Madris über die Steintreppe nach Soglio. Sie haben alte, ganz alte und von der Kirche umfunktionierte Rituale der Prozessio, der Bittgänge wiederum umfunktioniert. Völlig zurecht und legitim. Das alles noch dazu am Anna-Tag, einem wichtigen Stich- und Kulttag. Sankt-Anna-Heiligtümer in den Bergen befinden sich vor allem im Piemont immer dort, wo es vorher alte Kultstätten gab.

Aktion und Protest sind überall dort besonders wirksam, besonders tiefgreifend, wo sie mit *«Kultur»* verbunden sind, mit Lied, Musik, Poesie, Theater, Fest und Kult. Zum Grimselfest am 29. und 30. Juli 1989 wurden phantasievolle «Widerstandstouren» organisiert. Am 12. und 13. August 1989 gab es das *«Tanzfest»* mit Höhenfeuer und Liedern, bei Gerstensuppe und Tanz. Beim *«Höhenfeuer auf Bündner Alpen»* gab es ein «Zuzwinkern von Berg zu Berg: Wir halten zusammen!» Sennerinnen und Hirten haben alle BerufskollegInnen auf den rund 800 Bündner und St. Galler Alpen zu diesen gemeinsamen Feuern aufgerufen. Hier wurde die alte Praxis der Feuer auf den Bergen zeitgemäss adaptiert.

Das katholische Tirol hat die alten Sonnwendfeuer zu «Herz-Jesu-Feuern» umfunktioniert. Vor zwei Jahren haben Bewohner von Imst statt der katholischen Herz-Jesu- und Kreuz-Symbole auf den Berg ein demonstratives «EG – NIE»-Feuer entzündet. Das ist völlig legitim. Ein Stück *Wurzel*.

In der Tiroler Skistadt Kitzbühel leiden die Bewohner unter dem gewaltigen Transitverkehr. Der regierende Landeshauptmann war den Bewohnern zu nachgiebig gegenüber dem grossen Geld aus der Bundesrepublik. Bei der Wahlveranstaltung im Frühjahr 1988 haben die Kitzbüheler auf ihre Weise, sehr wirkungsvoll, protestiert. Unvorstellbar im Blasmusikkapellen-Land Tirol (mehr Blasmusikkapellen als Gemeinden, über 250): die Musikanten haben beschlossen, dem Landeshauptmann bei der Wahlversammlung nicht aufzuspielen. Diese und andere Blaskapellen, immer schon treue Musikgenossen und Paradetruppen mit klingendem Spiel, als verlängerte Repräsentanten von Bürgermeister, Landeshauptmann, Gauobmann, Graf und Herrscher haben im Jahre 1938 selbstverständlich für Adolf Hitler aufgespielt. 1988 in Kitzbühel aber nicht für den Landesherren.

Immer wieder ist die Musik dabei:
Im Kanton Graubünden haben sie dem zuständigen Standeskanzleidirektor Fidel Caviezel im Jänner 1989 5000 Unterschriften gegen neue Kunstschneeanlagen über-

bei uns wachsen die Düfte...

ZEICHNUNG : EKÖCK

LECHTALER BERG- HEUBLUMEN

reicht, «und das in Begleitung von Musikanten mit Flügelhorn, Klarinette und Saxophon». Das alles noch dazu in einem extrem schneearmen Winter, unter den erschwerenden Umständen drohender Arbeitslosigkeit.

Gemeinsam mit dem Walliser Poet MAURIZE CHAPPAZ halte ich es mit der Poesie. Schrieb er seine «Zuhälter des ewigen Schnees», so mache ich mich – literarisch – über das merkwürdige Volk der Bergböcke und Bergziegen her, der Zuhälter besonderer Art, und ich wirke auf meine Weise mit Glossen in Zeitungen und im Rundfunk. Über «*Kultur und Tourismus*» habe ich zum Tourismusbereich geschrieben:

Wir leben in den Bergen. Unterschiedlich viele Menschen in den Alpen leben ganz und total vom Tourismus, davon, dass Menschen in diese Berge wegen der Berge kommen und ein wenig auch wegen der Menschen, die dort leben oder gezwungen sind, dort zu leben. Diese Menschen in den Bergen also schicken sich an, den Ast abzusägen, auf dem sie sitzen. Die sich auf diese Weise selbst in einen sicheren Absturz bewegen, sich in sehr grossen Scharen dorthin begeben, sehe ich als *alpine Lemminge*. Sie gehen in den sicheren Untergang:
Wehe denen, die das alles erleben werden
die es mitansehen müssen
mit eigenen Ohren die Klagen hören
die Wehschreie der Hoteliers
die Selbstmordschreie der *Lemminge*
wehe den klagenden und weinenden *Müttern*
sie werden zum Trost keine Kirchen finden
vertriebene Pfarrer
verdorrte Wälder ins Tal gerissene Bannwälder
und Dörfer voller Blumenschmuck
zur Verdeckung der Fäulnis werden sie finden
voller Blumenschmuck für die Gäste
zurechtgeputzt werden sie finden hinter dem Gestank
wehe denen
die das alles miterleben mitansehen mithören müssen
in diesen schrecklichen *Bergzeiten*
diese Unterwürfigkeit mit Kunstblumen
geschnitzten Balkonen diese *Superlative* der Alpinbosse die unersättliche
Gier nach Nächtigungsrekorden und
Aufstiegshilfen und *Katastrophen* o Herr
sie haben den Seppl gefunden vom Alpenhotel mit einer Kugel
im Kopf und darüber das Ferienzentrum
und *Tanneneh* das zerstörte Bergdorf in den Alpen
mitten in den Gletschern
vergib ihnen.
Aber hinten im Tal liegt *Tanneneh*

wehe wehe
wenn sie es nicht rechtzeitig begreifen
in ihren Superlativen nach Betten und Geld
die vermeintlich ruhmreichen *Bergböcke*
Gletscherziegen & Zuhälter
wenn sie den Schnee aus den Bakterien produzieren und alles
über den Kopf hinaus wächst
die Täler verschüttet die höchsten Bergspitzen
unter dem seligmachenden Weiss begraben
wehe wehe den *Alpin-Lemmingen*
meinen lieben *Lemming – Häuptlingen Lorenz & Falkner und*
Aloys
meine Verwandten sind dabei
geht alle alle in den schönen
weissen *Tod von Tanneneh*...

Neues Leben in den Berggebieten manifestiert sich vor allem in den Bereichen
 Landwirtschaft
 Tourismus
 Leben und Lernen
 Widerständigkeit
Seit genau zehn Jahren sind im landwirtschaftlichen Bereich eine Reihe von Initiativen entstanden, die neues Leben in die Landwirtschaft der Berggebiete bringen. Kennzeichnend sind die Faktoren:

– Zusammenschluss zu neuen, kleinen Genossenschaften,
– Veredelung der Produkte am Hof – und damit hohe Wertschöpfung,
– innovatives Aufspüren von kleinen Marktsegmenten und Nischen,
– naturnahes-ökologisches Denken und Handeln,
– eigenständige Regionalentwicklung.

So entstanden beispielsweise in Österreich die *Tauernlamm*-Genossenschaft mit derzeit fast 30 Mitgliedern und einem Lamm-Umsatz von etwa 3000 Stück pro Jahr, die Kleingenossenschaft der Familie Schett mit den Mitgesellschaftern in Osttirol und ihrem neuen Spezialprodukt, dem Villgrater Frischlamm. In Tirol stellt die Familie Höllrigl mehrere Ziegenkäse allerbester Qualität her. Auf dem Michelhof bei den Familien Sanoll werden Ziegenmolkekosmetika hergestellt. Drei Bäuerinnen aus dem Lechtal haben sich zur Lechtaler Bergheublumengenossenschaft zusammengeschlossen. Im Bergell und im Poschlavtal (Schweiz) werden die SOGLIO-Produkte (auf der Basis Molke und Kräuter usw.) hergestellt, und Kräuteranbauer arbeiten eng zusammen. Die Poschlaver Krütli werden inzwischen auch in bekannten Schweizer Alpenkräuter-Bonbons eingearbeitet. Bergbauern aus dem kleinen Vinschgauer Bergdorf Matsch (Südtirol) wollen ihre vielen Schafe auf neue Weise «verwerten» und «veredeln». Also starten sie zu einer Exkursion zur Tauernlammgenossenschaft und zu den Schett. Sie lernen voneinander. Sie stehen untereinander in Verbindung. Ein kleines Netzwerk entsteht. Die kleinen Nischenproduzenten finden zusammen. Alle zusammen können die Berglandwirtschaft nicht retten. Aber sie wirken wie Hefe, Salz, Pfeffer und Würze. Sie machen das Berg- und Älplerleben erst interessant und schmackhaft. Es sind pionierhafte Taten und Projekte, Zeichen des Umdenkens und einer besonderen Innovation. Ihrer Zeit weit voraus, werden diese selbstbewussten Bergbewohner auch einen weit geöffneten EG-Markt überstehen.

Zum faszinierendsten Kapitel des N*euen Lebens in den Bergen* gehört der
Widerstand der Frauen
an vielen Orten, sehr massiv und sehr wirksam. Gerade in einigen der hintersten, scheinbar rückständigsten und konservativsten Bergwinkel sind in den letzten Jahren Frauen mit ihrer Initiativkraft hervorgetreten. Ein besonderes Beispiel ist Osttirol, dieser allerschwärzeste Herrgottswinkel im sowieso schon – angeblich – Heiligen Land Tirol. In den drei Orten Kals, Matrei und Prägraten haben fast ausschliesslich Frauen die Kraft aufgebracht, gegen das riesige Dorfertalkraftwerk zu opponieren, die Zerstörung von Bergbächen und reichen Almgebieten zu verhindern. Weil ihre Männer und überhaupt die Männlichkeit überall Sachzwängen ausgeliefert ist, alle sind ja in Gemeinderat, Feuerwehr, Musikkapelle, in sonstigen Funktionen eingebunden, so wehren sich die freien Frauen, wehren sich einfache Hausfrauen, Wirtinnen, Mütter, da eine bieder wirkende, mollige Magdalena, dort eine resche Wirtin und Mutter, dort wiederum eine gewählte Ortsbäurin, allesamt scheinbar brave Bürgerinnen in einem überaus konservativen Land.

Ohne diese Frauen und ihren Mut hätte es keinen Baustopp gegeben. Tirols Altlandeshauptmann Wallnöfer soll, als er von diesem Osttiroler Widerstand gehört hatte, die Bemerkung gemacht haben: «Finger weg, die Weiber!» Dieser Frauenwiderstand kann nicht hoch genug gelobt und bewertet werden. Dieser mütterlich-frauliche Widerstand ist wirksamster Widerstand ganz aus den Wurzeln heraus.

Vergleichbares hat es in der langen Geschichte der Alpen noch niemals gegeben. Diese und andere Frauen im Poschlav (Silva Semadeni), im Paznauntal, in Nassereith und anderswo haben einen wichtigen Teil der Geschichte von unten geschrieben. Bauern, Hausfrauen, Schüler, Handwerker sollen sich an allen Enden und Ecken wehren, sollen im Bereich der Landwirtschaft Partnerschaften mit den Hotiers eingehen, sollen sich zusammentun, über enge Täler und Grenzen hinweg. Sie sollen sich grenzüberschreitend so verhalten, als gäbe es keine politischen Grenzen zwischen ihnen. Sie sollen die Kunde ihres Erwachens mit Bergfeuern, in Wallfahrten über Grenzen hinweg tragen. Mutige Hausfrauen mischen mit, Chemielaborantinnen, Studenten, die aus der Stadt in ihre Dörfer zurückkehren, aufsässige Kulturaktivisten. Allesamt versuchen sie sich in der Erprobung einer neuen Alpin-Mündigkeit, wehren sich gegen neue Beherrschung von Wasserkraftmultis und Grundstücksspekulanten, wehren sich gegen die Vereinnahmung aus den Zentren. Die neue Leibeigenschaft ist eine viel diffizilere und differenziertere.

Aber *zuvor* versammeln wir uns zum Pläneschmieden, zum Diskutieren von neuen Modellen, zum Köpferauchen und Auf-die-Herren-Schimpfen; versammeln wir uns um

DOLOMITEN
NUR SPEKULATIONSOBJEKT?

Die Dolomiten, vor zwei Jahrhunderten wissenschaftlich erschlossen und getauft, will man heute über das erträgliche Maß hinaus auch touristisch erschließen. Ihr Ausverkauf im Interesse weniger wird auf die Spitze getrieben. Nun hat sich aber eine Gruppe von Bewohnern der Dolomitentäler zum Schutz ihrer Berge zusammengetan: die Initiative »S.O.S. Dolomites«.

Verein "Gemeinschaft für ein lebenswertes Prägraten"

! **HELFT MIT, DIE DORFGEMEINSCHAFT MEHR ZU FÖRDERN**

! **HABT MUT, IN DER LANDWIRTSCHAFT NEUE WEGE ZU GEHEN**

! **SEID STOLZ AUF EUER KULTURELLES ERBE UND LASST ES IN EUREN KINDERN WEITERLEBEN**

Jeder, der sich für unseren Verein interessiert, aber nicht recht weiß, was ihn erwartet, bieten wir gerne Informationsmaterial oder unser Gespräch an.

die kritischen Mahner, um die Vorausdenker und um die neuen Wegweiser. Schon vorher, also heute, sammeln wir die ersten Versuche des Umdenkens, des Veredelns am Hof, des Direktvermarktens und der bäuerlichen Aufmüpfigkeit: durch alle Länder und Regionen im Alpenraum. Es wird ein Erproben und Überlisten sein müssen, ein Lernen aus Fehlern, ein vorerst gewagter Schritt ins Extrem. Einige dieser Versuche, dieser Wagnisse, dieser Modelle habe ich im Alpenraum gefunden und will sie hier vorstellen. Was da geschieht, das macht Mut. Diese konkrete Utopie ist in besonderen Beispielen vorweggenommen. Alte Visionen in den Volks-sagen künden von dieser Hoffnung:

«Mander, Mander
ich bin alt
neunmal Wies und
neunmal Wald
und kommt
die verheissne Zeit
wo werden wird
was einmal war»

(Männer, Männer, ich bin alt. Neunmal Wiese, neunmal Wald.
Und kommt die verheissne Zeit, wo werden wird was einmal war.)
So heisst es in einer Sage aus den Dolomiten. Weise Frauen und Männer erdenken eine neue Zeit des Lebens und des Überlebens in den Berggebieten. Hier nenne ich wieder die aufgewachten Menschen in Osttirol. Dort soll – ebenso wie bereits in Salzburg und Kärnten – der *Nationalpark Hohe Tauern* realisiert werden. Um nicht von Programmen «von Oben» beglückt zu werden und um nicht diesen aufgesetzten Programmen ausgeliefert zu sein, hat sich im Herbst 1987 eine Arbeitsgruppe zusammengefunden. Es ging darum, in der Bürgerinitiative «Ja zum Nationalpark – nein zum Grosskraftwerk» die Vorstellungen zum Tiroler Anteil des Nationalparks zu entwickeln. In einer sehr klaren, prägnanten Sprache heisst es unter anderem:

> «Unsere Initiative vertritt die Meinung, dass eine Entwicklung für unsere Region geplant werden muss, die das Angebot des Lebensraumes nützt und nicht zugleich zerstört, die nicht nur zehn Jahre vorausschaut, sondern über Generationen, und die vor allem die heimische Bevölkerung mitgestalten kann.»

Der Kernsatz lautet:

> *«Unser Ziel ist eine Ermunterung der Bevölkerung zur Entwicklung eigenständiger Vorstellungen...*
> Der Nationalpark dient der heimischen Bevölkerung als Bildungsträger. Von Schulen über Jugend- und Erwachsenenbildung ist zu erwarten, dass neue Interessen geweckt, Lethargie überwunden, geistige Regsamkeit gefördert und oft mangelndes Selbstvertrauen gehoben wird.»

Der Architekt GIOVANNI BETTINI aus Sondrio im Veltlin hat es vor einigen Jahren in der einzigen bisher erschienenen Zeitschrift *«Der Alpenmaulwurf»* noch weit schärfer und frecher so formuliert:

«Es muss alles getan werden, grundsätzlich alles, was das System stört, also der lokalen, sozial-produktiven Identität, nicht zuletzt durch Selbstverwaltungsstrukturen in einem polyzentrischen, nicht hierarchischen System.» Dazu drei konkrete Massnahmen:
«*Identität* aufspüren. Denn Identität hilft gegen die Verflachung der lokalen Kultur; A*ufwertung des Lokalen,* einer Dimension, die in den Bergen besonders reich ist; *Vernetzung* mit anderen Gruppen, auch solchen, die nicht im Alpenraum agieren.»

Sehr engagiert beim Aufspüren von Identität, bei der Aufwertung des Lokalen und der Vernetzung ist die internationale Vereinigung
   Pro vita alpina
Im Jahre 1972 wurde eine schweizerische Arbeitsgruppe gegründet, massgeblich von Robert Kruker, Ruedi Albonico und Anna Ratti in ihren Inhalten geprägt. Im Mai 1989 wurde *Pro vita alpina* als «Verein zur Förderung der kulturellen, gesellschaftlichen, ökologischen und wirtschaftlichen Entwicklung im Alpenraum» gegründet. Diesem neuen, internationalen Verein, der den gesamten Alpenbogen umfasst, ist ein *Trium-Feminat* an die Spitze gestellt worden mit den drei Präsidentinnen ANNA RATTI aus der Schweiz, BRUNAMARIA DAL LAGO-VENERI aus Bozen und DR. GERLINDE HAID aus Österreich. Das ist auch Ausdruck der grossen Bedeutung und Wertschätzung für die neuerdings sehr starke Präsenz der Frauen bei der wiedererwachten Lebendigkeit der Bergkultur: Widerständigkeit (z.B. Osttirol), Wissen um Kräuter und volkstümliche Medizin, Frauenwallfahrten, neues ökologisches Bewusstsein aus der Fraulichkeit usw. Arbeitsstellen von Pro vita alpina befinden sich auf dem *Rimpf*-Hof im Südtiroler Vinschgau, Provinz Bozen, sowie auf dem Hof *Roale* im Ötztal/Nordtirol. Auch diese bewusst dezentralen Positionen sollen beweisen, dass es neues, munteres Leben abseits der Zentren gibt, geben soll und dass die starken Bergler-Kräfte auch in hochgelegenen Berghöfen ihre Vernetzung erhalten können. Zu den Aufgaben und Zielen gehören insbesondere:

– Zusammenarbeit und Vernetzung von Gruppen, Initiativen und engagierten Personen im Alpenraum
– Aufbau und Hilfestellung beim Aufbau neuer Initiativen, Cooperativen, besonders in den Bereichen *Kulturarbeit,* innovative *Volks-Kultur, Bildung, Agricultur, Tourismus*-Kultur, eigenständige *Regionalentwicklung, Selbst*versorgung und Autonomie, *Widerstand* gegen Ausverkauf, Übererschliessung, Zerstörung, Raubbau, gegen Resignation und Ungleichheit
– Mithilfe bei der Schaffung von menschen- und umweltgerechten Lebensmöglichkeiten, bei der Entwicklung von Überlebens- und Langzeitstrategien, bei der Stärkung des Selbstbewusstseins, der Identität und der Eigenständigkeit, bei der Förderung *ethnischer & kultureller Vielfalt*
– Errichtung und Betrieb einer internationalen, interdisziplinären
   Dokumentations- und Forschungsstelle
   für Kultur & Entwicklung im Alpenraum

242

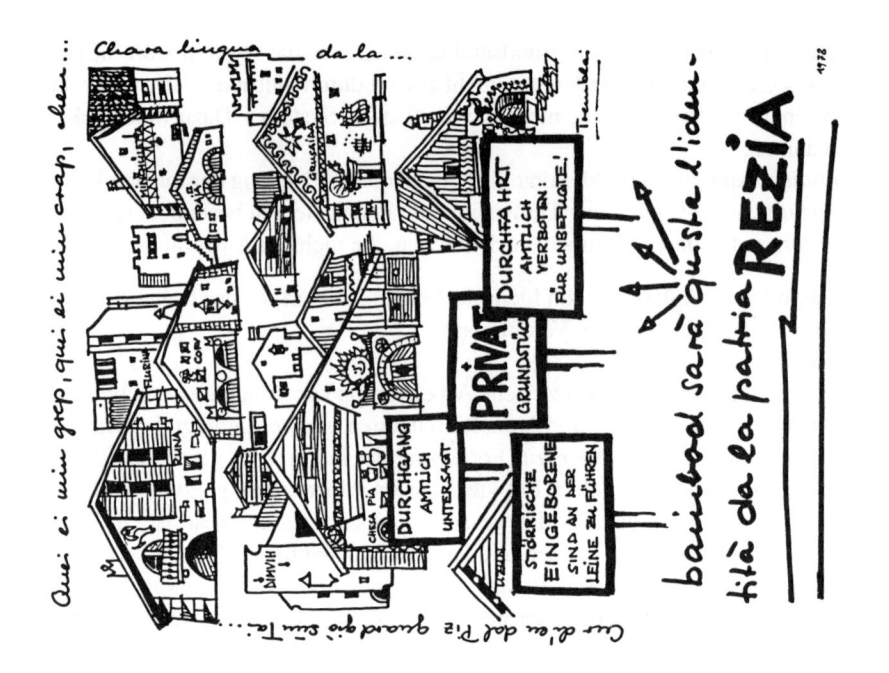

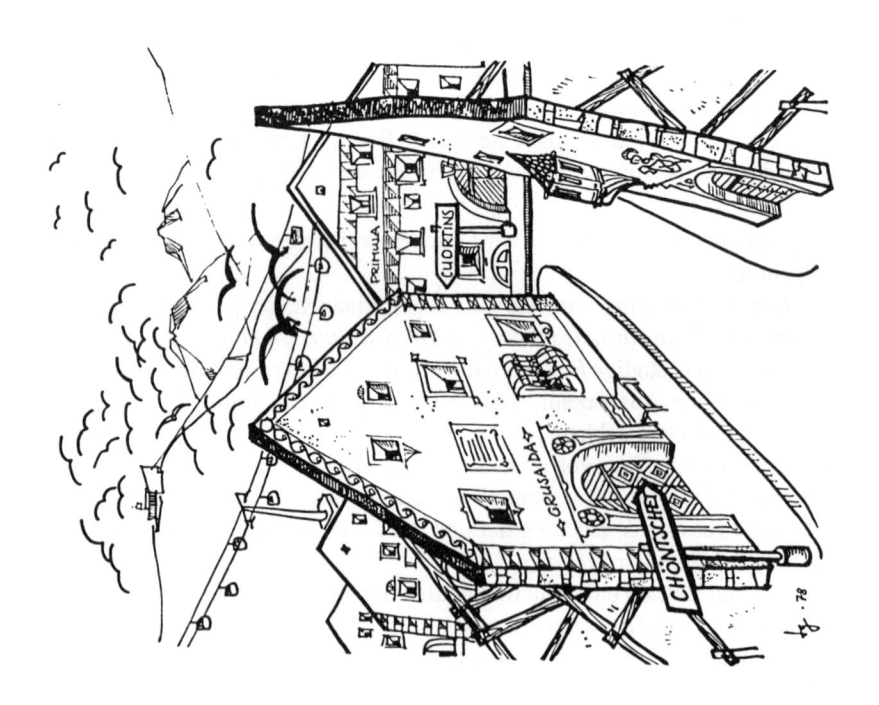

- Organisation von Fachtagungen, Seminaren, Symposien usw.
- Herausgabe von Publikationen

Mit Beginn des Jahres 1990 gibt *Pro vita alpina* ein mehrsprachiges Informationsblatt heraus: italienisch, französisch, slowenisch und deutsch. Einzelne Beiträge werden in anderen Sprachen des Alpenraumes erscheinen: rätoromanisch, friulanisch, occitanisch, franco-provenzalisch, piemontesisch usw.

Dazu ein paar Anmerkungen aus den Aktivitäten der letzten Monate und der Planung für die kommenden Monate:

- Im September 1989 trafen sich Vertreter von den vier Zeitschriften «Quaderni Valtellinesi» (Sondrio/Veltlin), «Il Chardun» (Zernetz/Engadin), «Salt» (Landeck/Nordtirol) und «ARUNDA» (Schlanders/Südtirol) auf dem Rimpf-Hof unter dem Motto: «Vier Täler – vier Zeitschriften – drei Sprachen.» Im November 1989 erfolgte ein Gegenbesuch der Vinschgauer im Veltlin.
- Im Oktober 1990 werden sich auf dem Rimpf-Hof interessante Kulturaktivisten aus dem Rätoromanischen (Schweiz), den Dolomitenladinern und den Friulanern treffen.
- Im September 1990 ist *Pro vita alpina* an einem Treffen unter dem Thema «Grosse Literatur der kleinen Völker» (Schwerpunkt: Alpen) beteiligt.
- Vom 24.–27. Mai 1990 werden auf dem Rofen-Hof (2020 m) sowie in Vent im Ötztal sogenannte Tourismus-Vorausschauer und Tourismus-Vorausdenker zum Symposium
  «Kultur – Tourismus – Vision – 2009»
  zusammenkommen.
- An drei Wochenenden im August 1990 werden unter dem Motto
  «Widerständigkeiten»
  Musikgruppen und Poeten aus dem Alpenraum zusammen mit örtlichen, regionalen Kultur- und Bürgerinitiativen in Nord- und Südtirol dokumentieren, welche Rolle die *Kunst* in diesen neuen Bewegungen spielt.
- Im Juni 1990 hält die italienische Gesellschaft für Musikethnologie auf dem Rimpf-Hof ihre Jahrestagung. Vertreter aus Jugoslawien, der BRD, aus Österreich, der Schweiz, aus Frankreich und Italien werden zum Thema:
  «Alte Hirtenkultur: Rufe, Schreie...»
  mithelfen am Wiederentdecken von Wurzeln.

Dieses Wiederentdecken der *Wurzeln* ist Voraussetzung für eine *radikale* Kultur- und Bildungsarbeit. Es gilt, noch vorhandene, teilweise oder fast zur Gänze verschüttete Traditionen und Erfahrungen wiederzufinden, sie sichtbar zu machen, sie zeitgemäss zu adaptieren, sie in «Quellen des Fortschritts» zu verwandeln. Erst das Wissen um vorhandene Kräfte an Ort und Stelle, um spezifische Lebens- und Überlebensformen in irgendwelchen Bergtälern bringt die Voraussetzung, um eine Stärkung von Identität und Bewusstsein, von Emanzipation und Widerständigkeit zu bewirken. Zu diesen Wurzeln versuchen wir vorzudringen. Dann entdecken wir die starken Kräfte: – einige davon will ich beispielhaft nennen –

- Das *Volkslied* war immer hervorragend geeignet, durch jeweils aktuelle Texte zeitgemäss/politisch zu sein. Die Melodie steckt sozusagen im Bauch und ist elementarer Bestandteil einer regionaltypischen Kultur.
- Das *Spiel* in den ungeheuer reichen Volksschauspielen, Fasnachtsspielen, Festen und Darstellungen wurde immer und zu besonderen Anlässen zeitgemäss adaptiert.
- Die Sprache, insbesondere der *Dialekt*, haben in den letzten fünfzehn Jahren eine grundlegende Neubewertung erfahren. Beispielsweise wurde Dialekt als adäquates Ausdrucksmittel der «Kleinen», der Betroffenen entdeckt und eingesetzt. Fast alle kritischen Lieder gegen Atomkraftwerke, die in den siebziger Jahren in der Schweiz sowie im Elsass entstanden sind, wurden im Dialekt verfasst. In Österreich sind es etwa 50%. Durch die Poeten der *Neuen Dialektdichtung* wurde der Dialekt zudem literaturfähig und damit aufgewertet.
- Das Wiederentdecken alter *Erfahrungen* und *Technologien* gehört ebenso zu diesen scheinbar kleinen Dingen der Selbstverständlichkeiten: das Wissen um heilkräftige Kräuter und Pflanzen, das Wissen um die richtigen Schlägerungszeiten von Holz, das rationelle Nutzen von Wasserkraft und Erdstrahlen, das Naturbeobachten und das lebenswichtige Aufeinander-angewiesen-sein und die Praxis der Nachbarschaftshilfe: aktuell wieder bei der Solidarisierung in Bürgerinitiativen, bei der neuen dörflichen Sozialarbeit.
- Zu den fundamentalsten Entdeckungen gehört aber der *Kult* und damit die Grundlage jeder alten Kultur, insbesondere der Kunst. Alle Kultur wurzelt im Kult, nicht in diesen Formen institutionalisierter Marienwallfahrt und sonstiger Klerikalität. Unsere alten Kultur-Stätten sind Kult-Stätten. Die allerstärksten Kultur-Regionen der Alpen sind durchwegs alte und älteste Kult-Zentren, von der ligurischen Küste bis ins Tote Gebirge in Oberösterreich. Das sind Bergtäler im südlichen Piemont genauso wie das Wallis, das Aosta- und Susatal, Veltlin, Val Camonica, Vinschgau, oberes Inntal, Salzkammergut, Dolomitentäler usw. Fast ausschliesslich sind das Regionen mit interessanten prähistorischen Kultstätten, mit Felszeichnungen, Menhiren, Schalensteinen und reicher Sagenüberlieferung.

Um so bedeutsamer sind diese Signale: alte und älteste Formen von Prozession, Wallen und Wallfahren sind von den Frauen im Val Madris aktualisiert worden, dort wurde die «*Steinfrau*» errichtet. Zwei junge Künstler in Kematen bei Innsbruck haben einen Steintempel auf 2400 Meter errichtet, ganz in der Bauweise von Trulli und Steinmann/frau. Jetzt erst kann die sogenannte Wissenschaft mit feinsten Messinstrumenten nachweisen, was im «Volk» seit Jahrhunderten und Jahrtausenden überliefert ist. Alle alten Kirchenbauten wurden an Stätten besonderer Kraft errichtet. Fast alle alten Berghöfe (wir erkennen es am Vinschgauer Sonnenberg besonders deutlich) wurden dort errichtet, wo Erdstrahlen, Erdkräfte, Wasser und Energie mit Sicherheit optimal verbunden werden konnten. Ich bin vielen bisher vergessenen und unbekannten Kräften auf der Spur. Ich habe es mir zur Aufgabe gemacht: in einer Dokumentation über «*Kultstätten & Bergheiligtümer in den Alpen*» will ich nachweisen, wo diese Zusammenhänge wirken und vor allem auch, wie sie bis in die Gegenwart wirken. Dieses

Nachspüren der alpinen Kräfte wird mir auch Aufschluss darüber geben, dass starke Traditionen und Energien vorhanden sind. Es sind die besten Ressourcen. Ich bin davon überzeugt, dass K*ult* und *Kultur* weit stärker wirken als wir bisher angenommen haben.

Diese Wurzeln sind nicht immer spektakulär. Ich habe vor einigen Monaten im Ötztal, auf etwa 2100 Meter eine alte Kult- und Kulturstätte «entdeckt». Ein kleines Bergdorf mit knapp 150 Einwohnern ist – völlig unbeachtet und unbekannt – Bewahrer, also Traditionsträger durch dreitausend Jahre. So alt ist die dortige Kultstätte mit Menhir, Steinkreis, Felszeichnungen, einer besonderen Quelle, einem Mini-Heiligtum einer Muttergottheit... Wie es derzeit aussieht, kann ich den überaus optimistischen Ausblick wagen:

- Die Kraft ist vielfach verschüttet, aber nicht verloren.
- Die Kraft konnte und kann weder durch Massentourismus noch Fernsehen und Hochtechnologie vernichtet werden.
- Diese Kraft bleibt latent vorhanden und wird bei aktuellem Anlass wieder eingesetzt.
- Der «*Aufstand der Bereisten*», also auch der bereisten Älpler, ist nicht mehr aufzuhalten.
- Wir sind die *Protagonisten*.

Deswegen versuche ich eine Antwort auf die von Werner Bätzing für diese Veranstaltungsreihe an der Universität Bern gestellten Fragen. «Der Alpenraum als historisch-kulturell eigenständige Region: Ist eine kulturelle Identität im Alpenraum noch gegeben? Formiert sie sich neu oder wird sie nur noch als Folklorismus vermarktet? Gibt es eventuelle Ansätze für eine supra-nationale Identität des Alpenraumes über Staatsgrenzen hinweg?»

Die mehr als hundert Modelle und Initiativen, die ich in der Dokumentation *«Vom Neuen Leben»* zusammengestellt habe, sind eine höchst positive Antwort. Mehr als hundert Bürger- und Kulturinitiativen allein in Tirol sind absolut positive Signale von Eigenständigkeit und Kraft. Der *Widerstand von Frauen* ist ermutigend, sensationell und der stärkste Faktor. Die überregionale Vernetzung ist nicht mehr aufzuhalten. Staatsgrenzen werden von diesen vernetzten Initiativen gar nicht als Grenzen zur Kenntnis genommen.

Es kann keine supra-nationale Identität in den Alpen (und auch sonstwo) geben, sondern nur eine spezifisch-kleinräumige, eine ausgeprägt dezentrale, eine von Tal zu Tal deutlich unterscheidbare Identität. Diese Dorf- und Talidentitäten sind im Kommen, sie werden erstarken. Aber sie werden nur dann in den Alpen etwas bewirken, wenn sie regional, überregional und international vernetzt sind und wenn sie nicht restaurativ-museal, chauvinistisch, reaktionär eingesetzt sind, sondern wenn sie zur Weiterentwicklung, zur Bewegung führen, zu Widerständigkeit und Mut.

Literatur

BURATTI, GUSTAVO: Protagonisti se alternativi.
BETTINI, GIVANNI: Dalla delega all'autoresonsabilizzazione. In: La Montagna: un protagonista nell'Italia degli anni '90, Jaca Book, Mailand, 1987.
Gemeinde-Information Sölden-Obergurgl-Vent, Nr. 7, August 1989, A-6450 Sölden, Gemeindeamt
MÜLLER, HANSRUEDI: Bleiben Sie zu Hause! Abwehrreaktionen der Bevölkerung in Fremdenverkehrsgebieten. In: Neue Zürcher Zeitung, 25. Januar 1989.
Alpen-Initiative, diverse Flugblätter, u.a. «Bausteine zu einem Argumentenkatalog 12 Fragen – 12 Antworten», CH-3900 Brig, 1989.
Val Madris – erschiessen – ertränken – erhalten. Arbeitsgruppe Val Madris-Curciusa, CH-7448 Juf, 1989
HAID, HANS: Vom Neuen Leben. Alternative Wirtschafts- und Lebensformen in den Alpen. Haymon-Innsbruck, 1989.

Die Abbildungen zu diesem Beitrag stammen aus H. Haid: Vom Neuen Leben; Innsbruck 1989

WERNER BÄTZING*

Die Alpen im Europa der neunziger Jahre

Ein ökologisch gefährdeter Raum im Zentrum Europas zwischen Eigenständigkeit und Abhängigkeit[1]

Der erste Vortrag unserer Reihe «Die Alpen im Europa der neunziger Jahre» fand am 9. November 1989 statt, an einem historischen Datum, denn an diesem Tag wurde in Berlin die Mauer geöffnet. Als Paul Messerli und ich im Februar 1989 diese Vortragsreihe konzipierten, war von der neuen Entwicklung in Osteuropa noch gar nichts zu spüren. Aber dann überschlugen sich in wenigen Wochen und Monaten die Ereignisse so schnell, dass wir heute vor einem neuen Europa und vor einer völlig neuen europäischen Entwicklung stehen, die wohl keiner von uns so überraschend und so plötzlich erwartet hat.

Damit hat der Titel unserer Reihe unter der Hand eine neue Bedeutung erhalten: «Die Alpen im Europa der neunziger Jahre» – das hiess im Februar 1989 noch: Wie werden die Alpen auf die Herausforderung durch den Europäischen Binnenmarkt reagieren in einem Europa, dessen Dynamik durch die EG-Süderweiterung vor allem vom Norden nach Süden hin orientiert ist, wobei die Alpen mitten auf dieser Achse liegen?
Diese Frage stellt sich heute anders, weil Europa auf einmal grösser geworden ist und die Staaten Osteuropas einen riesigen wirtschaftlichen Nachholbedarf aufweisen, so dass die traditionellen West-Ost-Achsen wieder aufgewertet werden und die Alpen plötzlich auf eine neue Weise in der Mitte Europas zu liegen kommen – folgt aus diesen neuen Entwicklungen eine Abwertung oder eine Aufwertung des Alpenraums?

Die jüngsten europäischen Veränderungen haben mich darin bestärkt, in diesem abschliessenden Synthese-Entwurf nicht von den Alpen auszugehen und dann anschliessend noch den Blick auf Europa auszuweiten, sondern umgekehrt die Alpen von der europäischen Entwicklung her zu sehen und zu analysieren. Daher werde ich im ersten Teil meines Beitrages die grossen ökonomischen und gesellschaftlichen Transformationen Europas (Industrialisierung und Tertiarisierung) und ihre Auswirkungen auf den Alpenraum skizzieren. Im zweiten Abschnitt werde ich darstellen, wie unterschiedlich dieser Prozess in den sieben Staaten, die heute Anteil am Alpenraum besitzen,

---

* Adresse des Verfassers: Dr. WERNER BÄTZING, Geographisches Institut der Universität Bern, Hallerstr. 12, CH-3012 Bern (Schweiz)

RELIEF DU MASSIF ALPIN

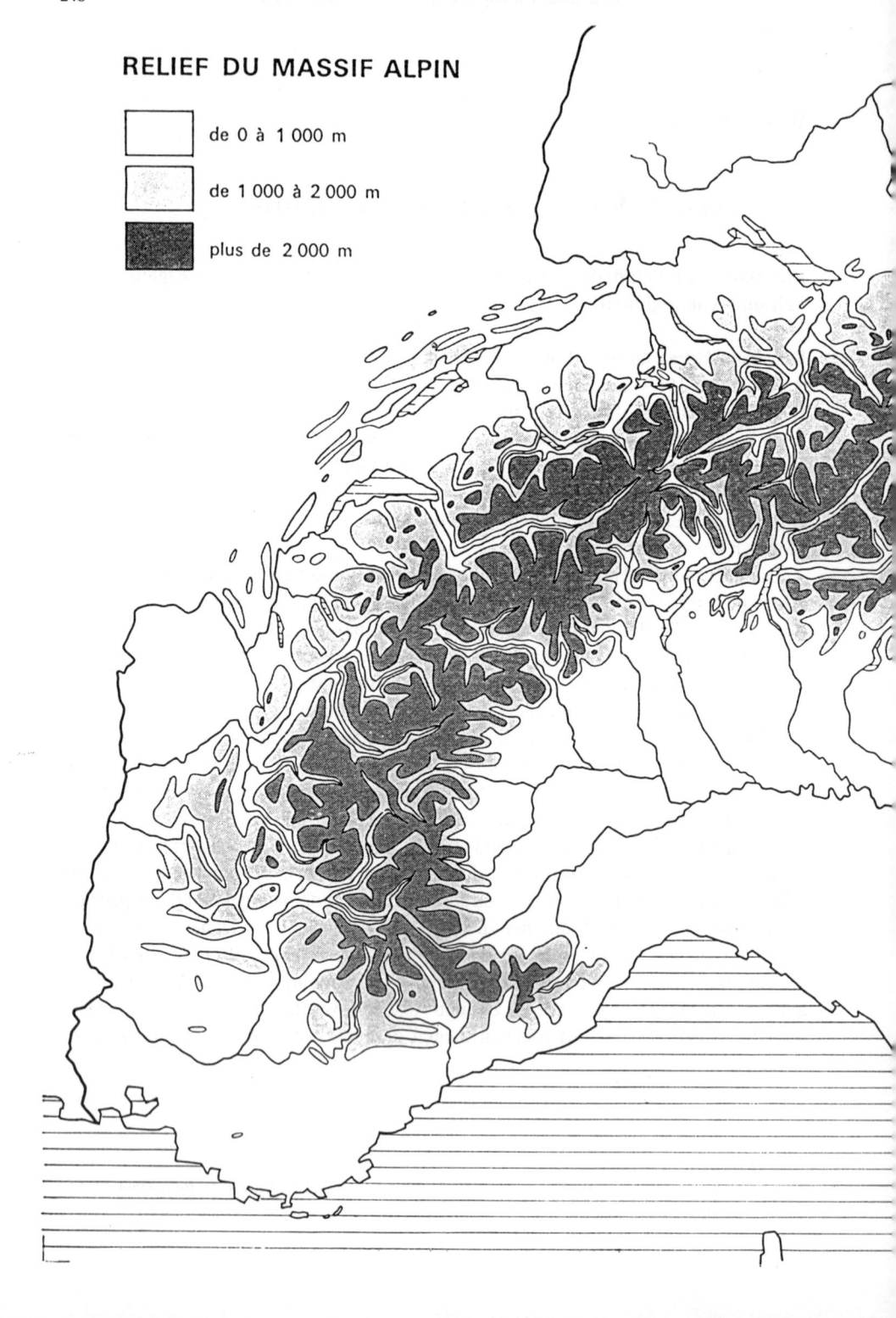

- de 0 à 1 000 m
- de 1 000 à 2 000 m
- plus de 2 000 m

249

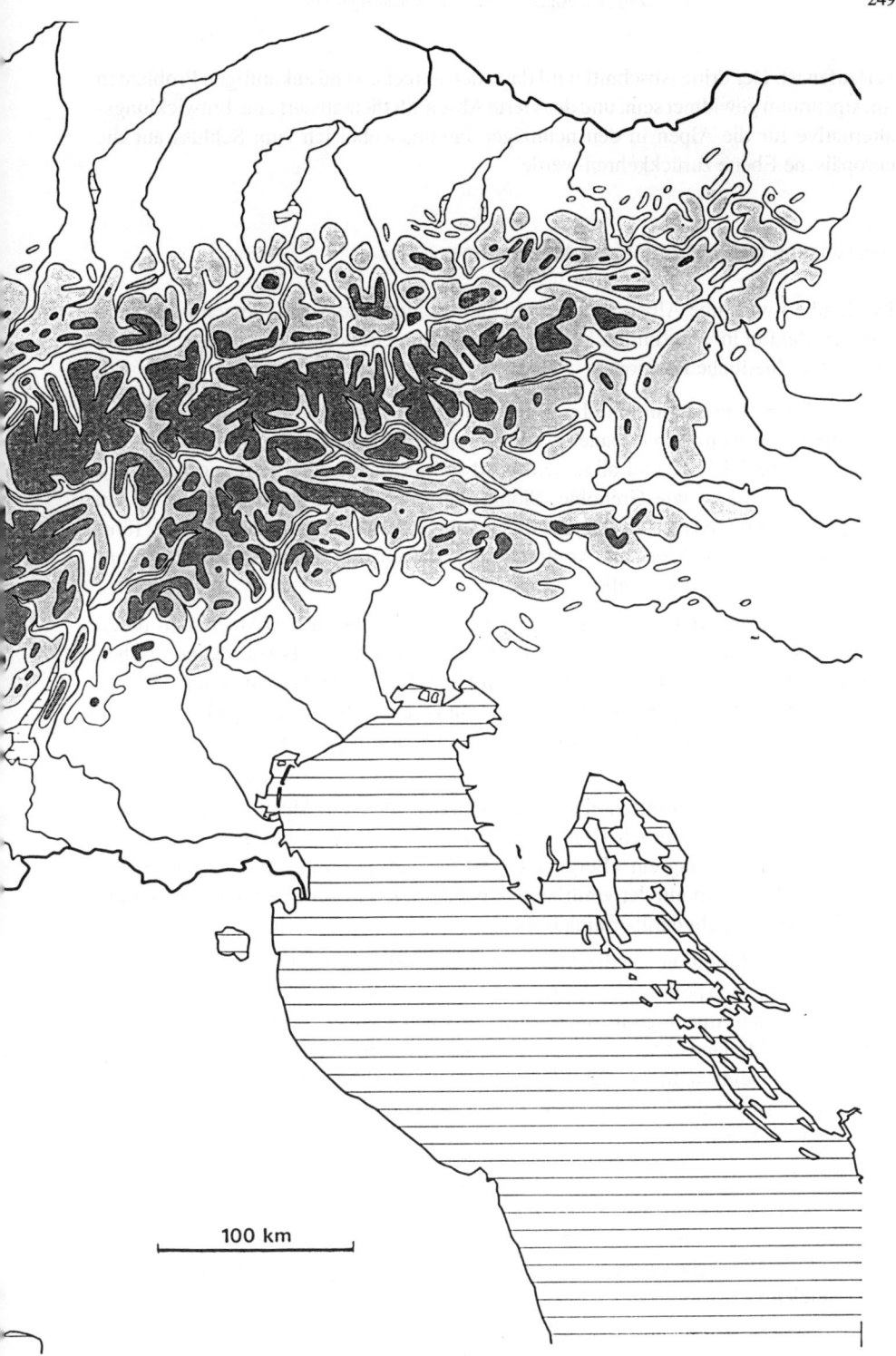

100 km

verlaufen ist. Der dritte Abschnitt wird dann den aktuellen und zukünftigen Problemen im Alpenraum gewidmet sein, und der vierte Abschnitt thematisiert eine Entwicklungsalternative für die Alpen in den neunziger Jahren, wobei ich zum Schluss auf die europäische Ebene zurückkehren werde.

Abgrenzung und Definition des Alpenraumes

Da darüber, was «die Alpen» seien, sehr unterschiedliche Vorstellungen herrschen, muss zu Beginn ihre Definition kurz geklärt werden. Grundsätzlich gibt es dabei drei sehr unterschiedliche Positionen:

1. Restriktive Alpendefinition: Im österreichischen Alpenraum unterscheidet man deutlich zwischen den «Talbauern» und den eigentlichen «Bergbauern» (Lichtenberger 1965 und 1979), und allgemein wird immer wieder die Meinung geäussert, inneralpine Städte wie Grenoble, Sion/Sitten oder Bozen gehörten nicht zu den Alpen, diese fingen erst bei den jeweiligen Seitentälern an. Ein solches Konzept führt zu einer sehr komplexen und komplizierten Abgrenzung des Alpenraums, die nur grossmassstäblich darzustellen ist.

2. Mittlere Alpendefinition: Üblicherweise grenzt man heute den Alpenraum durch eine Kombination von geologischen, geomorphologischen und sozio-ökonomischen Kriterien ab. Dabei gibt es – von kleinen Grenzfällen wie das Emmental oder der Hausruck am Nordalpenrand abgesehen – nur an zwei Stellen grössere Differenzen, nämlich am Übergang Alpen–Apennin in Italien und Alpen–Dinariden in Jugoslawien.

3. Juristische Alpendefinition: In allen Staaten, die Anteil am Alpenraum haben – mit Ausnahme von Österreich (Basis: Höfekataster) und Jugoslawien –, wurde zur Berggebietsförderung ein «Berggebiet» flächenhaft ausgewiesen und abgegrenzt, was im Alpenraum mit der «mittleren Alpendefinition» weitgehend übereinstimmt und teilweise leicht darüber hinausreicht.

4. Weite Alpendefinition: Da die Alpen mit ihren Vorländern auf vielfache Weise und nicht zuletzt auch politisch eng verbunden sind, spricht man immer wieder von einer «europäischen Alpenregion» unter Einschluss von Räumen wie Genf, Bern, Zürich, München, Mailand, Marseille, Ljubljana usw., die in der Form der drei alpinen «Arbeitsgemeinschaften» (siehe Fally 1988) auch bereits eine politische Struktur gefunden hat (Bridel 1985 z.B. nimmt diese Struktur als Basiseinheit seiner gesamtalpinen Analyse).

Dieser Artikel geht von der Alpendefinition Nr. 3 aus, weil die einzelnen Beiträge des vorliegenden Bandes sich jeweils auf das juristisch klassifizierte Berggebiet beziehen, diese Abgrenzungen im Einzelfall meist gut begründet wurden und diese Grenzen heute aufgrund der staatlichen Berggebietsförderungen auch in der Realität eine wichtige Rolle spielen.

Die Alpen als benachteiligter Raum?

Bevor ich mit der systematischen Darstellung beginne, möchte ich noch auf einen grundlegenden Aspekt hinweisen: Dass die Alpen einen ökonomisch benachteiligten Raum darstellen, ist heute ausgesprochen selbstverständlich, wobei man oft den Eindruck erhält, dass man dies direkt den naturräumlichen Eigenschaften (magere Böden, steiles Relief, kurze Vegetationszeit, schlechte Erreichbarkeit usw.) zuschreibt. Das ist aber falsch: In der vorindustriellen Zeit stellten die Alpen oft einen wirtschaftlichen Gunstraum in Europa dar, dessen Bevölkerungsdichte und Nutzungsintensität deutlich über der der benachbarten Tiefländer lag. Der französische Geograph Raoul Blanchard hat dies für die französischen Alpen explizit betont (Blanchard 1956) ebenso wie Edoardo Martinengo in seinem Vortrag über die italienischen Alpen (Edoardo Martinengo[2]), Klaus Aerni hat dies am Verhältnis «Hirtenland» – Mittelland in der Schweiz dargestellt (Aerni 1989), und für die österreichisch-bayerischen Ostalpen gilt mit einigen Abstrichen (vor allem die östlichen Teile der Ostalpen mit ihren niedrigen Vegetationsgrenzen) das gleiche. Die Alpen sind nicht «von Natur aus» benachteiligt, sondern diese Benachteiligung, die sich erst im 19. Jahrhundert entwickelt, besitzt ihre Ursache in den grossen wirtschaftlichen Veränderungen Europas im Gefolge der industriellen Revolution.

Allerdings möchte ich drei historische Entwicklungen nennen, die sich für den Alpenraum bereits vorher immer stärker nachteilig auswirkten:

1. Nur ein kleiner Teil der Alpen – das sogenannte «Hirtenland» in der Schweiz – entwickelte ab dem 15. Jahrhundert eine moderne, das heisst hochspezialisierte Landwirtschaft mit europaweitem Absatzmarkt (Aerni 1989); der übrige Alpenraum beharrte in seiner Selbstversorgerwirtschaft und geriet allmählich in einen immer stärkeren Gegensatz zur europäischen Entwicklung.

2. Die allmähliche Herausbildung der europäischen Nationalstaaten führte zu nationalen Grenzen, die sich – vorwiegend aus militärischen Gründen – an den Gebirgskämmen orientierten; dadurch wurde der relativ einheitliche Alpenraum zerstückelt, und die Macht- und Entscheidungszentren verschoben sich in alpenferne Regionen (Dematteis 1975).

3. Durch die Entdeckung Amerikas im Jahr 1492 verlagerten sich die europäischen Wirtschafts- und Innovationszentren vom Rande des Mittelmeers allmählich an die atlantischen Küsten, wodurch der zuvor sehr zentral gelegene Alpenraum eine gewisse Abseitsposition erlangte.

Trotz diesen drei negativen Entwicklungen ist die ökonomische Entwertung der traditionellen Wirtschaft im Alpenraum und seine Peripherisierung auf der europäischen Ebene erst ein Ergebnis des 19. und 20. Jahrhunderts.

Der Alpenraum im Kontext der nationalen und regionalen Verwaltungss

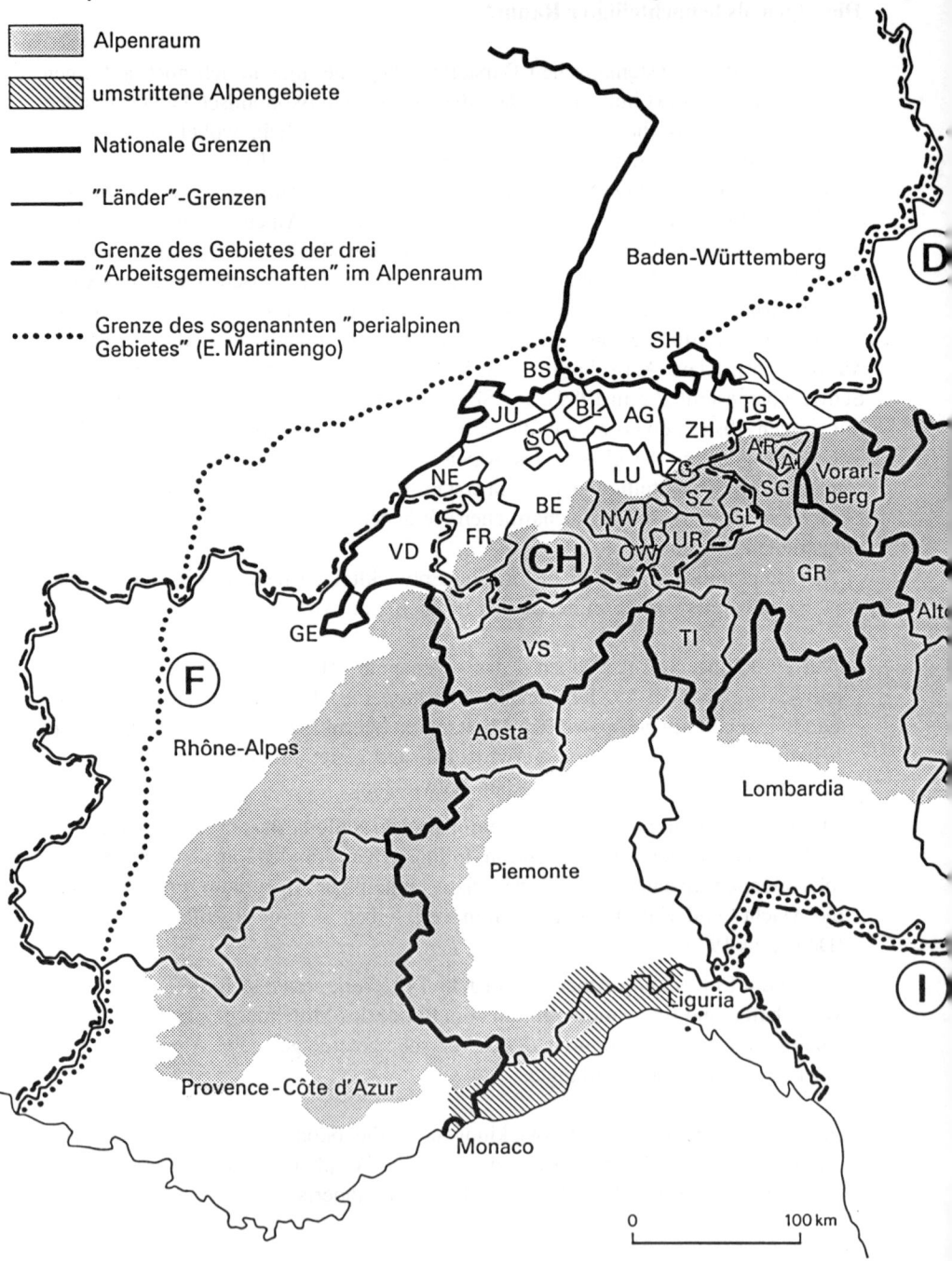

- Alpenraum
- umstrittene Alpengebiete
- Nationale Grenzen
- "Länder"-Grenzen
- Grenze des Gebietes der drei "Arbeitsgemeinschaften" im Alpenraum
- Grenze des sogenannten "perialpinen Gebietes" (E. Martinengo)

253

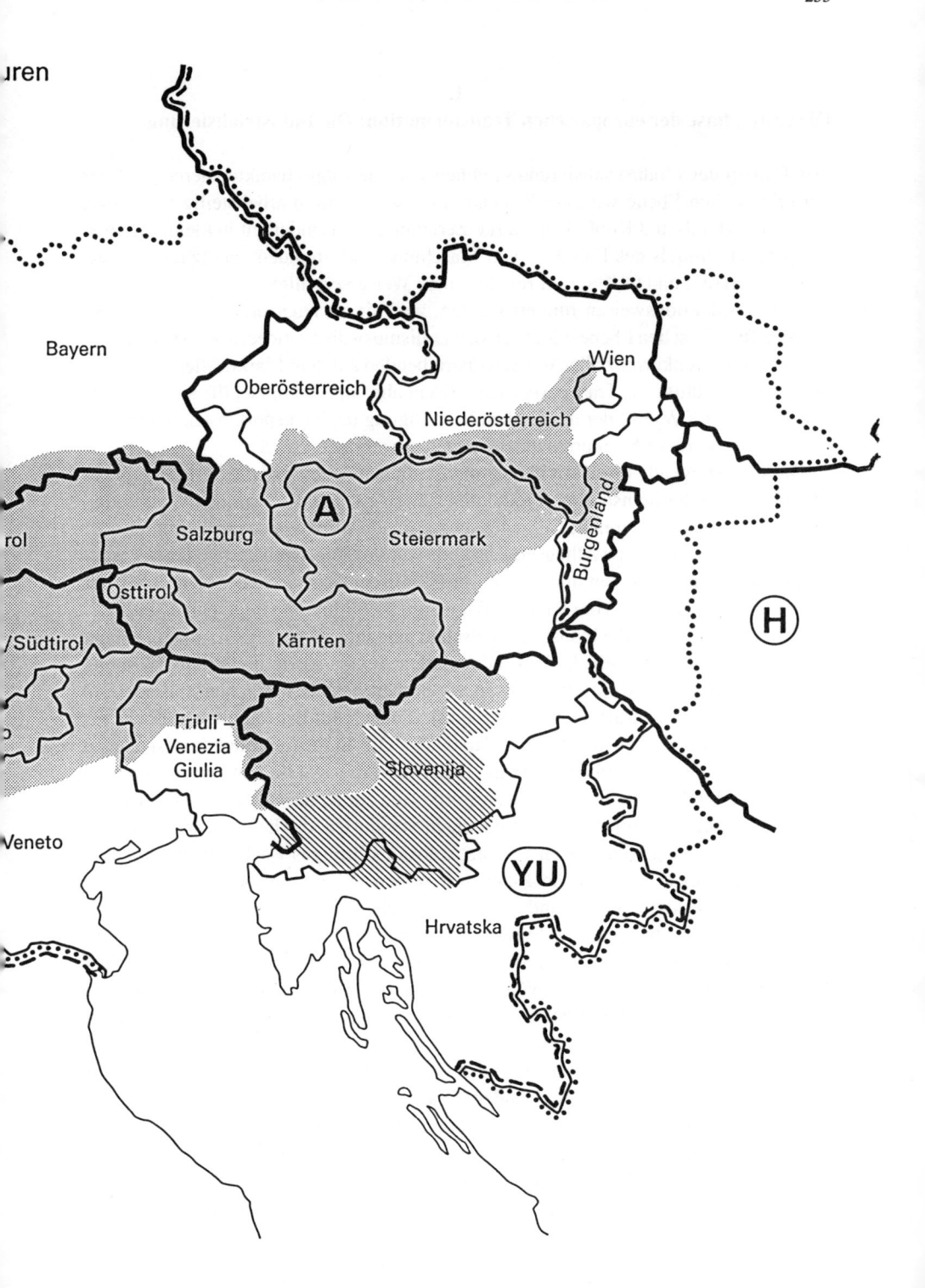

I.
Die erste Phase der europäischen Transformation: Die Industrialisierung

Das Prinzip der «Industrialisierung» können wir wie folgt charakterisieren: Auf der wirtschaftlichen Ebene wird der Produktionsprozess extrem arbeitsteilig organisiert (Trennung Hand- und Kopfarbeit, starke Zerlegung der Handarbeit in kleine Arbeitsschritte) und mittels des Einsatzes von Maschinen und Fremdenergie (zuerst Kohle, dann Elektrizität und Öl/Gas) auf revolutionäre Weise verbilligt, so dass alle vorindustriellen Produktionsweisen ruiniert werden, weil sie zu teuer produzieren. Auf der wirtschaftspolitischen Ebene bildet der «Liberalismus» die Leitidee, also die mehr oder weniger freie Konkurrenz aller Wirtschaftreibenden auf dem Markt. Allerdings sorgt erst die Revolution im Transportwesen (Eisenbahn und Dampfschiff, später LKW, Autobus und PKW) mit der drastischen Verbilligung der Transportkosten dafür, dass ganz Europa in diese Konkurrenzbeziehungen eingebunden wird.

Die stark steigende Produktivität der menschlichen Arbeit und die Verbilligung der Stückkosten in der industriellen Produktion führen zu einem gewaltigen Wirtschaftsaufschwung, indem zahlreiche Gebrauchsgegenstände, die zuvor unerschwinglich oder gar unbekannt waren, jetzt Alltagsgegenstände werden. Die damit verbundenen gesellschaftlichen Veränderungen sind so gross, dass sie in der Geschichte der Menschheit nur noch mit dem Übergang vom Paläolithikum zum Neolithikum vergleichbar sind.

Charakteristisch für die Industriegesellschaft sind ihre ausgeprägten Antagonismen: Der extrem hohe Kapitalbedarf im industriellen Sektor sowie die strikte Trennung zwischen Hand- und Kopfarbeit führen zu starken gesellschaftlichen und sozialen Unterschieden (Gegensatz «Kapital–Arbeit»), die sich auf der räumlichen Ebene als Antagonismus zwischen Stadt–Land darstellen: Die Industrieproduktion ist nur an günstigen Standorten wettbewerbsfähig, daher führt die scharfe Konkurrenz auf dem Markt in Verbindung mit niedrigen Transportkosten zur Konzentration der Produktion an relativ wenigen, besonders kostengünstigen Standorten, das heisst in den Industriestädten und den Industriegebieten, die ein explosionsförmiges Wachstum durchlaufen. Das «Land», also der ländliche Raum mit seinem Kleingewerbe, dem dörflichen Handwerk, der Heimindustrie und der Landwirtschaft, wird reagrarisiert, indem alle nichtlandwirtschaftlichen Erwerbszweige von der städtischen Konkurrenz ruiniert werden. Und indem mit der Agrarrevolution des 19. Jahrhunderts (Aufhebung der Dreifelderwirtschaft, Einführung von Kunstdünger, Kartoffel, Kleegraswirtschaft und ganzjähriger nächtlicher Stallhaltung des Viehs) auch die Landwirtschaft produktiver wird, bilden sich etwa ab der zweiten Hälfte des 19. Jahrhunderts die sogenannten «strukturschwachen Gebiete» heraus, also Gebiete, in denen die Landwirtschaft aus naturräumlichen und kulturellen Gründen (Realteilungsbiete mit kleinen Besitzgrössen und ungünstigen Betriebsstrukturen) besonders schlechte Voraussetzungen besitzt, so dass sie hier kaum konkurrenzfähig ist.

In der vorindustriellen Gesellschaft gab es zwar auch einen gewissen Gegensatz zwischen Stadt und Land, aber in der Industriegesellschaft wird dieser drastisch zugespitzt durch die Reagrarisierung des Landes und durch die Konzentration aller technischen und sozialen Errungenschaften des Industriezeitalters auf die Städte, von denen das Land im besten Fall erst mit jahrzehntelanger Verspätung erreicht wird.

Wie entwickelt sich der Alpenraum in dieser Zeit, die von etwa 1800 bis 1955 anzusetzen ist? Die industrielle Entwicklung setzt sich hier anfangs nur sehr zögernd durch, weil das schlechte Wegenetz und die ungünstige Topographie die Transportkosten sehr hoch halten, so dass die Selbstversorgerwirtschaft noch lange existenzfähig bleibt. Nur die wenigen exportorientierten Landwirte – vor allem im schweizerischen «Hirtenland» – spüren die wachsende Konkurrenz bereits ab 1820 (Entstehung der Talkäsereien) und sind dadurch schon früh zu Umstrukturierungen gezwungen. Erst ab 1854 (Eröffnung der Semmering-Eisenbahn auf der Strecke Wien–Triest, dem sogenannten «schrägen Durchgang» durch die Alpen) dringt die Industriegesellschaft mittels der Eisenbahnlinien direkt in den Alpenraum ein. Da diese aber nur einige wenige Alpentäler berühren und den Alpenraum nicht flächenhaft, sondern nur linienhaft erschliessen, sind die unmittelbaren Konsequenzen für die Selbstversorgerlandwirtschaft noch vergleichsweise gering. Allerdings wird dadurch der alpine Säumerverkehr innerhalb weniger Jahre ruiniert, der zuvor recht vielen Talschaften einen wichtigen Nebenerwerb geboten hatte. Und das alpine Handwerk und Kleingewerbe sowie die Heimindustrie werden wirtschaftlich stark unter Druck gesetzt, weil die Industrieprodukte jetzt einen immer leichteren Zugang selbst zu den hintersten Märkten der Alpen finden – die Reagrarisierung des Alpenraums wird mit dem Eisenbahnbau eingeleitet. Die wirkliche, nämlich flächenhafte Verkehrserschliessung der Alpen findet aber wesentlich später statt und ist an das Verkehrsmittel PKW/LKW/Autobus gebunden, was erst nach dem Ersten Weltkrieg in den Alpenraum vordringt und erst nach dem Zweiten Weltkrieg auch das letzte Alpental erreicht. Und der Prozess der «Höfeerschliessung», also der Strassenanbindung jedes einzelnen Hofes im alpinen Streusiedlungsgebiet ist heute noch nicht abgeschlossen und dürfte erst in etwa fünf Jahren beendet sein.

Es würde aber zu kurz greifen, wenn wir diesen Prozess allein ökonomisch verstehen würden: Es sind nicht nur die wirtschaftliche Konkurrenz und die immer schlechter werdenden wirtschaftlichen Möglichkeiten, die die Menschen zum Abwandern aus den Alpen zwingen, sondern zugleich auch die immer deutlicheren Unterschiede zwischen der Agrar- und der Industriegesellschaft im sozio-kulturellen Bereich: Sehr lange Arbeitszeiten bei geringem Ertrag, keinerlei Gesundheits- und Sozialabsicherung, keine Ausbildungs- und Bildungsmöglichkeiten, kaum Entfaltungsmöglichkeiten für das einzelne Individuum im Rahmen enger Dorfstrukturen, die inferiore Stellung der Frau u.ä. lassen die Industriegesellschaft nicht nur ökonomisch, sondern auch sozial und kulturell als überlegen erscheinen und veranlassen gerade die aktivsten und engagiertesten Persönlichkeiten zum Abwandern in die städtischen Industriegebiete (Furrer 1978). Dabei ist auf die weite Verbreitung der Tradition der saisonalen und längerdauernden Emigration in grossen Teilen des Alpenraumes hinzuweisen, durch die die persönliche Kenntnis über die Entwicklung der Industriegesellschaft schnell bis ins letzte Alpendorf vordrang, ohne dass es Eisenbahn oder Fahrstrassen bedurft hätte.

Die Zeit von etwa 1850 bis zum Beginn des Ersten Weltkrieges stellt also die erste grosse Zusammenbruchsphase der alpinen Wirtschaft und Kultur dar – die Alpen entwickeln sich flächenhaft zum strukturschwachen Raum mit stark sinkender Bevölkerung. Der Erste Weltkrieg bremst diese Entwicklung für sechs Jahre, dann setzt ab 1920 die zweite Zusammenbruchsphase ein, die bis zur Weltwirtschaftskrise 1929 dauert und dann in den dreissiger Jahren durch Verschärfung der aussenpolitischen Konflikte in Europa allmählich zum Stillstand kommt. Und nach dem Zweiten Weltkrieg setzt dann im Kontext der rasanten Wirtschaftsentwicklung die dritte Zusammenbruchsphase ein.

Im Rahmen dieser für den Alpenraum negativen Entwicklung gibt es aber drei Gegenbewegungen: Tourismus, Industrie und Transit. Der alpine Tourismus ist als soziales und ökonomisches Phänomen ganz eng an die industrielle Revolution und an das damit verbundene neue Naturempfinden gebunden (Bätzing 1984), aber er bleibt in der gesamten Phase der Industriegesellschaft an eine kleine, privilegierte Oberschicht gebunden, weil die Masse der Arbeiter und Angestellten weder über die notwendige Urlaubszeit noch über das entsprechende Einkommen verfügt. Der alpine Tourismus ist daher in dieser Zeit – vor allem bis 1914 – eine exklusive Angelegenheit, die nur eine kleine Zahl zahlungskräftiger Gäste in relativ wenige Orte führt. Nach 1920 weitet sich der Kreis der Touristen aus, indem die bessergestellten Angestellten sich ebenfalls einen Urlaub in den Alpen leisten können, aber immer noch bleibt der Tourismus auf relativ wenige Orte bezogen und stellt noch kein flächenhaftes Phänomen dar.

Daneben entstehen an verschiedenen Stellen in den Alpen grosse und moderne Industrieanlagen, und zwar vor allem dort, wo Energie besonders günstig zur Verfügung steht: In der ersten Phase der Industrialisierung (bis etwa 1880) spielt die Holzkohle (vor allem in den Ostalpen) eine wichtige Rolle – Entstehung des inneralpinen Industriegebietes der Mur–Mürz-Furche und des alpenrandnahen Zentrums Linz–Steyr (Lichtenberger 1965), ab etwa 1880 erhält die aus Wasserkraft gewonnene elektrische Energie eine zentrale Bedeutung für die Ansiedlung von Industriebetrieben im Alpenraum (Crivelli/Raffestin 1985) und führt vor allem in den französischen Alpen (Grésivaudan, Maurienne, Tarentaise – Chabert 1978) und den schweizerischen Alpen (Wallis und Alpenrhein) zu industriellen Verdichtungsräumen (Gebhardt 1984). In den italienischen Alpen setzt die moderne industrielle Entwicklung – mit Ausnahme der alpenrandnahen Täler der Brescianer und Bergamasker Alpen, in denen sich die Eisenverarbeitung von prähistorischen Zeiten bis heute halten kann (Simoncelli 1973) – erst unter Mussolini ein und wird durch politische Motive mitbestimmt (Raum Bozen, Aosta, Veltlin). Darüber hinaus werden die transalpinen Eisenbahnlinien aufgrund ihrer Verkehrsgunst bevorzugte Industrie- und Handelsstandorte (Unterinntal und Raum Verona – Bozen an der Brennerlinie, Susa-Tal und Maurienne an der Montcenis-Linie, Raum Domodossola und Mittel-/Unterwallis an der Simplon-Linie u.ä.), so dass diese Räume eine linienhafte Aufwertung erfahren.

Auf diese Weise entwickelt sich auch im Alpenraum der Gegensatz zwischen Stadt und Land: Der grosse ländliche Raum gerät als strukturschwache Region gesamthaft mehr oder weniger stark in die Krise, die wenigen und kleinen touristischen, industri-

257

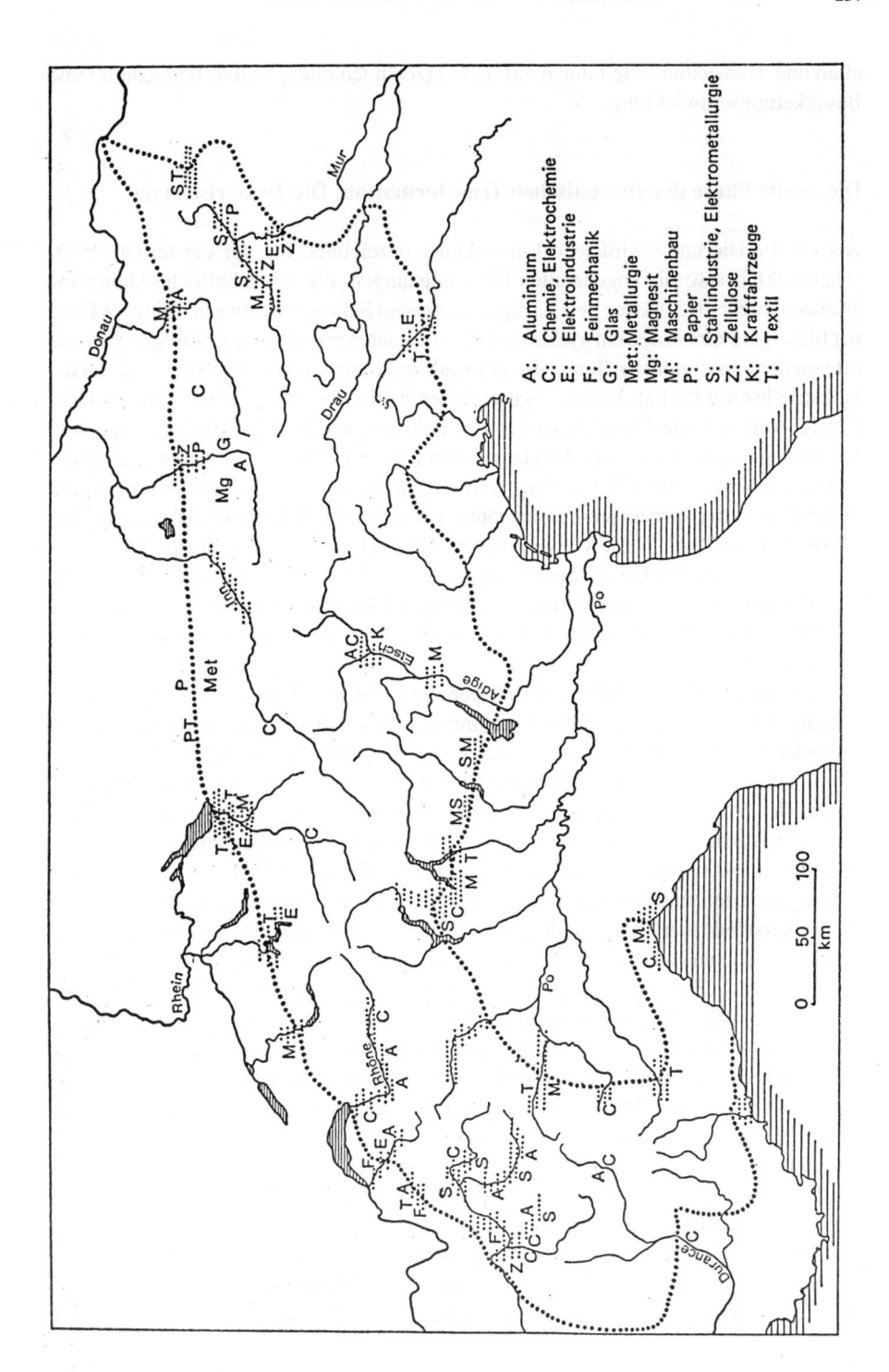

ellen und Transitstandorte blühen auf und verzeichnen eine positive Wirtschafts- und Bevölkerungsentwicklung.

Die zweite Phase der europäischen Transformation: Die Tertiarisierung

Als «Tertiarisierung» wird jene Entwicklung bezeichnet, bei der der tertiäre Wirtschaftssektor, also die sogenannten Dienstleistungen, die wirtschaftliche Dominanz erlangen (mehr als 50% der Beschäftigten in diesem Sektor, was etwa ab Mitte bis Ende der fünfziger Jahre in den entwickelten Industriestaaten erreicht wird. Man spricht heute oft von der «post-industriellen», also der nach-industriellen Gesellschaft, so als ob die industrielle Gesellschaft bereits abgeschlossen wäre, aber dies erscheint mir als nicht richtig, weil zentrale Grundprinzipien der Industriegesellschaft beibehalten werden: Der Fremdenergieeinsatz, die Ersetzung menschlicher Arbeitskraft durch Maschinen und Computer und die Arbeitsteilung werden dank gewaltiger technischer Fortschritte in den Produktionsprozessen des primären, sekundären und tertiären Sektors auf eine zuvor unvorstellbare Weise vorangetrieben. Dadurch entwickelt sich allmählich eine neue Wirtschafts- und Gesellschaftsstruktur, die wir mit dem Begriff «tertiär geprägte Gesellschaft» oder «Dienstleistungsgesellschaft» bezeichnen können und die sich von der Industriegesellschaft deutlich unterscheidet, ohne mit ihren Voraussetzungen zu brechen.

Äusserliches Merkmal dieser tertiär geprägten Gesellschaft ist die Dominanz des tertiären Sektors, der angesichts der extremen Rationalisierungen im primären und sekundären Sektor, des immer grösseren gesellschaftlichen Regelungsbedarfs der Wirtschaft aufgrund zunehmender Arbeitsteilung und der erheblichen Verbesserung der materiellen Situation der grossen Masse der Arbeiter und Angestellten (höheres Einkommen bei kürzerer Arbeitszeit) eine immer grössere Bedeutung erhält.

Diese Entwicklung führt zu hochspezialisierten, streng sektoral orientierten, räumlich segregierten und in ihrer Komplexität kaum noch überschaubaren weltweiten Wirtschaftsstrukturen. Entscheidend ist dabei aber, dass dies alles mit einer analogen gesellschaftlichen Entwicklung verbunden ist, indem sich der zuvor einheitliche und überschaubare Lebenskontext atomisiert, die Gesellschaft sich also in einzelne Sozial-, Alters- und Interessengruppen auflöst, die beziehungslos nebeneinanderstehen. Charakteristisches Merkmal dafür ist die Arbeitsteilung und Spezialisierung auch im privaten Bereich, indem alle Probleme der individuellen und sozialen Lebensgestaltung jeweils an professionelle Spezialisten (Arzt, Therapeut, Sozialarbeiter usw.) oder an spezialisierte Organisationen (Versicherungen, Caritas, Altenpflege, Psychiatrie usw.) delegiert werden. Der Philosoph Jürgen Habermas bezeichnet dies als die «neue Unübersichtlichkeit» (Habermas 1985), und man beklagt in diesem Zusammenhang oft, dass die grossen gemeinsamen Werte wie Nation, Familie, Militär, Arbeit, Kirche u.a. ihre Bedeutung verlieren und neue, gruppenspezifische Werte an ihre Stelle treten, die lediglich egoistische Einzelinteressen repräsentieren (Müller 1989), aber man übersieht dabei, dass im Verlauf der Tertiarisierung Wirtschaft und Gesellschaft so hochkomplex und überkomplex werden, dass die materielle Grundlage für gemeinsame Werte – nämlich eine gemeinsame Lebenswelterfahrung in halbwegs überschaubaren und verstehbaren Strukturen – heute immer mehr verlorengeht.

Für die räumliche Entwicklung der tertiären Gesellschaft folgt daraus, dass sich der Stadt-Land-Gegensatz radikal verschärft, indem die Landwirtschaft dank neuen technischen Revolutionen so produktiv wird, dass sie in den landwirtschaftlichen Gunstregionen immer weniger Menschen einen Arbeitsplatz bietet und in weiten Teilen Europas (in den Ungunsträumen) wegen Überproduktion sogar ersatzlos eingestellt werden kann. Damit verlieren die strukturschwachen Regionen ihre letzte Wirtschaftsaktivität und entwickeln sich endgültig zu Passivräumen. Gleichzeitig aber verwischt sich in den Aktivräumen der einst charakteristische Stadt-Land-Unterschied, indem die Innenstädte durch Funktionstrennungen ihre Lebendigkeit (spezifische Funktionsdurchmischungen auf kleinem Raum als Charakteristikum der europäischen Stadt) verlieren, die Städte in Form von Suburbanisationslandschaften weit in den ländlichen Raum hinausgreifen und ehemals ländliche Räume durch den modernen Tourismus oder durch die moderne Intensivlandwirtschaft (Agroindustrie) ihren ländlichen Charakter verlieren. Am Schluss dieser Entwicklung stehen Aktivräume mit grosser Wirtschaftsaktivität, die als Suburbanisationsräume weder städtischen noch ländlichen Charakter besitzen, und Passivräume mit geringer Einwohnerzahl, deren ländliche Kultur mit dem Zusammenbruch aller Wirtschaftsaktivitäten verschwindet. Die hohe Spezialisierung und Arbeitsteilung der Dienstleistungsgesellschaft findet ihre räumliche Entsprechung in der ausgeprägten räumlichen Segregation aller menschlichen Aktivitäten (Segregation in Aktivräume–Passivräume; sowie räumliche Trennung von Arbeiten-Wohnen-Versorgung-Freizeit-Urlaub, aber auch von Landwirtschafts-, Gewerbe-, Industrie-, Handelsflächen usw.).

Der Alpenraum erhält durch diesen Prozess der Tertiarisierung völlig neue Entwicklungsimpulse: Im Verlauf der Industrialisierung war er zu einem strukturschwachen Raum degradiert worden, der nur an wenigen Punkten eine positive Entwicklung erlebte. Durch die Verbesserung der Lebensbedingungen breiter Bevölkerungskreise entstand in den fünfziger Jahren die Voraussetzung für einen europäischen Massentourismus (Urlaub als Standard-Konsumgut), der ab etwa 1955 die Alpen als riesige Fremdenverkehrsregion erschloss und damit ökonomisch stark aufwertete. Diese neue «Inwertsetzung» geschah in der Form der touristischen Monostruktur im Rahmen grossräumiger Segregationen zwischen Arbeits- und Freizeiträumen in Europa. Allerdings wurde dadurch nur etwa die Hälfte des Alpenraumes betroffen, die andere Hälfte blieb ohne touristische Entwicklung ein strukturschwacher Raum, in dem zwischen 1955 und 1985 die traditionelle Landwirtschaft flächenhaft zusammenbrach und sich ganze Alpentäler weitgehend entvölkerten.

In der jüngsten Zeit zeichnet sich hier der Beginn einer neuen Entwicklung ab: Im Rahmen neuerlicher erheblicher Einkommenssteigerungen und vermehrter und vor allem flexiblerer Urlaubs- und Freizeit in Teilen der Bevölkerung wird der Besitz eines eigenen Ferienhauses oder einer eigenene Ferienwohnung fast schon zum «Grundbedürfnis» von mittleren und hohen Einkommensklassen. Und damit setzt in den achtziger Jahren langsam eine flächenhafte Wiederaufwertung der strukturschwachen Alpenräume ein, indem praktisch überall Ferienhäuser dezentral ausgebaut werden. Ursache dafür ist offenbar ein breites Faktorenbündel von Aufwertung der Freizeit, sicherer Geldanlage, steigender «Unwirtlichkeit» der Suburbanisationsräume, verbunden mit einer neuen Sehnsucht nach «ländlichen Strukturen», wobei die gute Strassenerschliessung eine wichtige materielle Voraussetzung bildet. Noch stehen wir am Anfang dieser Entwicklung, aber ich habe den Eindruck, dass dadurch in den neunziger Jahren die Bevölkerungszahl der strukturschwachen Alpenregionen wieder steigen dürfte. Allerdings handelt es sich dabei um eine enge sektorale Nutzung für ein ganz spezifisches Bevölkerungssegment mit begrenzten wirtschaftlichen Impulsen, aber immerhin: Die Zeit des Totalzusammenbruchs der Wirtschaft und der immer weiter abnehmenden Bevölkerungszahlen scheint auch hier zu Ende zu gehen. Der Gegensatz zwischen touristischen Zentren und strukturschwachen Regionen bleibt zwar noch bestehen, aber er dürfte sich im 21. Jahrhundert in den Alpen allmählich immer mehr abschwächen.

Der Prozess der Tertiarisierung führt also zur Aufwertung der Alpen als europäischem Freizeit- und Erholungsraum, wobei der Massentourismus die eine Hälfte sehr intensiv und mit hohem technischem Einsatz in der Art von Suburbanisationslandschaften erschliesst, während die andere Hälfte als strukturschwacher Raum einen sehr bescheidenen Grad der Erschliessung aufweist. Daneben werden vergleichsweise kleine Flächen als Transitraum, als Standort für Energieproduktion, als Trinkwasserreservoir, als militärische Übungsplätze und als Standort für eine moderne Agrarproduktion (Talböden der grossen alpinen Längstäler) sektoral erschlossen und monostrukturell genutzt (räumliche Segregationen).

Im Rahmen des wirtschaftlichen Strukturwandels geraten die im Alpenraum errichteten Industrieanlagen in der Phase der Tertiarisierung mehr oder weniger stark in die Krise, weil im Zeitalter transnationaler Verbundnetze die lokal zur Verfügung stehende Energie keinen Standortvorteil mehr darstellt und weil ihre in bezug auf die europäischen Zentren periphere Lage sich immer negativer auswirkt. In der Zeit der Hochkonjunktur und Vollbeschäftigung verlegen dann zwar eine Reihe von Betrieben auf der Suche nach Arbeitskräften Zweigwerke in den Alpenraum – teilweise durch eine aktive Industrieansiedlungspolitik im Rahmen regionalwirtschaftlicher Entwicklungskonzepte für das Berggebiet gefördert –, aber dadurch kann der Rückgang der industriellen Arbeitsplätze nicht aufgehoben werden, und mit dem Einsetzen der wirtschaftlichen Rezession zu Beginn der siebziger Jahre werden viele dieser Zweigwerke wieder geschlossen (Gebhardt 1984) – der sekundäre Sektor bietet dem Alpenraum in der Phase der Tertiarisierung keine Grundlage für eine breite wirtschaftliche Entwicklung, und seine Bedeutung bleibt auf relativ wenige Standorte beschränkt (Elsasser/Leibundgut/ Lendi/Schwarz 1982).

Neben diesen sozusagen «alpenspezifischen» Nutzungsformen (weil direkt auf das naturräumliche und kulturräumliche Potential der Alpen bezogen) dringt aber die moderne Dienstleistungsgesellschaft auch direkt – als Ausbau des nichttouristischen Dienstleistungssektors sowie als Entstehung neuer industrieller Strukturen (EDV- und

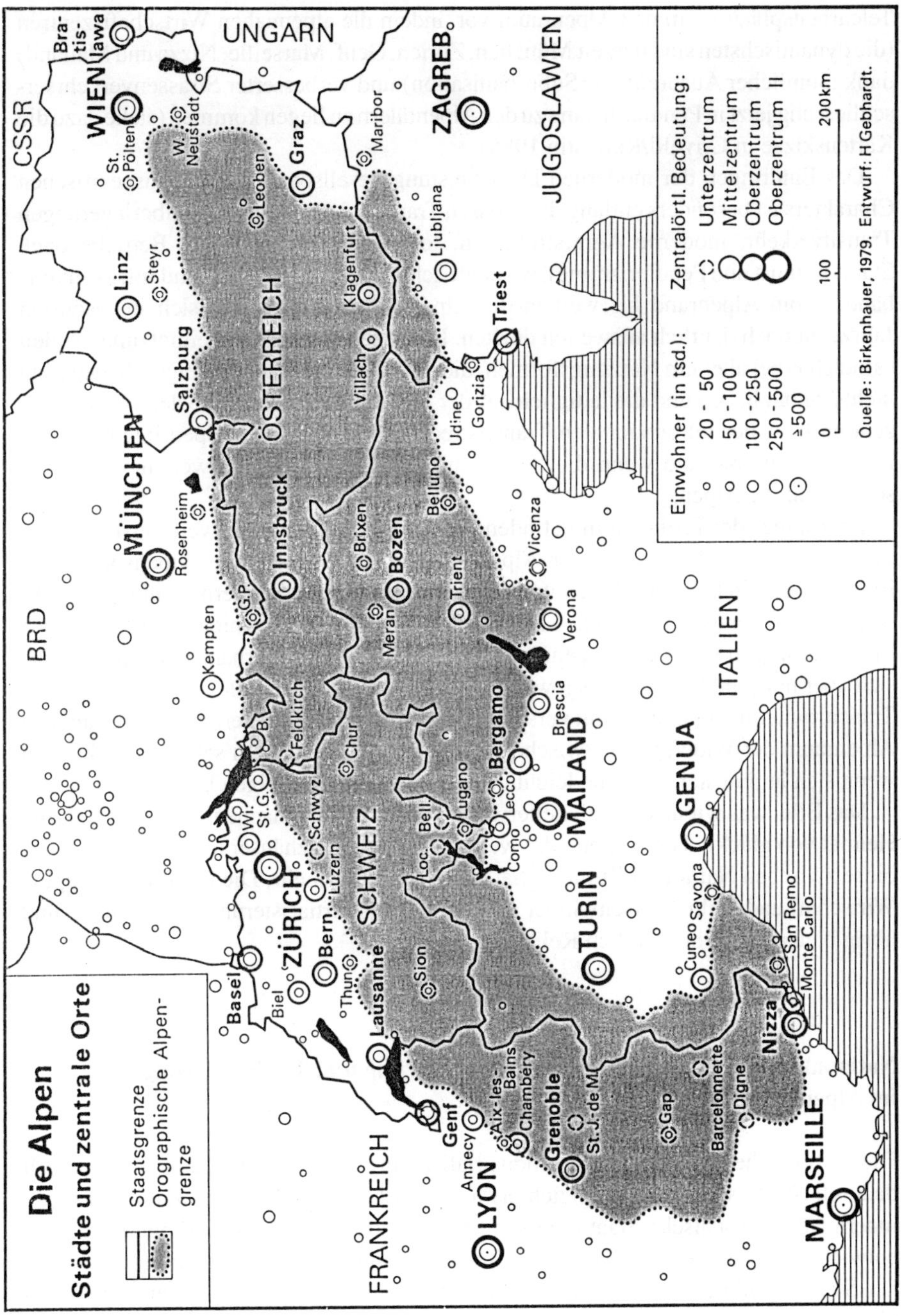
Die Alpen
Städte und zentrale Orte
Staatsgrenze
Orographische Alpengrenze
Einwohner (in tsd.):
20 - 50
50 - 100
100 - 250
250 - 500
≥500
Zentralörtl. Bedeutung:
Unterzentrum
Mittelzentrum
Oberzentrum I
Oberzentrum II
0
100
200km
Quelle: Birkenhauer, 1979. Entwurf: H Gebhardt.
CSSR
BRD
UNGARN
ÖSTERREICH
SCHWEIZ
ITALIEN
FRANKREICH
JUGOSLAWIEN
WIEN
Bratislawa
St. Pölten
W. Neustadt
Graz
Leoben
Maribor
ZAGREB
Linz
Steyr
Klagenfurt
Ljubljana
Villach
Triest
Gorizia
Udine
Salzburg
MÜNCHEN
Rosenheim
Innsbruck
Brixen
Belluno
Bozen
Meran
Trient
Vicenza
Verona
Kempten
G.P.
Feldkirch
B.
Chur
Bergamo
Brescia
Lugano
Bell.
Loc.
Lecco
Como
MAILAND
St. G.
Wi.
Schwyz
Luzern
ZÜRICH
Bern
Basel
Biel
Thun
Lausanne
Sion
TURIN
GENUA
Savona
Cuneo
San Remo
Monte Carlo
Nizza
Genf
Annecy
Aix-les-Bains
Chambéry
Grenoble
St. J.-de M.
Gap
Barcelonnette
Digne
LYON
MARSEILLE

Telearbeitsplätze) – in den Alpenraum vor, indem die alpennahen Wirtschaftszentren (die dynamischsten sind derzeit München, Zürich, Genf, Marseille, Nizza und Mailand) dank räumlicher Ausbreitung (Suburbanisation) und verbesserter Strassenverkehrserschliessung jetzt in Pendlerdistanz zu den Alpentälern zu liegen kommen (siehe dazu die Kartenskizze in Crivelli/Raffestin 1985).

Das Eindringen der modernen Dienstleistungsgesellschaft nichtalpenspezifischen Charakters ist besonders entlang der grossen Transitachsen zu spüren (Überlagerungen Transitverkehr, moderne Agrarstrukturen, lokales Gewerbe/tertiäre Betriebe dank Standortgunst und Pendlerströme), wo heute schon dichte Siedlungs- und Infrastrukturbänder vom Alpenrand bis weit in die Alpen hineinreichen, die sich im nächsten Jahrzehnt noch deutlich ausweiten dürften. Im Gegensatz zur Freizeitnutzung handelt es sich hierbei aber um Nutzungsformen, die mit dem Alpenraum im eigentlichen Sinn nichts zu tun haben und die lediglich auf der Standortgunst der Nähe der Wirtschaftszentren bzw. der internationalen Transitstrecken beruhen – die Alpen liegen zentral mitten in Europa, und wenn die Suburbanisationsräume sich ausweiten, treffen sie schnell auf die Alpen.

Im Rahmen der Tertiarisierung finden wir also eine doppelte Aufwertung, Erschliessung und Neustrukturierung der Alpen: einmal als flächenhafte, alpenspezifische Erschliessung in Form der Freizeitnutzung mit punktuellen Sondernutzungen bei sehr deutlich ausgeprägten räumlichen Disparitäten, zum anderen als nichtalpenspezifische Erschliessung in Form tertiär geprägter Wirtschafts- und Suburbanisationsräume, die sich aber nur punktuell um ausgewählte Standorte und linienhaft entlang der grossen Transitrouten ausbreiten. Damit verschärft sich in der Phase der Tertiarisierung auch im Alpenraum der Widerspruch zwischen Aktiv- und Passivräumen sehr drastisch, auch wenn sich in jüngster Zeit eine leichte Gegenbewegung zu zeigen beginnt.

Das Bild, was wir uns traditionellerweise von den Alpen machen – die Alpen als die Heimat von glücklichen Kühen oder wettergebräunte Holzhäuser als gelungene Symbiose zwischen Natur und Kultur –, hat da keinen Platz mehr: Die traditionelle alpine Wirtschaft und Kultur verschwindet im Rahmen der Tertiarisierung immer mehr, und übrig bleiben von ihr lediglich Relikte.

II.
Nationale Differenzierung der Industrialisierung und Tertiarisierung im Alpenraum

Die europäische Entwicklung der Industrialisierung und Tertiarisierung zeichnet sich dadurch ab, dass sie – im Vergleich etwa zu den USA – relativ kleinräumig abläuft, indem jeder europäische Staat unterschiedliche nationale Rahmenbedingungen dafür entwickelt (siehe dazu Senghaas 1982). Im Alpenraum, der heute zu sieben verschiedenen Staaten gehört, haben sich daher sehr unterschiedliche Verhältnisse herausgebildet, ohne die man die moderne Entwicklung nicht verstehen kann und die man daher getrennt voneinander darstellen muss.

Basis- und Ausgangsdatum des modernen europäischen Strukturwandels ist das Jahr 1789 mit der Französischen Revolution, die neben den demokratischen Rechten und persönlichen Freiheiten die Gleichstellung aller französischen Regionen – und damit die Dominanz des Pariser Zentrums – energisch vorantreibt. Ab 1792 wird dieses politische und wirtschaftliche Modell auf ganz Kontinentaleuropa exportiert, wobei die traditionellen (oft absolutistischen) Machtstrukturen militärisch zerschlagen werden. Von dieser Entwicklung wird auch der gesamte Alpenraum betroffen, der dadurch an vielen Stellen neue politische Strukturen und Grenzen erhält. Mit dem damit verbundenen grossräumigen Abbau der politischen Unterschiede und der gegenseitigen Angleichung – man könnte von einer regionalpolitischen «Nivellierung» der Alpen und Europas sprechen – werden zugleich die traditionellen kleinräumigen Wirtschaftsstrukturen aufgebrochen. Mit dem Wiener Kongress wird diese erstaunlich moderne Struktur 1815 wieder zurückgenommen, und grosse Teile des Alpenraums werden von ausgesprochen «reaktionären» Staaten verwaltet, die sich bewusst darum bemühen, die alten, vorrevolutionären Zustände wieder herzustellen (die Habsburger Monarchie, die damals auch die gesamten italienischen Alpen östlich des Lago Maggiore umfasst, sowie Savoyen–Piemont–Sardinien). Das Jahr 1815 bedeutet daher den Beginn der nationalen Differenzierung der modernen Alpenentwicklung.

1. Frankreich strukturiert im Jahr 1789 seine Gesellschaft neu und schafft damit günstige wirtschaftliche, politische, gesellschaftliche und kulturelle Rahmenbedingungen für die beginnende Industrialisierung. Im Rahmen der politischen «Gleichheit» werden dabei traditionelle regionale Sonderrechte abgebaut, die regionalen Dialekte und «Fremdsprachen» (Okzitanisch, Bretonisch usw.) als «Patois» abgewertet und ein eigenständiges Regionalbewusstsein durch breite Volksbildungskampagnen zugunsten eines einheitlichen französischen Nationalbewusstseins umgewandelt (Kremnitz 1981). Bereits im Jahr 1848 – und damit so früh wie nirgends im Alpenraum – beginnt in den französischen Alpen die Abwanderung und die Entwicklung zur strukturschwachen Region (Blanchard 1956)[3], wobei sich allerdings die feuchten französischen Nordalpen (viehzuchtorientierte Landwirtschaft mit teilweise guten Strukturvoraussetzungen) nicht so stark entvölkern wie die trockenen Südalpen, die von 1848 bis heute einer der grössten Problemräume der gesamten Alpen werden. Der zentralistisch organisierte Staat zeigt an einer ausgewogenen Berggebietsentwicklung für sehr lange Zeit keinerlei Interesse und schafft nach dem Zweiten Weltkrieg sogar die politischen und strukturellen Voraussetzungen für extreme regionale Disparitäten, indem kleine ausgewählte Gebiete für den Winterfremdenverkehr monostrukturell und ohne Bezug zur lokalen-regionalen Wirtschaft/Gesellschaft erschlossen werden und andere Gebiete durch Ausweisung zum Nationalpark Zentren des Sommertourismus werden, während der grosse «Rest» sich immer weiter zurückentwickelt (Philippe Huet). Erst in den siebziger Jahren setzt eine – allerdings sehr bescheidene – Förderung der Berglandwirtschaft ein, und erst nach der «Regionalisierung» des französischen Zentralstaates im Jahr 1982 werden die strukturellen Voraussetzungen für eine ausgewogenen Berggebietsentwicklung geschaffen. Das «Berggesetz» («Loi Montagne») stellt das erste staatliche Gesetz in Frankreich dar, das nur regionale Gültigkeit besitzt, und es ist in seiner Zielsetzung mit denen in Italien, Österreich oder der Schweiz durchaus vergleichbar (Philippe Huet, Loi Montagne 1985).

Das zentrale Problem der französischen Alpen besteht in ihren extremen räumlichen Disparitäten («une économie à deux vitesses», wie es Philippe Huet nennt), weil inzwischen die Berglandwirtschaft in vielen Gemeinden – vor allem in den Südalpen – zusammengebrochen ist, die Superskianlagen eine ausgeprägte Eigendynamik entwickelt haben, die traditionellen Industrieanlagen in der Krise stecken und die moderne tertiär geprägte Wirtschaftsentwicklung – der Raum Marseille–Nizza ist derzeit der dynamischste Wirtschaftsraum Frankreichs – in die Alpen vordringt. Wenn räumliche Segregationen bei hoher Spezialisierung das Charakteristikum der Tertiarisierung darstellen, dann sind die französischen Alpen heute der am deutlichsten tertiär bzw. «modern» strukturierte Alpenteilraum.

2. Österreich bzw. die k. und k. Monarchie umfasst im 19. Jahrhundert fast die gesamten Ostalpen, denn die heute italienischen Alpen zwischen der Lombardei und Triest werden damals von Wien aus mitverwaltet. Die moderne Entwicklung beginnt hier mit der sogenannten «Grundentlastung» von 1848 (Lichtenberger 1965), das heisst mit der Aufhebung der Grundherrschaft, die die wirtschaftliche Situation der kleineren Bauern verschlechtert, die Landwirtschaft in die Marktwirtschaft einbezieht und die ab 1870 zur Krise der Berglandwirtschaft und zur Abwanderung der Bauern aus den Alpen führt. Österreich hat als Staat am Alpenraum wenig Interesse, weil zur Zeit des Kaiserreichs das wirtschaftliche und politische Schwergewicht im Wiener Becken und auf dem Balkan liegt und die junge Republik Österreich nach 1919 grosse Schwierigkeiten mit ihrer nationalen Identität und Souveränität besitzt. Erst nach dem Zweiten Weltkrieg, genauer: nach dem Abzug der russischen Truppen aus dem Osten Österreichs im Jahr 1955, entwickelt Österreich eine eigenständige nationale Identität, bei der der Alpenraum eine wichtige Rolle spielt. Zwar werden bereits in dieser Zeit die ersten spezifischen Gesetze für das Berggebiet erlassen, aber erst Mitte der siebziger Jahre entwickelt sich eine auch wirtschaftlich spürbare Berggebietsförderung (Lichtenberger 1989).

Charakteristisch für die österreichische Entwicklung nach 1945 ist der Aufbau einer verstaatlichten Industrie (Lichtenberger 1989), der den Strukturwandel im Rahmen der Tertiarisierung lange Zeit hinauszögerte und auf diese Weise zahlreiche sekundäre Arbeitsplätze im Alpenraum sicherte. Erst Mitte der achtziger Jahre gerät diese Sonderentwicklung in die Krise, so dass der europaweite Strukturwandel jetzt auch hier einsetzt.

Diese Konzeption einer staatlich kontrollierten Marktwirtschaft mit starker sozialer Komponente ist letztlich auch dafür verantwortlich, dass Österreich günstige Rahmenbedingungen für eine dezentrale Tourismusentwicklung schuf (private Zimmervermietung und Fehlen von «grosskapitalistischen Aufschliessungsgesellschaften» – Lichtenberger 1989), so dass sich die touristische Entwicklung flächenmässig relativ weit ausbreiten konnte und fremde Grossinvestitoren weitgehend fehlen. Mit dem weiteren Ausbau der touristischen Infrastruktur in den achtziger Jahren, dem Wertewandel der

Gäste und einer steigenden Konkurrenz auf dem Tourismusmarkt gerät diese Tourismusstruktur in jüngster Zeit in eine Krise und droht in den neunziger Jahren ihre Bedeutung zu verlieren, womit die österreichische Sonderentwicklung zu einem Ende käme.

Die gesamte Nachkriegsentwicklung wird durch das Faktum bestimmt, dass Österreich ein «gedrehter Staat» (Lichtenberger 1989) ist, der seinen Kernraum im Osten zwar bereits 1919 verliert, der sich aber erst seit 1945 durch den «Eisernen Vorhang» vollständig nach Westen orientiert. Daher verzeichnen nur die westlichen Bundesländer Vorarlberg, Tirol, Salzburg und Teile von Kärnten eine dynamische Entwicklung, die sich vor allem auf den gewaltig ausgebauten Fremdenverkehr, daneben aber auch auf die durch die Transitgunst induzierten sekundären und tertiären Arbeitsplätze (vor allem im Rhein- und Inntal und im Grossraum Salzburg) stützt (wobei räumliche Disparitäten vor allem kleinräumig auftreten), während der östliche Teil der Ostalpen einen strukturschwachen Raum mit geringer oder fehlender touristischer Erschliessung und einer rückläufigen Bevölkerung darstellt (Elisabeth Lichtenberger, Franz Fliri, Franz Rest, Lichtenberger 1965 und 1989). Allerdings ist diese Strukturschwäche wesentlich schwächer als in den französischen und italienischen Alpen ausgeprägt.

Der westösterreichische Alpenraum stellt einen jener nicht häufigen Alpenräume dar, in dem die touristische Entwicklung *vergleichsweise* geringe räumliche Disparitäten geschaffen hat (sie sind allerdings immer noch deutlich spürbar und unübersehbar), und der gleichzeitig derzeit die grösste Transitbelastung der gesamten Alpen – Brenner- und Tauernroute – aufweist (Franz Fliri, Franz Rest). Das erfolgreiche Engagement der Bürgerinitiativen im Inntal gegen die Belastungen des Transitverkehrs hat alpen- und europaweit die Transitproblematik deutlich gemacht und zu politischen Veränderungen geführt.

3. Die Schweiz ist der einzige Staat im Alpenraum, für den der eigene Alpenanteil im Laufe der Geschichte und bis heute eine besondere Rolle im Rahmen der nationalen Identität spielt. Die Schweiz entsteht im Mittelalter aus dem Bündnis der alpinen Urkantone mit den Städten des schweizerischen Mittellandes (Basis: wirtschaftlicher Austausch: Ackerbau- gegen Viehwirtschaftsprodukte zwischen den komplementären Regionen Alpen–Mittelland – Aerni 1989) und behält ihre vormoderne Staatsstruktur (mehrere Sprachen, Ethnien, Kulturen, Religionen) bis heute bei, weshalb sie sich zur Abwehr nationalstaatlicher Ideologien im 19. und 20. Jahrhundert immer wieder neu auf ihren historischen Ursprung – und damit auf die Alpen – beziehen muss. Die moderne Entwicklung, die in der Schweiz durch Napoleon begonnen wurde (u.a. Umwandlung der ehemaligen «Untertanenlande» in gleichberechtigte Kantone) beginnt im vollen Umfang aber erst im Jahr 1848 mit der Umstrukturierung des Staatenbundes zum Bundesstaat. Die Krise der Berglandwirtschaft und der Rückgang der Bergbevölkerung setzt um 1860–1870 ein (Grosjean 1984) und betrifft vor allem die Kantone Wallis, Tessin und Graubünden stark, während sie im übrigen schweizerischen Alpenraum weniger stark ausgeprägt ist. Dies hängt auch mit einer – im Gegensatz zu den meisten grossen europäischen Industriestaaten – relativ dezentralen Gestaltung der

Industrialisierung zusammen (Ursachen: Fehlen einer Schwerindustrie, dezentrale Nutzung der Wasserkraft, bewusst dezentrale Wirtschaftsgestaltung durch die föderalistischen Strukturen), die teilweise auch dem Berggebiet zugutekommt. Überlagert wird diese Entwicklung in der Ostschweiz (Zürcher Oberland und Kantone St. Gallen, Glarus und Appenzell) durch den verzögerten Zusammenbruch der vorindustriellen Verlags- bzw. Heimindustrie, die im 18. Jahrhundert zu einer aussergewöhnlichen Bevölkerungsdichte in diesem Alpenraum geführt hatte und die trotz mehrmaligen Umstrukturierungen und Modernisierungen zu Beginn des 20. Jahrhunderts aus Konkurrenzgründen erlischt (Jäger/Lemmenmeier/Rohr/Wiher 1986, Tanner 1982).

Charakteristisch für die schweizerische Tourismusentwicklung ist die vergleichsweise frühe und starke Erschliessung der Alpen in der sogenannten «Belle époque», also in der Zeit zwischen 1880 und 1914, wobei sich trotz des föderalistischen Charakters der Schweiz hohe Konzentrationen auf wenige Standorte herausbilden. Dieser Zeit verdankt das Land bis heute seine ausgeprägte Hotelstruktur (heute mit erheblichen Modernisierungsproblemen verbunden), die mitverantwortlich dafür ist, dass keine Privatzimmervermietung wie in Österreich entsteht. Nach dem Ersten Weltkrieg beginnt der private Ferienhausausbau, und er nimmt ab den sechziger Jahren einen riesigen Aufschwung, weil der Lebensstandard der schweizerischen Bevölkerung sehr hoch ist und eine solche Investition auch von vielen Ausländern als krisensichere Geldanlage geschätzt wird. Auch wenn diese Entwicklung einerseits dezentral ausgeprägt ist (vor allem dort, wo sie von Privatpersonen getragen wird), so entstehen doch andererseits durch grosse Immobilien- und Kapitalgesellschaften hohe Konzentrationen in ausgewählten Gemeinden.

Da die Schweiz die höchste Sensibilität auf nationaler Ebene gegenüber der negativen Entwicklung des Berggebietes aufweist, entstehen die frühesten Förderungsmassnahmen bereits in den zwanziger Jahren (zuerst für die Berglandwirtschaft, später auch für die Belle-époque-Hotels); sie werden dann in den fünfziger Jahren spürbar ausgeweitet und führen 1974 zum «Investitionshilfegesetz» und der Klassifizierung und Einteilung des Berggebietes in die sogenannten «IHG-Regionen», was bis heute seine Gültigkeit behalten hat (Paul Messerli). Auch wenn die Schweiz derjenige Staat im Alpenraum ist, der am deutlichsten die Abwertung der Alpen zur strukturschwachen Region und die mit der Industrialisierung und Tertiarisierung sich zuspitzenden regionalen Disparitäten zu verhindern sucht, so muss man doch feststellen, dass ihr dies – trotz der grossen Erfolge bei der Berggebietsförderung – nur teilweise gelingt: Der europaweite Strukturwandel ist so stark, dass er auf der nationalen Ebene nur verzögert, aber nicht verhindert werden kann.

Das «Berner Oberland» (der Alpenteil des Kantons Bern) stellt wahrscheinlich diejenige Alpenregion dar, die den modernen Strukturwandel aufgrund verschiedener naturräumlicher, kulturgeschichtlicher und politischer Voraussetzungen – im Rahmen der möglichen gesamtalpinen Bandbreite – derzeit am besten bewältigt haben dürfte.

Die beiden Staaten *Deutschland* und *Italien* sind die beiden «verspäteten Nationen» in Europa, die ihre nationale Einheit erst 1871 bzw. 1861 erreichen, was im Rahmen der Industrialisierung einen Nachteil bedeutet. Deutschland kann bei einer Analyse der

Alpen fast ausser acht bleiben, weil der bayerische Alpenanteil nur eine geringe Tiefe erreicht und deshalb als eigenständiger Raum in Bayern wenig Bedeutung besitzt. Seine Situation ist dadurch gekennzeichnet, dass hier eine besonders hohe touristische Nutzung besteht, weil sich der übliche alpine Tourismus mit der Naherholung aus dem Münchner Raum stark überlagert. Und nicht zufällig wurde der bis heute gültige «Bayerische Alpenplan» aus dem Jahr 1972 von München aus erarbeitet (Walter Danz).

Dadurch, dass *Italien* erst 1861 als Nationalstaat entsteht, bleiben die italienischen Alpen noch relativ lange vor den wirtschaftlichen Auswirkungen der Industrialisierung geschützt, und die traditionellen regionalen Wirtschaftsstrukturen beginnen hier teilweise erst gegen Ende des 19. Jahrhunderts zusammenzubrechen, also so spät wie nirgend sonst im Alpenraum. Fast der gesamte italienische Alpenraum (mit Ausnahme von Südtirol, dessen Struktur österreichischen Verhältnissen entspricht und in Italien einen Fremdkörper bildet) entwickelt sich im 20. Jahrhundert zur strukturschwachen Region mit einem teilweise dramatischen Bevölkerungsrückgang. Punktuell entstehen nach 1955 an zahlreichen Orten zwar grosse Touristenzentren, da sie aber meist exogen finanziert, geplant und betrieben werden, besitzen sie kaum positive regionalwirtschaftliche Auswirkungen.

Seit den siebziger Jahren setzt sehr langsam und allmählich eine neue Dynamik ein, indem zahlreiche abgewanderte Einheimische, die heute in den Wirtschaftszentren am Alpenrand arbeiten, sich in ihrem Heimatdorf ein Ferienhaus herrichten, womit eine gewisse Wiederaufwertung dieses Raumes verbunden ist, die allerdings meist noch in den Anfängen steckt. Im Gegensatz zum Ferienhausbau in der Schweiz, der auch der Geldanlage dient und einen hohen Komfort aufweist, steht in Italien die Eigenarbeit im Vordergrund, auch der durchschnittliche Komfort ist eher bescheiden, und die emotionalen Beziehungen zum Heimatdorf sind dabei eine zentrale Motivation.

Weil wichtige italienische Wirtschaftszentren in der oberitalienischen Tiefebene in der Nähe des Alpenrandes liegen, strahlen sie weit in den Alpenraum hinein und haben die unteren Teile zahlreicher Alpentäler in Industrie- und Dienstleistungsregionen verwandelt. Und grundsätzlich erfährt dieser Raum – also der weitere Alpenrand – derzeit eine spürbare Aufwertung als Wohnstandort für die Beschäftigten der Metropolen.

Erste Ansätze für eine spezifische Berggebietspolitik wurden bereits unter Mussolini entwickelt (wobei militärpolitische Überlegungen im Zentrum standen) und in den fünfziger Jahren dann ausgebaut. Im Jahr 1971 wird das bis heute gültige Berggesetz mit der Abgrenzung und Definition des Berggebietes erlassen, das eigentlich ein modernes und effektives Berggesetz darstellt (Edoardo Martinengo). Allerdings tragen die spezifischen politischen Verhältnisse in Italien sehr dazu bei, dass die Auswirkungen dieses Gesetzes ziemlich beschränkt bleiben und dass die wirtschaftliche Entwicklung stark durch private Spekulationsinteressen geprägt wird. Die italienischen Alpen dürften denjenigen Alpenteilraum darstellen, der sich am «chaotischsten» verhält und in dem eine wie auch immer geartete «Planung» am schlechtesten durchsetzbar ist (Bätzing 1988 und 1990c).

Das *Fürstentum Liechtenstein* ist der kleinste – und der zweitjüngste – Staat im Alpenraum (seit 1719 reichsunmittelbar, aber erst seit 1938 – mit der Übersiedlung des Fürsten von Wien nach Vaduz – mehr als bloss eine Art österreichische Provinz), der zugleich der «alpinste» Staat ist, weil sein Territorium vollständig in den Alpen liegt (Mario Broggi). Seine Entwicklung wird seit 1950 durch besonders günstige steuerpolitische Rahmenbedingungen geprägt, die dem tertiären Sektor einen ungeahnten Aufschwung verschafft haben. Allerdings ist es ein Zufall, dass diese Steueroase mitten in den Alpen liegt, denn diese Wirtschaftsentwicklung hat mit spezifisch alpinen Verhältnissen nichts zu tun und spielt sich auch in der Rheintalebene ab und nicht im eigentlichen Gebirgsraum. Dank der Kleinheit des Landes können wir hier die nicht-alpenspezifische Tertiarisierung besonders deutlich erkennen.

Jugoslawien schliesslich fällt völlig aus dem bisher skizzierten Rahmen: Als sozialistischer Staat ohne Marktwirtschaft hat er eine völlig andere Wirtschaftsentwicklung und -politik verfolgt, bei der – auch im Alpenraum – das Schwergewicht auf der Industrialisierung lag und die Tertiarisierung bewusst gebremst wurde. In den slowenischen Alpen hat dies dazu geführt, dass als Alternative zur zusammenbrechenden Landwirtschaft Industriearbeitsplätze möglichst dezentral errichtet wurden, also auch an Stellen, in denen im übrigen Alpenraum nie solche Anlagen entstanden wären. Gleichzeitig wurde die touristische Entwicklung gebremst bzw. konnte sich aufgrund der staatlichen Rahmenbedingungen nicht entfalten, so dass wir hier eine völlig andere Entwicklung vorfinden, nämlich eine nach dem Zweiten Weltkrieg forcierte Industrialisierung anstelle einer Tertiarisierung (Anton Gosar). Im Rahmen der jüngsten Entwicklung ist man in Slowenien – das übrigens kürzlich die Bezeichnung «sozialistisch» offiziell abgeschafft hat – heute der Meinung, dass dieses Entwicklungsmodell historisch überholt sei, so dass wir hier im nächsten Jahrzehnt mit einer kräftigen touristischen Entwicklung und einem Abbau von industriellen Arbeitsplätzen rechnen müssen.

Das *Fürstentum Monaco*, eine Enklave im französischen Département Alpes maritimes am Rande der Seealpen, wäre eigentlich der achte und kleinste Staat im Alpenraum. Da er weder historisch noch kulturell oder ökonomisch auf die Alpen hin orientiert ist (Fremdenverkehr an der Küste und Spielcasino), wird er üblicherweise nicht zu den Staaten, die Anteil am Alpenraum haben, hinzugerechnet. Falls Monaco aber seine Ankündigung wahrmacht und als Staat offiziell der COTRAO, der Arbeitsgemeinschaft der Westalpenländer, beitreten sollte, müsste dies korrigiert werden.

Zusammenfassend können wir feststellen, dass Industrialisierung und Tertiarisierung den Alpenraum im 19. und 20. Jahrhundert völlig umgestaltet haben. Aufgrund der vielfältigen nationalen Entwicklungen in Europa ist dieser Prozess aber sehr unterschiedlich verlaufen: In den französichen Alpen setzte er am frühesten ein (schon ab 1848), die Schweiz und die Habsburger Monarchie nehmen einen mittleren Platz ein (1848 als Schlüsseldatum für den tiefgreifenden Strukturwandel, der ab 1860–1870 konkret sichtbar wird), und Italien bildet als die «verspätete Nation» im Alpenraum den Schluss (Einbruch der Moderne im italienischen Alpenraum erst 1890/1900): Und je nach nationalstaatlicher Konzeption wurde diese Entwicklung entweder zentralistisch strukturiert (wie in Italien und Frankreich, wobei die Alpenregionen dieser Staaten meist völlig ins Abseits gerieten) oder mit dezentralen Akzenten versehen (Österreich, vor allem die Schweiz), wobei aber selbst die effizienteste und bewussteste Berggebietspolitik – nämlich die der Schweiz – den durch Industrialisierung und Tertiarisierung verursachten Strukturwandel nur verzögern, aber nicht ausser Kraft setzen konnte. Interessanterweise entwickelt sich aber in der Regionalpolitik für den Alpenraum in jüngster Zeit eine Konvergenz, indem die zentralistisch geprägten Staaten Regionalisierungsprozesse eingeleitet haben (Italien 1971, Frankreich 1982), die auch zu einer neuen Berggebietspolitik geführt haben, in der die regionale Dimension zum erstenmal in diesen Staaten eine Bedeutung erhält.

In diesem Umstrukturierungsprozess bricht tendenziell alpenweit zusammen:
- die Berglandwirtschaft[4] (im auf Viehwirtschaft orientierten feuchten Alpennordrand weniger stark als im trockenen Alpenraum mit Autarkiewirtschaft; sekundär überlagert durch die staatlichen Berggebietspolitiken)
- das lokale Handwerk/Gewerbe/Handel (in den zentralistischen Staaten schneller und stärker als in den föderalistischen Staaten)

und werden neu aufgebaut:
- der touristische Sektor mit der dazugehörigen Infrastruktur einschliesslich touristisch induzierter Baubranche und nichttouristischem, aber touristisch indiziertem tertiärem Sektor
- völlig neue Verkehrsinfrastruktur (ab 1854 Eisenbahn: linienhafte Erschliessung, ab 1955: flächenhafte Fahrstrassenerschliessung), deren Struktur exogen geprägt ist (nicht Verbindung der alpinen Zentren, Regionen, Täler untereinander, sondern Verbindung vor allem zwischen ausseralpinen Ballungsräumen und Alpen).
- Arbeitsplätze im sekundären Sektor in grossindustriellen Strukturen, die aber nach 1955 meist allmählich in die Krise geraten und teilweise wieder abgebaut worden sind bzw. werden.
- Arbeitsplätze im nichttouristischen Dienstleistungssektor sowie industrielle Arbeitsplätze in neuen Strukturen (EDV-, Telearbeitsplätze), vor allem in den inneralpinen Zentren entlang der Transitrouten sowie am Alpenrand in der Nähe der ausseralpinen Wirtschaftszentren.

Auf der Ebene der sieben Staaten, die Anteil am Alpenraum haben, weisen nur zwei Staaten eine Sonderentwicklung auf, nämlich Jugoslawien, das als sozialistischer Staat nach dem Zweiten Weltkrieg die slowenischen Alpen bewusst industriell erschliesst und eine Tertiarisierung weitgehend verhindert, sowie Liechtenstein, das als «Steueroase» nach dem Zweiten Weltkreig eine besonders rasante Tertiarisierung durchmacht, die aber mit den Alpen nichts zu tun hat (nichtalpenspezifische Tertiarisierung). Alle anderen Staaten entwickeln sich gemäss dem skizzierten Muster, weisen dabei aber doch signifikante Unterschiede auf, wie sie sich vielleicht am deutlichsten beim Blick auf die touristische Struktur – also der Leitbranche der alpenspezifischen Tertiarisierung – zeigt:

Frankreich entwickelt hochspezialisierte und -konzentrierte Skizentren ohne Bezug zur regionalen Wirtschaft und Gesellschaft – die moderne tertiär geprägte Gesellschaft ist hier im ausgeprägtesten im ganzen Alpenraum ausgebildet.

Die *Schweiz* besitzt eine relativ ausgeprägte und räumlich konzentrierte Belleépoque-Infrastruktur (mit heutigen Strukturproblemen) und eine neue Ferienhaus-/Ferienwohnungsstruktur auf sehr hohem Niveau mit deutlichen Konzentrationstendenzen.

Für *Österreich* ist die dezentrale Privatzimmervermietung (heute aber Strukturprobleme) typisch, die vom Staat bewusst gefördert wurde.

In *Bayern* finden wir eine ausgeprägte Überlagerung zwischen Urlaubsfremdenverkehr und Münchner Naherholung in sich überlagernden Strukturen.

In *Italien* gibt es einen breiten Ferienhausausbau in einfachen Strukturen plus einer Reihe von grossen, exogen bestimmten Touristenzentren.

Sehr verallgemeinernd können wir dabei folgende Entwicklungstypen herausarbeiten:

A   *Industrialisierung des Alpenraumes*
    Jugoslawien, «sillon alpin» F, Rhonetal CH, Rheintal A-FL-CH, Inntal, Mur-Mürz-Furche A, Bozen, Aosta, Sondrio, Valcamonica I u.a.

B   *Tertiarisierung des Alpenraumes*
    Alpen ohne Jugoslawien

B1 *Alpenspezifische Tertiarisierung des Alpenraums*
    (flächenhaft)
    1. Erschliessung/Umstrukturierung für Massentourismus
    2. Strukturschwache Alpenregionen mit Ferienhauserschliessung
    3. Sondernutzungen (auf kleinere Flächen beschränkt):
        moderne Landwirtschaft/Wasserkraft/Trinkwasser/Nationalparks/militärische Übungsgebiete/Deponieregionen

B2 *Nichtalpenspezifische Tertiarisierung des Alpenraums*
    (band- oder punktförmig):
    1. Tertiarisierung der inneralpinen Städte und ihres Umlandes
    2. Standortgunst der Transitstrecken für tertiär geprägte Entwicklung
    3. Ausgreifen alpennaher Wirtschaftszentren in den Alpenraum

III.
Die wahrscheinliche Entwicklung in den neunziger Jahren

Wenn die Grundprinzipien der Entwicklung der achtziger Jahre auch im nächsten Jahrzehnt ihre Gültigkeit behalten, dann werden sich folgende Veränderungen im Alpenraum ergeben:

Die *Landwirtschaft* wird aufgrund immer ungünstigerer internationaler Rahmenbedingungen – trotz verschiedener nationaler Förderungsmassnahmen – noch weiter zurückgehen und an vielen Stellen ganz erlöschen, vor allem im Generationenwechsel.

Die *Forstwirtschaft* wird ihre Flächen aufgrund des Rückgangs der Landwirtschaft ausweiten können, aber sie bleibt ein Wirtschaftszweig mit nur peripherer regionalwirtschaftlicher Bedeutung.

Der *Tourismus* als die gegenwärtige «Leitbranche» und die mit ihm eng verbundenen Wirtschaftsaktivitäten (Baubranche, touristisch induzierter tertiärer Sektor ausserhalb des Tourismus) wird sich auch weiterhin positiv entwickeln, weil die Bedeutung von Urlaub und Freizeit im Rahmen der Tertiarisierung noch ansteigen wird, so dass ein Ende des touristischen Wachstums nicht absehbar ist.

Der *nichttouristische tertiäre Sektor* und neue Arbeitsplätze/Strukturen im *industriellen Sektor* (EDV-Arbeitsplätze u.ä.) werden im nächsten Jahrzehnt an Bedeutung zunehmen. Hier gibt es gegenwärtig die grössten Differenzen in der Einschätzung der zukünftigen Entwicklung: Während im deutschsprachigen Alpenraum dieser Entwicklung, die vor allem in der Schweiz sehr aufmerksam beobachtet und untersucht wird (Hanser 1987, Hotz-Hart/Schmid 1987, Jäger/Bieri/Dürrenberger 1987, Rotach/Keller 1987, Würth 1989), ein gewisser, aber kein besonders hoher Stellenwert eingeräumt wird (Elisabeth Lichtenberger, Franz Fliri, Franz Rest, Paul Messerli, Lichtenberger 1979 und 1989, Elsasser 1988, Elsasser/Leibundgut/Lendi/Schwarz 1982), herrscht in Frankreich, Italien und der welschen Schweiz teilweise eine Euphorie über die grossen Chancen vor, die damit für das Berggebiet verbunden seien (Philippe Huet, Edoardo Martinengo, Mettan 1986, Barberis/Dell'Angelo 1988, Cencini/Dematteis/Menegatti 1983, Crivelli/Raffestin 1985, Dematteis 1986), wobei zur Beschreibung dieses Phänomens zahlreiche Begrifflichkeiten verwendet oder neu gebildet werden (déprovincialisation, rurbanisation, counter-urbanization, disurbanizzazione, deconcentrazione u.a.). Um diese Unterschiede adäquat zu verstehen, muss man sich die unterschiedlichen Realitäten im deutsch- und romanischsprachigen[5] Alpenraum vor Augen führen: Während wir hier zahlreich Akivräume und teilweise eine bewusste dezentrale Gestaltung der modernen Entwicklung finden, gibt es dort grosse flächenhafte strukturschwache Alpenregionen, so dass das Ausgangsniveau sehr ungleich ist – im italienischen und französischen Alpenraum kann bereits (aufgrund des niedrigen Bevölkerungsniveaus) die Ansiedlung einer einzigen neuen Firma mit zehn Arbeitsplätzen eine prinzipielle Trendwende für ein Alpental bedeuten, während die gleiche Ansiedlung in Westösterreich oder dem Berner Oberland kaum einen spürbaren Effekt bedeutete. Und angesichts der grossen ökonomischen, politischen und kulturellen Probleme der strukturschwachen Alpenregionen, in denen heute kaum noch die Möglichkeit besteht, ins grosse Tourismusgeschäft einzusteigen (Bätzing 1990), stellt diese Entwicklung gegenwärtig die einzige Hoffnung für solche Gebiete dar, so dass eine Überbewertung verständlich ist. Und noch ein weiterer Gesichtspunkt spielt bei dieser unterschiedlichen Bewertung eine nicht unwichtige Rolle, nämlich die verschiedenen «Mentalitäten» zwischen dem deutsch- und dem romanischsprachigen Raum, deren Grenze sich quer durch die Alpen hindurchzieht: Während bei uns jeder durch technische bzw. technologische Innovationen verursachte Entwicklungssprung mit Zurückhaltung und Distanz, teilweise sogar mit Misstrauen beobachtet wird, überwiegt im Süden bzw. Südwesten eher eine positive Haltung dazu, die teilweise sogar zur Euphorie führen kann (analog dazu ist die Wahrnehmung der verschiedenen Umweltprobleme sehr unterschiedlich entwickelt). Eine realistische Analyse dürfte zu dem Ergebnis kommen, dass die neuen ökonomischen Möglichkeiten im sekundären und nichttouristischen tertiären Sektor in den neunziger Jahren eine gewisse Bedeutung erlangen werden, dass sie sich aber auf die bereits industriell erschlossenen Alpengebiete (in denen der

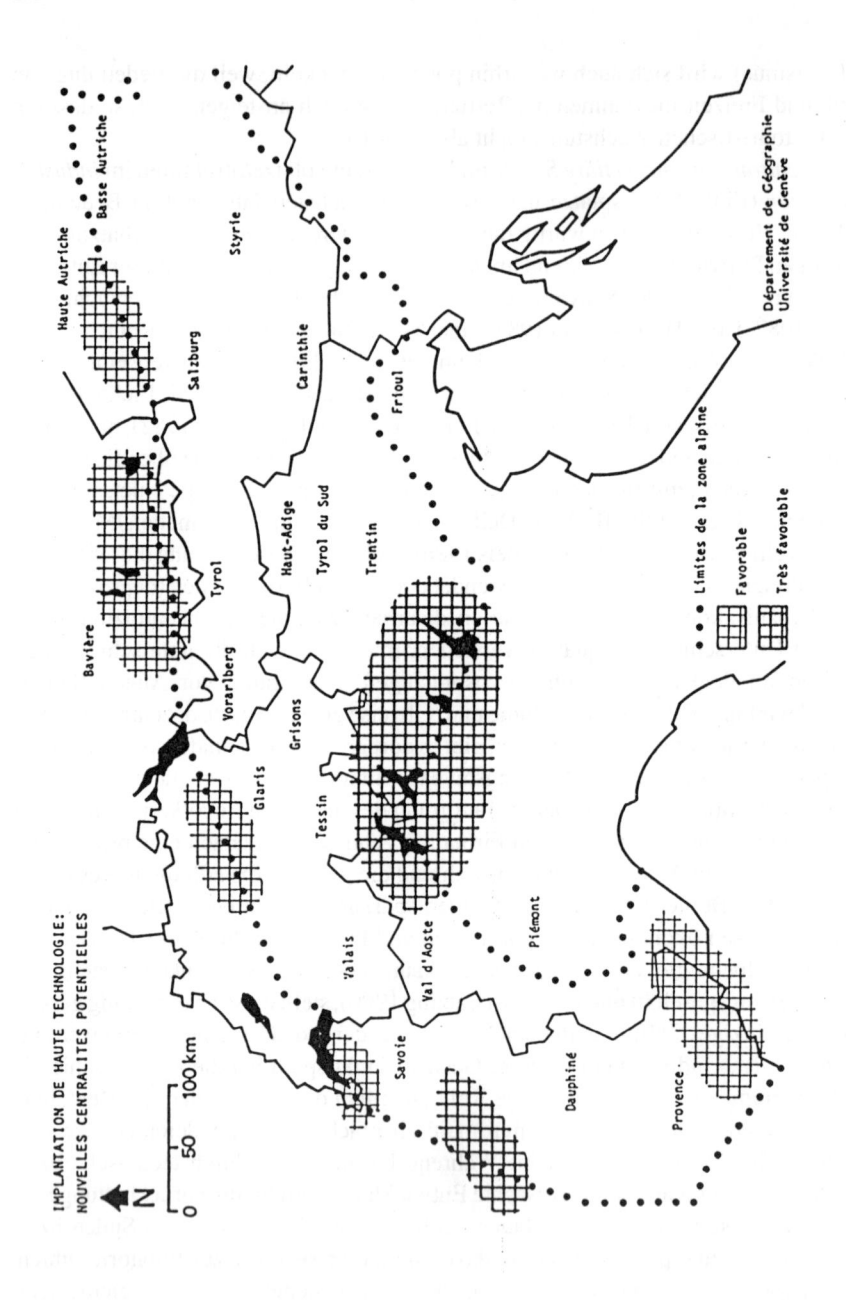

IMPLANTATION DE HAUTE TECHNOLOGIE :
NOUVELLES CENTRALITES POTENTIELLES

wirtschaftliche Druck aufgrund des Strukturwandels sehr stark ist), auf die Transitrouten, auf die inneralpinen Zentren (Städte und Touristenzentren) sowie auf jene Gebiete am Alpenrand konzentrieren dürften, die in der Nachbarschaft der grossen, alpennahen Wirtschaftszentren liegen; eine flächenhafte Aufwertung strukturschwacher und peripherer Alpenregionen erscheint dagegen – zumindest im kommenden Jahrzehnt – als wenig wahrscheinlich.

Wie werden sich die jüngsten Entwicklungen in Osteuropa auf den Alpenraum auswirken? In der Tagespresse wurde bereits darüber spekuliert, dass die Einbeziehung der Staaten Osteuropas in die westeuropäische Marktwirtschaft für Europa einen ungeahnten Wirtschaftsaufschwung mit weltweiten Konsequenzen bedeuten würde und dass das vielzitierte «pazifische Zeitalter» aufgrund der neuen europäischen Dynamik bereits zu Ende wäre, bevor es richtig begonnen hätte. Auch wenn es für solche Prognosen derzeit noch zu früh ist, so kann man doch erste Aussagen für den Alpenraum wagen: Die durch Osteuropa initiierte wirtschaftliche Dynamik dürfte höchstwahrscheinlich nicht an die Stelle der bisherigen Wirtschaftsdynamik treten, sondern einen zusätzlichen Impuls bedeuten, so dass die gegenwärtigen Entwicklungstendenzen im Alpenraum (Ausgreifen der alpennahen Wirtschaftszentren in den Alpenraum hinein, Bedeutung der Transitrouten als Standortgunst u.ä.) dadurch nicht in Frage gestellt werden. Es wäre allenfalls denkbar, dass die wirtschaftlichen Investitions- und Zuwachsraten für eine begrenzte Übergangszeit von einigen Jahren etwas geringer als bisher prognostiziert ausfallen (Verlagerung einiger nicht an den Alpenraum gebundenen Fremdinvestitionen nach Osteuropa, eventuell in Verbindung mit einer vorübergehenden Stagnation der touristischen Nachfrage durch Entdeckung Osteuropas als Reiseziel). Anschliessend dürfte sich aber die wirtschaftliche Dynamik im Alpenraum und die Bedeutung der Alpen für Europa aufgrund des allgemeinen europäischen Wirtschaftsaufschwunges noch spürbar erhöhen – vorausgesetzt Osteuropa erstarrt nicht in neu aufbrechenden nationalen Widersprüchen (Lendvai 1990).

Mit dieser Entwicklung – sofern sie nicht völlig anders verläuft, aber dafür fehlen derzeit eindeutige Hinweise – dürften die alpinen Aktivräume langfristig ihre positiven wirtschaftlichen Rahmenbedingungen behalten, während sie sich für die alpinen Passivräume langsam, aber doch deutlich spürbar verbessern dürften. Dieses in wirtschaftlicher Hinsicht positive Ergebnis ist aber untrennbar mit negativen Faktoren verbunden: Auf der einen Seite ist die Nutzungsdichte in den Aktivräumen des Alpenraumes heute schon sehr hoch – für die moderne Nutzung in Form von Industrie, Handel, Gewerbe, Verkehr, Wohnen usw. sind aufgrund des alpinen Reliefs stets nur vergleichsweise kleine Flächen geeignet, in denen sich alle Nutzungen konzentrieren – und kann nur mit grossen Problemen noch weiter verdichtet werden, und weiter zunehmende Flächennutzungskonkurrenzen führen hier zu immer grösseren ökonomischen, sozialen und kulturellen Problemen bei stark steigender Umweltbelastung und -bedrohung. Auf der anderen Seite stärkt die gegenwärtige Form der wirtschaftlichen Dynamik in Europa aufgrund der direkten Konkurrenz im Rahmen des EG-Binnenmarktes die wirtschaftlichen Zentren und die grossen Aktivräume (in erster Linie Räume wie Paris, Frankfurt, Mailand usw., in zweiter Linie dann – wenn auch in deutlich schwächerer Form – die Aktivräume im Alpenraum), wodurch sich die räumlichen Disparitäten vergrössern werden (Elsasser 1989) und wodurch die kulturelle Pluralität und Vielfalt in Europa – die eine der nichtökonomischen Rahmenbedingungen für eine positive Wirtschaftsentwicklung darstellt – in Frage gestellt wird (Koslowski 1989). Der Spielraum für regional differenzierte und den lokalen Verhältnissen angepasste Wirtschaftsstrukturen im Alpenraum wird dadurch erheblich verengt, was wachsende ökologische und sozio-kulturelle Probleme hervorruft.

Die mit dieser Entwicklung verbundenen Probleme

Die europaweite Tertiarisierung von Wirtschaft und Gesellschaft, deren hohes Tempo derzeit durch die Öffnung Osteuropas noch beschleunigt werden dürfte, läuft problemlos und erfolgreich ab, sofern man enge ökonomische Kriterien anlegt wie zum Beispiel die Entwicklung des Bruttosozialprodukts als Indikator gesellschaftlichen Reichtums. In drei Bereichen – nämlich im sozialen, ökologischen und kulturellen Bereich – wachsen aber fundamentale Widersprüche und Konflikte, die sich kontraproduktiv auf die Tertiarisierung auswirken und die langfristig die positive ökonomische Entwicklung in Frage stellen können.

1. Der «klassische» Gegensatz in der Phase der Industrialisierung – derjenige zwischen Kapital und Arbeit – wandelt sich im Rahmen der Tertiarisierung zum Gegensatz zwischen denjenigen, die (immer höherqualifizierte und eigenverantwortlichere) Arbeit haben, und denjenigen, die aufgrund verschiedener Ursachen nicht in den Produktionsprozess integriert werden können, langfristig arbeitslos werden und gesellschaftlich marginalisiert werden (Kern/Schumann 1984). Dieses Phänomen, das zusammenfassend oft als «neue Armut» oder als «neue soziale Frage» bezeichnet wird, schafft erhebliche soziale Spannungen, die sich gesamtgesellschaftlich als immer grösserer Kostenfaktor auswirken.

2. Die heutige Umweltverschmutzung und Umweltzerstörung scheint mir vor allem darauf zurückzuführen zu sein, dass die extrem arbeitsteilige und hochspezialisierte Wirtschaftsstruktur des tertiären Zeitalters gar keine Gesamtverantwortung für die Umwelt mehr ausbilden kann: Jeder Wirtschaftstreibende handelt eng sektoral im europäischen oder gar weltweiten Rahmen, kann aber die Interaktionen zwischen primärem, sekundärem und tertiärem Sektor, zwischen Arbeiten-Wohnen-Freizeit oder zwischen Ökonomie-Ökologie-sozio-kultureller Situation im Bereich seiner eigenen Gemeinde oder Region gar nicht mehr wahrnehmen. Diese «neue Unübersichtlichkeit» ist meines Erachtens eine zentrale Strukturvoraussetzung für unsere heutigen Umweltprobleme (siehe dazu Luhmann 1985, der eine ähnliche Sichtweise vertritt, die er aber nur soziologisch und nicht in ihrer räumlichen Dimension ausarbeitet).

3. Der dritte Bereich, der im Rahmen der Tertiarisierung fundamentale Probleme macht, ist der der Kultur, oder besser der kulturellen Identität. Das europaweite

Entstehen regionaler Protestbewegungen und die Wiederaufwertung der Region in Europa im Verlauf der siebziger Jahre möchte ich als Widerstand gegen eine Entwicklung interpretieren, deren Geschwindigkeit und Dynamik die Menschen überfordert, und zwar auf zweifache Weise: Einmal verlangt man heute eine sehr hohe Mobilität vom Einzelnen, die ihn aus seinem persönlichen Umfeld herausreisst und die den Aufbau einer kulturellen Identität verhindert, zum anderen wird die persönlich erfahrbare Lebenswelt durch Funktionsteilungen, räumliche Segregationen und hohe Spezialisierungen auch im sozialen und persönlichen Bereich immer unübersichtlicher. Als Ergebnis entsteht dann tendenziell eine hochmobile, räumlich, sozial und kulturell ungebundene Persönlichkeit, die dem Prozess der Tertiarisierung zwar ideal angepasst ist, die sich aber «hedonistisch» und «gruppenegoistisch» verhält – mit solchen Menschen kann man keine Gemeinschaft gestalten oder in gemeinsamer Verantwortung die Probleme der Gegenwart zu lösen versuchen.

Mit der Verschärfung der sozialen, ökologischen und kulturellen Probleme entwickeln sich also im Verlauf der Tertiarisierung kontraproduktive Faktoren, die die positive ökonomische Entwicklung stören und in absehbarer Zeit zu Fall bringen können.
Was hat das alles, so kann man jetzt fragen, mit den Alpen zu tun?
Antwort: Das sind heute auch die zentralen Probleme des Alpenraums, genauer gesagt:

Ökonomische Dimension: In den alpinen Aktivregionen wird die positive ökonomische Entwicklung durch vier Entwicklungen gestört: 1. Der ständige Ausbau der touristischen Infrastruktur hat zu Beginn der achtziger Jahre zum Umschlagen des Verkäufermarktes zum Käufermarkt und zu einer immer härteren Konkurrenz im Tourismussektor geführt, die sich in den neunziger Jahren noch verschärfen dürfte und die vor allem zu Lasten der klein- und mittelständischen, lokal und regional verwurzelten Betriebe führt. 2. Die sich im Rahmen des «postmodernen» Wertewandels immer schneller verändernden Urlaubs- und Freizeitinteressen und -aktivitäten sowie die drei schneearmen Winter 1987–1990, die den Einsatz von Kunstschneeanlagen massiv gefördert haben, erfordern immer grössere Investitionen, um im Konkurrenzkampf mithalten zu können; je weiter sich die Investitionsspirale dreht, desto stärker werden die Einheimischen ökonomisch marginalisiert und desto grösser wird der direkte ökonomische Einfluss der ausseralpinen Kapitalgeber. 3. Aufgrund des alpinen Reliefs sind die gut erschliessbaren Flächen in günstiger Lage sehr beschränkt und heute bereits weitgehend überbaut bzw. intensiv genutzt, was vielerorts inzwischen zu Grossstadt- bzw. cityähnlichen Grundstückspreisen geführt hat; ein weiterer Ausbau wird diese Preise überproportional ansteigen lassen, was zu gravierenden sozialen (in Bayern spricht man polemisch von den durch unerschwingliche Bodenpreise verursachten «Heimatvertriebenen») und ökonomischen Problemen führt. 4. Viele Gemeinden weisen ökonomisch labile Monostrukturen auf (starke Konzentration auf Wintertourismus und dabei vor allem auf Abfahrtsskilauf), die sich bei weiter andauernden schneearmen Wintern und im Falle von Trendverlagerungen im Urlaubsverhalten (und solche sind für die neunziger Jahre nicht unrealistisch) schnell katastrophal auswirken können. In den alpinen

Passivregionen bleiben die gegenwärtigen ökonomischen Probleme hoch; ob ihre neu einsetzende ökonomische Aufwertung durch den dezentralen Ferienhausausbau zu einer befriedigenden regionalwirtschaftlichen Entwicklung führt, oder ob dies eng sektoral beschränkt bleibt (und dabei lediglich kurzfristige Spekulationsinteressen weckt), wird sich in den neunziger Jahren entscheiden.

Ökologische Dimension: Der Alpenraum wird exogen durch die Luftschadstoffe aus den europäischen Ballungsräumen stark und aus dem alpenquerenden Verkehr sehr stark belastet (Waldsterben). In den touristisch stark erschlossenen Alpenregionen gibt es die typischen Umweltprobleme der städtischen Agglomerationen (Luft-, Boden-, Wasserverschmutzung, Abwasser-, Lärm-, Bodenversiegelungsprobleme usw.); in den strukturschwachen Räumen finden flächenhaft grosse Sukzessionsprozesse statt, die die traditionelle Artenvielfalt reduzieren und die Gefährdung durch «Naturkatastrophen» erhöhen (ein Prozess, der regional und lokal sehr differenziert abläuft). Die grossen Transitachsen, in denen sich die verschiedenen sektoralen Nutzungen besonders dicht konzentrieren, sind dabei am stärksten gefährdet, weil sich hier die Umweltprobleme durch die allgemeine Luftverschmutzung, Transitverkehr, lokale Intensivnutzung und durch diejenigen der strukturschwachen Alpenregionen (verödende Seitentäler münden oft ins Transithaupttal) multiplizieren.

Sozio-kulturelle Dimension: In den touristisch erschlossenen Alpenregionen ist der postmoderne Wertewandel weit fortgeschritten, allerdings unterscheidet er sich von dem der Grossstädte dadurch, dass in den Alpen die traditionelle Identität heute noch durchwegs präsent ist, wenn auch meist nur noch unter der Oberfläche. Die davon betroffenen Menschen leben heute im Widerspruch zwischen traditioneller und moderner Welt, was sich oft in Verdrängungsprozessen und einer teilweise hemmungslosen Adaption neuer Werte ausdrückt – verbunden mit Alkoholismus, Tabletten- und Drogenkonsum. In den strukturschwachen Alpenregionen reagieren die Menschen dagegen meist mit einer totalen Abwehr aller modernen Werte und Neuerungen und beharren starr auf ihrer traditionellen Welt («kulturelle Erstarrung»). Beide Male geht die Kraft zur konstruktiven Gestaltung der eigenen Gemeinde oder Region allmählich verloren. Gegen die den Alpenraum von aussen überprägende Tertiarisierung gibt es zwar einen kulturellen Widerstand, der heute eine erstaunliche Breite und Vielfalt erreicht hat (Hans Haid, Haid 1989), aber der oft genannte «Aufstand der Bereisten» (Müller 1989) hat bisher noch nicht stattgefunden – angesichts der rasanten politischen und kulturellen Entwicklung in Osteuropa sollte man allerdings nicht ausschliessen, dass er im Alpenraum völlig undenkbar wäre.

Das *vierte und eigentlich fundamentalste Problem* der modernen Entwicklung im Alpenraum besteht aber heute darin, dass die ökonomische, ökologische und soziokulturelle Dimension im Rahmen der zunehmenden räumlichen Segregation der einzelnen Wirtschaftssektoren und Lebensbereiche immer deutlicher auseinanderfällt. Anderswo lassen sich die damit verbundenen Probleme jahrzehntelang verdecken, aber in den Alpen verursacht eine nicht der Umwelt angepasste Nutzung schnell grosse ökologische Probleme, die ohne ausgeprägte lokale und regionale kulturelle Identitäten nicht konstruktiv gelöst werden können. Das Auseinanderfallen der lebensweltlichen bzw. lebensräumlichen Einheit von Ökonomie-Ökologie-Kultur verursacht in ganz Europa gravierende Probleme, aber im Alpenraum werden sie am schnellsten sichtbar und in ihren kontraproduktiven Auswirkungen am deutlichsten fühlbar. Damit wird die Entwicklung in den neunziger Jahren immer stärker von den negativen Seiten der Tertiarisierung geprägt werden, so dass die Zukunft der Alpen als Lebens- und Wirtschaftsraum der Einheimischen (aufgrund wachsender ökonomischer Probleme durch steigende Nutzungskonkurrenzen, zunehmende Umweltkosten und Zerfall der kulturellen Identität, ökonomische und kulturelle Überfremdung durch Verdrängung einheimischer und Dominantwerden ausseralpiner Kapitalgeber, Zunahme der ökologischen Gefährdungen und Reduzierung der naturräumlichen und kulturlandschaftlichen Umwelt- und Lebensqualitäten) und die Funktionen der Alpen für Europa (durch Reduzierung der Erholungs- und Freizeitqualitäten, Gefährdung der Verkehrs- und Transitlinien durch wachsende Umweltprobleme, Beeinträchtigung der Energie- und Trinkwassergewinnung durch ökologische Instabilitäten sowie Gefährdung wichtiger europäischer Ballungsräume durch Zunahme von Hochwasserspitzen der grossen, aus den Alpen kommenden Flüsse) fundamental in Frage gestellt werden.

IV.
Alternativen und Perspektiven für den Alpenraum der neunziger Jahre

Gibt es zu dieser Entwicklung überhaupt Alternativen? In einer Zeit, in der in Osteuropa das sozialistische Modell zerfällt und die tertiär geprägte Marktwirtschaft weltweit als einziges Modell übrigbleibt, scheint schon allein die Frage absurd zu sein. Und zugleich hat uns das jugoslawische Modell gezeigt, dass dieser Weg – der einzige nicht tertiär geprägte Weg – den Alpen auch keine bessere Zukunft ermöglicht, eher im Gegenteil.

Heisst das nun, dass die weitere Tertiarisierung im Alpenraum unaufhaltsam ist, dass die Grundprinzipien dieser Entwicklung unkorrigierbar sind und dass wir uns darauf beschränken müssen, lediglich die negativen Auswirkungen möglichst klein zu halten? Ich denke, dass mit einer solchen Haltung die Alpen innerhalb einer Generation total ruiniert werden würden: Noch heute leben die meisten Bergbauern, viele kleine Gewerbetreibende und eine ganze Reihe von lokalen Hoteliers in den Alpen aus ihren traditionellen kulturellen Werten, auch wenn sich dies ökonomisch für sie als Benachteiligung auswirkt, einfach weil sie von diesen Werten überzeugt sind und weil sie spüren, dass ein «modernes», nämlich ein rein ökonomisch orientiertes, hochspezialisiertes und räumlich segregiertes Handeln in diese so sensible Umwelt nicht hineinpasst. Der moderne Strukturwandel entzieht einem solchen Verhalten aber immer mehr die materielle Basis und lässt es letzlich völlig absurd werden, so dass im Generationenwechsel dann der Bruch eintreten wird. Und ein solcher Bruch hätte im Alpenraum gewaltige Konsequenzen, weil davon sehr viele Menschen betroffen wären und die ökonomischen, aber vor allem die ökologischen und kulturellen Folgen unabsehbar wären. Und dieses Problem lässt sich nicht mit einer blossen Erweiterung der traditionellen Berggebietspolitik und Raumplanung lösen – diese verzögert bestenfalls den tertiär geprägten Strukturwandel, hält ihn aber nicht wirklich auf, kann also der ökologischen Degradation sowie der sozialen und kulturellen Erosion nicht wirklich entgegenwirken.

Die üblichen Problemlösungsstrategien unseres tertiär geprägten Zeitalters bestünden in solch einer Situation darin, das Knäuel der zahlreichen Problemfälle sorgfältig sektoral aufzulösen, in die einzelnen Problembereiche Berglandwirtschaft, Handwerk und Industrie, Tourismus, strukturschwache Alpenregionen, Transitverkehr, Energiegewinnung, Umwelt und kulturelle Identität zu unterteilen und dann für jeden einzelnen Bereich spezifische und hochspezialisierte Problemlösungsstrategien zu entwickeln, bei denen der räumlichen Segregation der verschiedenen Nutzungen ein zentraler Stellenwert zukäme: Der Alpenraum würde damit tendenziell in Landwirtschaftsräume, hocherschlossene Freizeiträume, Industrie- und nichttouristische Dienstleistungsgebiete, Transitkorridore, Naturschutzgebiete usw. aufgeteilt, in denen jeweils eine einzige Nutzungsform dominant zu sein hätte, weil nur so – nach dem Selbstverständnis der tertiären Gesellschaft – die einzelnen Nutzungen auf befriedigende und ökonomisch-kulturell sinnvolle Weise organisiert, strukturiert und durchgeführt werden könnten.

Und wenn auf diese Weise eine Konkurrenzfähigkeit auf dem europäischen Markt nicht zu erreichen ist (wie im Fall der Berglandwirtschaft), wirtschaftliche Strukturprobleme bestehen (alte Industriegebiete, Überkapazitäten auf dem Tourismussektor) oder Nutzungen keinen wirtschaftlichen Ertrag abwerfen (Naturschutzgebiete), dann besteht die Tendenz, dass der Staat im Rahmen seiner Berggebietspolitik mit sektoral konzipierten Subventionen eingreift (derzeit deutlich spürbar bei den staatlichen Ausgleichszahlungen für Seilbahnbetriebe aufgrund des dritten schneearmen Winters sowie bei immer grösseren staatlichen Unterstützungen zur Modernisierung der touristischen Infrastruktur im Rahmen der gestiegenen Konkurrenz).

Wenn man die Alpen gut kennt, dann weiss man, dass solche Problemlösungsstrategien diesem Raum nicht angemessen sind: Die traditionellen Nutzungen hatten sich ja gerade dadurch ausgezeichnet, dass sie nicht mono-, sondern multifunktional strukturiert waren, indem zum Beispiel die Berglandwirtschaft nicht nur für die Produktion der Lebensmittel zuständig war, sondern sich gleichzeitig für die ökologische Stabilität der Kulturlandschaft verantwortlich fühlte, den Träger der kulturellen Identität darstellte und so organisiert war, dass die bäuerliche Gesellschaft nicht durch soziale Widersprüche und Konflikte zerrissen und gelähmt wurde (Bätzing 1988a, Messerli 1989). Auch der alpine Tourismus war lange Zeit in diese multifunktional strukturierte Welt eingebunden und besass weit mehr als nur sektorale Bedeutung (partielle Symbiose mit Landwirtschaft und kultureller Identität mit wichtigen sozio-kulturellen und ökologischen Auswirkungen).

In dieser traditionellen Multifunktionalität aller Verhaltens- und Wirtschaftsweisen, oder anders ausgedrückt: In der engen Vernetzung zwischen der ökonomischen, der sozio-kulturellen und der ökologischen Dimension sehe ich eine Schlüsselerfahrung für eine inhaltliche Alternative zum Prozess der Tertiarisierung, wie er gegenwärtig abläuft.

Dabei scheint mir die Tertiarisierung an sich nicht aufhaltbar zu sein, aber es stellt sich die Frage, ob sie nicht in anderen Formen ablaufen könnte. Ich möchte dazu auf eine Grundeinsicht zurückgreifen, die im Rahmen des schweizerischen Man-and-Biosphere-Programms (Brugger/Furrer/Messerli/Messerli 1984, Messerli 1989) und im Rahmen eigener Untersuchungen (Bätzing 1984, 1985, 1988 und 1990c) erarbeitet wurde (und die jüngsten Ergebnisse des schweizerischen nationalen Forschungsprogrammes «Boden» – Stichworte «Mehrfachnutzung», «Nutzungsdurchmischung» – gehen in die gleiche Richtung, siehe Lenzinger/Litz/Eicher 1988, Strittmaier/Gugger 1988): Das alpine Ökosystem ist ein hochkomplexes Gesamtsystem der Bereiche Gesellschaft und Umwelt, das nur dann einigermassen störungsfrei funktioniert, wenn alle gesellschaftlichen Teilsysteme (wirtschaftliche, politische, soziale, kulturelle Dimension) einer gemeinsamen Konzeption der Naturnutzung und Naturpflege – also einer an Reproduktion orientierten Produktion (zum Begriff «Reproduktion» siehe Bätzing 1988a) – vepflichtet sind. Zum Zeitpunkt, wo diese gemeinsame Konzeption durch partikulare und sektorale Interessen abgelöst wird, muss das Gesamtsystem zwangsläufig in eine Krise geraten, weil einzelne negative Auswirkungen innerhalb des Gesamtsystems nicht mehr ausbalanciert werden können.

Damit geht es also konzeptionell 1. um eine Vernetzung der drei Wirtschaftssektoren untereinander, inhaltlich vor allem um eine enge Zusammenarbeit zwischen den Bereichen Berglandwirtschaft und Tourismus mit Rückbindung der sektoralen Eigendynamik der Baubranche, und 2. um eine ganz bewusste Vernetzung zwischen Wirtschaft/Gesellschaft/Politik/Kultur, um die Produktion so zu gestalten, dass die Reproduktion langfristig gesichert ist, und zwar die Reproduktion der alpinen Kulturlandschaft als der materiellen Basis allen Lebens und Wirtschaftens in den Alpen, und die Reproduktion der kulturellen Identität als die Voraussetzung einer sinnhaften Gestaltung der Produktion, des Lebensraumes und des Lebens überhaupt. Und wenn man an die aktuelle Berggebietspolitik in der Schweiz denkt (z.B. an die zweite Generation der regionalen Entwicklungskonzepte mit ihrer bewussten «vernetzten Betrachtung der verschiedenen Bereiche»), dann weiss man, dass diese umfassenden Vernetzungen – die so erwünschten «Synergieeffekte» – gerade besondere Schwierigkeiten machen, weil unsere moderne Welt so ganz anders, nämlich sektoral strukturiert ist.

Es würde jetzt aber zu kurz greifen, allein den Gedanken der Vernetzung von Wirtschaft und Gesellschaft gegen die Tertiarisierung stellen zu wollen, denn auf der Entfaltung der Arbeitsteilung beruht die europäische Entwicklung der Neuzeit, und dahinter können wir sinnvollerweise nicht mehr zurück. Und damit geht es um die Quadratur des Kreises: Anzustreben wäre für den Alpenraum eine gewisse Regionalisierung von Wirtschaft und Gesellschaft auf dem Hintergrund einer europaweiten Arbeitsteilung, also weder eine unendliche Arbeitsteilung sich atomisierender Strukturen (wie es der derzeitige Trend ist), noch eine totale regionale Autarkie, die sich nach aussen abschottet (wie es heute oft als Gegenmodell skizziert wird). Als Stichworte für eine solche Regionalisierung auf der Basis europäischer Arbeits- und Funktionsteilungen möchte ich nur kurz nennen: Die Alpen als Erholungs-, Transit-, Wasserkraft-, Trinkwasserregion usw. für Europa (Arbeitsteilung), aber zugleich Aufbau von Vernetzungen zwischen Landwirtschaft, Tourismus, Baubranche, Handwerk auf lokaler und regionaler Ebene, was zwangsläufig eine gewisse wirtschaftliche Abkopplung dieses Raumes vom europäischen Markt erfordert, da sonst aufgrund des starken europäischen Konkurrenzdruckes diese Vernetzungen nicht gelingen können (Bätzing 1989). Eine solche partielle Abkopplung vom Markt ist zwar in fast allen Staaten, die Anteil am Alpenraum haben, im Bereich der Berglandwirtschaft seit vielen Jahren realisiert, sie wurde – vor allem in Österreich – im Bereich der alpinen Industrie jahrzehntelang praktiziert (derzeit aber Abbau dieser Subventionen in Österreich) und scheint gegenwärtig gesamtalpin im Tourismusbereich allmählich Fuss zu fassen (staatliche Beihilfen zur Stützung dieser «Leitbranche» gegenüber steigender internationaler Konkurrenz und gegenüber Ertragsausfällen). Allerdings waren diese Subventionen immer nur sektoral ausgerichtet und berücksichtigten gerade nicht die wechselseitigen Vernetzungen, was die Wirksamkeit dieser Massnahmen stark einschränkte. Mit der «zweiten Generation» der Entwicklungskonzepte der IHG-Regionen im schweizerischen Berggebiet (Paul Messerli) und mit der für strukturschwache österreichische Alpenregionen entwickelten «eigenständigen Regionalentwicklung» (Haid 1989) versucht man in beiden Staaten gegenwärtig, diese zentrale Schwachstelle aller traditionellen Berggebietsförderung zu überwinden.

Diese Erfahrungen wären systematisch auszuwerten, um eine wirklich «integrierte» Berggebietsförderung zu entwickeln, bei der die gegenseitigen Wechselbeziehungen in den einzelnen Wirtschaftssektoren sowie diejenigen zwischen Wirtschaft, Gesellschaft, Kultur und Umwelt im Zentrum stehen. Und das Hauptziel wären dabei nicht möglichst hohe staatliche Finanzbeiträge, sondern vielmehr staatliche Hilfen bei der Vernetzung und vor allem der Erarbeitung staatlicher Rahmenbedingungen, die diese Vernetzungen ermöglichen und nicht blockieren.

Natürlich müssen die Schwerpunkte dieser Vernetzungen in den verschiedenen Alpenregionen und Alpenräumen sehr unterschiedlich aussehen; stichpunktartig liessen sie sich folgendermassen skizzieren:

– *stark touristisch geprägte Alpenregionen:* «Qualitativer Umbau» (Paul Messerli) mit Stopp des weiteren quantitativen Ausbaues der touristischen Infrastruktur, Aufwertung der lokalen Landwirtschaft und des Handwerks und deren Stärkung durch systematische Vernetzung mit dem Tourismus, Rückbindung der sektoralen Eigendynamik der Baubranche mit Verlagerung des Produktionszieles vom Neubau auf Restaurierung/Reparatur/Umbau/Rückbau, Lösung der zahlreichen ökologischen Probleme durch technische Massnahmen sowie Strukturänderungen (z.B. beim Verkehr) sowie Wiederaufbau einer tragfähigen kulturellen Identität (Messerli 1989).

– *strukturschwache Alpenregionen:* Gezielte Wirtschaftsimpulse zur ökonomischen Aufwertung dieser Regionen in allen Branchen (mit bewusster gegenseitiger Vernetzung) mit Schwerpunkt auf Landwirtschaft (Qualitätsproduktion) und Tourismus (nichttechnische Tourismusaktivitäten) unter besonderer Beachtung der Umweltverträglichkeit und der Einpassung in das lokale sozio-kulturelle Umfeld (Bätzing 1990).

- *alpine Transitregionen:* Umweltverträgliche Lösung des Verkehrsproblems (auf europäischer bzw. internationaler sowie auch auf regionaler/lokaler Ebene), Reduzierung der Nutzungskonkurrenzen durch bewusste Raumordnung und -planung, orientiert an der Multifunktionalität der Wirtschaft unter Einschluss der Landwirtschaft.

- *alte alpine Industrieregionen:* Ökologische Sanierung der bestehenden Anlagen (soweit möglich, andernfalls Stillegung) sowie Aufbau von neuen industriellen Arbeitsplätzen, orientiert an Umweltverträglichkeit und dezentraler Gestaltung.

- *alpine Regionen mit nichtalpenspezifischer Tertiarisierung:* Gestaltung der neuen ökonomischen Möglichkeiten unter besonderer Beachtung der Umweltverträglichkeit und der Einpassung in die lokale sozio-ökonomische Umwelt, Reduzierung der Nutzungskonkurrenzen durch bewusste Raumplanung (keine Verdrängung der Landwirtschaft und des lokalen Handwerks/Gewerbes).

- *alpine Regionen mit monostruktureller Nutzung:* (moderne Intensivlandwirtschaft, Wasserkraft, Trinkwasser, Nationalparks, militärische Übungsgebiete, Deponieregionen): Umbau bzw. Rückbau der Monostrukturen zu Mehrfachnutzungen im gleichen Raum sowie umweltverträgliche Gestaltung der Nutzungen.

Für dieses alternative Modell brauchen wir aber noch einen weiteren Gedanken: Die Tertiarisierung ist ein exogener Prozess, dessen Dynamik von den grossen Wirtschaftszentren Europas ausgeht und der die Alpen von aussen kommend überprägt. Von seiner inneren Logik her setzt sich dieser Prozess sowohl über die empfindliche ökologische Stabilität des Alpenraumes, als auch über seine vielfältige kulturelle Identität hinweg – die regionalen Besonderheiten werden zugunsten europaweiter bzw. weltweiter Wirtschaftsstrukturen eingeebnet (Elsasser 1989). Da wir die Tertiarisierung selbst nicht in Frage stellen, muss es jetzt darum gehen, die exogen geprägte Tertiarisierung im Alpenraum von innen, also endogen, so zu gestalten, dass ein produktives, an der ökologischen und kulturellen Reproduktion orientiertes Wirtschaften ohne kontraproduktive Tendenzen möglich wird – das programmatische Stichwort heisst also: «endogene Gestaltung der exogenen Tertiarisierung», also bewusste Transformation dieser europaweiten Dynamik auf die regionale Dimension.

Und damit sind wir auf der politischen Ebene: Ohne einen gewissen politischen Spielraum auf der regionalen Ebene kann die Tertiarisierung nicht endogen gestaltet werden. Für Staaten wie die Schweiz oder Österreich ist das vielleicht selbstverständlich, aber in den zentralistisch geprägten Staaten ist dies ein fundamentales Problem. Und dort, wo zentralistische Strukturen mit strukturschwachen Regionen zusammenfallen (wie in weiten Teilen der französischen und italienischen Alpen) entsteht ein fast unlösbares Problem, weil alle politischen und strukturellen Voraussetzungen für eine endogene Gestaltung der Tertiarisierung fehlen und erst mühsam aufgebaut werden müssen. Die begonnene «Regionalisierung» in Frankreich (Philippe Huet) und Italien (Edoardo Martinengo) und die Entwicklung neuer regionaler Strukturen im Alpenraum beider Staaten – «comunità montane» und «comités de Massifs» – stellen zwar sehr wichtige Schritte in die richtige Richtung dar, sind aber derzeit – im Kontext fortbestehender zentralistisch geprägter Strukturen – noch nicht ausreichend, um den Prozess der Tertiarisierung wirklich endogen zu gestalten.

Der Kerngedanke des skizzierten Modells ist also zusammenfassend der, dass die gegenwärtige Form der europäischen Tertiarisierung im Alpenraum auf ganz besonders grosse Schwierigkeiten stösst, weil sie die alpine Umwelt und die traditionelle kulturelle Identität – und damit die Voraussetzungen für einen erfolgreichen Wirtschaftsprozess – zerstört. Nur eine bewusste endogene Gestaltung der Tertiarisierung kann die neuen ökonomischen Möglichkeiten so mit den traditionellen ökonomischen Strukturen, mit der traditionellen kulturellen Identität und mit der sensiblen und gefährdeten/gefährlichen alpinen Umwelt verbinden, dass eine neue, dass heisst lebensfähige und lebenswerte Gesamtheit entsteht.

Ansätze einer «vernetzten» Entwicklung im Alpenraum

Weil die Grundidee des skizzierten Modells weder aus einer rein theoretischen Reflexion noch aus einer rein pragmatischen Problemlösungssicht, sondern aus der systematischen Reflexion der Alltagsprobleme im Alpenraum erarbeitet wurde, lassen sich eine Reihe von empirischen Entwicklungen und Einsichten anführen, die heute bereits in die skizzierte Entwicklungsrichtung zielen.

Der grösste Unterschied zwischen den Entwicklungsplanungen für den Alpenraum in den siebziger Jahren und heute dürfte darin bestehen, dass vor allem aufgrund der sehr umfangreichen wissenschaftlichen Untersuchungen im Rahmen des UNESCO-Programms «Man-and-Biosphere» in den französischen, schweizerischen, österreichischen und deutschen Alpen die konkrete Kenntnis der Umweltsituation und ihrer Probleme sowie ihrer komplexen Interaktionen mit der ökonomischen und kulturellen Dimension in den achtziger Jahren wesentlich verbessert und qualitativ vertieft wurde. Daraus entwickelten sich zahlreiche Impulse für die Gemeinde-, Regions- und staatliche Berggebietspolitik, die mehr oder weniger stark vom Gedanken der «Vernetzung» getragen waren und die auf eine «integrierte» Entwicklung abzielen. Darüber hinaus – und teilweise ohne direkte gegenseitige Kenntnis – wurden dadurch auch zahlreiche Ideen, Projekte, Gruppen und Initiativen gestärkt, die aufgrund konkreter lokaler Erfahrungen in eine gleiche Richtung dachten und handelten. Im Gegensatz zur Situation vor 10–15 Jahren, als es ebenfalls deutliche Bestrebungen für eine internationale Zusammenarbeit im Alpenraum gab, werden diese heute durch zahllose dezentrale Initiativen in mehr oder weniger allen Teilräumen der Alpen abgestützt.

Unter einer systematischen Sichtweise lassen sich vier verschiedene Ebenen zuordnen, auf denen sich die Vernetzungen abspielen müssten:

1. *Gemeindeleitbilder:* In den letzten Jahren haben sich verschiedene Gemeinden im schweizerischen und österreichischen Alpenraum auf freiwilliger Basis ein «Gemeindeleitbild» gegeben, um ihre Zukunft bewusster zu gestalten und um die sich

verschärfenden Widersprüche zwischen den einzelnen Wirtschaftssektoren im Rahmen einer ausgewogenen Gesamtentwicklung gegenseitig auszubalancieren. Hier könnte eine endogene Gestaltung der Tertiarisierung auf der untersten Ebene einsetzen, indem sich alle Gemeinden im Alpenraum mittels des Instruments des «Gemeindeleitbildes» – sozusagen als eine Art institutionalisierter Bürgerinitiative, die die *gesamte* Bevölkerung aktiv einbezieht – mit ihrer Zukunft auseinandersetzen und dabei den Grundstein für eine «vernetzte» Gemeindepolitik legen (d.h. dort, wo die gegenseitigen Wechselwirkungen und Interaktionen noch am deutlichsten und direktesten auf der Hand liegen und am konkretesten erfahren werden).

2. *Regionale Entwicklungspläne:* Dieses Instrument existiert in grossen Teilen des Alpenraumes seit längerer Zeit (Italien, Schweiz, Liechtenstein), ist teilweise entwickelt (Frankreich, Bayern), fehlt derzeit ganz (Slowenien) oder besitzt keine Rechtsverbindlichkeit (Österreich). Als ein «von oben» eingesetztes Instrument hat es zwar die Aufgabe, eine «integrierte» Entwicklungspolitik zu erarbeiten und umzusetzen, aber dies war bisher oft mit dem Nachteil einer mehr oder weniger bürokratisch geprägten Regionalpolitik verbunden. Im Rahmen einer endogen zu gestaltenden Tertiarisierung könnte diesem Instrument eine Schlüsselrolle zukommen, weil viele alpine Gemeinden dafür zu klein sind und die «regionale Ebene» (meist etwa 10–15 Gemeinden) dafür eine geeignete Grösse besitzt. Ihre Aufgabe wäre es, einerseits ein «Kirchturmdenken» der einzelnen Gemeinde in den regionalen Zusammenhang zurückzubinden, andererseits grossräumige Anforderungen/Entwicklungen/Rahmenbedingungen in den regionalen und lokalen Kontext zu «übersetzen» bzw. umzuformen, sozusagen als Schaltstelle zwischen lokalen und überregionalen Nutzungen/Interessen. Damit die «Region» (hier als die untere regionale Ebene) diese aktive Rolle spielen kann, müsste ihre juristische Stellung und ihre politische Bedeutung (u.a. durch Einbezug von Elementen der direkten Demokratie) gestärkt werden.

3. *«Länder»-Ebene:* Die verschiedenen Kantone, Bundesländer, regioni, régions (oft auch «regionale» Ebene genannt, besser wäre: obere regionale Ebene) sind auf der subnationalen Ebene mit Berggebietsfragen befasst, weil zahlreiche für den Alpenraum überlebenswichtige politische Rahmenbedingungen auf dieser Ebene entschieden werden. Obwohl hierbei sehr grosse Unterschiede zwischen den föderalistisch und den zentralistisch aufgebauten Staaten sowie zwischen eigentlichen «Alpen-Ländern» (die vollständig im Berggebiet liegen wie Graubünden oder Tirol) und «Voralpen-Ländern» (deren wirtschaftliche und politische Zentren ausserhalb des Berggebietes liegen wie die Lombardei, Piemont oder der Kanton Bern) bestehen, hat sich trotzdem seit 1972 in der Form der «Arbeitsgemeinschaft» eine staatenübergreifende engere Zusammenarbeit entwickelt, die heute fast den gesamten Alpenraum flächendeckend umfasst (Fally 1988; es fehlen dabei nur die Schweizer Kantone zwischen der Waadt und St. Gallen am Alpennordrand, Liechtenstein sowie die österreichischen Bundesländer Niederösterreich und Burgenland). Auch wenn diese Arbeitsgemeinschaften jeweils sektoral in fünf «Kommissionen» – entsprechend den

Das klassifizierte Berggebiet im Alpenraum

- klassifiziertes Berggebiet im Alpenraum
- Nationale Grenzen
- "Länder"-Grenzen
- Grenze des Gebietes der drei "Arbeitsgemeinschaften" im Alpenraum
- Grenze des sogenannten "perialpinen Gebietes" (E. Martinengo)

285

Bayern

Oberösterreich

Niederösterreich

Wien

(A)

Salzburg

Steiermark

Burgenland

Osttirol

Südtirol

Kärnten

(H)

Friuli – Venezia Giulia

Slovenija

eneto

(YU)

Hrvatska

Ressorts der politischen Verwaltung – organisiert sind, so steht mit dem expliziten Ziel der «Sicherung und Entwicklung des Alpengebietes als qualitätsvoller Lebens- und Erholungsraum» (Arge Alp 1986 und 1987) eine «integrierte» Gestaltung der Entwicklung im Vordergrund. Dass die Ergebnisse in bezug auf die gegenseitigen «Vernetzungen» noch zu wünschen übrig lassen, liegt einerseits daran, dass sich eine integrierte Entwicklungsplanung erst im Laufe der achtziger Jahre auf der Länderebene allmählich durchgesetzt hat (mit grossen politischen Disparitäten zwischen den einzelnen Mitgliedsländern), und andererseits ist die Länderebene prinzipiell zu schwach, um die international und national gesteuerten Entwicklungstrends wirklich endogen zu verändern. Trotzdem hat sich mit den drei Arbeitsgemeinschaften Arge Alp, Arge Alp-Adria und COTRAO – die seit Oktober 1988 in der Form regelmässiger Präsidentenkonferenzen gesamtalpin zusammenarbeiten – eine sehr wichtige alpine Institution mit einem unverzichtbaren Erfahrungsreichtum herausgebildet, die als Schaltstelle zwischen der internationalen/nationalen und der regionalen Ebene eine wichtige Aufgabe bei der endogenen Gestaltung der europäischen Tertiarisierung spielen könnte.

4. «*Alpenkonvention*»: Durch die Initiative der «Internationalen Alpenschutzkommission CIPRA» wurde in jüngster Zeit die Idee einer «Alpenschutzkonvention» oder «Alpenkonvention» in der europäischen Öffentlichkeit zur Diskussion gestellt, weil die aktuellen Probleme des Alpenraumes auf der Länderebene allein nicht mehr adäquat zu lösen sind und darüber hinaus eine systematische nationalstaatliche Zusammenarbeit erfordern (Danz 1989). Im Oktober 1989 haben dann die Umweltminister der betroffenen Staaten – bzw. ihre Stellvertreter – in Berchtesgaden beschlossen, für das Jahr 1991 eine gemeinsame «Rahmenkonvention» zu entwickeln und zu beschliessen (Einzelheiten siehe Danz 1990). Auch wenn der Ausgangs- und Zielpunkt der Alpenkonvention die wachsenden Umweltprobleme sind, so spricht sich das von der CIPRA vorgeschlagene «Leitbild für eine Alpenkonvention» (Danz 1989a) nicht für eine sektorale Umweltschutzpolitik, sondern für ein integriertes Vorgehen unter bewusstem Einbezug der ökonomischen und der kulturellen Dimensionen aus, weil nur auf diese Weise die Umweltprobleme im Alpenraum sinnvoll gelöst werden können (Bätzing 1990b). Und die Umweltministerkonferenz in Berchtesgaden hat diesem Ansatz Rechnung getragen, indem sie beschlossen hat, dass die Bereiche Berglandwirtschaft, Tourismus und Verkehr neben dem Bereich Naturschutz, Raumplanung und Landschaftspflege in die Alpenkonvention aufgenommen werden müssen. Damit handelt es sich weniger um eine Alpen*schutz*konvention im Sinne des klassischen Naturschutzes, bei der der Schutz der Umwelt vor menschlichen Nutzungen/Veränderungen im Mittelpunkt steht, sondern mehr um eine Alpenkonvention, die gemeinsame verbindliche Rahmenbedingungen für eine positive Gesamtentwicklung des Alpenraumes – das heisst eine Entwicklung ohne kontraproduktive Konsequenzen im ökologischen, kulturellen, sozialen und ökonomischen Bereich – festlegt, so dass der Umweltschutz im Sinne eines «integrierten Umweltschutzes» bewusst in den Kontext seiner ökonomischen und kulturellen Vernetzun-

gen gestellt wird (Bätzing 1990d). Es bleibt abzuwarten, ob diese Alpenkonvention nur ein mehr oder weniger bürokratischer Akt auf oberster politischer Ebene bleibt oder ob damit die Chance ergriffen wird, die zukünftige Entwicklung des Alpenraumes im Sinne eines integrativen Gesamtkonzeptes bewusst endogen zu gestalten.

Auch wenn die aktuelle Situation als positiv erscheint, weil es sehr viele und dezentrale Ansätze für eine integrierte und endogen bestimmte Entwicklung im gesamten Alpenraum und auf allen politischen Ebenen gibt, so fehlt dabei doch ein zentrales Element, nämlich eine ausgearbeitete Konzeption, die explizit die verschiedenen Ebenen der Gemeinde, Region, «Land», Staat, Alpen, Europa – die zugleich unterschiedliche Ebenen der Problemwahrnehmung, der persönlichen Betroffenheit, der Reaktionsmöglichkeiten, der politischen Gestaltung und Entscheidungen sind – miteinander verbindet. Die erwünschten «Vernetzungen» können aber nur dann gelingen, wenn sie auf *allen* Ebenen angestrebt werden und nicht bloss auf ein oder zwei Ebenen beschränkt bleiben.

Während das Bewusstsein über die Notwendigkeit einer alpenweiten Zusammenarbeit inzwischen eine gewisse Verbreitung erreicht hat (worauf die lange Tradition der «Arbeitsgemeinschaften» und die jüngste Initiative der «Alpenkonvention» hinweisen), gibt es beim Verhältnis Alpen–Europa noch grosse Unsicherheiten, auf welche Weise die bestehenden Probleme gelöst werden sollten. Auf der einen Seite spricht man häufig vom «Sonderfall Alpen», für den aufgrund der schwierigen Naturbedingungen Ausnahmeregelungen getroffen werden müssten, auf der anderen Seite wirkt sich die moderne tertiäre Gesellschaft über Transit, Tourismus usw. *direkt* und unmittelbar bis ins hinterste Alpental aus. Ausdruck dessen ist die grosse Bandbreite an Vorschlägen für die politische Struktur der neuen Zusammenarbeit Alpen–Europa:

Man bezieht sich entweder auf das klassifizierte «Berggebiet» (also die Alpen im eigentlichen Sinne), das auf der europäischen Ebene durch neu zu schaffende Strukturen im Kontext der «Alpenkonvention» vertreten wird (was mir persönlich derzeit als die sinnvollste Perspektive erscheint), oder man bezieht sich auf die Arge Alp-Strukturen (also auf die Alpen im weiteren Sinn unter Einbezug der Vorländer) als Basiseinheit, oder man stellt die Alpen bewusst in das europäische Umland, indem man an einen grossen «perialpinen Raum» (Edoardo Martinengo) oder an ein «Europe médiane alpine» (Philippe Huet) als europäische Grossregion denkt.

Wenn man im Rahmen der gegenwärtigen europäischen Verflechtungen eine Lösung der alpinen Probleme allein im Alpenraum anstrebte – mit der Argumentation, der «Sonderfall Alpen» erfordere eine «Ausnahme» von der allgemeinen europäischen Entwicklung –, dann müsste dies meines Erachtens zwangsläufig scheitern, weil sich ein inselhafter, «integrierter» Alpenraum nicht den Sachzwängen eines vereinigten Europas mit immer stärkeren räumlichen und gesellschaftlichen Segmentierungen, Funktionsteilungen, Spezialisierungen usw. entziehen könnte.

Die zentralen Probleme der derzeitigen Tertiarisierung im Alpenraum – die sich verschärfenden Probleme mit der ökologischen und der sozio-kulturellen Reproduktion, die als kontraproduktive Entwicklungen die ökonomische Entwicklung in Frage stellen – sind aber nicht typisch nur für diesen Raum: Sie zeigen sich hier zwar besonders drastisch und schnell, aber sie sind zugleich die fundamentalen Probleme der gesamten europäischen Tertiarisierung. Die Analyse der gegenwärtigen Probleme des Alpenraumes verweist daher auf eine nichtalpenspezifische Grundproblematik (nur ihre Erscheinungsform ist alpenspezifisch und muss daher auf spezifische Weise gelöst werden), die nicht allein in den Alpen, sondern nur auf der europäischen Ebene gelöst werden kann.

Und damit möchte ich zum Schluss auf die europäische Ebene zurückkehren: Das Modell, das ich am Alpenraum entwickelt habe, scheint mir tragfähig zu sein, um auf ganz Europa ausgeweitet werden zu können, denn in ganz Europa macht der Prozess der Tertiarisierung erhebliche ökologische, kulturelle und damit auch ökonomische Probleme. Bei den fünften Toblacher Gesprächen im Herbst 1989 hatte man mich gebeten, einen programmatischen Vortrag zum Thema «Der Alpenraum als Vorreiter einer ökologischen Wende in Europa» zu halten (siehe Bätzing 1989). Jetzt, im Kontext dieses Vortrages, geht es um mehr als «nur» um eine ökologische Wende, nämlich um eine umfassende europäische Wende, die Wirtschaft-Gesellschaft-Umwelt in ihrer Gesamtheit betrifft und die der europäischen Zukunft eine neue Perspektive geben könnte.

Wir stehen derzeit in Europa mitten in einem faszinierenden Wandel: Mit der Öffnung Osteuropas erhält die europäische Entwicklung eine völlig neue Dynamik. Es steht einerseits zwar zu befürchten, dass der gewaltige wirtschaftliche Nachholbedarf Osteuropas eine Art neues «Wirtschaftswunder» hervorruft, was die derzeitige Form der Tertiarisierung noch einmal sprunghaft verstärken und vorantreiben dürfte, aber es gibt andererseits durchaus die Möglichkeit – immer unter der Voraussetzung, dass Osteuropa nicht in neu aufbrechenden nationalen Widersprüchen (Lendvai 1990) erstarrt –, dass sich durch die völlig neue Dynamik auch neue Strukturen herausbilden, die sich in Richtung auf regionale Vernetzungen im Kontext europäischer Arbeitsteilungen hin entwickeln, so dass ein «Europa der Regionen» – mit den «Alpen als Vorreiter» – heute nicht mehr so fern erscheint wie noch vor einem Jahr.

Anmerkungen

[1] Um dem zusammenfassenden Charakter dieses Abschlussvortrages gerecht zu werden, wurde der mündlich vorgetragene Text – der die Grundlinien der Argumentation skizzierte – deutlich erweitert, und zwar vor allem in Hinsicht auf die räumliche und sachliche Ausdifferenzierung der zentralen Leitgedanken. Dieser Text stellt die Weiterentwicklung meiner im Jahr 1984 vorgelegten Synthese des Alpenraumes dar (Bätzing 1984), die vor allem durch die Ergebnisse des schweizerischen «Man-and-Biosphere»-Programms (Brugger/Furrer/Messerli/Messerli 1984, Messerli 1989), die zentralen Arbeiten von Elisabeth Lichtenberger (vor allem Lichtenberger 1979 und 1989) sowie eigene Feldarbeiten in sehr unterschiedlichen Alpenregionen (Bätzing 1985, 1988 und 1990c) ausgeweitet und vertieft wurde.

[2] Verweise auf Autoren, die mit vollem Vor- und Nachnamen ohne Angabe einer Jahreszahl genannt werden, beziehen sich auf die Beiträge im vorliegenden Band.

[3] Lichtenberger 1979, S. 408 setzt den Beginn der «Entvölkerung» in den französischen Alpen schon für das Jahr 1820 an; dem widersprechen aber die Angaben von Blanchard 1956, Kapitel 8, auf die ich mich beziehe.

[4] Im Gegensatz zu Elisabeth Lichtenberger (Lichtenberger 1979) und dem österreichischen Sprachgebrauch fasse ich den Begriff «Bergbauer» in diesem Text weit, indem ich alle Landwirte bzw. Bauern, die im klassifizierten Berggebiet leben und arbeiten, als «Bergbauern» ansehe (also unter Einschluss der sogenannten «Talbauern» und der modernen, monostrukturell ausgerichteten Betriebe der grossen inneralpinen Längstäler).

[5] Den Begriff «romanisch» verwende ich nicht im schweizerdeutschen Sinn (= rätoromanisch), sondern im linguistischen Sinne zur Bezeichnung des okzitanischen, frankoprovenzalischen und rätoromanischen Sprachraums in den Alpen.

Literatur

AERNI, K. (1989): Tausend Jahre Siedlung und Verkehr im schweizerischen Alpenraum – Voraussetzungen und Ergebnisse; Manuskript, 36 S., erscheint in: Siedlungsforschung Bd. 8, Bonn 1991

Arge Alp (1986): Gemeinsames Leitbild für die Entwicklung und Sicherung des Alpengebiets; Innsbruck, 28 S.

Arge Alp (1987): Arbeitsgemeinschaft Alpenländer 1972–1987; Innsbruck, 20 S.

BÄTZING, W. (1984): Die Alpen – Naturbearbeitung und Umweltzerstörung, ein ökologisch-geographischer Essay; 4., erweiterte Auflage, Frankfurt 1988; 193 S.

BÄTZING, W. (1985): Bad Hofgastein – Gemeindeentwicklung zwischen Ökologie und Tourismus, Perspektiven für eine Gemeinde im Brennpunkt des alpinen Fremdenverkehrs; Berlin, 202 S. (= Diskussionsbeitrag Nr. 20 des Instituts für Stadt- und Regionalplanung der TU Berlin)

BÄTZING, W. (1988): Die unbewältigte Gegenwart als Zerfall einer traditionsträchtigen Alpenregion – soziokulturelle und ökonomische Probleme der Valle Stura di Demonte (Piemont) und Perspektiven für ihre Zukunftsorientierung; Bern, 351 S. (= Geographica Bernensia P 17)

BÄTZING, W. (1988a): Ökologische Labilität und Stabilität der alpinen Kulturlandschaft – traditionelle Lösungen, heutige Probleme und Perspektiven für die Zukunft; Bern, 34 S. (= Fachbeitrag zum schweizerischen MAB-Programm Nr. 27)

BÄTZING, W. (1989): Der Alpenraum als Vorreiter einer ökologischen Wende in Europa; in: Kommune – Forum für Politik, Ökonomie, Kultur (Frankfurt), 7. Jahrgang, Nr. 9, S. 50–57

BÄTZING, W. (1990): Entwicklungsprobleme strukturschwacher Alpenregionen; in: DISP (Zürich), 26. Jahrgang, Nr. 100, S. 21–32

BÄTZING, W. (1990a): Der italienische Alpenraum – eine strukturschwache Region im Schatten der oberitalienischen Tiefebene; hrsg. CIPRA, Vaduz, ca. 80 S. (= CIPRA-Kleine Schriften)

BÄTZING, W. (1990b): Die aktuellen Probleme im Alpenraum und die Frage einer staatenübergreifenden «Alpenkonvention»; erscheint im Tagungsband «Alpenraum – Herausforderung und Verpflichtung für Europa», hrsg. Hanns-Seidel-Stiftung; Stuttgart, ca. 15 S.

BÄTZING, W. (1990c): Welche Zukunft für strukturschwache, nicht-touristische Alpentäler? Eine geographische Mikroanalyse des Neraissa-Tales in den Cottischen Alpen (Prov. Cuneo/Piemont/Italien) auf dem Hintergrund zunehmender Probleme im Beziehungsdreieck Wirtschaft-Gesellschaft-Umwelt im Alpenraum; Bern, ca. 350 S. (= Geographica Bernensia P 21)

BÄTZING, W. (1990d): Vom verhindernden zum gestaltenden Natur- und Umweltschutz – Perspektiven für eine integrale Umweltschutzpolitik im Alpenraum der neunziger Jahre; hrsg. Österreichischer Alpenverein, Innsbruck, ca. 15 S.

BARBERIS, C./DELL'ANGELO, G. (1988): Italia rurale; Bari, 452 S.

BLANCHARD, R. (1956): Les Alpes Occidentales; Band 7: Essai d'une Synthèse; Grenoble-Paris, 605 S.

BRIDEL, L. (1985): Diversité et stabilité des Alpes – de la fragilité des méthodes d'analyse globale d'un espace transnational; in: Le Globe (Genf) Bd. 125, S. 31–59

BRUGGER, E./FURRER, G./MESSERLI, B./MESSERLI, P., Hrsg. (1984): Umbruch im Berggebiet – die Entwicklung des schweizerischen Berggebietes zwischen Eigenständigkeit und Abhängigkeit aus ökonomischer und ökologischer Sicht; Bern, 1097 S.

CENCINI, C./DEMATTEIS, G./MENEGATTI, B. (1983): L'Italia emergente – indagine geodemografica sullo sviluppo periferico; Milano, 660 S.
CHABERT, L. (1978): Les Grandes Alpes industrielles de Savoie, évolution économique et humaine; St-Alban de Leysse, 559 S.
CRIVELLI, R./RAFFESTIN, C. (1985): Ecosystèmes et systèmes techniques dans les Alpes; in: Le Globe (Genf) Bd. 125, S. 113–119
DANZ, W., Hrsg. (1989): Umweltpolitik im Alpenraum – Ergebnisse der Internationalen Konferenz vom 24.–25.6.1988 in Lindau; München, 528 S. (= CIPRA-Schriften 5)
DANZ, W. (1989a): Leitbild für eine Alpenkonvention; Vaduz, 90 S. (= Kleine CIPRA-Schriften 5)
DANZ, W. (1990): Alpenkonvention frühestens 1991 – Konferenzbeschlüsse der Umweltminister; in: DAV-Mitteilungen (München) Bd. 42, Nr. 1, S. 50–51
DEMATTEIS, G. (1975): Le città alpine; Milano, 151 S.
DEMATTEIS, G. (1986): Counter-urbanization in Italy; in: Progress in settlement systems geography; Milano, S. 161–194
ELSASSER, H./LEIBUNDGUT, H./LENDI, M./SCHWARZ, H. (1982): Nicht-touristische Entwicklungsmöglichkeiten im Berggebiet; Zürich, 306 S. (= ORL-Schriftenreihe Nr. 29)
ELSASSER, H. (1988): Regionalismus und endogene Entwicklung in der Schweiz – Chancen und Risiken; in: 46. Deutscher Geographentag – Tagungsbericht, S. 197–201
ELSASSER, H. (1989): EG-Binnenmarkt und Raumordnung der Schweiz – neue Ungleichgewichte durch Einflüsse von aussen; in: Neue Zürcher Zeitung Nr. 31 vom 7.2.1989, S. 20
FALLY, W. (1988): Die Arbeitsgemeinschaft Alpenländer (Arge Alp) – Musterbeispiel für eine grenzüberschreitende regionale Zusammenarbeit; in: Praxis Geographie Bd. 18, Nr. 10, S. 28–30
FURRER, G. (1978): Die Alpen im Umbruch – das Bergproblem aus der Sicht eines Geographen; in: Lions-Mitteilungen Nr. 2, S. 1–10
GEBHARDT, H. (1984): Hydroenergie und Industrie im Alpenraum; in: Geographische Rundschau Bd. 36, Heft 8, S. 410–416
GROSJEAN, G. (1984): Historische Faktoren und Bedingungen der Herausbildung des schweizerischen Siedlungs-, Flächennutzungs- und Kommunikationssystems; Bern, 29 S. (= Arbeitsbericht NFP Regionalprobleme Nr. 48)
HABERMAS, J./LUHMANN, N. (1971): Theorie der Gesellschaft oder Sozialtechnologie – was leistet die Sozialforschung? Frankfurt, 405 S.
HABERMAS, J. (1985): Die neue Unübersichtlichkeit; Frankfurt, 180 S. (= es 1321)
HAID, H. (1989): Vom neuen Leben – alternative Wirtschafts- und Lebensformen in den Alpen; Innsbruck, 287 S.
HANSER, C. (1987): Erfolgskontrolle der Industrieansiedlungspolitik – eine empirische Überprüfung der traditionellen Regionalpolitik am Beispiel dreier Regionen im schweizerischen Berggebiet; Bern-Frankfurt-New York, 375 S. (= Europäische Hochschulschriften, Bd. 738)
HOTZ-HART, B./SCHMID, W.A. (1987): Neue Informationstechnologien und Regionalentwicklung; Zürich, 276 S. (= ORL-Schriftenreihe 37)
JAEGER, C./BIERI, L./DÜRRENBERGER, G. (1987): Telearbeit – von der Fiktion zur Innovation; Zürich, 220 S.
JÄGER, R./LEMMENMEIER, M./ROHR, A./WIHER, P. (1986): Baumwollgarn als Schicksalsfaden; Zürich, 228 S.
KELLER, P./KNEUBÜHL, U. (1982): Die Entwicklungssteuerung in einem Tourismusort – Untersuchung am Beispiel von Davos für den Zeitraum 1930–1980; Bern, 423 S. (= Schlussbericht Schweizerisches Man-and-Biosphere-Programm Nr. 4.183)
KERN, H./SCHUMANN, M. (1984): Ende der Arbeitsteilung? Rationalisierung in der industriellen Produktion; München, 361 S.
KOSLOWSKI, P. (1989): Vom Gottesbund zum Gesellschaftsvertrag – der Binnenmarkt wird zur politischen und kulturellen Vereinigung führen, eine sozialphilosophische Deutung der Europäischen Gemeinschaft; in: Frankfurter Allgemeine Zeitung Nr. 298 vom 23.12.1989, S. 13
KREMNITZ, G. (1981): Das Okzitanische – Sprachgeschichte und Soziologie; Tübingen, 98 S. (= Romanische Arbeitshefte 23)

LENDVAI, P. (1990): Osteuropa zwischen Liberalismus und Nationalismus – die Hoffnungen von morgen und die Gespenster von gestern; in: Neue Zürcher Zeitung Nr. 76 vom 31.3./1.4.1990, S. 25–26
LENZINGER, H./LITZ, H./EICHER, M. (1988): Mehrfachnutzung des Bodens in Übergangsbereichen zwischen Siedlungsgebieten und Landwirtschaftsgebieten sowie naturnahen Räumen; Bern-Liebefeld, 122 S. (= NFP Boden Nr. 22)
Lichtenberger, E. (1965): Das Bergbauernproblem in den österreichischen Alpen – Perioden und Typen der Entsiedlung; in: Erdkunde, Bd. 19, S. 39–57
LICHTENBERGER, E. (1979): Die Sukzession von der Agrar- zur Freizeitgesellschaft in den Hochgebirgen Europas; in: Innsbrucker Geographische Studien, Bd. 5, S. 401–436
LICHTENBERGER, E. (1989): Österreich – Gegenwart und Zukunft von Raum und Gesellschaft; in: E. Lichtenberger (Hrsg.): Österreich zu Beginn des 3. Jahrtausends – Raum und Gesellschaft, Prognosen, Modellrechnungen und Szenarien; Wien, S. 15–72
LUHMANN, N. (1986): Ökologische Kommunikation – kann die moderne Gesellschaft sich auf ökologische Gefährdungen einstellen? Köln, 275 S.
MESSERLI, P. (1989): Mensch und Natur im alpinen Lebensraum – Risiken, Chancen und Perspektiven, zentrale Erkenntnisse aus dem schweizerischen MAB-Programm, Bern, 368 S.
METTAN, G., Hrsg. (1986): Les Alpes à l'avant-garde de l'Europe? Genf, 160 S.
La Montagne (1985): Une loi, une politique; hrsg. Ministère de l'Agriculture: Paris, 78 S.
MÜLLER, H. (1989): «Bleiben Sie zu Hause!» – Abwehrreaktionen der Bevölkerung in Fremdenverkehrsgebieten; in: Neue Zürcher Zeitung Nr. 20 vom 25.1.1989, S. 69
MÜLLER, K. (1989): Spaltungstendenzen in unserer Gesellschaft; in: Neue Zürcher Zeitung Nr. 281 vom 2./3.12.1989, S. 21
ROTACH, M./KELLER, P. (1987): Chancen und Risiken der Telekommunikation für Verkehr und Siedlung in der Schweiz – Forschungsprojekt «Manto»; Zürich, 95 + 163 S.
SENGHAAS, D. (1982): Von Europa lernen – Entwicklungsgeschichtliche Betrachtungen, Frankfurt, 356 S. (= es 1134)
SIMONCELLI, R. (1973): La Val Camonica – una valle siderurgica alpina; Rom, 178 S.
STRITTMAIER, P./GUGGER, L. (1988): Nutzungsdurchmischung statt Nutzungstrennung – Ansätze für ein Zonierungssystem zur räumlichen Durchmischung der Nutzungsarten; Bern-Liebefeld, 85 S. (= NFP Boden Nr. 16)
TANNER, A. (1982): Spulen – Weben – Sticken – die Industrialisierung in Appenzell-Ausserrhoden, Zürich, 460 S.
WÜRTH, M. (1989): Telematik und räumliche Arbeitsteilung – räumlich-funktionale Disparitäten, dargestellt am Beispiel des schweizerischen Bankensektors; Zürich, 284 S. (= ORL-Schriftenreihe Nr. 41)

Abbildungsverzeichnis für diesen Artikel:

S. 248-249: P. u. G. Veyret: Au coeur de l'Europe - les Alpes; Paris 1967, S. 28
252-253: Entwurf Bätzing nach E. Martinengo: Cooperazione interregionale alpina tra stati nazionali ed Europa; in: Montagna Oggi (Rom) 34/1988, Nr. 2, S. 25
S. 257: J. Birkenhauer: Die Alpen; Paderborn 1980, S. 156
S. 261: H. Gebhardt: Industrie im Alpenraum: Stuttgart 1990, S. 36
S. 272: R. Crivelli/C. Raffestin: Ecosystèmes et systèmes techniques dans les Alpes; in: Le Globe (Genf) 125/1985, S. 118
S. 284-285: Entwurf Bätzing auf der Grundlage der Karten der einzelnen Beiträge dieses Sammelbandes. Das "klassifizierte Berggebiet" ist zugleich der Alpenraum im Sinne des Geltungsbereichs der Alpen-Konvention.

WERNER BÄTZING

Die Alpen 1980–1990

Eine Auswahlbibliographie

Betrachtet man die an den aktuellen Problemen des Alpenraums orientierte Forschung, so fällt auf, dass es dabei fünf unterschiedliche «Diskussionslandschaften» gibt:
1. Der bayerisch-österreichisch-Südtiroler Raum, der zwar jeweils unterschiedliche Schwerpunkte in Bayern, Österreich und Südtirol aufweist, der aber trotzdem einen einheitlichen Diskussionszusammenhang kennt; auffälligerweise ist die Diskussion mit dem deutschen Sprachraum in der Schweiz wenig entfaltet, allerdings verbessern sich seit einiger Zeit die Kontakte spürbar.
2. Der schweizerische Raum, der sich lange Zeit dadurch auszeichnete, dass fast ausschliesslich die schweizerischen Alpen thematisiert wurden; seit einiger Zeit werden die Kontakte zum österreichischen Raum ausgebaut, ohne aber schon als gut bezeichnet werden zu können; erstaunlich ist die Tatsache, dass die französisch- und italienischsprachige Schweiz, die von ihrer Sprache und «Mentalität» her in vielen Sachfragen mit den Nachbarstaaten eine grössere Gemeinsamkeit aufweist als mit der deutschsprachigen Schweiz, keine relevante Brücken- und Vermittlerfunktion im Alpenraum ausübt: Im Falle des Tessins ist diese kaum existent und im Falle der welschen Schweiz nur wenig entwickelt.
3. Der französische Raum, der sehr stark auf sich bezogen ist; eine traditionell engere Beziehung besteht zum benachbarten italienischen Alpenraum (Piemont, Aosta-Tal), und die italienischen Verhältnisse werden in einem gewissen Umfang wahrgenommen; von Grenoble gingen und gehen zwar immer wieder Ansätze für eine gesamtalpine Diskussionsstruktur aus (jüngste Initiative: RESALP), aber sie konnten bisher nicht realisiert werden.
4. Der italienische Raum, der ebenfalls in erster Linie das italienische Berggebiet (Alpen und Apennin) thematisiert und dabei gewisse Beziehungen zum französischen Raum kennt; das deutschsprachige Südtirol gehört übrigens nicht in diesen Diskussionszusammenhang – seine Realität gilt italienischen Wissenschaftlern als untypisch, und sie setzen sich normalerweise damit nicht auseinander.
5. Der jugoslawische bzw. slowenische Raum, der besondere sprachliche (einzige slawische Amtssprache im Alpenraum) und politische (bis 1989 einziger «sozialistischer» Staat im Alpenraum) Probleme aufweist, die ihm eine Aussenseiterposition im Alpenraum verleihen. Da dieser Alpenteil relativ klein ist und die Zahl der einheimischen Wissenschaftler noch kleiner, ist diese «Diskussionslandschaft» die kleinste und am wenigsten entfaltete. Die besten Kontakte bestehen aus traditionellen Gründen zum österreichischen und zum bayerischen Raum, allerdings scheint sich die Diskussion mit dem benachbarten italienischen Raum in jüngster Zeit spürbar zu verbessern.

Man könnte die Existenz dieser fünf Diskussionslandschaften vermittels einer statistischen Auswertung der jeweils zitierten Literatur empirisch nachweisen; wichtiger aber scheint mir zu sein, dass sich diese fünf Räume durch unterschiedliche wissenschaftliche Schwerpunkte, Interessen, Zielsetzungen und demzufolge auch durch unterschiedliche Methoden, Konzepte und Forschungsstrategien signifikant unterscheiden. Eine aufmerksame, vergleichende Lektüre der in diesem Band abgedruckten Texte kann diese Aussage bereits bestätigen.

Im Rahmen einer verstärkten internationalen Zusammenarbeit im Alpenraum (Stichwort: Alpen-Konvention) wird es wichtig werden, diese unterschiedlichen Diskussionslandschaften mit ihren je eigenen Charakteristika und Schwerpunkten wechselseitig wahrzunehmen und zu berücksichtigen, was aber ihre genauere Kenntnis voraussetzt. Da mir keine einzige Alpen-Bibliographie bekannt ist, die wirklich internationalen Ansprüchen gerecht wird, soll mit der folgenden Auswahlbibliographie ein allererster kleiner Schritt in diese Richtung getan werden, dem weitere Schritte folgen müssen.

Es liegt auf der Hand, dass aufgrund der heutigen Publikationsflut – die natürlich auch den Alpenraum betrifft – die Auswahlkriterien dabei von entscheidender Bedeutung sind: Aus Platz- und Sachgründen heraus wäre es unmöglich, das gesamte Schrifttum auch nur annähernd berücksichtigen zu wollen, aber da es hier vor allem darum gehen soll, auf die unterschiedlichen Akzentsetzungen in den fünf Diskussionslandschaften hinzuweisen (vermittels einer repräsentativen Titelauswahl), erscheint es als sinnvoll, alle Einzelanalysen thematischer Art, alle Orts- und Regionsuntersuchungen auszublenden und sich vor allem auf diejenigen Publikationen zu konzentrieren, die sich auf den jeweiligen nationalen Alpenteilraum (oder relevante Teile davon) beziehen und die jeweilige Problemsicht auf grundsätzliche Weise darstellen. Damit werden zwar (bedauerlicherweise) die so zentralen Primäruntersuchungen nicht berücksichtigt und stattdessen oft zusammenfassende Interpretationen «aus zweiter Hand» verzeichnet, aber letztlich spiegeln diese – für einen «fremden» Leser – das Charakteristische des jeweiligen Diskussionskontextes wahrscheinlich besser wider als thematische Einzelanalysen oder Gemeindemonographien.

Darüber hinaus soll eine weitere inhaltliche Einschränkung gemacht werden: Angesichts der äusserst vielfältigen Themen der wissenschaftlichen Forschung im Alpenraum konzentriert sich diese Bibliographie auf diejenigen Bereiche, die inhaltlich bereits im Zentrum dieser Vortragsreihe standen, nämlich auf das Zusammenwirken der ökonomischen, der ökologischen und der sozio-kulturellen Dimension unter besonderer Berücksichtigung der jeweiligen politischen Rahmenbedingungen. Berücksichtigung finden in erster Linie also die Themen Berggebiets- und Regionalpolitik, Berglandwirtschaft, Industrie im Alpenraum, alpiner Tourismus, kulturelle Identität, während der Bereich Verkehr ausgeklammert wird (wichtige Beiträge liegen hier nur als «graue Literatur» vor und sind oft nicht öffentlich zugänglich) und der gesamte Bereich «Umwelt» bzw. «Ökologie» (Analyse der Ökosysteme im Alpenraum sowie die Analyse spezifischer Umweltprobleme und -gefährdungen) nur dann aufgenommen wird, wenn die Wechselwirkungen mit der sozio-ökonomischen Dimension im Mittelpunkt stehen. Damit handelt es sich um eine sozialgeographische Bibliographie, die problemorientiert auf die Analyse der gegenwärtigen Vernetzungen zwischen Wirtschaft-Gesellschaft-Umwelt im Alpenraum ausgerichtet ist.

Dabei liegt es auf der Hand, dass eine «objektive» Literaturauswahl sehr schwer ist und dass die folgende Auswahl natürlich durch die persönliche Bewertung der Bedeutung der Texte mitgeprägt wird.

Materielle Grundlage dieser Auswahlbibliographie ist meine private Arbeitskartei, die etwa 12 000 Titel aus dem gesamten Alpenraum umfasst. Dabei liegt der Schwerpunkt auf schweizerischen, österreichischen, italienischen und französischen Publikationen, während solche aus Bayern, Liechtenstein und Slowenien deutlich unterrepräsentiert sind, weshalb ich Mario Broggi (für FL) und Anton Gosar (für YU) um ergänzende Literaturangaben gebeten habe. Grundsätzlich wäre es sehr wertvoll gewesen, meine Literaturauswahl von *allen* Referenten bewerten und ergänzen zu lassen, aber dies war leider aus Zeitgründen nicht möglich. Eine entsprechende Bibliographie – vielleicht sogar kommentiert in bezug auf den Stellenwert der einzelnen Publikationen im Rahmen der jeweiligen Diskussionslandschaft – stellt derzeit eines der grössten Desiderate wissenschaftlicher Forschung im Alpenraum dar.

Die Gliederung dieser Bibliographie geschieht nach den sieben nationalen Teilräumen der Alpen, denen jeweils die einschlägigen Bibliographien und Hinweise auf die kartographische Darstellung des klassifizierten Berggebietes vorangestellt werden, sowie nach Publikationen, die explizit den gesamten Alpenraum behandeln. Dabei wird versucht, inhaltliche «Doubletten» zu vermeiden und – so vorhanden – die Monographie eines Autors zu nennen, nicht aber seine parallel veröffentlichten Zeitschriftenaufsätze. Weiterhin wird eine inhaltliche Gewichtung dadurch angestrebt, dass schwerpunktmässig Monographien, Sammelwerke und längere Aufsätze aufgenommen werden, während kürzere Aufsätze nur in Ausnahmefällen Berücksichtigung finden. Bei den zahlreichen Sammelwerken (Tagungsbände, Kongressakten, Themenbände, Festschriften, Themenhefte von Zeitschriften usw.), die eine sehr charakteristische Publikationsform darstellen, wurde aus Umfangsgründen davon abgesehen, die Beiträge jeweils einzeln aufzuführen und solche Sammelwerke mehrfach zu erwähnen – in den einzelnen nationalen Teilräumen werden solche Werke (bzw. Aufsätze daraus) nicht mehr genannt, wenn der Eintrag bereits unter «Gesamter Alpenraum» erfolgte.

Im Gegensatz zur heute vielfach üblichen Praxis, nur noch bibliographische Kurzdaten zu verwenden, bemüht sich diese Bibliographie um komplette Angaben (Nennung des gesamten Titels einschliesslich Untertitel, herausgebender Institution, Hinweis auf die Reihe, in der der Titel erscheint, Angabe der Seitenzahl), weil diese Informationen nicht unwichtig sind, um den Charakter und Stellenwert einer Publikation zu beurteilen.

Als Zeitraum wurde schliesslich das 199. Jahrzehnt gewählt, um diese Bibliographie einerseits nicht allzusehr anwachsen zu lassen, aber andererseits auch deswegen, weil inzwischen Publikationen aus der Zeit vor 1980 – abgesehen von einigen «Standardwerken» – aufgrund des sehr schnellen Wandels im Alpenraum schon fast «historischen» Charakter besitzen; den Abschluss am Ende dieses Zeitraumes bildet der Juli 1990.

Da die bibliothekarischen Regeln der Titelaufnahme in den einzelnen Staaten sehr unterschiedlich sind (Sammelwerke werden z. B. in Italien oft unter AA.VV. = Autori Vari am Beginn des Alphabets aufgenommen; in Frankreich wird bei den hier besonders häufigen Publikationen einer Institution diese wie ein Autorname behandelt usw.), wird in dieser Bibliographie so verfahren, dass *alle* Publikationen, die nicht eindeutig einem oder mehreren Autoren zugeordnet werden können (also auch alle Herausgeberschriften), unter ihrem *Titel* verzeichnet werden (erstes thematisches Hauptwort des Titels als Grundlage für die alphabetische Einordnung), so wie es übrigens bibliothekarischer Tradition entspricht. Dass in dieser Bibliographie deutschsprachige Titel deutlich stärker vertreten sind als es ihrem geographischen Flächenanteil im Alpenraum entspricht, liegt am unterschiedlichen Gewicht der «Alpen»-Forschung in den einzelnen Staaten: Während in der Schweiz und in Österreich ausgesprochen zahlreiche Pubikationen über die Alpen erscheinen (wobei deren Zahl in der Schweiz noch höher liegen dürfte als in Österreich) und auch in Frankreich diesbezüglich eine umfangreiche Publikationstätigkeit herrscht, fällt der italienische Raum – dessen Alpenanteil knapp ein Drittel der gesamten Alpenfläche ausmacht – deutlich ab, und hier lassen sich vergleichsweise wenig Publikationen mit «alpinen» Themen auffinden (was übrigens nicht mit den inhaltlichen Einschränkungen dieser Bibliographie zusammenhängt, sondern ein allgemeines Phänomen darstellt), aus diesem Grunde wurden aus dem italienischen Sprachraum auch kürzere Aufsätze in diese Bibliographie aufgenommen.

Wie in der Einleitung angesprochen, beginnt diese Bibliographie mit einer knappen Auswahl der wichtigsten Publikationen über den gesamten Alpenraum aus den 70er Jahren, die sich direkt auf die in der Einleitung genannten internationalen Tagungen und Kongresse beziehen, womit der bibliographische «Anschluss» an die «Alpen»-Publikationen vor 1980 hergestellt werden soll.

Auswahl der wichtigsten Publikationen über die Alpen aus der zweiten Hälfte der 70er Jahre

«Le Alpi e l'Europa»; Kongressakten («atti») des gleichnamigen Kongresses in Mailand 1973; Laterza, Bari 1974/75, 4 Bde. mit zusammen 1676 S. (ein angekündigter 5. Band «Proposte per le alpi» ist nie erschienen)

«Die Zukunft der Alpen»; Dokumente des gleichnamigen Symposiums in Trento 1974, hrsg. v. W. Danz; Band 1: Bevölkerung, Wirtschaft, Umwelt; Band 2: Schutzmassnahmen, Rechtslage, Aktionsplan; München 1975, 177 + 172 S. (= Schriftenreihe des Alpen-Instituts, Bde. 4 und 5)

«Entwicklungsprobleme in Bergregionen – interdisziplinärer Versuch einer Strategieplanung»; Dokumente der 1. Konferenz des Club of Munich, München 1974, hrsg. v. W. Danz; München 1975, 88 S. (= Schriftenreihe des Alpen-Instituts, Bd. 3)

«Der Alpenraum als europäische Aufgabe und Herausforderung – Leitbilder zum Leben und Überleben»; Dokumente des gleichnamigen Symposiums in Mayrhofen (Tirol) 1974, hrsg. v. d. Österreichischen Gesellschaft für Land- und Forstwirtschaftspolitik; Wien 1975, 163 S.

«Probleme der Belastung und der Raumplanung im Berggebiet, insbesondere in den Alpen»; Seminarbericht zum gleichnamigen Seminar in Grindelwald/Schweiz 1978, hrsg. v. Bundeskanzleramt Wien/Abt. Raumplanung; Wien 1978, 74 + 39 S.

«Die Zukunft des Alpenraumes»; Dokumente der gleichnamigen Tagung in Lugano 1978; hrsg. vom Europarat; Strassburg 1978 AS/Coll./Alp – 78/10
«Raumplanung und Belastungen im Alpenraum» – Themenheft der Zeitschrift «Raumforschung und Raumordnung» (Hannover) 37/1979, Heft 1, S. 1–58
«Probleme der Belastung und Raumplanung im Berggebiet» – Themenheft der Zeitschrift «Raumplanung Schweiz» (Bern), Band 3/1978, September 1978
«Belastung und Raumplanung im Berggebiet – zum Europaseminar 1978» – Themenheft der Zeitschrift «Stadtbauwelt/Bauwelt» (Berlin) Heft 59 bzw. 36 vom 29.9.1978, S. 1300–1347
«Belastungen im Alpenraum» – Themenheft der Zeitschrift «Informationen zur Raumentwicklung» (Bonn-Bad Godesberg) Heft 10/1978, S. 767–855
Walter Danz: Zur Funktion des Alpenraumes in der europäischen Raumordnung; Bericht im Auftrag des Europarats; München 1979, 33 S. (= Schriftenreihe des Alpen-Instituts, Heft 11) (franz. u. engl. Version: Strassburg 1978)

Auswahlbibliographie 1980–1990

Verzeichnis der Zeitschriften-Abkürzungen

BzRR: Berichte zur Raumforschung und Raumplanung; hrsg. von der Österreichischen Gesellschaft für Raumforschung und Raumplanung in Wien
DISP: Dokumente und Informationen zur Schweizerischen Orts-, Regional- und Landesplanung der Eidgenössischen Technischen Hochschule Zürich
M+B/SIR: Mitteilungen und Berichte des Salzburger Instituts für Raumforschung
MO: Montagno Oggi (Titel bis 1987: Il Montanaro d'Italia); hrsg. v. Unione Nazionale Comuni, Comunità, Enti Montani UNCEM in Rom
MÖGG: Mitteilungen der Österreichischen Geographischen Gesellschaft, Wien
ÖGL: Österreich in Geschichte und Literatur mit Geographie; hrsg. v. Institut für Österreichkunde, Wien
RGA: Revue de Géographie Alpine, Grenoble

Gesamter Alpenraum

Bibliographien:

Gfeller, M.; Kias, U.; Trachsler, H.: Ausgewählte Arbeiten zur ökologischen Planung; in: Ökologische Planung im Grenzraum; Wien 1986, S. 413-420

Hasslacher, P.: Bibliographie zum Thema «Sanfter Tourismus» (Stand: Ende 1989); in: Sanfter Tourismus – Theorie und Praxis; hrsg. Österr. Alpenverein; Innsbruck 1989, S. 51-121

La Nouvelle Hydrologie Alpine/Die Neue alpine Hydrologie /La Nuova Idrologia alpina /the New Alpine Hydrology – Impacts des actions anthropiques sur les hydrosystèmes alpins; eine internationale Bibliographie (833 titel), hrsg. v. H. Vivian und dem Réseau International d'Information et de Documentation sur la Montagne Alpine (RESALP), Grenoble 1990, 446 S. (= Bibliographie RESALP Nr. 3)

Simonetta Imarisio, C.: La ricerca geografica sulle Alpi occidentali – Bibliografia degli studi 1952-1982 Torino, Regione Piemonte 1982, 245 pages

Ärni, K.: Sic transit gloria alpium; in: Transit – das Drama der Mobilität, Wege zu einer humanen Verkehrspolitik; Zürich 1990, S. 163-202

Die Alpen – Themenheft der Zeitschrift Geographische Rundschau 36/1984, Heft 8, S. 387-426 mit Beiträgen von H. Dongus, M. Meurer, H. Penz, H. Gebhardt, P. Haimayer, C. Hannss

Die Alpen als Lebens-, Erholungs- und Durchgangsraum; Vortragsveranstaltung der Akademie für Raumforschung und Landesplanung (ARL) am 12.12.1985; Hannover 1986, 163 S. (= ARL Arbeits-Materialien Nr. 108) mit Beiträgen von: K. Ruppert, H. Barnick. H. Leibundgut, A. Dick

Symposium «Alpen in Not»: Ziele und Strategien für einen handlungsorientierten Natur- und Umweltschutz des Alpenvereins für die 90er Jahre. Eine Arbeitstagung des Österr. Alpenvereins gemeinsam mit dem Deutschen Alpenverein und dem Alpenverein Südtirol 20.-22.4.1990 im Kongresshaus Salzburg; redaktionelle Bearbeitung: G. Benedikter. Innsbruck 1990, 68 S. (= Fachbeiträge des ÖAV, Serie Alpine Raumordnung Nr. 4) mit Beiträgen von: C. Smekal, W. Retter, W. Bätzing, H. Jungmeier, L. Oberwalder, B. Zedrosser, A. Desatz, P. Heiselmayer

Die Alpen in Satellitenbildern und Texten – Themenheft der Zeitschrift Geographische Rundschau 34/1982, Heft 9, S. 381-424 mit Beiträgen von: K. Ruppert, G. Schweizer, C. Hannss, K. Ärni, H. Dongus, H. Heuberg, H. Penz, U. Seger, W. Frisch

Alpenraum – Herausforderung und Verpflichtung für Europa; Dokumente der Tagung vom 4./5.4.1989 in Wildbach Kreuth; Hrsg.: Hanns-Seidel-Stiftung; Stuttgart 1991, 200 S., mit Beiträgen von: A. Glück, A. Dick, A. Sauter, W. Bätzing, F. Jülg u. a.

Les Alpes – The Alps – Die Alpen – Le Alpi – 25. Congrès International de Géographie: Paris-Alpes 1984, 294 Seiten; ouvrage offert en hommage aux Membres du 25. Congrès International de Géographie, Août 1984 mit Beiträgen von: P. Veyret, M. Chardon, G.-B. Castiglioni, J.-L. Borel, M. Sorda, G. Monjuvent, M. Julian, Y. Bravard, D. Ruocco, J. Joly, P. Préau, E. Schwabe, K. Ruppert, K. Husa, H. Wohlschlägl, V. Klemencic, A. de Reparaz, H. Guibourdenche, K. Ruppert, L. Chabert, C. Saibene, L. Buzzetti, A. Schiavi, H. Rougier; B. Barbier, J. Herbin, J. Billet, E. Bevilacqua, F. Jülg, P. Gräf, A. Gosar, H. Elsasser, P.-A. Rumley, J. Billet, F. Pagetti, C. Smiraglia, K. Stiglbauer, H. Rougier, A.-L. Sauguin, E. Lichtenberger

Les Alpes à l'avant-garde de l'Europe? – Textes préparés par Guy Mettan; Genf 1986, 160 S. («Le Temps stratégique») mit Beiträgen von: G. Seravalli, J.-P. Revaz, A. Zurfluh, G. Martinelli, H.-M. Hagmann, G. Seravalli, C. Raffestin, L. Reboud, B. Crettaz, R. Faval, C. Darbellay, G. Mettan, B. Comby, C. Ricq, N. Mettan, R. Ratti, A. di Stefano, G. Bétrisey

Les alpes dans le temps et dans l'espace – Mélanges offerts au Professeur Paul Guichonnet; Genf 1985, 299 S. (= Le Globe Bd. 125) mit Beiträgen von: C. Mercier, C. Fischer et R. Scariati, B. Huber et A. Bailly, H. Baud, L. Bridel, G. Broggini, A. V. Cerutti, L. Chevailler et J. Ticon, F. Chiffelle, R. Crivelli et C. Raffestin, A. Diem, P. George, C. Hussy, B. Janin, J. Labasse, J.-P. Leguay, B. Levy, D. Lopreno, G.B. Pellegrini, B. Prost, J. Raymond, P. Sereno, G.P. Torricelli, J.-C. Vernex, F. Walter

Le Alpi per l'Europa – una proposta politica. Economia, territorio e società – istituzioni, politica e società; Hrsg.: Comitato per la cooperazione tra le regioni dell'arco alpino; coordinamento editoriale: Edoardo Martinengo; Milano 1988, 631 S. (= Edizioni Universitarie Jaca Nr. 49) = Atti del convegno «Le Alpi e L'Europa», Bd. 1, Lugano, 14. – 16.3.1985 mit Beiträgen von: P. Bassetti, F. Benvenuti, J.-F. Bergier, M. Mattmüller, O. Pickl, H. Kellenberz, P.G. Gerosa, C. Raffestin, R. Crivelli, A. Zurfluh, U. Bosl, G. Chittolini, J. Berenger, G. Klingenstein, F. Walter, C. Mozzarelli, E. Weis, B. Mazohl-Wallring, S. Manetti, A. Quadrio Curziò, M. Baranzini, G. Gaudard, S. Kneissl-Rabossi, P. Kalmbach, H. Kurz, R. Ratti, L. Reboud, G. Seravalli, F. Savi, C. Truffelli, G. Berti, L. Ornaghi, E. Balboni, L. Condorelli, F. Salerno, T. Öhlinger, G.C. De Martin, R. Knezevic

L'autonomia e l'amministrazione locale nell'area alpina – ricerca coordinata dalla Regione Autonoma Trentino Alto Adige; Hrsg. von P. Schiera, E. Balboni und dem Comitato per la cooperazione tra le regioni dell'arco alpino; Milano 1988; 744 S. (= Edizioni Universitarie Jaca Nr. 50) = Atti del convegno «Le Alpi e l'Europa» Bd. 2, Lugano, 14.-16.3.1985, mit Beiträgen von: P. Schiera, M. Cuaz, A. Baranzini, V. Calì, M. Cossetto, D. Moscarda-Torbianelli, F. Dimora-Morway, R. Gubert

Für einen anderen Tourismus; Probleme – Perspektiven – Ratschläge; Krippendorf, J., Zimmer, P., Glauber, H. (Hrsg.), Frankfurt 1988, 207 S. (Fischer-TB 4114) mit Beiträgen von: J. Krippendorf, F. Romeiss-Stracke, H. Hamele, R. Jungk, P. Zimmer, U. Mäder, H. Apel, H. Müller u. a.

Andreae, C.-A.: Die Alpen als europäischer Erholungsraum; in: Lebensqualität im Alpenraum; Themenkreis 4: Die Alpen als europäischer Erholungsraum; Dokumentation einer Tagung der Euregio Alpina am 25./26.11.1983 in München, S. 23–36

Arge Alp: Bevölkerungsentwicklung 1970/71–1980/81 im Arbeitsgebiet der ARGE ALP, Innsbruck 1989, 27 S. und 5 Karten

Arge Alp-Adria: Wirtschaft, Tourismus und Verkehr als Komponenten der räumlichen Entwicklung im Gebiet der Arbeitsgemeinschaft Alpen-Adria; hrsg. vom Amt der Oberösterreichischen Landesregierung, Linz 1987, 170 S.

Bätzing, W.: Die Alpen – Naturbearbeitung und Umweltzerstörung, eine ökologisch-geographische Untersuchung; Frankfurt 1984, 180 S.; vierte erweiterte Aufl. 1988 Italienische Ausgabe: L'ambiente alpino – Trasformazione, distruzione, conservazione; Milano 1987, 183 S.

Bätzing, W.: Der Alpenraum als Vorreiter einer ökologischen Wende in Europa; in: Kommune – Forum für Politik, Ökonomie, Kultur (Frankfurt) 7/1989, Nr. 9, S. 50–57

Bäuerliche Landwirtschaft vor der Vernichtung? Die ökosoziale Herausforderung; hrsg. G. Willi/H. van Staa; Innsbruck 1986, 150 S. = Schriftenreihe «Grünes Forum Alpbach» Nr. 9

Bazin, G.: Politiques agricoles générales et politique de la montagne: des effets contradictoires; Colloque: politique agricole commune, régions défavorisées et protection de l'environnement. Toulouse 16.–18.10.1986; Toulouse 1986, 18 S.

Birkenhauer, J.: Die Alpen; Paderborn 1980, 231 S.

Birkenhauer, J.: Die Alpen – Gefährdeter Lebensraum im Gebirge; Köln 1988, 47 S. (= Problemräume Europas, Bd. 6)

Bodenschutz und Berglandwirtschaft, Kongressakten der Jahresfachtagung der CIPRA vom 8.–10.10.1987 in Brixen/Südtirol; hrsg. CIPRA; Bozen 1988, 244 S. (= CIPRA-Schriften, Bd. 4) mit Beiträgen von: W. Erschbaumer, M. Broggi, G. Bolognini, L. Durnwalder, A. Glück, W. Dietl, L. Oberwalder, G. Grabherr, G. Husz, R. Mondot, P. Profanter, W. Danz, W. Walch, D. Fatur, R. Maier, F. Greif

Briand, F./Dubost, M./Pitt, D./Rambaud D.: The Alps – a system under pressure; hrsg. International Union for Conservation of Nature and Natural Resources/IUCN und International Centre for Alpine Environments/ICALPE; Chambéry 1989, 128 S.

Bridel, L: Les Alpes: Espace cloisonné ou solidaire? In: RGA 73/1985, S. 273–296

Broggi, M./Willi, G.: Beschneiungsanlagen im Widerstreit der Interessen; Vaduz, CIPRA 1989, 48 S. = CIPRA/kleine Schriften 3/89

Broggi, M.F./Marxer-Schädler, W.: Sport und Umwelt im Alpenraum (I): Golf; Vaduz 1990, 55 S. = CIPRA/kleine Schriften, Heft 6/90

Brugger, O./Wohlfarter, R.: Alpwirtschaft heute; Graz-Stuttgart, 268 S.

Chianale, M.: Montagna europea a confronto – I lavori della Conferenza permanente dei Poteri locali e regionali d'Europa, organo del Consiglio d'Europa, riunitasi a Trento; in: Montagna Oggi 34/1988, Nr. 8–9, S. 13–16

Danz, W.: Ökonomie und Ökologie in der Raumordnung. Versuch einer Integration mit Beispielen aus dem Alpenraum; München 1980, 127 S. (= Schriftenreihe des Alpen-Instituts, Heft 8)

Danz, W. und Henz, H.-R.: Integrierte Entwicklung der Gebirgsregionen – Der Alpenraum. Luxemburg: Europäische Gemeinschaften 1981, 90 S. (= Studien – Reihe Regionalpolitik 20)

Danz, W.: Leitbild für eine Alpenkonvention; CIPRA, Vaduz 1989, 90 S. (= CIPRA/kleine Schriften 5/89)

Dorfmann, M.: Les stratégies de développement des régions de montagne dans les pays de l'arc alpin; Grenoble 1981, 424 S.

Environment and Human Life in Highlands and High-Latitude Zone, Symposium I.G.U. Commission on Rural Development 1984; Hrsg.: Leidlmair, A./Franz, K. Innsbruck 1985, 203 S. (= Innsbrucker Geographische Studien, Bd. 13).

Erlwein, W.: Transnationale Kooperation im Alpenraum. Dargestellt am Beispiel der Arbeitsgruppe der Alpenländer ARGEALP. Eine politikwissenschaftliche Analyse der Instrumente und Möglichkeiten transnationaler Problembewältigung. München 1981, VI + 268 S. (= Stud. Sozialwiss., Bd. 20)

Berichte über die 20. Studientagung vom 17.–19. Mai 1989 in Zestoa/Spanien; hrsg. von Euromontana-CEA (Verband der Europäischen Landwirtschaft), Brugg 1989, 100 S., mit Beiträgen von: E. Stucki, D. Wachter, C. Leu, D. Moser und «Die Stellung der Berggebiete und ihrer Bevölkerung in Europa» (14 S.) = Berggebietsprogramm Euromontana-CEA

L'évolution récente de la population dans les pays de l'Arc alpin (sans l'Italie) = Themenheft RGA 72/1984, Heft 1, 123 S. mit Beiträgen von: J. Billet, H. Guibourdence, H. Rougier, J. Herbin, J. Remmer, C. Meyzenq, J. Joly, P. Préau

Fliri, F.: Entwicklung oder Untergang der bergbäuerlichen Kulturlandschaft; Innsbruck-München 1979 (= Zeitschrift des Deutschen und Österreichischen Alpenvereins, Bd. 104), S. 92–103

Fliri, F.: Konflikte und Konfliktlösungen in der Nutzung des Alpenraumes; in: Der Alm- und Bergbauer (Innsbruck) 29 (1979): 8/9, S. 278–286 und 10, S. 358–361

Fliri, F.: Freiheit und Grenzen der alpenländischen Gesellschaft im Lichte von Interpraevent; in: Internationales Symposion «Interpraevent 1984 – Villach» Festveranstaltung «100 Jahre Wildbachverbauung», Beiträge und Diskussion zu INTERPRAEVENT 1984, Band 3, S. 43–54

Fliri, F.: Vom gesellschaftsgerechten Wald zur waldgerechten Gesellschaft. Utopie statt Prognose; in: Jahresbericht des Bayerischen Forstvereins 1984/85, S. 65–76

Gebhardt, H.: Industrie im Alpenraum – alpine Wirtschaftsentwicklung zwischen Aussenorientierung und endogenem Potential; Stuttgart 1990, 283 S. (= Erdkundliches Wissen, Heft 99)

Goedecke R.: Der konsumierte Berg. Mountain Wilderness – die Deklaration von Biella über die Erhaltung unbeschädigter Gebirgslandschaften; in: Berg '90, Alpenvereinsjahrbuch; München/Innsbruck/Bozen 1989, S. 247–255

Grenzen der touristischen Entwicklung im Alpenraum – drei Diskussionsbeiträge; Vaduz 1987, 58 S. (= CIPRA, Kleine Schriften 1/1987) mit Beiträgen von: M.F. Broggi, W.J. Reith, M. Boesch

Grötzbach, E.: Das Hochgebirge als menschlicher Lebensraum; München 1982, 26 S. (= Eichstätter Hochschulreden)

Guichonnet, P.: La Montagna nell'Europa dei Dodici; in: MO 36/1989, Nr. 11, S. 29–34

Haid, H.: Regionaler Traditionalismus und politischer Konservatismus – Regionalkultur versus Zentralkultur; in: Österreichische Zeitschrift für Politikwissenschaften (Wien) 1981, Heft 3

Haid, H.: Tourismus als Stress und Störfaktor – Soziokulturelle Folgen für die Bevölkerung in den Zielregionen; in: Kulturkontakt – Kulturkonflikt, zur Erfahrung des Fremden; Frankfurt 1988 (= Schriftenreihe des Instituts für Kulturanthropologie und Europäische Ethnologie, Bd. 28)

Haid, H.: Vom alten Leben. Vergehende Existenz- und Arbeitsformen im Alpenbereich. Eine aktuelle Dokumentation; Wien 1986, 344 S.

Haid, H.: Vom neuen Leben. Alternative Wirtschafts- und Lebensformen in den Alpen; Innsbruck 1989, 288 S.

Haid, H.: Mythos und Kult in den Alpen. Ältestes, Altes und Aktuelles über Kultstätten und Bergheiligtümer im Alpenraum; Rosenheim 1990, 256 S.

Hannss, Ch.: Das alpine Fremdenverkehrsgewerbe; in: DISP Nr. 65/1982, S. 7–14

Hanns, Ch./Schröder, P.: Touristische Transportanlagen in den Alpen; in: DISP Nr. 79/1985, S. 19–25

Histoire et Civilisations des Alpes; publié sous la direction de P. Guichonnet; Bd. 1: Destin historique; 420 S.; Bd. 2: Destin humain; 416 S.; Toulouse/Lausanne 1980 mit Beiträgen von: P. Guichonnet, M.-R. Sauter, D. van Berchem, J.-B. Pellegrini, J.-F. Bergier, R. Ruffieux, A. Wandruszka, A. Niederer, E. Lichtenberger, B. Prost-Vandenbroucke, P. +. R. Hainard. Italienische Ausgabe: Storia e civiltà delle Alpi; Milano 1986 und 1987

Jülg, F.: Probleme der immer weiter fortschreitenden Erschliessung des Hochgebirges durch Seilbahnen; Wirtschaftsgeographische Studien 8/9 (1981): S. 33–57

Karl, J.: Der Alpenraum – heute; in: Jahrbuch des Vereins zum Schutz der Bergwelt 50/1985, S. 161–174

Kramer, D.: Der sanfte Tourismus. Umwelt- und sozialverträglicher Tourismus in den Alpen; Wien 1983, 208 S.

Kulturelle Vielfalt, regionale und örtliche Identität – eine sozio-kulturelle Dimension in der Raumplanung? Hrsg. von H. Elsasser/W.J. Reith/W.A. Schmid (Schlussbericht der Seminartagung vom 21.–24.10.1987 in Waltensburg/Vuorz/GR); Wien 1988, 287 S. (= BOKU-Raumplanung, Schriftenreihe Nr. 3)

Kulturtechnik und Flurbereinigung in alpinen Landschaften = Themenheft der «Zeitschrift für Kulturtechnik und Flurbereinigung» (Berlin/Hamburg) 28/1987, Heft 5, S. 273–368 mit Beiträgen von: H. Grubinger, M. Lendi, P. Rieder, U. Flury, W.A. Schmid, A. Flury u. F.P. Hürlimann, O. Kronsteiner, P. Pesta, , A. Leitner, W. Dietl, H. Weiss, F. Zollinger, H.-P. Berger u. U. Müller, H. Zierl

Die ländliche Gemeinde – Historikertagung 16.–18.10.1985 in Bad Ragaz; Bozen 1988, 297 S. (= Schriftenreihe der ArgeAlp, Komm. III [Kultur]) mit Beiträgen von: P. Friedl, J. Richebuono, G. Fontana; C. Paganini, F. Koller, A. Stadler, N. Grass, K. Burmeister

Lebensraum Alpen, Bericht über das Alpenvereinssymposion des ÖAV/DAV/AVS; hrsg. vom Österr. Alpenverein; Innsbruck 1982, 181, S. mit Beiträgen von: R. Stecher, D. Berut, H. Karl, H. Schiechtl, H. Pestalozzi, H. Elsasser, J. Krippendorf u. a.

Lichtenberger, E.: Die Sukzession von der Agrar- zur Freizeitgesellschaft in den Hochgebirgen Europas.; in: Innsbrucker Geogr. Studien, Bd. 5, S. 401–436; Innsbruck 1979 (= Festschrift Leidlmair Bd. I)

Lichtenberger, E.: L'abandon de la haute montagne en Europe; in: Recherches de Géographie rural. Hommage au Professeur Frans Dussart, Bd. I, Liège 1979, S. 379–400

Lichtenberger, E.: The Succession of the Agricultural Society to a Leisure Society: The High Mountains of Europe; in: Allan, N.J.R., Knapp, G.W. and Stadel, Ch. (Hrsg.): Human Impact on Mountains; New Jersey 1988, p. 218 – 227

Müller, HR./Ferrante, C.L.: Ferienwohnungsmarkt bis ins Jahr 2002 am Mittelmeer und in den Alpen; Hrsg.: Forschungsinstitut für Freizeit und Tourismus der Uni Bern, eine Studie im Auftrag der Interhome AG Zürich; Zürich 1990, 82 S.

Naturschutz contra Bürger? Schutzgebiete im Widerstreit mit den Nutzungsansprüchen der einheimischen Bevölkerung. Kongressakten der Jahresfachtagung der CIPRA vom 14.–16. September 1986 in Les Arcs/F; hrsg. von der CIPRA; Chambéry 1987, 344 S. (= CIPRA-Schriften, Bd. 3)

Niederer, A.: Die alpine Alltagskultur – Zwischen Routine und der Adoption von Neuerungen; in: Geschichte der Alpen in neuer Sicht; hrsg. von J.-F. Bergier; Basel 1979, S.

233–255 (= Schweiz. Zeitschrift für Geschichte, Bd. 29, Vol. 1)

Niederer, A.: Vergleichende Bemerkungen zur ethnologischen und zur volkskundlichen Arbeitsweise; in: Ethnologica Helvetica 4/1980, S. 1–33

Niederer, A.: Volkskundliche und völkerkundliche Forschung im Alpenraum; in: Europäische Ethnologie; hrsg. von H. Nixdorf/T. Hauschild, Berlin 1982, S. 107–117

Oberwalder, L.: Die letzten dort oben? Bergbauern und Alpenverein; in: Berg '89 (Alpenvereinsjahrbuch), S. 231–245

«Ökologische Planung» im Grenzraum. Berichte und Fallbeispiele aus Vorarlberg, Liechtenstein, Graubünden und St. Gallen; hrsg. von W.J. Reith, M. Lendi, W.A. Schmid; Wien 1986, 478 S. (= BOKU Raumplanung, Schriftenreihe Nr. 2)

Ortmayr, N.: Amerikaner in den Alpen. Historisch-kulturanthropologische Studien über die alpenländische Gesellschaft; in: Jung und frech – die Neue Österreichische Geschichtswissenschaft; hrsg. von K. Kaser, K. Stocker; Wien 1990

Penz, H.: Die Krise der alpinen Landwirtschaft im Zeichen der Überproduktion; Wiesbaden 1988, S. 379–384 (= Verhandl. d. Deutschen Geographentages, Bd. 46)

Pernthaler, P./Kathrein, I./ Weber, K.: Der Föderalismus im Alpenraum. Voraussetzungen, Zustand, Ausbau und Harmonisierung im Sinne eines alpenregionalen Leitbildes; Wien 1982, 300 S. (= Schriftenreihe des Instituts für Föderalismusforschung [Innsbruck], hrsg. v. P. Pernthaler, Nr. 26)

La politica per l'agricoltura di montagna dalla CEE alla regione: analisi e proposte; hrsg. von Regione di Lombardia Ente regionale di sviluppo agricolo della Lombardia (Segrate); Milano 1985, 2 Bde, 156 + 230 S. mit Beiträgen von: F. Lechi e F. Boscacci, G. Piazzoni, B. Muratore, E. Verces, F. Forte, A. Pizzuti, G. Pellizi, G. Rognoni, E. Della Briotta

«Eine Politik für das Bergland»: Europäische Gemeinschaft – Wirtschafts- und Sozialausschuss: Initiativstellungnahme zu «Einer Politk für das Bergland» (88/C 175/16); in: Amtsblatt der Europäischen Gemeinschaften Nr. C 175/47–55 vom 4.7.1988

Eine Politik für das Bergland, hrsg. von: Europäische Gemeinschaften/Wirtschafts- und Sozialausschuss; Berichterstatter: Andrea Amato; Brüssel 1988, 144 S. CES 461/88 – CES 435/84fin

Popp, H.W./Hermann, T./Riegler, J.: Agrarpolitik der Schweiz und Österreichs im Vergleich; Linz 1983, 158 S. (= Schriftenreihe für Agrarpolitik und Agrarsoziologie Bd. XXXIII)

Probleme des ländlichen Raumes im Hochgebirge. Ergebnisse einer Tagung der Kontaktgruppe französischer und deutscher Geographen vom 18.-20.9.1986 in Innsbruck; hrsg. von P. Haimayer; Innsbruck 1988, 358 S., mit Beiträgen von: G. Wackermann, G. Schweizer, E. Lichtenberger, H. Elsasser, J.-P. Lozato-Giotat, H. Rougier, H. Lücke, J. Stadelbauer, M. Rolshoven, M. Siéper, J. Herbin, E. Steinikke, O. Nestroy, F. Greif, F. Zwittkovits, H. Penz, L. Chabert, U. Sprengel, P. Jurczek, K.H. Rochlitz, W. Bätzing, K. Schliephake, K.D. Hupke, R. Knafou, H. Gebhardt, W. Keller

Proceedings – Austrian Meeting of the IGU-Commission of Geography of Tourism and Leisure, Pörtschach, 22.–28.5.1988; hrsg. von F. Zimmermann; Klagenfurt 1989, 250 S. (= Klagenfurter Geographische Schriften, Heft 9) mit Beiträgen von Bartaletti, Haimayer, Tschurtschenthaler, Elsasser, Frösch, Hartmann, Knafou, Herbin, Maier, Troeger-Weiss, Zimmermann u.a.

Rambaud, D.: ICALPE, le Centre International pour l'Environnement Alpin; in: Montagna (Brugg) 1/1990, Nr. 3, S. 27–30

Rapporto sulla montagna alpina. Analisi e raffronti nel campo legislativo, istituzionale, programmatorio e di iniziative esistenti nel Arco Alpino con particolare riferimento all'agricoltura; hrsg. von: E.R.S.A.L. (Ente Regionale di Sviluppo Agricolo della Lombardia); Milano 1987; 827 pag.

Regionalentwicklung im Berggebiet Schweiz-Österreich: Strategien im Vergleich; hrsg. von: M. Lendi/W.J. Reith, Wien 1984 (= BOKU Raumplanung, Schriftenreihe Nr. 1) mit Beiträgen von: M. Lendi, W.J. Reith, H. Elsasser, H.U. Evers, E.A. Brugger, E. Bundi, W. Fally, H. Glatz, H. Leibundgut, P. Hasslacher, C. Darbellay u.a.

Rezzonico, F.: Direkte Ergänzungsleistungen zugunsten der Landwirtschaft in den Berggebieten und den übrigen Grenzertragsgebieten in Europa; Brugg 1988, 42 S. (= Veröffentlichungen der CEA, Heft Nr. 83; = SAB-Veröff., Heft Nr. 131)

Rizzi, E./Zanzi, L.: I Walser nella storia delle Alpi; Milano 1988, pp. 515

Rochlitz, K.-H.: Sanfter Tourismus im Alpenraum; in: Geographische Rundschau 40/1988, Heft 6, S. 14–19

Rochlitz, K.H.: Begriffsentwicklung und -diskussion des «sanften Tourismus»; in: Sanfter Tourismus und Reisepädagogik. Sonderheft von «Freizeit-Pädagogik» 10/1988, Heft 3-4, Baltmannsweiler, S. 105–115

Ruppert, K.: Arge Alp – Arge Alpen-Adria – Arge West. Grenzüberschreitende Zusammenarbeit im Alpenraum; in: Beiträge der Akademie für Raumforschung und Landesplanung, Bd. 76, Hannover 1984, S. 109–142

Ruppert, K.: Thesen zur Siedlungs- und Bevölkerungsentwicklung im Alpenraum; in: Probleme des Alpenraumes; hrsg. von C. Röder/P. Engstfeld; München 1977, S. 33–42 (= Hanns-Seidel-Stiftung, Bildungswerk, Schriften + Inform. Bd. 3)

Sanfter Tourismus – Schlagwort oder Chance für den Alpenraum? Schlussbericht der CIPRA-Jahrestagung vom 5./

6. Oktober 1984 in Chur/Schweiz; Vaduz 1985, 341 S., mit Beiträgen von: W.J. Reith, R. Meier, W. Danz, U. Mäder, A. Spiegler, M. Broggi, P. Hasslacher, M. Boesch, H. Elsasser, K.H. Rochlitz u. a.

Sanfter Tourismus – Theorie und Praxis. Markierungen für die weitere Diskussion; red. Bearb.: P. Hasslacher; Innsbruck 1989, 147 S. (= Fachbeiträge des ÖAV, Serie: Alpine Raumordnung Nr. 3) mit Beiträgen von: P. Hasslacher, I. Mose, A. Draxl

Schweiz – Österreich. Ähnlichkeiten und Kontraste; hrsg. von F. Koja/G. Stourzh; Wien 1986, 279 S. (= Studien zu Politik und Verwaltung, Band 14)

Schlegel, H.: Erhaltung und Bewirtschaftung der natürlichen Ressourcen im ländlichen Raum, Berggebiet am Beispiel des Alpenraums; Regionaler Bericht Österreich, Liechtenstein, Schweiz (Unterlage für: Europarat, 5. Europ. Ministerkonferenz für Umweltschutz, Lissabon 1987); Vaduz 1987, 122 S. (= Naturkundliche Forschung im Fürstentum Liechtenstein, Bd. 8)

Stability and Instability of Mountain Ecosystems – Workshop Berne-Riederalp 14.–19.9.1981 (= Themenheft Mountain Research and Development 3/1983, Vol. 2, S. 77–175) mit Beiträgen von: E. Schumacher, B. Messerli, A. Gigon, M. Winiger, S. Mauch, G. Glaser, K. Lampe, P. Messerli u.a.

Die Stellung der Berggebiete und ihrer Bevölkerung in Europa. Arbeitstagung der Euromontana-CEA v. 17.–19.5.1989; Brugg 1989, 22 S. (= SAB Heft 138)

Strasdas, W.: Der sanfte Tourismus. Theorie und Praxis; Hannover 1988, 177 S. (= Arbeitsmaterialien, Bd. 8 [Schriftenreihe des Inst. f. Landschaftspflege und Naturschutz am FB Landespflege der Uni Hannover])

Tschurtschenthaler, P.: Die Erholungsraumfunktion der Alpen. Nachfrageseitige Rahmenbedingungen und angebotsseitige Grenzen; in: C.A. Andreae (Hrsg.): Die Alpen als europäischer Erholungsraum; Teil 1, Innsbruck 1983, S. 1–112

Tschurtschenthaler, P.: Das Landschaftsproblem im Fremdenverkehr, dargestellt anhand der Situation des Alpenraums. Eine ökonomische Analyse; Bern/Stuttgart 1986, 380 S.

Umweltpolitik im Alpenraum. Ergebnisse der Internationalen Konferenz vom 24.–25.6.1988; hrsg. von W. Danz; München 1989, 528 S. (= CIPRA-Schriften, Bd. 5)

Viazzo, P.P.: Upland communities. Environment, population and social structure in the Alps since the sixteenth century; Cambridge/New York/New Rochelle/Melbourne/Sydney 1989, 325 S. (= Cambridge Studies in Population, Economy and Society in Past Time, Vol. 8)

Winkler, E.: Die Alpen als Land- und Forstwirtschaftsregion; in: DISP Nr. 76/1984, S. 11–17

Wirtschaft und Gesellschaft in Berggebieten. Referate, gehalten am Kolloquium zur Geschichte der europäischen Berggebiete, September 1985, Graz; hrsg. von M. Mattmüller; Basel 1986; 440 S. (= Itinera; hrsg. von der Allg. Geschichtforschenden Gesellschaft der Schweiz, Bd. 5/6)

Zinsli, P.: Walser Volkstum in der Schweiz, in Vorarlberg, Liechtenstein und Piemont – Erbe, Dasein, Wesen; Chur 19865, 560 S.

Zukunft der Bergbauernpolitik – Berichte über die 19. Studientagung der EUROMONTANA/CEA in Saalfelden vom 10.-12. Juni 1987; hrsg. vom Bundesministerium für Land- und Forstwirtschaft, Wien; Wien 1987, 175 S. (= Sonderausgabe der Zeitschrift «Förderungsdienst»)

A (Österreichische Alpen)

Kartographische Darstellungen:
Bergbauerngebiet – Abgrenzung des Bergbauerngebietes gemäss Verordnung des Bundesministeriums für Land- und Forstwirtschaft vom 14.12.1979; Entwurf: Bundesministerium für Land- und Forstwirtschaft (Bergbauerninstitut); hrsg. vom Österr. Institut f. Raumplanung (ÖIR); 1:1'000'000

Bewirtschaftungserschwernisse nach Gemeinden – Bergbauernzonierung, Stand 1980, Entwurf Bundesministerium für Land- und Forstwirtschaft (Bergbauerninstitut); hrsg. v. Österr. Institut für Raumplanung; 1:1'000'000

ÖROK-Atlas zur räumlichen Entwicklung Österreichs: Bewirtschaftungserschwernisse in der Land- und Forstwirtschaft 1988 (Bergbauernzonierung). Blatt 03.04.01/88 (Grundlage: Gemeinden; Blatt 03.04.02/88 (Grundlage: Politische Bezirke und Konzeptregionen); Wien 1988, 1:1'000'000 und 1:3'500'000

Landwirtschaftliche Produktionsgebiete; bearbeitet und herausgegeben vom Österreichischen Statistischen Zentralamt, Wien (Karte: Haupt- und Kleinproduktionsgebiete, Masstab 1:2'000'000); Wien 1987 (= Statistik-Atlas Österreich 1/1987, Blatt 2)

Bibliographien:

Hala, B: Ausgewählte Bibliographie zur Regionalpolitik und Regionalplanung im österreichischen Berggebiet; in: Regionalentwicklung im Berggebiet; Wien 1984, S. 279–289

Dörr, H.: Ausgewählte Literatur zur ländlichen Siedlungsforschung, Dorfplanung und Dorferneuerung in Österreich; in: Kulturelle Vielfalt, regionale und örtliche Identität; Wien 1988, S. 259–261

Geographischer Jahresbericht aus Österreich; hrsg. vom Institut für Geographie der Universität Wien, Bd. 39/1980 ff.

Husa, K.: Österreich-Bibliographie, in: MÖGG 122/1980 ff (jährlich)

Lichtenberger, E.: Standort und Entwicklung der österr. Geographie 1975–1986; in: Geogr. Jahresbericht aus Österreich XLV/1986, Wien 1988, S. 41–80

Literatur zur Raumforschung und Raumplanung in Österreich; hrsg. von der Österreichischen Raumordnungskonferenz (ÖROK); Wien 1980 ff. (pro Jahr 2 Bde in der ÖROK-Schriftenreihe Nr. 23 ff.)

Pevetz, W.: Die ländliche Sozialforschung in Österreich 1972–1982; Wien 1984, 343 S. (= Bundesanstalt für Agrarwirtschaft, Schr. 41)

Das Ansehen der Bäuerin; von M. Arnreiter/G. Breyer, Ch. Nöbauer/J. Queteschiner; hrsg. von Bergland-Aktionsfond und Österr. Bergbauernvereinigung; Wien 1987, 96 S. (= Sonderheft der Zeitschrift «Die Bergbauern» Nr. 109–111)

Aurada, F.: Der Nationalpark Hohe Tauern – ein Projekt höchster geographischer Bedeutung – Schritte zur Verwirklichung; in: MÖGG Bd. 124/1982, S. 89–130

Baumhöfer, A.: Wirtschaftsprojekte durch regionale Initiativen – eine regionale Entwicklungschance. Die Stärkung entwicklungsschwacher Regionen durch die Förderung einer eigenständigen Regionalentwicklung – Ansätze alternativer Regionalpolitik anhand von Beispielen aus Randregionen Österreichs; Wien-Petersfehn, 1982, 208 S.

Bernt, D./Fleischhacker, V./Pauer, P.: Entwicklungsmöglichkeiten des Fremdenverkehrs in Problemgebieten. Gutachten des ÖIR; Wien 1987, 155 S. (= ÖROK-Schriftenreihe 53)

Bochsbichler, K./Rest F./Scheer, G.: Auswege – Produktions- und Vermarktungsmöglichkeiten für Bergbauern; hrsg. v. d. Österr. Bergbauern-Vereinigung; Wien 1982, 155 S.

Brusatti, A.: 100 Jahre Österreichischer Fremdenverkehr. Historische Entwicklung 1884–1984; Wien 1984, 191 S.

Burberg, P.-H.: Förderung von Bergbauern und Berggebieten in Österreich. Zur Regionalisierung der österreichischen Agrarpolitik. Aspekte der Raumplanung in Österreich; Münster 1982, S. 67–124 (= Materialien zum Siedlungs- und Wohnungswesen und zur Raumplanung 26)

Dorner, R./Glatz, H./Schremmer, Ch.: Regionale Entwicklung durch Ausbau des Fremdenverkehrs? Die Fremdenverkehrsentwicklung im Spannungsfeld von wirtschaftlicher Ertragskraft und ökologischer Schonung. = Kurzfassung der Studie «Eigenständige Entwicklung peripherer Regionen und umweltfreundlicher Fremdenverkehr»; Wien 1986, 130 S. (= Raumplanung für Österreich Nr. 13)

Essmann, H.: Zur Entwicklung des ländlichen Raumes in Österreich. Ergebnisse einer Strukturuntersuchung und Folgerungen für die Raumordnungspolitik; Salzburg 1980, XII + 326 S. + 64 + 10 S. (= Band 7 der Schriftenreihe des SIR Salzburg 1980)

Fahrnberger, A.: Einkommensentwicklung und Ertragslage in der österreichischen Land- und Forstwirtschaft; Linz 1985, 203 S. (= Schriftenreihe für Agrarpolitik und Agrarsoziologie, Bd. XL)

Fliri, F.: Die natürlichen Grundlagen des Landes im Gebirge – Bestand und Gefährdung; in: Tirol heute 1984 – Besinnung auf Gemeinsamkeit und Selbstfindung; Hrsg.: Tiroler Kulturwerk; Innsbruck 1983, S. 21–32

Fliri, F.: Der Tiroler Bergbauer – Probleme und Chancen; in: Osttiroler Bote Nr. 32, 7.8.1986, S. 34–36 und Osttiroler Bote Nr. 33, 14.8.1986, S. 27–31

Fremdenverkehr – Natur – Umwelt: Tagungsbericht einer Studientagung der Politischen Akademie vom 1.–2.11.1988 in Grossarl zus. mit der Österr. Gesell. f. Ökologie; hrsg. von d. Politischen Akademie, Forschungsbericht 56/89; Wien 1989, 108 S. mit Beiträgen von G. Üblagger, W. Czerny, C. Wallner, H. Aulitzky, A. Spiegler, H. Mayer, F. Greif

Gall, H.: Bodenerosion und Bodenerhaltung im Gebirgsland am besonderen Beispiel Nordtirols; Diss. Innsbruck 1947 und Nachlese 1985; Kufstein 1985, 124 + 80 S.

Glatz, H.: Fremdenverkehr und Umweltbelastung. Grundlagen, Argumente und Vorschläge für eine umweltsensible Fremdenverkehrspolitk; Wien 1986, 70 S. (= Informationen zur Umweltpolitik, 29)

Glatz, H., Scheer, G.: Regionalpolitik in Österreich: Ansätze zu neuen Strategien? In: Geogr. Rundschau 39/1987, Heft 10, S. 554–562

Greif, F.: Gibt es in Österreich eine Höhenflucht? Monatsberichte über die österreichische Agrarwirtschaft 10 (1984): S. 643–650

Greif, F.: Wintersporteinrichtungen und ihre Auswirkungen auf die Land- und Forstwirtschaft; Wien 1988, 250 S. (= Schriftenreihe der Bundesanstalt für Agrarwirtschaft 47)

Grimm, W.: Regionalisierung in der überörtlichen Raumplanung. Regionale Raumplanung in Tirol; in: M + B/SIR 3 + 4/1989, S. 24–36

«Grundsatzprogramm»: Alternativen für den Bergraum, Österreichische Bergbauernvereinigung; Wien 1984, 40 S. (= Die Bergbauern Nr. 75)

Haimayer, P.: Aspects écologiques, économiques et sociaux du ski sur glacier en Autriche; RGA 75/1987, S. 141–156

Haimayer, P.: Räumliche Strukturen und Prozesse des Tourismus in Tirol; in: Österreich in Geschichte und Literatur mit Geographie 32/1988, Heft 2, S. 103–119 mit 2 Karten

Hasslacher, P.: Sanfter Tourismus in Österreich – Möglichkeiten und Grenzen mit einem Anhang: Bibliographie zum Thema «Sanfter Tourismus»; in: Schriftenreihe Club Niederösterreich Nr. 1/1985, S. 37–61 und S. 104–111

Hasslacher, P.: Alternative Regionalpolitik im Alpenraum – Vorstellungen und Ansätze in Österreich; in: Hochgebirge – Ergebnisse neuer Forschungen; Frankfurt 1987, S. 209–225 (= Frankfurter Beiträge zur Didaktik der Geographie, Bd. 10)

Hasslacher, P.: Nationalpark Hohe Tauern; in: Salzburg/Mittlere Ostalpen/Wien – Exkursionsführer zum 21. Dt. Schulgeographentag in Salzburg; Salzburg 1988, S. 129–147

Heile Welt in der Region? Beiträge zum politischen und sozialen System Tirols; hrsg. von H. Fischer, S. Preglau-

Hämmerle; 298 S. (= Michael-Gaismair-Gesellschaft, Schriftreihe Bd. 4) mit Beiträgen von: M. Preglau, A. Pelinka, R. Nick, S. Preglau-Hämmerle, A. Seebacher, J. Juen, J. Nussbaumer, T. Meleghy, T. Szöke, S.P. Scheichl, M. Storm, E. Webhofer

Herbin, J.: Le tourisme au Tyrol autrichien ou la montagne aux montagnards. 2 Bde. Grenoble 1980, 718 S.

Horvat, M./Mang J.: Fremdenverkehr und Umwelt. Bericht zum Österreichischen Fremdenverkehrstag 1989; Wien 1988, 147 S. + 5 Anhänge

Hubatschek, E.: Bauernwerk in den Bergen; Innsbruck 1984, 184 S.

Husa, K./Wohlschlägl, H.: Raumzeitliche Aspekte der Bevölkerungsentwicklung im österreichischen Alpenraum; in: K. Husa/C. Vielhaber und H. Wohlschlägl (Hrsg): Beiträge zur Bevölkerungsforschung. Festschrift Ernest Troger zum 60. Geburtstag, Band 1. Wien 1986; S. 19–42

Intelligenter Tourismus – eine Chance für die Zukunft. Umwelt – Wirtschaft – Gesellschaft; hrsg. von der Landeshypothekenbank Tirol; redaktionelle Bearbeitung: P. Haimayer; Innsbruck 1988, 87 S. (= Hypobank, Schriftenreihe Nr. 3) mit Beiträgen von: G. Lehar, B. Plemel, G. Tappeiner, G. Grabherr, S. Riccabona, P. Tschurtschenthaler, R. Falch, B. Klammer, P. Haimayer, H. Huber

Internationale und nationale Trends im Tourismus. Rahmenbedingungen für die Fremdenverkehrsentwicklung in Österreich. Gutachten des ÖIR, Bearbeiter: D. Bernt/V. Fleischhacker; Wien 1985, 108 S. (= Österreichische Raumordnungskonferenz, Schriftenreihe Nr. 47) (Aktualisierung: ÖIR, Wien 1988, 281 S.)

Jülg, F.: Die österreichischen Wintersportorte, Versuche einer Analyse; in: Wirtschaftsgeographische Studien 10/11 (1983): S. 61–83

Jülg, F./Hofmayer, A.: Typisierung von Fremdenverkehrsgemeinden Österreichs. Ein Beitrag zur kartographischen Darstellung des Fremdenverkehrs aufgrund der Ergebnisse einer Clusteranalyse; in: Wiener Schriften zur Geographie und Kartographie, Bd. 3, 1989

Knöbl, I.: Bergbauernförderung in Österreich. Direktzahlungen von Bund und Ländern; Wien 1987, 250 S. (= Forschungsbericht 10, Bundesanstalt für Bergbauernfragen)

Lässer, A.: 100 Jahre Fremdenverkehr in Tirol. Die Geschichte einer Organisation; Innsbruck 1989, 441 S. (= Tiroler Wirtschaftsstudien Bd. 40)

Leben mit einem Nationalpark. Informationen und Materialien zur Entwicklung einer Region unter Naturschutzbedingungen. Zusammengestellt vom Institut für Alltagskultur; Salzburg 1986, 140 S.

Leidlmair, A.: Tirol – Umwelt und Mensch im sozioökonomischen Wandel der Gegenwart; in: Österreich in Geschichte und Literatur mit Geographie, Jg. 25, 1981, S. 305–313

Leidlmair, A. (Hrsg.): Landeskunde Österreich. München 1983, 242 S. (= Harms Handbuch der Geographie) mit Beiträgen von: A. Leidlmair, P. Meusburger, R. Lidauer, H. Paschinger, M. Schmeiss-Kubat, W. Zsilincsar

Leidlmair, A.: Grenzen in der Agrarlandschaft des mittleren Alpenraums und ihr zeitlicher Wandel; in: Geographische Zeitschrift 77/1989, H. 1, S. 22–42

Leitner, W.: Winter-Fremdenverkehr – Bundesland Salzburg 1955/56–1980/81. Entwicklung, Erfahrungen, Kritik, Anregungen; Salzburg 1984, 278 S. (= Schriftenreihe des Landespressebüros Nr. 54)

Lichtenberger, E.: Der ländliche Raum im Wandel; in: Internationales Symposium: Das Dorf als Lebens- und Wirtschaftsraum (28.–30.9.1981), hrsg. von der Österreichischen Gesellschaft für Land- und Forstwirtschaftspolitik; Wien 1982, S. 16–37

Mitterauer, M.: Formen ländlicher Familienwirtschaft. Historische Ökotypen und familiale Arbeitsorganisation im österreichischen Raum; in: Familienstruktur und Arbeitsorganisation in ländlichen Gesellschaften; hrsg. von J. Ehmer,/M. Mitterauer, Wien/Köln/Graz 1986, S. 185–323

Mose, I.: Zur Problematik der Sommerskigebiete in Österreich – unter besonderer Berücksichtigung neuer Projekte in Tirol; in: Raumforschung und Raumordnung 40 (1982), S. 160–168

Mose, I.: Sanfter Tourismus im Nationalpark Hohe Tauern: Probleme und Perspektiven – am Beispiel des Oberen Pinzgau – Land Salzburg; Vechta 1988, 120 S. (= Vechtaer Arbeiten zur Geographie und Regionalwissenschaft 6)

Moser, P./Moser, W.: Reflections on the MAB-6 Obergurgl Project and Tourism in an Alpine Environment; in: Mountain Research and Development, Vol. 6, No. 2, 1986, pp. 101–118

Nestroy, O.: Auswirkungen des Strukturwandels der österreichischen Almwirtschaft auf Böden und Landschaftshaushalt; in: Geographischer Jahresbericht aus Österreich XLIV (1985), S. 70–85

Netzer, B.: Abwanderung und Nutzungsstruktur von Bergbauern. Theoretische Überlegungen und empirische Ergebnisse des politischen Bezirkes Imst; Innsbruck 1985, 168 S. (= Beiträge zur alpenländischen Wirtschafts- und Sozialforschung, 188).

Nutzungsintensität und Landschaftsbeanspruchung in den Fremdenverkehrsgemeinden Österreichs. Erster Arbeitsabschnitt: Darstellung und Analyse mittels ausgewählter Indikatoren. Schlussbericht, verfasst i. A. des Bundesministeriums für Handel, Gewerbe und Industrie und der Bundeskammer der gewerblichen Wirtschaft; hrsg. vom Österreichischen Institut für Raumplanung ÖIR; Wien 1982

Österreich – Raum und Gesellschaft zu Beginn des 3. Jahrtausends. Prognosen, Modellrechnungen und Szenarien; hrsg. von E. Lichtenberger; Wien 1989, 276 S. (= Beiträge zur Stadt- und Regionalforschung, Band 9) mit

Beiträgen von: E. Lichtenberger, M. Sauberer, P. Meusburger, H. Fassmann, H. Penz, F. Zimmermann, H. Baumhackl

Österreichische Beiträge zur Geographie der Ostalpen anlässlich des 25. Internationalen Kongresses für Geographie Paris-Alpen 1984; Hrsg.: H. Paschinger; Wien 1984 (= Wiener Geographische Schriften 59/60) mit Beiträgen von: S.O. Morawetz, E. Stocker, M.H. Fink, H. Riedl, H. Nagl, O. Nestroy, P. Meusburger/K. Höfle, W. Ritter, W. Lettner/F. Brunner, Chr. Staudacher, W. Keller, H. Penz, M. Seger, P. Haimayer, F. Aurada

Paschinger, H.: Die Steiermark. Lebens- und Wirtschaftsräume im Strukturwandel; in: Österreich in Geschichte und Literatur mit Geographie, 30 (1986), S. 150–162

Penz, H.: Zum aktuellen Strukturwandel im Bergbauerngebiet Österreichs – Entwicklungstendenzen am Beispiel der Veränderung der Zahl der Rinderhalter 1974–1983; in: F. Schaffer und W. Poschwatta (Hrsg.): Angewandte Sozialgeographie = Festschrift für K. Ruppert; Augsburg 1985, S. 147–162 (= Augsburger Geographische Studien, Sonderband)

Preglau, M.: Grenzen des Massentourismus? Journal für Sozialforschung 23, 3 (1983), S. 325–349

Raumordnungsberichte der Österreichischen Raumordnungskonferenz: Dritter Raumordnungsbericht; Wien 1981 (ÖROK Nr. 27); Vierter Raumordnungsbericht; Wien 1984 (ÖROK Nr. 40); Fünfter Raumordnungsbericht; Wien 1987, 347 S. (ÖROK Nr. 55); Sechster Raumordnungsbericht; Wien 1990, 336 S. (ÖROK Nr. 85)

Regionalanalysen im Land Salzburg. Disparitäten der regionalen Lebensbedingungen. Angebotsstrukturen im Fremdenverkehr; Hrsg.: Steinbach, J./Fellmayr W./Haug, H. (et al.); Wien 1983, 244 S. (= Wiener Beiträge zur Regionalwissenschaft, Bd. 6)

Gedenkschrift für Wolf Juergen Reith – ein Querschnitt seines Schaffens am IRUB; Wien 1990, 206 S. (= BOKU-Raumplanung, Schriftenreihe Nr. 4) mit folgenden Beiträgen u. a.: Entwicklungsprobleme im ländlichen Raum Österreichs; Zur Situation ländlicher Gebiete in Österreich; Die Aufgaben der Landwirtschaft bei der Orts- und Landschaftsgestaltung im Berggebiet; Fremdenverkehr und Umwelt

Riedl, H.: Die Prägekraft des soziökonomischen Strukturwandels auf Morpho- und Pedosphäre des subalpinen Lebensraumes; in: Mitteilungen der Österreichischen Bodenkundlichen Gesellschaft 25/1982, S. 5–51

Riedl, H.: Junger soziökonomischer Wandel als dynamischer Strukturfaktor geographischer Substanzen; in: Heimat als Erbe und Auftrag; Salzburg 1984, S. 88–98

Riedl, H.: Das UNESCO-MAB Projekt: Ökogeographische Vergleichsuntersuchungen (1981–86); in: Mitteilungen der Gesellschaft für Salzburgische Landeskunde 128/1988, S. 397–405

Sauberer, M.: Jüngste Tendenzen der regionalen Bevölkerungsentwicklung in Österreich; in: MÖGG 127/1985, S. 81–118

Schwackhöfer, W.: Almforschung in Österreich, Schweiz und Bayern, in: BZRR 24/1980, S. 11–24

Schiff, H./Bochsbichler, K.: Die Bergbauern-Analyse einer Randgruppe der Gesellschaft; hrsg. von F. Stummer; Wien 1980, 171 S.

Seger, M.: Der Nationalpark Hohe Tauern: Raumordnungsprobleme im alpinen Bereich; in: DELA Nr. 5, Ljubljana 1987, S. 27–46

Steinbach, J./Haug, H.: Zur Bewertung von Investitionen in touristische Aufstiegshilfen. Ein «Skiliftmodell»; in: DISP Nr. 77/1984, S. 35–46

Steinbach, J./Schönhofer, H./Kail, E.: Strukturwandel in alpinen Fremdenverkehrsgemeinden – eine theoretische und empirische Analyse; in: J. Steinbach (Hrsg.): Beiträge zur Fremdenverkehrsgeographie, München 1985; S. 95–125 (= Arbeiten aus dem Fachgebiet Geographie der Uni Eichstätt/Bd. 1)

Steinbach, J.: Das räumlich-zeitliche System des Fremdenverkehrs in Österreich; München 1989, 83 S. (= Arbeiten aus dem Fachgebiet Geographie der Uni Eichstätt, Bd. 4)

Strategien für entwicklungsschwache Regionen. Materialien; Bearbeitung: M. Sauberer/F. Schindegger/F. Tödtling; Wien 1989, 148 S. (= ÖROK-Schriftenreihe Nr. 77)

Tiefenthaler, H.: Touristisches Erschliessungskonzept für das Montafon; in: «Montfort» 33/1981, Heft 1, S. 74–79

Tiefenthaler, H.: Raumansprüche und Raumplanung; in: Montfort 39/1987, Heft 1–2, S. 123–131

Der Tiroler Bergbauer in Geschichte und Gegenwart. Sonderdruck aus der Monatszeitschrift für Südtiroler Landeskunde «Der Schlern» 60/1986, Heft 5/6 vom Mai/Juni 1986; Bozen 1986, S. 268–376 mit Beiträgen von: L. Durnwalder, P. Lang, J. Nössing, N. Grass, J. Richebuono, H. Stampfer, H.-D. Mück, J. Feichtinger, M. Rudolph-Greiffenberg

Tschurtschenthaler, P.: Probleme des Sommerfremdenverkehrs in den Alpen; in: Berichte zur Raumforschung und Raumplanung. 31. Jg., Heft 1–2. Wien 1987, S. 11–21

Typisierung der Tiroler Fremdenverkehrsgemeinden – Ergebnisse einer statistischen Analyse. Innsbruck 1987, 101 S. (= Veröffentlichung des Sachgebiets Statistik des Amtes der Tiroler Landesregierung 19)

Veröffentlichungen des österreichischen MaB-Programms. Der Mensch und die Biosphäre – Alpine Ökologie; Innsbruck 1977 ff. (bislang 15 Bände)

Wiederentdeckung der Land- und Forstwirtschaft als Lebensgrundlage der postindustriellen Gesellschaft (Europäisches Forum Alpbach 1987); hrsg. vom Bundesministerium für Land- und Forstwirtschaft Wien; Wien 1988, 168 S. (= Sonderausgabe der Zeitschrift «Förderungsdienst»)

Die wirtschaftliche und soziale Situation der Landfrauen in Österreich ; Wiss. Leitung: H. Bach; Durchführung: E. Gröbl, F. Heinz, D. Kanatschnig, W. Molterer, R. Priewasser; Linz 1982, 183 S. (= Veröffentlichungen des österreichischen Instituts für Agrarpolitik + Agrarsoziologie in Linz, Schriftenreihe Bd. XXXII)

Zimmermann, F.: Probleme und Perspektiven des Fremdenverkehrs in Kärnten; in: Österreich in Geschichte und Literatur mit Geographie 28, 2, 1984, S. 113–139

Zimmermann, F.: Ausflugsverkehr und Kurzurlauber in Österreich unter Berücksichtigung der Überlagerung mit dem mittel- und längerfristigen Reiseverkehr; in: BzRR 29/1985, Heft 3–4, S. 3–13

Zimmermann, F.: Der Fremdenverkehr in Österreich – Skizze einer praxisorientierten räumlichen Fremdenverkehrsforschung aus geographischer Sicht; Klagenfurt 1985, S. 253–284 (Klagenfurter Geographische Schriften 6 = Festschrift für Elisabeth Lichtenberger)

Zimmermann, F.: Aktuelle Tendenzen des Tourismus in den österreichischen Alpen; in: Zeitschrift für Wirtschaftsgeographie 31/1987, H. 2, S. 106–117

Zimmermann, F.: Ende des Wachstums und potentieller Rückgang des Fremdenverkehrs; in: Tagungsberichte und wissenschaftliche Abhandlungen des 46. Deutschen Geographentages München 1987; Wiesbaden 1988, S. 384–393

Zukunft der österreichischen Agrarforschung angesichts ökologischer und ökonomischer Grenzen. Dokumentation der Agrarforschungsenquete 1988 vom 25.1.1988 an der BOKU Wien; hrsg. vom Bundesministerium für Land- und Forstwirtschaft Wien 1988, 94 S. (= Sonderausgabe der Zeitschrift «Förderungsdienst»)

Zweitwohnungen in Österreich. Formen und Verbreitung, Auswirkungen, künftige Entwicklung; Wien 1987, 136 S. (= ÖROK-Schriftenreihe Nr. 54)

CH Schweizerische Alpen

Kartographische Darstellungen:
Bundesamt für Landwirtschaft: Abgrenzung der Berggebiete durch den Produktionskataster «Standardgrenze», Massstab 1:500'000; Bern 1981 (nicht mehr aktuell)

Eidgenössisches Volkswirtschaftsdepartement, Bundesamt für Landwirtschaft, Produktionskataster: Zonengrenzen der Schweiz, Massstab 1:300'000, Bern 1988

Bibliographien:
Bibliographia Scientiae Naturalis Helvetica. Das Schrifttum zur schweizerischen Landeskunde aus den Bereichen der Naturwissenschaften, der Landbau- und der Forstwissenschaften sowie der Geographie; ; Vol. 56/1980 Bernae 1981 ff.
Bibliographie geographischer Manuskriptarbeiten; Oberrieden bzw. Zürich 1980 ff.

Elsasser, H./Leibundgut, H.: Ausgewählte Bibliographie zur schweizerischen Regionalentwicklung im Berggebiet; in: Regionalentwicklung im Berggebiet; Wien 1984, S. 273–278
Elsasser, H./Roth, D.: Schweizerische Literatur zum Thema «Kulturelle Vielfalt und Regionalismus» (Auswahl); in: Kulturelle Vielfalt, regionale und örtliche Identität; Wien 1988, S. 255–258
Bibliographie des schweizerischen MAB-Programms; in: Messerli, P.: Mensch und Natur im alpinen Lebensraum; Bern 1989, S. 349–368

Abt, Th.: Fortschritt ohne Seelenverlust. Versuch einer ganzheitlichen Schau gesellschaftlicher Probleme am Beispiel des Wandels im ländlichen Raum. Bern 1983, 367 S.

Anrig, P.: Unternehmen Tourismus – Wachstum mit Widersprüchen? Gedanken zu aktuellen tourismuspolitischen Problemen; in: DISP Nr. 65/1982, S. 15–20

Anrig, P.: Zweitwohnungen – ein touristisches Dilemma? Leitfaden zur Steuerung der Entwicklung; hrsg. vom Schweizerischen Fremdenverkehrsverband, Bern 1985, 241 S.

Anrig, P./Schaer, U.: Transportanlagen in Skigebieten – sanfte Bergfahrt in die Zukunft; hrsg. vom Schweizerischen Fremdenverkehrsverband, Bern 1987, 160 S.

Barras, Ch.-V.: Le développement régional à motricité touristique: de la région polarisée à la région système; Fribourg Suisse 1987, 291 p. (= Institut des Sciences économiques de l'Université de Fribourg: documents économiques)

Basler Region – Jura – Alpen. Führer zu den Exkursionen des 18. deutschen Schulgeographentages «Basel – Lörrach» 1982; hrsg. von H. Leser, Basel 1982, 342 S. mit Beiträgen von: H. Kienholz, R. Nägeli/U. Wiesmann; M. Gschwend/K. Rüdisühli; T. Labhart/M. Rothenfluh; P. Messerli/F. Mattig/H.P. Zeiter; U. Senn; J. Birkenhauer

Bergier, J.-F.: Die Wirtschaftsgeschichte der Schweiz. Von den Anfängen bis zur Gegenwart. Zürich/Köln 19902, 396 S.

Bericht über den Stand und die Entwicklung der Bodennutzung und Besiedlung in der Schweiz (Raumplanungsbericht 1987); hrsg. vom Schweizerischen Bundesrat; Bern 1987, 160 S.

Billmeier, R.H.: Land und Volk der Rätoromanen. Eine Kultur- und Sprachgeschichte. Frauenfeld 1983, 480 S.

Boden: Haushälterisch genutzter Boden – Grundlage unserer Entwicklung. Bericht der Schweizer Delegation für die 8. europäische Ministerkonferenz, Oktober 1988; hrsg. vom eidgenössischen Justiz- und Polizeidepartement/Bundesamt für Raumplanung; Bern 1988, 40 S.

Brachland im Berggebiet. Themaheft der Geographica Helvetica Nr. 4/1983 (= Vorträge des Symposiums zum selben Thema vom März 1983 in Zürich-Irchel) mit Beiträgen von J. Karl, C. Darbellay, P. Walther, E. Bugmann, H. Trachsler, S. Julen, P. Gresch, F. Pfister

Brugger, H.: Die schweizerische Landwirtschaft 1914–1980; Frauenfeld 1984, 500 S.

Brugger, H.: Die Ertragslage der schweizerischen Landwirtschaft 1914 bis 1980; Frauenfeld 1987, 74 S.

Centlivres, P.: Un nouveau regard sur les Alpes: L'anthropologie américaine découvre le Valais; in: Ethnologica Helvetica 4/1980, S. 35–62

Darbellay Ch.: Caractéristiques socio-économiques des communes rurales et montagnardes: leur signification dans l'aménagement régional et local. Une étude de 350 communes; Martigny 1980, 255 S. (= Diss. ETH Zürich 1980 Nr. 6558)

Dumondel, M.: Typologie des communes suisses 1970–1980. Etude dynamique des disparités socio-économiques au niveau local; Konstanz 1985, 320 S. (= Thèse ETHZ No 7946)

Das Einkommen der Bergbauern; Brugg 1986, 106 S. (= SAB-Schrift Nr. 124)

Elsasser, H.: Regionalpolitische Probleme der Schweiz; in: BzRR 24/1980, S. 13–18

Elsasser, H./Leibundgut, H.: Touristische Monostrukturen – zum Problem der Gefährdung von Bergregionen; in: DISP Nr. 57/1980, S. 26–43

Elsasser, H./Leibungut, H./Lendi, M./Schwarz, Hp.: Nicht-touristische Entwicklungsmöglichkeiten im Berggebiet; Zürich 1982, XIV + 306 S. (= ORL-Institut Schriftenreihe Nr. 29)

Elsasser, H./Leibundgut, H.: Von der Berggebietspolitik zur Regionalpolitik. Entwicklungen und Ansätze der zeitgemässen Neuordnung in der Schweiz; in: Zeitschrift für Wirtschaftsgeographie 31/1987, Heft 2, S. 65–73

Elsasser, H./Frösch, R./Finsterle, M.: Sättigung in Fremdenverkehrsgebieten; in: DISP Nr. 100, Jg. 26, 1990, S. 33–41

Erwerbskombinationen in der Berglandwirtschaft; hrsg. von B. Walther/H.W. Popp; Diessenhofen 1983, 259 S. (Reihe: NFP Regionalprobleme) mit Beiträgen von: E.A. Brugger, B. Walther, J. Vallat, P. Kyburz, H. Leibundgut, H. Elsasser, H.W. Popp, J. Wyder, C. Darbellay, H. Hänni, R. Meier u. a.

Existenzfähige Bergbauernbetriebe als Voraussetzung für die Nutzung von Grenzertragsböden und einer gesicherten Besiedlung in nicht-touristischen Bergdörfern; Bern-Liebefeld 1990, 110 S. (= NFP Boden Nr. 34) mit Beiträgen von: U. Bernegger/G. Cavegn, L. Meyer, P. Rieder

Fischer, D.: Qualitativer Fremdenverkehr. Neuorientierung der Tourismuspolitik auf der Grundlage einer Synthese von Tourismus und Landschaftsschutz; St. Gallen 1985, 351 S. (= St. Galler Beiträge zum Fremdenverkehr und zur Verkehrswirtschaft, Reihe FV, Bd. 17)

Fremdenverkehrsgeographie in der Schweiz; (= Themenheft der Geographica Helvetica 38/1983, Heft 2, S. 51–96) mit Beiträgen von H. Elsasser, U. Roth, M. Boesch, J. Sauter, P. Luder, H. Leibundgut u. a.

Frey, R.L.: Regionalpolitik: eine Evaluation. Bern/Stuttgart 1986

Die Fünfte Schweiz – Themenheft der Zeitschrift DISP 92/1988, S. 22–52 mit Beiträgen von M. Schuler, D. Joye, A. Pichard, T. Meier, R. Kruker, G. Chevallaz, A. Rey, T. Busset

Furrer, G.: Die Zukunft der Alpen; der aktuelle Kulturlandschaftswandel der Nachkriegszeit; Saarbrücken 1980, S. 367–381 (= Arbeiten aus dem Geogr. Institut der Univ. d. Saarlandes Bd. 29)

Geography in Switzerland – A collection of Papers Offered to the 24th International Geographical Congress, Tokyo, Japan 1980; Hrsg.: The Commission on Geography of the Swiss Academy of Sciences and the Geographical-Ethnographical Society of Zurich; Bern-Zurich 1980, 183 S. (= Geographica Helvetica Vol. 35, Nr. 5) mit Beiträgen von: H. Leser, C. Pfister, F. Röthlisberger, P. Haas, H. Holzhauser, J. B. Racine, C. Raffestin, V. Ruffy, G. Grosjean, W. Gallusser, E. Bugmann, P. Messerli, F. Mattig, H.P. Zeiter, K. Ärni, L. Bridel, E. Schwabe, H. Elsasser, E. Winkler u. a.

Grosjean, G.: Die Schweiz. Der Naturraum in seiner Funktion für Kultur und Wirtschaft. Bern 1985, 31 S. (= Geographica Bernensia U 1)

Grosjean, G.: Historische Faktoren und Bedingungen der Herausbildung des schweizerischen Siedlungs-, Flächennutzungs- und Kommunikationssystems; Bern 1984, 29 S. (= NFP «Regionalprobleme», Arbeitsbericht Nr. 48)

Güller, P.: Regionale Entwicklungsförderung im schweizerischen Berggebiet. Ein Erfahrungsbericht über 10 Jahre Planen und Realisieren zuhanden der Direktion für Entwicklungszusammenarbeit und humanitäre Hilfe; Zürich 1986, 112 S.

Guindani, S./Bassand, M.: Maldéveloppement régional et identité: pour un développement endogène; Lausanne 1982, 200 p.

Guntern, G.: Social Change, Stress and Mental Health in the Pearl of the Alps. A Systematic Study of a Village Process; Berlin-Heidelberg-New York 1979, 313 S. (= Monographien Psychiatrie 22)

Hanser, Ch.: Erfolgskontrolle der Industrieansiedlungspolitik. Eine empirische Überprüfung der traditionellen Regionalpolitik am Beispiel dreier Regionen im schweizerischen Berggebiet; Bern, Frankfurt/M., New York 1987, 375 S. (= Europäische Hochschulschriften: Reihe 5, Volks- und Betriebswirtschaft. Bd. 738)

Hanser, Ch./Rege, M.: Lassen sich die Probleme der Hotellerie im schweizerischen Berggebiet durch Subventionen lösen? In: Beiträge zur Freizeit-, Erholungs- und Tourismusforschung, hrsg. von H. Elsasser, Zürich 1989, S. 117–138

Hauser, A.: Mit Waldschritten gemessen: Land und Leute der alten und neuen Schweiz. Festgabe zum 70. Geburtstag des Autors; hrsg. von A. Meier-Hayoz und G. Winterberger; München 1984, 288 S.

Jeanneret, F./Imber, W./Auf der Maur, F.: Schweiz – Alpenland im Herzen Europas; Bern 1980, 254 S.

Joye, D./Schuler, M./Nef, R./Bassand, M.: Typologie der Gemeinden der Schweiz. Ein systematischer Ansatz nach dem Zentren-Peripheriemodell; hrsg. vom Bundesamt für Statistik; Bern 1988, 171 S. (= Amtliche Statistik der Schweiz Nr. 154)

Julen, S.: Erneute Nutzung von Brachland im Kanton Wallis – Brachlandsituationen und Handlungsmöglichkeiten; Diss. Zürich 1988, 233 S.

Krippendorf, J.: Alpsegen, Alptraum – Für eine Tourismus-Entwicklung im Einklang mit Mensch und Natur; Hrsg: MAB-Programmleitung gemeinsam mit dem Forschungsinstitut für Freizeit und Tourismus an der Uni Bern; Bern 1986, 88 S.

Kruker, R.: Inneralpine Transportprobleme und kulturelle Lösungsmuster – Alltagsstrukturen und einfache Techniken; in: Geschichte der Alpen in neuer Sicht, hrsg. von J.F. Bergier; Basel 1979, S. 101–123 (= Schweizerische Zeitschrift für Geschichte Vol. 29, Nr. 1)

Kruker R./Maeder, H.: Hirten und Herden. Alpkultur in der Schweiz; Olten und Freiburg i. Br. 1983, 211 S.

Kruker, R.: Jugend im Berggebiet. Berufliche, soziale, kulturelle und räumliche Orientierungen. Untersuchungen in den Regionen Albulatal/Mittelbünden (GR), Leuk (VS), Diemtigtal (BE); Diessenhofen 1984, 510 S.

Kruker, R./Mäder, H./Weiss, H.: Landschaft Schweiz. Bedrohung und Bewahrung. Zürich/Wiesbaden 1989, 192 S.

Kulturlandschaftswandel – Themenheft von Regio Basiliensis 30/1989, Heft 1, S. 1–70 mit Beiträgen von: K. Ärni, H.-R. Egli, H. Elsasser, H. Kessler, W. Leimgruber, E. Spiess, F. Hugentobler, M. Huber

Landwirtschaft prägt Landschaft. Themenheft der Zeitschrift «Schweiz»; hrsg. von der Schweizerischen Verkehrszentrale, Zürich, Heft 9, 59/1986, 50 S.

Lebens- und Wirtschaftsraum Berggebiet Schweiz – Landwirtschaft – Industrie – Tourismus – Infrastruktur. Bericht und Referate eines im Rahmen der Europaratskampagne für den ländlichen Raum durchgeführten Symposiums in Äschi bei Spiez 11.–13.7.1988; hrsg. von H.W. Popp/E.W. Senn, Bundesamt für Landwirtschaft; Bern 1989, 67 S. + Anhang mit Beiträgen von: P. Messerli, R. Meier, H. Popp, U. Schaer, F. Rubi

Lebensraum Schweiz wohin? Eine Zusammenfassung des bundesrätlichen Raumplanungsberichtes vom 14.12.1987 über den Stand und die Entwicklung der Bodennutzung und Besiedlung in der Schweiz. Broschüre (Kurzfassung von «Bericht über den Stand und die Entwicklung der Bodennutzung und Besiedlung in der Schweiz» – Raumplanungsbericht 1987); Bern 1988, 32 S.

Leibundgut, H.: Ländliche Räume in der Schweiz – Strukturen, Probleme und Entwicklungsstrategien aus regionalpolitischer Sicht; in: Der ländliche Raum. Entwicklungen, Raumordnungskonzepte, Zielkonflikte in der Planungspraxis; Hannover 1981, S. 137–163 (= Arbeitsmaterial der Akademie für Raumforschung und Landesplanung Nr. 53)

Lendi, M.: Schweizerische Regionalpolitik; in: Schweizerisches Zentralblatt für Staats- und Gemeindeverwaltung, Bd. 84, Nr. 6, 1983, S. 241–270

Lendi, M./Elsasser, H.: Raumplanung – Begegnung von Geographie und Rechtswissenschaft; in: Angewandte Sozialgeographie. Karl Ruppert zum 60. Geburtstag; hrsg. von F. Schaffer/W. Poschwatta; Augsburg 1986, S. 169–184

Lendi, M.: Grundriss einer Theorie der Raumplanung. Einleitung in die raumplanerische Problematik; Zürich 1988, 371 S.

Lendi, M.: Schweizerische Raumordnungspolitik vor europäischen Herausforderungen; in: DISP 26/1990, Nr. 101, S. 38–41

Lieberherr, F.: Le paysan n'est-il qu'un producteur en milieu rural? In: Agrarwirtschaft und Agrarsoziologie 1/1981, S. 49–65

Lieberherr, F.: La nature, culture de l'homme électronique? In: Sociologia ruralis, XXI, 1981, Heft 2, S. 96–112

Lieberherr, F.: L'espace rural, ultime «colonie» des pays développés? In: RGA 71/1983, S. 119–131

McGuire, R./Netting, R.M.: 'Leveling peasants? The maintenance of equality in a Swiss Alpine community'; in: American Ethnologist, 9 (1982), pp. 269–290

Maggi, R.: Entwicklungsmöglichkeiten von Schweizer Wintersportorten. Eine theoretische und empirische Analyse; Bern 1983, 292 S.

Massnahmen des Bundes zur Förderung der Berglandwirtschaft und des Berggebietes; hrsg. von der Schweizerischen Arbeitsgemeinschaft für die Berggebiete; Brugg 1990 (Lose-Blatt-Sammlung)

Meier, H.P./Hohermut, S./Nef, R./Anliker, R.: Zwischen Zentren und Hinterland. Probleme, Interessen und Identitäten im Querschnitt durch die Regionstypen der Schweiz; Diessenhofen 1982, 350 S.

Meier-Dallach, H.P./Ritschard, R./Nef. R.: Nationale Identität – ein Fass ohne empirischen Boden? Zürich 1990

Der Mensch in der Landschaft. Festschrift für Georges Grosjean zum 65. Geburtstag; hrsg. von K. Ärni, G. Budmiger, H.-R. Egli und E. Roques-Bäschlin; Bern 1986 (= Jahrbuch der Geographischen Gesellschaft von Bern, Band 55/1983–1985) mit Beiträgen von: B. Messerli, H. Kienholz, M. Grunder, K. Ärni, P. Messerli, U. Wiesmann, G. Furrer, H. Pfenninger, H. Grütter, C. Pfister u. a.

Mercier, C./Simona G.: Le néo-ruralisme. Nouvelles approches pour un phénomène nouveau; in RGA 71, 1983/3; S. 251-265

Messerli, P.: Mensch und Natur im alpinen Lebensraum - Risiken, Chancen und Perspektiven. Zentrale Erkenntnisse aus dem schweizerischen MAB-Programm; Bern 1989, 368 S.

Möckli, S.: Die schweizerischen Landsgemeinde-Demokratien; Bern 1987, 55 S.

McNetting, R.: Balancing of an Alp. Ecological Change and Continuity in a Swiss Mountain Community. Cambridge (Mass.) 1981

McNetting R.: Reflections on an Alpine Village as Ecosystem; in: Emilio F. Moran (Hrsg.): The Ecosystem Concept in Anthropology. Boulder 1984.

Neuorientierung der Regionalpolitik. Eine Auswertung der Ergebnisse des Nationalen Forschungsprogramms Regionalprobleme; hrsg. von SAB, BEREG, VSB und ROREP; Brugg 1986, 107 S. (= SAB Schriften, Heft Nr. 127) mit Beiträgen von: M. Bassand, R. Frey, M. Boesch, H. Elsasser, E.A. Brugger, P. Bodenmann, F. Hainard, B. Hotz-Hart, R. Meier, A. Rey u. a.

Niederer, A.: Wem gehört das Matterhorn? Gemeindedualismus - ein schweizerisches Unikum; in: Volkskultur in der Moderne - Probleme und Perspektiven der empirischen Kulturforschung; Reinbek 1986, S. 442-459 (= rde 431)

Niederer, A.: Collectivisme et individualisme dans les Alpes suisses; in: Estudios em Homenagem a Ernesto Veiga de Oliveira; Madrid 1989, S. 461-470

Perrottet-Müller, J.: Des Montagnes, des Paysans. Pour une agriculture en accord avec l'homme et la nature; hrsg. von CERME/IER; Château-d'Œx 1987, 78 S.

Pfister, Ch./Thut, W.: Haushälterischer Umgang mit dem Boden - Erfahrungen aus der Geschichte. Liebefeld-Bern 1986, 142 S. (= NFP Boden Nr. 7)

Regionale Identität und Perspektiven: Fünf sozialwissenschaftliche Ansätze; Bern 1986, 280 S. (= Veröffentlichungen des Schweizerischen Nationalfonds aus NFP's, Bd. 40) mit Beiträgen von: P. Centlivres, P. Furter, R. Kruker, H.-P. Meier-Dallach, P. Pellegrino

«Regionalprobleme der Schweiz», Ergebnisse eines Nationalen Forschungsprogramms in 7 Bänden: Fischer, G. Brugger, E.A.: Regionalprobleme in der Schweiz; 199 S.; Flückiger, H./Muggli, C.: Siedlungsstruktur: Voraussetzung und Ergebnis regionaler Entwicklung; 118 S.; Fischer; G.: Räumliche Disparitäten in der Schweiz.; 105 S.; Brugger, E.A.: Regionalwirtschaftliche Entwicklung; 248 S.; Bassand, M./Hainard, F.: Regionale sozio-kulturelle Dynamik; 150 S.; Frey, R.L.: Regionalpolitik: eine Evaluation; 190 S.; Brugger, E.A./Frey, R.L.: Regionalpolitik Schweiz.

Ziele, Probleme, Erfahrungen, Reformen; 142 S.; Bern 1985 (= Publikationen des Schweizerischen Nationalfonds aus den Nationalen Forschungsprogrammen, Bd. 34/1-34/7; französische Ausgabe: Bd. 35/1-35/7)

Regionalprobleme in der Schweiz - Erste Stellungnahmen zum Abschluss des Nationalen Forschungsprogramms, insbesondere zu den Synthesebänden; in: DISP Nr. 86/1986, S. 37-48 mit Beiträgen von B. Hotz-Hart, C. Lacour, W.J. Reith, M. Lendi u. a.

Reinhardt, E.: Entwicklung von Ferienorten - die Beteiligung von Ortsansässigen; hrsg. von der Schweizerischen Vereinigung für Landesplanung; Bern 1982, 137 S. (= Schriftenfolge Nr. 34)

Rey, A.: Regionalpolitische Bedeutung der schweizerischen Agrarpolitik; in: DISP 75/1984, S. 46-52

Schwarze, M.: Die Erhaltung traditioneller Kulturlandschaften dokumentiert an Beispielen; 1985, 96 S. (= Schrift Nr. 3 der Schweizerischen Stiftung für Landschaftsschutz und Landschaftspflege)

Schweizer Tourismus: Weichen für die Zukunft richtig gestellt? Hrsg. vom Eidgenössischen Verkehrs- und Energiewirtschaftsdepartement, Bundesamt für Verkehr, Schweizerischen Fremdenverkehrsverband; Bern 1983, 126 S.

Schweizerisches «Man-and-Biosphere»-Programm (MAB):
- Reihe «Fachbeiträge», 27 Titel, Bern 1979-1988
- Reihe «Schlussberichte», 38 Titel, Bern 1983-1988
(Bibliographie siehe Messerli 1989)

Seiler, B.: Kennziffern einer harmonisierten touristischen Entwicklung. Sanfter Tourismus in Zahlen (Forschungsbericht); Bern 1989, 194 S. (= Berner Studien zu Freizeit und Tourismus Bd. 24)

Strukturatlas Schweiz/Atlas structurel de la Suisse. Projektleitung: K.E. Brassel, E.A. Brugger, Redaktion: M. Schuler, M. Bopp. Zürich 1986, 296 S.

Der tertiäre Sektor in der Schweiz; Themenheft der Geographica Helvetica, Heft 4, 41/1986; hrsg. von H. Elsasser; mit Beiträgen von: A. Cunha/L. Bridel, M. Würth, A. Rossi, E.K. Gächter, M. Boesch

Tourismus und regionale Entwicklung; hrsg. von J. Krippendorf, P. Messerli, H. Hänni; Vorträge des Seminars am 1./2.2.1982 im Rahmen von NFP «Regionalprobleme» und NFP «Man-and-Biosphere»; Diessenhofen 1982, 388 S. mit Beiträgen von: B. Messerli, F. Mattig, H. Zeiter, U. Schär, R. Schiess, G. Guntern, F. Lieberherr, E. Meyrat-Schlee, M. Schwarze, P. Messerli, P. Keller, U. Kneubühl, F.H. Schwarzenbach, H. Elsasser, H. Leibundgut, J. Krippendorf u. a.

Hat die traditionelle Infrastrukturförderung für periphere Regionen ausgedient? Hrsg. von C. Hanser/S. Huber; Diessenhofen 1982, 258 S. (= NFP «Regionalprobleme des Schweizerischen Nationalfonds») mit Beiträgen von: C.

Hanser, E. Bühler-Conrad, T. Keller, R. Maggi, R. Frey, S. Huber, H. Elsasser, G. Stiens, E.A. Brugger

Umbruch im Berggebiet – Die Entwicklung des schweizerischen Berggebietes zwischen Eigenständigkeit und Abhängigkeit aus ökonomischer und ökologischer Sicht; hrsg. von: E.A. Brugger,/G. Furrer/B. Messerli/P. Messerli; Bern-Stuttgart 1984; 1097 S. mit Beiträgen von: E. Egli, G. Grosjean, T. Günter, E. Schwabe, W. Gallusser, L. Bridel, E. Ott, C. Leibundgut, H. Elsasser, C. Darbellay, H. Leibundgut, K. Ärni, M. Bassand, P. Messerli, E.A. Brugger, H. Kienholz, J. Krippendorf, P. Rieder, R. Abt, A. Niederer, F. Schwarzenbach, A. Rey, R. Meier u. a. Englische Ausgabe: The Transformation of Swiss Mountain Regions; Bern-Stuttgart 1984, 700 S.

Utz, H.: Das Berggebiet – zur Unter- und Überentwicklung in der Schweiz; Zug 1981, 102 S. (= Materialien zur Geschichte und Politik in der Schweiz)

Vettiger-Gallusser, B.: Berggebietsförderung mit oder ohne Volk? Regionale Entwicklungskonzepte und ihre Implementation unter besonderer Berücksichtigung der Bevölkerungsbeteiligung; eine empirische Untersuchung am Beispiel von vier Testregionen in peripheren Gebieten der Schweiz; Basel 1986, 293 S.

Walther, P.: Die Brachlandentwicklung im Schweizer Alpenraum 1950–1980 als geographischer Prozess. Dissertation, Zürich 1984, 180 S.

Wanner, H.: Aspekte sozialen Wandels in peripheren Agrarräumen eines Industrielandes. Eine sozialgeographische Untersuchung im schweizerischen Berggebiet; Dissertation, Zürich 1983, 194 S.

Weiss, H.: Die friedliche Zerstörung der Landschaft und Ansätze zu ihrer Rettung in der Schweiz; Zürich 1981, 231 S.

Weiss, H.: Die unteilbare Landschaft – Für ein erweitertes Umweltverständnis; Zürich 1987, 191 S.

Wiesli, U.: Die Schweiz. Darmstadt 1986, 354 S. (= wissenschaftliche Länderkunden, Bd. 26)

D Bayerische Alpen

Der Bayerische Alpenraum. Situation – Belastungen – Massnahmen. Interpellation der CSU-Fraktion vom 28.9.1987 und der SPD-Fraktion vom 22.10.1987; hrsg. von der Bayerischen Staatsregierung; München 1988, 129 + 78 + 53 S. + Kartenbeilagen

Danz, W.: Eigengenutzte Freizeitwohngelegenheiten – Probleme und Steuerungsmöglichkeiten aus überörtlicher Sicht; München 1980, 40 S. (= Schriftenreihe Alpen-Institut Heft 10)

Geographische Strukturen und Prozessabläufe im Alpenraum. Zusammengestellt im Auftrag des Verbandes Deutscher Hochschullehrer der Geographie von K. Ruppert. – Kallmünz/Regensburg 1984, 193 S. (= Münchner Studien zur Sozial- und Wirtschaftsgeographie, Bd. 26)

Glück, A.: Erhaltung der Berglandwirtschaft. Herausforderung für eine gemeinsame Umwelt- und Agrarpolitik im Alpenraum; in: Berg '89 (Alpenvereinsjahrbuch), München 1989, S. 223–230

Gräf, P.: Wintertourismus und seine spezifischen Infrastrukturen im deutschen Alpenraum; in: Berichte zur deutschen Landeskunde 56/1982, Heft 2, S. 239–274

Gräf, P.: Die Bodenmobilität in Fremdenverkehrsgebieten. Der deutsche Alpenraum als Beispiel wachsender Interessengegensätze; in: Informationen zur Raumentwicklung 4/1987, S. 217–226

Gräf, P./Ruppert, K.: Der Freizeitraum Berchtesgaden. Räumliche Verflechtungen als Wirkungsgefüges; in: Akademie für Raumforschung und Landesplanung 1989, S. 225–253

Heringer, J.K: Die Eigenart der Berchtesgadener Landschaft – ihre Sicherung und Pflege aus landschaftsökologischer Sicht, unter besonderer Berücksichtigung des Siedlungswesens und Fremdenverkehrs; hrsg. von der Akademie für Naturschutz und Landschaftspflege; Laufen 1981, 128 S. (= Beiheft I zu den «Berichten der ANL»)

Neumann, A.: Zur Hierarchie von Fremdenverkehrsgemeinden im bayerischen Alpenraum – Einzelhandelsstrukturen als Indikator; München 1986 (= WGI-Berichte zur Regionalforschung, Heft 17)

Ruppert, K.: Die deutschen Alpen – Prozessabläufe spezieller Agrarstrukturen; in: Erdkunde, Bd. 36, 1982, S. 176–187

Ruppert, K./Gräf, P./Heckl, F. u. a.: Bayern – eine Landeskunde aus sozialgeographischer Sicht; Darmstadt 1987, 272 S. (= Wissenschaftliche Länderkunden, Bd. 8/2)

Schemel, H.-J./Ruhl, G.: Umweltverträgliche Planung im Alpenraum. Die Zusammenhänge zwischen Nutzungsansprüchen und Umweltressourcen in den deutschen Alpen: eine Anleitung zum Verstehen und zu umweltbewusstem Planen; hrsg. vom Deutschen Alpenverein; München 1980, 263 S. (= Studie im Auftrag des Bundesministers des Innern und des Umweltbundesamtes Berlin)

Suda, M.: Auswirkungen des Waldsterbens auf Siedlungen, Infrastruktureinrichtungen und den Fremdenverkehr im bayerischen Alpenraum; hrsg. vom Deutschen Alpenverein; München 1989, 279 S. (= Forschungsberichte des DAV Bd. 4)

F Französische Alpen

Kartographische Darstellungen:
Zones Agricoles Défavorisées – Janvier 1990 1:400'000; hrsg. vom Ministère de l'Agriculture et de la Forêt – DERF. Conception: CEMAGREF division INERM Groupement de Grenoble

Bibliographien:
Bibliographies LAMA (RESALP), Grenoble: No. O: Politique et Géographie de l'aménagement des Alpes Françai-

ses; 1984, 220 S. No 1: Hommes et Milieux naturels alpins – contraintes et risques naturels, actions anthropiques, prévention et protection, 1986, 292 S. No. 2: Montagne française et prospective, 1988, 359 S. No. 3: La Nouvelle Hydrologie Alpine – Impacts des actions anthropiques sur les hydrosystèmes alpins, 1990, 446 S.
La Loi Montagne: bibliographie; dans: Politiques et Géographie de l'Aménagement des Alpes Françaises: Bibliographie, Grenoble: Laboratoire de la Montagne Alpine (LAMA), 1984, p. 27–52

L'aménagement de la haute montagne et ses conséquences sur l'environnement; CNRS, PIREN (Recherches en milieu rural); Paris 1985, 357 p.

Barruet, J./Gerbaux, F./Zuanon, J.-P.: La politique de la montagne entre le changement et la continuité? in: RGA 72/1984, Nr. 2–4, S. 329–346

Bazin, G.: Quelles perspectives pour les agricultures montagnardes? Exemple du Massif Central Nord et des Alpes du Sud; INRA-ESR, Paris 1986, 126 p. (= Etudes et recherches no 3)

Bazin, G./Chassany, J.P.: Quelles perspectives pour l'élevage ovin dans les montagnes sèches? Exemple des Alpes du Sud et du Massif Central Sud; Paris 1985, 42 p.

Berenguer, J.: Les programmes intégrés méditerranéens (PIM): objectifs des PIM et perspectives pour l'agriculture en Ardèche, Drôme et Provence-Alpes-Côte d'Azur; dans Revue de Géographie de Lyon 1986 Vol. 61, no 4, p. 441–459

Billet, J.: Politique régionale et développement touristique en Rhône-Alpes; in: RGA 75/1987, S. 115–127

Bohle, H.G.: Kulturlandschaftswandel und gesellschaftlicher Umbruch in der südfranzösischen Peripherie: Drei Fallstudien aus der Hochprovence; in: Erdkunde 42/1988, S. 188–202

Bossy S.: Associations foncières pastorales et groupements pastoraux – bilan d'une décennie; in: RGA LXXIII/1985, S. 439–463

Bozonnet, J.P.: Orologiques: sociologie et mythe de la montagne: les systèmes de relation entre milieu physique et activités touristiques dans les Alpes du Nord; Grenoble 1984, 770 p. (= Thèse de 3ème cycle: Sociologie: Grenoble 2)

Bozonnet, J.P./Guérin, J.P/Herbin, J.: La décision touristique: naissance et développement du tourisme dans les communes de la zone de montagne Rhône-Alpes; Grenoble, IGA 1986, 125 p.

Calvet, F.: Les Aspects juridiques et financiers de la politique nationale d'aménagement de la montagne; Toulouse 1981, 495 p.

Carrère, G./Peltier, C.: Panorama des massifs; Hrsg.: CEMAGREF; Saint-Martin-d'Hère 1982, 355 p.

Carrère, G./ Valleix, Y./ Juillard-Laubez, M.C.: Les aides en faveur de l'agriculture: 1 – Impact des aides sur les revenus agricoles en zones défavorisées; 2 – Zones de montagne et autres zones défavorisées: aides spécifiques ou renforcées en faveur de l'agriculture; Hrsg.: CEMAGREF-INERM; Grenoble 1987, 137 + 21 S.

Centre d'études et de recherche sur l'aménagement du territoire (Grenoble): Innover en montagne, initiatives individuelles et démarches collectives; Hrsg.: CERAT; Grenoble 1984, 128 p.

Chapuis, R. (avec la collaboration de Brossard, Th.): Les ruraux français; Paris 1986, 225 p. (= Masson, Collection géographie)

Chevalier, M.: La «Loi Montagne» et sa mise en œuvre (1981–1988); in: Annales de Géographie 98/1989, Nr. 545, S. 84–91

Claudel, A.: L'information sur la montagne: une information éclatée; in: RGA 72/1984 Nr. 2–4, S. 369–386

Cleary, M.C.: Contemporary Transhumance in Languedoc and Provence; in: Geografiska annaler 69B/1987, Heft 2, S. 107–113

Cumin/Favier/Guiu/Michel/Morand: L'économie des stations de sports d'hiver; Grenoble 1986, 144 p.

David, J.: Multi-activité individuelle et stratégies des ménages agricoles; in: RGA 71/ 1983-2, S. 133–141

David, J./Herbin, J./Mériaudeau, R.: La dynamique démographique de la zone de montagne française: le tournant historiques des années 1970; in: Espace – Populations – Sociétés 1986, pp. 365–76

Debarbieux, B.: Territoires de haute-montagne: recherches sur le processus de territorialisation et d'appropriation sociale de l'espace de haute montagne dans les Alpes du Nord; Grenoble 1988, 495 p. (= Thèse de Géographie: Grenoble, Université Joseph Fourier)

Dorfmann, M.: La politique de la montagne en France. De l'assistance à l'autodéveloppement; in: DISP Nr. 72/1983, S. 23–32

Dorfmann, M.: Régions de montagne: de la dépendance à l'auto-développement? in: RGA 71/1983-1, S. 5–34

Domenech, B./Gumuchian, H./Roger, J.: Marginalité sociale, marginalité spatiale: l'isolement dans les communes rurales de montagne de la région Rhône-Alpes; Institut de Géographie Alpine, Grenoble, 1985; 103 p.

Durand, M.: Montagne et Artisanat – d'une notion culturelle à une définition socio-économique; in: RGA 72/1984, Nr. 2–4, S. 283–293

L'enfant montagnard... son avenir? Une grande enquête nationale sur l'enfant et la montagne en 1980; Themenheft der Zeitschrift RGA 69/1981 no 1, 201 p. mit Beiträgen von: R. Coche, H. Gumuchian, R. Mériaudeau, D. Zmirou

Estienne, P.: Terres d'abandon? La population des montagnes françaises: hier, aujourd'hui, demain; Clermont-

Ferrand 1988, 288 p. (= Université de Clermont-Ferrand II, Publications de l'Institut d'Etudes du Massif Central, fascicule XXXIV)

Estublier, P.: Pratiques foncières et aménagement de la montagne: le cas des Hautes-Alpes: prise en compte du foncier agricole dans le processus de maîtrise foncière; Aix-en-Provence, Institut d'Aménagement Régional, 1984, 2 tomes 677 p.

Fallet, B.: La centrale d'information ou «observatoire de la montagne». Contribution à une réflexion sur l'information statistique dans ses rapports avec le développement-aménagement; in: RGA 72/1984, Nr. 2–4, S. 295–309

Fincances locales et aménagement du territoire = Themenheft RGA LXXVI/1988, Heft 4 mit Beiträgen von: R. Mériaudeau, Th. Guinand, N. Girard, M.F. Caralp

Gerbaux, F.: La genèse de la Politique de la Montagne. Le cas des mesures de politique agricole 1945–1973. Institut d'Etudes Politiques, Grenoble 1983, 415 S.

Guérin, J.P./Gumuchian, H.: Pouquoi les sports d'hiver? Mythologies et pratiques. Grenoble, Institut de Géographie alpine, 1979, 201 p.

Guérin, J.P.: Le ski de fond: nouveaux loisirs, nouveaux espaces; in: RGA 69/1981, no 3, p. 335–464

Guérin, J.P.: L'exode urbain: nouvelles valeurs, nouvelles élites; in: RGA 71/1983-3, S. 267–277

Guérin, J.P.: L'aménagement de la montagne: politiques, discours et production d'espaces dans les Alpes du Nord; Gap 1984, 467 p.

Gumuchian, H./Herbin, J./ Mériaudeau, R.: L'évolution socio-économique des communes rurales des Alpes Françaises; in: DISP Bd. 72/1983, S. 18–22

Gumuchian, H.: Images et partage de l'espace: le succès de la «Moyenne montagne»; in: RGA/72/1984, Nr. 2–4, S. 265–271

Gumuchian, H.: Les Territoires de l'hiver ou la montagne française au quotidien; Grenoble 1984, 100 p.

Halmes, G.: Regionenpolitik und Regionalismus in Frankreich 1964–1983; Frankfurt a. M. 1984

Hannss, Ch./Schwarz, R.: Multivariate Typisierung der Wintersportzentren in den französischen Alpen; in: Regio Basiliensis, 20, 1979, S. 97–108

Herbin, J.: L'approche scientifique du tourisme en montagne; dans: Revue géographique de Lyon, 1984, no 3, 15 p.

Herbin, J.: Die neue Berglandpolitik und das neue soziale Statut der Bergbewohner in Frankreich; in: Angewandte Sozialgeographie – K. Ruppert zum 60. Geburtstag; Augsburg 1986, S. 31–42

Journées Politiques de la montagne de Grenoble – Recueil des interventions 14–15 mai et 3–4 juin 1987; Grenoble, CEMAGREF, 1987, 461 p.

Knafou, R.: Les stations intégrées de sports d'hiver des Alpes Françaises. L'aménagement de la montagne à la Française; Paris 1978, 319 p.

Knafou, R.: L'évolution de la politique de la montagne en France; dans: l'information géographique 1985 Vol. 49, no 2 (Paris), p. 53–62

Knafou, R.: L'évolution récente de l'économie des sports d'hiver et de l'aménagement touristique de la montagne en France; in: RGA 75/1987, S. 101–114

Lacroix, A./Mollard, A.: Quel avenir pour les départements montagnards? Suivi d'un dossier «Solutions pour la montagne? Débats autour du rapport Besson»; dans: Agricultures en question: Revenu disponible et Temps de travail: cahiers du CCNEEJA 1982 no 4, 162 p.

Livre blanc de l'environnement Rhône-Alpes; dans: Etats Régionaux de l'Environnement. Colloque organisé par: Ministère de l'Environnement, Lyon: ETEN, 1982, 183 p.

La loi sur le développement et la protection de la montagne; dans: Revue française de Droit Administratif 1985 T. 1 no 4 (étude no 1), p 460–491, no 6 (étude no 2), p. 767–832

Mériaudeau, R.: Aperçu de la consommation d'espace par l'urbanisation dans les deux départements savoyards, depuis 1914; in: RGA 71/1983–1, S. 65–83

Mériaudeau, R.: A qui la terre? La Propriété foncière en Savoie et Haute Savoie; Grenoble, Institut de Géographie Alpine, 1986, 480 p.

Meyzenq, C.: Hautes-Alpes, Ubaye, Haut-Drac, Préalpes Drômoises. Pays de transition entre Alpes du Nord et Alpes du Sud; Gap 1984, 954 p. (= Thèse d'Etat, Grenoble 1983)

Meyzenq, C.: A propos de la limite Alpes du Nord-Alpes du Sud. Limites, pays de marge et organisation spatiale en montagne, évolution des concepts; in: RGA 72/1984, Nr. 2–4, S. 241–251

Montagne et Aménagement. Actes du Colloque v. 21.–25.10.1981 in Chamonix; Hrsg: R. Vivian/J.L. Edouard; Comité National de Géographie, Commission de la Géographie des Montagnes; Grenoble 1982, 277 S., mit Beiträgen von: J. Roger, J. Zuanon, H. Chamussy, J.-C. Menage, C. Avocat, M Couteaux, A. Poncet, A. Bezinge, H. Clemens, P. Gabert, J. Herbin, R. Gaumont, R. Vivian u. a.

La Montagne – une loi, une politique; hrsg. vom Ministère de l'Agriculture, Paris, 78 S., o. J.

La montagne face au changement: observation du changement social et culturel; hrsg. vom Centre Alpin et Rhodanien d'Ethnologie; Grenoble 1984, 175 p. (= Documents d'Ethnologie Régionale, Bd. 8)

Neumann, W.: Technologiepolitik einer Region – das Beispiel Rhône-Alpes; in Frankreich-Jahrbuch 1989, Opladen 1989, S. 153–168

Préau, P.: L'intervention des Communes dans l'aménagement touristique de la montagne; in: RGA 68/1980, S. 63–81

Préau, P.: Tourisme et urbanisation en montagne: Le cas de la Savoie; in: RGA LXX 1982, Nr. 1–2, S. 137–151

Ravanel, J.: L'Etat et la commune de montagne (la loi sur la montagne); Paris 1986, 241 p.

Reffay, A.: Un colloque sur les alpages: «l'espace pastoral»; in: RGA 70/1982, S. 315–328

Répertoire des communes de la zone de montagne française; hrsg. vom CEMAGREF (Grenoble); Saint-Martin-d'Hères 1987, 402 p. (= CEMAGREF-Publ. Nr. 218)

Roger, J.: Une nouvelle approche d'un espace fragile, la montagne. Réflexions sur quelques expériences de terrain menées dans les Alpes du Nord, in: RGA 72/1984, Nr. 2–4, S. 311–321

Spécial Montagne, Themenheft der Zeitschrift «Bulletin Technique d'Information» 1985, no 399–401, 392 p.; Thema: Eléments pour la connaissance et la mise en valeur de la montagne

Quelle Spécificité Montagnarde? Themenheft RGA 77/ 1989, t. 1–3, 349 S. mit Beiträgen von: B. Debarbieux, M. Chardon, R. Vivian, G. Bocquet, J.P. Bozonnet, J. David, J. Herbin, R. Mériaudeau, H. Gumuchian, J.P. Guérin, F. Gerbaux u. a.

Tendances récentes du développement des stations de sports d'hiver – aspects environnementaux; hrsg. von CERREP/ GREGE und ADR; Gap 1986, 52 S. (= extraits d'un rapport d'études réalisé pour le ministère de l'Environnement)

Unités Touristiques Nouvelles en montagne; Bilan du Comité Interministériel des Unités Touristiques Nouvelles en montagne: Massif des Alpes du Nord, Massif des Alpes du Sud, Massif des Pyrénées, Massif Vosgien, Massif Central, Massif Jurassien; Hrsg.: France – Ministère de l'urbanisme du logement et des transports; Paris 1985, 4 Bände: 1–679 p..; 2–266 p.; 3–137 p.; 4–132 p.

L'urbanisation Grenobloise à l'heure de la décentralisation; Themenheft RGA 74/1986, Nr. 3, S. 223–344

Veron, F.: Perspectives d'évolution de la zone de montagne française: 1981–1994. Méthode et synthèse; Grenoble: CEMAGREF-INERM, 1986, 7 volumes: synthèse 50 p. + 1 fascicule par massif (Vosges, Jura, Alpes du Nord, Alpes du Sud, Massif Central, Pyrénées)

Veyret, P./Veyret G.: Atlas et géographie des Alpes françaises; Paris 1979, 316 p. (= Collection «Portrait de la Fance Moderne»)

Vidal Fontille, C.: La population des Alpes du Sud: étude géo-démographique d'une évolution 1851/1980; Aix-Marseille 1984, 3 Bände: 1–361 p.; 2–320 p.; 3–cartes et graphiques: 156 tabl. (= Thèse d'état. Géogr.: Aix-Marseille II)

Vivian, R.: Le LAMA (Laboratoire de la Montagne Alpine): pour une politique scientifique au service de la géographie des montagnes; in: RGA 72/1984, Nr. 2–4, S. 363–368

FL Liechtensteiner Alpen

Bibliographien:
Broggi, M.: Ausgewählte Arbeiten zu ökologischen Fragen im Fürstentum Liechtenstein; in: Ökologische Planung im Grenzraum; Wien 1986, S. 421–425

Bericht der Arbeitsgruppe zum Postulat vom 12.11.1986 betreffend die Erstellung eines Landwirtschaftlichen Leitbildes; Vaduz 1988, 163 S.

Biotope verbinden – Symposium der Liechtensteiner Gesellschaft für Umweltschutz vom 17./18.11.1989 in Götzis/ Vorarlberg, in: Liechtensteiner Umwelt-Bericht Nr. 26, Vaduz 1989, 24 S. mit Beiträgen von: M. Broggi, G. Willi, W. Krieg, E. Aistleitner, F. Bertel, H. Kaupa, K. Onderscheka, M. Wohlmuth

Broggi, M.F.: Die integrale Berggebietssanierung, dargestellt am Beispiel des Fürstentums Liechtenstein; in: Interpraevent 1980, Linz 1980, Bd. 3, S. 235–247

Broggi, M.F.: Landschaftswandel im Talraum Liechtensteins; Vaduz 1988, 325 S. (= Diss. Universität für Bodenkultur Wien)

Broggi, M.F.: Wie ist Vielfalt im liechtensteinischen Rheintalraum noch zu retten? Vaduz 1990, 22 S. (= Info-Heft Nr. 13, Sonderdruck aus: Bergheimat 1990–Jahresschrift des Liechtensteiner Alpenvereins)

Bühler, E./Zürcher, J.: Zehn Jahre integrale Berggebietssanierung; in: Bergheimat (Jahresschrift des Liechtensteiner Alpenvereins) 1980, S. 1–40

Deicha, I./Rougier, H.: Au cœur des Alpes, un Etat pas comme les autres: le Liechtenstein; in: Annales de Géographie 97/1988, Nr. 540, S. 129–149

Das Fürstentum Liechtenstein – ein landeskundliches Porträt; hrsg. von W. Müller; Bühl/Baden 1981, 271 S. (= Veröffentlichungen des Alemannischen Instituts Freiburg/ Brsg. Nr. 50)

Liechtenstein – Fürstliches Haus und staatliche Ordnung, Geschichtliche Grundlagen und moderne Perspektiven; hrsg. von V. Press/D. Willoweit; Vaduz/München 1987, 500 S.

Ritter, W.: Liechtenstein – Wirtschaftsgeographische Skizze eines kleinen Staates; in: ÖGL 25/1982, S. 380–392

I Italienische Alpen

Kartographische Darstellung:
Carta della Comunità Montane Foglio 1, Edizione 1977 1:1'000'000; hrsg. vom Istituto Nazionale di Economia Montana, Roma

Bibliographien:
Associazione dei geografi italiani (AGEI): La ricerca geografica in Italia 1960–1980. «Atti del Convegno di Varese, 31 marzo–2 aprile 1980», Varese 1980, 1073 p.

Catalogo della Biblioteca Nazionale, primo supplemento 1969-1984, hrsg. von D. Mottinelli; Commissione Centrale Biblioteca Nazionale del Club Alpino Italiano; Milano 1985, 133 S.
Collana di bibliografie geografiche delle regioni italiane– CNR, 1961–71.
a) Piemonte e Val d'Aosta, 283 pag.
b) Friuli e Venezia Giulia, 276 pag.
c) Veneto, 226 pag.
d) Trentino-Alto Adige, 302 pag.
Südtirol im Buch. Eine Bibliographie lieferbarer Titel: Hrsg.: Buchhandlung Athesia; Bozen 1983, 72 S. und 1990, 112 S.
Veiter Th.: Bibliographie zur Südtirolfrage 1945–1983; Wien 1984, 281 S. (= Ethnos 26)

L'Agricoltura nella Montagna Alpina – Documento finale del Convegno di Milano; in: MO Nr. 8/9 XXXV/1989, S. 13–14

Atti dei Convegni Nazionali sui Problemi della Montagna, hrsg. Provincia di Torino, Camera di Commercio, Industria, Artigianato ed Agricoltura/Torino, Salone Internazionale della Montagna/Torino (Bd. 1, 1964 ff.): 15. Convegno: «Le Comunità Montane al termine del loro primo periodo operativo – risultati ottenuti, esperienze maturate, problemi attuali e programmi per il futuro; 1979, 318 S. 16. Convegno: Montagna e Agricoltura; 1980, 302 S. 18. Convegno: Parchi e riserve naturali in montagna; 1982, 443 S. 19. Convegno: Montagna ed energia; 1983, 302 S. 21. Convegno: Cooperazione, associazionismo e idea nuove per lo sviluppo della montagna; 1985, 258 S. 22. Convegno: Montagna e Protezione civile; 1986, 302 S. 23. Convegno: Sviluppo delle zone montane e tutela dell'ambiente; 1987, 306 S. 24. Convegno: Una politica per la montagna – Europa, stato, regioni; 1989, 350 S.

Bätzing, W./Grotto, I.: Wirtschaftliche Entwicklung und/ oder Umweltschutz? Aktuelle Probleme der Raumplanung in den italienischen Alpen; in: Geographica Helvetica 44/ 1989, H. 2, S. 63–71

Bätzing, W.: Entwicklungsprobleme strukturschwacher Alpenregionen – Grundsätzliche Überlegungen im Kontext der aktuellen Diskussion um eine internationale «Alpen-Konvention» auf dem Hintergrund einer exemplarischen Analyse der Valle Stura di Demonte (Südpiemont, Italien); in: DISP Nr. 100/1990, S. 21–32

Bätzing, W.: Der italienische Alpenraum – eine Analyse der aktuellen Probleme in Hinblick auf die internationale «Alpen-Konvention»; Hrsg.: Internationale Alpenschutzkommission CIPRA; Vaduz 1990, 92 S. (= kleine CIPRA-Schriften 7/90) (auch in italienischer Sprache)

Barberis, C.: Lo slancio di una nuova ruralità in Italia; in MO 10/1987, S. 8–9

Bartaletti, F.: Tourisme et consommation d'espace en Val d'Aoste, Valtelline et Haut Adige; in: RGA 75/1987, S. 157–170

Bartaletti, F.: Demographic Changes and Socio-Economic Features of Italian Alpine Resorts with a High Intensity of Second Homes; in: Proceedings – Austria Meeting of the IGU-Commission of Geography of Tourism and Leisure, 22.–28.5.1988 in Pörtschach; Klagenfurt 1989, S. 19–24

Berni, P.: Sviluppo economico e difesa dell'ambiente in montagna; in: MO 35/1989, Nr. 6, S. 17–19

Bignami, G.R.: La cooperazione; Cuneo 1979, 120 S.

Bignami, G. et alii: Sviluppo economico nel territori montani – un programma di studio per la valorizzazione delle risorse zootecniche; in: Genio Rurale XLIV 1981, Nr. 5, S. 17–30

Bignami, G.R.: Montagna – esiste un domani? Cuneo 1985, 115 S.

Bignami, G.R.: Un'impostazione economica e sociale dei problemi delle aree alpine; in: Cronache Economiche, Torino, 3/1986, S. 45–52

Bonapace, U.: Dall'elite alla massa – vicende e sviluppi del turismo montano; in: ALP (Torino), Nr. 54/1989, S. 38–47

Regione Piemonte (1980-81): Comunità Montane in Piemonte; Torino, 3 Bde., 293 + 495 S. plus Kartenband

De Vecchis, G.: La montagna italiana tra degrado e sviluppo. Il ruolo delle comunità montane; Istituto Universitario pareggiato di magistro «Maria SS. Assunta»; Roma 1988, 212 S. (= Pubblicazioni della cattedra di Geografia 5)

Demarchi, F./Gubert, R./Staluppi, G.: Territorio e comunità – il mutamento sociale nell'area montana; Milano 1981

Dematteis, G.: Repeuplement et revalorisation des espaces périphériques: le cas de l'Italie; in: Rev. géogr. Pyrén. et Sud-Ouest 53 (1982), S. 129–143

Dematteis, G./Di Meglio, G./ Lusso, G.: Fine della marginalità alpina? Un'inchiesta presso le Comunità montane del Piemonte; in: Cronache Economiche, Nr. 2/1984, S. 17–26

Dematteis, G.: Counter-urbanization in Italy; in: Progress in settlement systems geography, Milano 1986, S. 161–194

Galvani, A.: Turismo tra passato e futuro; in: Convegno internazionale «Turismo e ambiente nella società post-industriale»; Milano 9.–10. marzo 1989, Atti preliminari, S. 273–282

Geipel, R./Pohl, J./Stagl, R.: Chancen, Probleme und Konsequenzen des Wiederaufbaus nach einer Katastrophe: eine Langzeituntersuchung des Erdbebens im Friaul von 1976–1988, Regensburg/Kallmünz 1988, 176 S. (= Münchener Geogr. Hefte Nr. 59)

Gonzi, G.: La relazione del vicepresidente dell'UNCEM al 24. Convegno Nazionale sui Problemi della Montagna 1989 – Politica nazionale e regionale per la montagna – la proposta dell'UNCEM; in: MO 35/1989, Nr. 11, S. 22–26

Guerra, R.: Pianificare il territorio per tutelare l'ambiente. A due anni dall'entrata in vigore della «legge Galasso»; in: Piemonte Parchi 17/1987, S. 2–5

L'Italie emergente – indagine geo-demografica sullo sviluppo periferico a cura di C. Cencini,G.Dematteis, B. Menegatti; Milano 1983, 660 S. mit Beiträgen von: G. Dematteis, G. Di Meglio, A. Fumagalli, F. Macaluso u. a.

Italia rurale, a cura di C. Barberis e G. Dell'Angeli; Bari 1988, 452 S.

Leidlmair, A.: Die Fremdenverkehrslandschaften Südtirols. Statik und Dynamik auf dem Wege zur touristischen Hochkonjunktur; in: Beiträge zur empirischen Wirtschaftsforschung (= Hahn-Festschrift); Colloquium Geographicum 19, 1986, S. 113–124

Leidlmair, A.: Südtirol im Wandel der 80er Jahre; in: Österreich in Geschichte und Literatur mit Geographie. Jg. 31, 1987, S. 205–219

Loda, M.: Erdbeben, Wiederaufbau und industrielle Entwicklung in Friaul; Kallmünz/Regensburg 1990, 183 S. (= Münchner Geographische Hefte Nr. 65)

Loose, R.: Von der Gebirgsentvölkerung zur urbanen Wohnsitz- und Freizeitbevölkerung in den italienischen Zentralalpen; in: Geographische Zeitschrift 70/1982, S. 223–226

Lusso, G./Di Meglio, G.: Interdependenza tra dinamica demografica e occupazione industriale nelle Alpi piemontesi; in: La rivalorizzazione territoriale in Italia – indagine geoeconomica sullo sviluppo periferico, a cura di Ugo Leone, Milano 1986, S. 370–383

Martinengo, E.: Contributo alla ricerca di un sistema di rideterminazione della base territoriale delle Comunità Montane in Italia; in: MO 32/1986, Nr. 5, S. 1–12

Martinengo, E.: La relazione del Presidente E. Martinengo al X Congresso UNCEM; in: MO 32/1986, Nr. 5, S. 16–30

Martinengo, E.: Cooperazione interregionale alpina tra stati nazionali ed Europa; in: MO 34/1988, Nr. 2, S. 23–28

Martinengo, E.: La Montagna e i suoi problemi – un impegno per lo stato e per le regioni; in: MO 34/1988, Nr. 3, S. 13–19

Martinengo, E.: La Montagna verso il 1992 – a un passo dall'Europa con molti problemi; in: MO 35/1989, Nr. 4, S. 13–14

Martinengo, E.: L'intervento del presidente dell'UNCEM al 24. Convegno Nazionale sui Problemi della Montagna (1989); in: MO 35/1989, Nr. 11, S. 15- 18

La Montagna: Un protagonista nell'Italia degli anni '90 = Atti del convegno gleichen Themas in Sondrio 1986; Milano 1987, 227 S. mit Beiträgen von: M.R. Stern, P. Guichonnet, P.H. Stahl, A. Gorfer, S. Arneodo u. a.

Montagna 2000 – prime elaborazioni dell'Istituto Nazionale di Sociologia Rurale; in: MO 36/1990, Nr. 5, S. 21–23

Montagne e veneti nel secondo dopoguerra; a cura di F. Vendramini; Verona 1988, 740 S.

Morino, V.: Progetto di ricupero dei terreni incolti e marginali in montagna; hrsg. von Provincia di Novara, Assessorato alla Montagna; Novara 1989, 200 S.

Mozione finale della IV Assemblea UNCEM, 4.–5.10.1989 in Turin; in: MO 35/1989, Nr. 10, S. 6–10

Pastorini, F.M./Salsotto, A./Bignami, G.R.: Alpicoltura in Piemonte – indagini e ricerche sull'attività pastorale e ricensimento dei pascoli montani; hrsg. von Unione Camere Commercio Industria Artigianato Agricoltura del Piemonte; Turin 1980, 2 Bände, 166 und 488 S.

Penz, H.: Das Trentino. Entwicklung und räumliche Differenzierung der Bevölkerung und Wirtschaft Welschtirols; Innsbruck 1984, 379 S. (= Tiroler Wirtschaftsstudien, Bd. 37)

Pixner, A.: Industrie in Südtirol. Standorte und Entwicklung seit dem Zweiten Weltkrieg; Innsbruck 1983, 138 S. (= Innsbrucker Geographische Studien Bd. 9)

Il problema della montagna; hrsg. vom Centro Ricerche Economico-Sociali – Consiglio Nazionale Delle Ricerche (Progetto Finalizzato «Economia»); Udine 1985, 301 S.

Prospettive di vita nell'arco alpino. Interventi di uomini di studio e di esperienza sul passato, il presente e il futuro delle Alpi. Convegno di Sondrio, 7-8 marzo 1981. Milano 1982, 142 S. mit Beiträgen von: G. Bettini, E. Anati, U. Bernardi, M. Guidetti, G. Buratti, S. Arneodo u. a.

Rapporto sulla situazione economico-sociale nelle zone alpine; hrsg. von: CIPDA – Comitato delle Unioncamere dell'arco alpino; coordinatore della ricerca: E. Martinengo; Milano 1988, 3 Bde. mit zus. 521 S. Bd. I: Piemonte – Val d'Aosta; Bd. II: Lombardia, Liguria; Bd. III: Veneto, Trentino-Alto Adige, Friuli-Veneto

Revelli, N.: L'anello forte. La donna: storie di vita contadina; Torino 1985, 502 S. (= Gli struzzi 291)

Saibene C.: La crisi della montagna e lo sviluppo delle regioni alpine nella Comunità Economica Europea; in: Atti del Convegno «Funzione della Geografia Economica nella formazione economica e professionale», Roma, 11–12 maggio 1979; Notiz. Geogr. econ., numero speciale, 10 (1979), S. 169–175

Sirgi, G.: Come sta la montagna italiana? Realtà, prospettive, conseguenze, proposte; in: MO 36/1990, Nr. 3, S. 26

Spécificité du milieu alpin. Actes du XIe colloque franco-italien d'études alpines 23-25 septembre 1985; hrsg. vom Centre de Recherche d'Histoire de l'Italie et des Pays Alpins (Grenoble); Grenoble 1985, 199 S.; mit Beiträgen von: E. Bruzzone, G. Lusso, G. di Meglio, J. Billet, A. Bagnasco, L. Reboud u.a.

Sprengel, U.: Zur freizeitverkehrsgeographischen Entwicklung in den mittleren Südalpen (Norditalien) – die Beispiele Macugnaga und Madesimo; in: E. Grötzbach (Hrsg.): Freizeit und Erholung als Probleme der vergleichenden Kulturgeographie; Regensburg 1981, S. 39–70 (= Eichstätter Beiträge, Band 1, Abteilung Geographie)

Travail et migrations dans les Alpes françaises et italiennes: actes du VIIe colloque franco-italien d'Histoire Alpine, Annecy, 29–30 septembre 1981; hrsg. vom Centre de Recherche d'Histoire de l'Italie et des pays alpins; Grenoble 1982, 245 S.

YU Slowenische Alpen

Beiträge zur Landeskunde von Friaul-Julisch Venetien, Kärnten und Slowenien; hrsg. von B. Backé/M. Seger; Klagenfurt 1983, 143 S. (= Klagenfurter Geographische Schriften, Heft 4) mit Artikeln von Gams, Jersic, Vriser, Pak, Gosar

Beiträge zur Landeskunde Jugoslawiens. Zusammengestellt von K. Ruppert; Kallmünz/Regensburg 1983, 230 S. (= Münchner Studien zur Sozial- und Wirtschaftsgeographie, Bd. 23)

Cunder, T./Robic, T.: Förderung der globalen Entwicklung der weniger entwickelten Landwirtschaftsgebiete in der SR Slowenien/Jugoslawien; in: 20. Studientagung Euromontana-CEA, Brugg 1989, 9 S.

Geographica Iugoslavica, Vol. 5/1983; Ljubljana, 97 S., mit Beiträgen von: Gams, Kunaver, Sifver, Lovrençak, Radinja Meze, Vojvoda, Klemençiç, Vriser, Jersic, Gosar

Gorenjska (Oberkrain): Zbornik 12. zborovanja slovenskih geografov; Ljubljana 1981

Gosar, A.: Urban Growth and Recreation in Slovenia; in: Studies in the Geography of Tourism and Recreation; Wien 1979, S. 176–185 (= Wiener Geographische Schriften 53–54)

Gosar, A.: Die Frequenz der grenzüberschreitenden Touristenströme nach Yugoslawien bzw. Slowenien; in: Tourism and Borders; Frankfurt 1979, S. 25–30 (= Frankfurter Wirtschafts- und Sozialgeographische Studien 31)

Gosar, A.: Pocitniske hise kot element transformacije slovenskih alpskih pokrajin (Zweitwohnsitze als Element der Neugestaltung des Landschaftsbildes) Disertacija- Dissertaion, Ljubljana 1988, 367 S.

Gosar, A.: Second homes in the Alpine region of Yugoslavia; in: Mountain Research and Development 9/1989 , S. 165–174

Ilesic, S. Regionalne razlike v druzbeno-gospodarski strukturi SR Slovenije; in: Geografski vestnik (Ljubljana) 40/1988, S. 3–15

Klemencic, V.: Die Kulturlandschaft im nordwestlichen Grenzgebiet Jugoslawiens (SR Slowenien); in: Regio Basiliensis 22/1981, S. 217–231

Kunaver, J.: Gorski svet slovenije in njegova preobrazba; in: Pogledi na Slovenijo «Slovenija 88»; Ljubljana 1989, S. 68–81

Plut, D.: Umweltprobleme und die regionale Entwicklung Sloweniens; in: Südosteuropa Mitteilungen; München 1989, Nr. 3, S. 210–216

Raumstrukturen der randalpinen Bereiche Bayerns und Sloweniens; hrsg. von K. Ruppert/H.-D. Haas; Kallmünz/Regensburg 1984, 135 S. (= Münchner Studien zur Sozial- und Wirtschaftsgeographie, 27; = Südosteuropa-Studien, Heft 36) mit Beiträgen von: V. Klemencic, I. Vriser, M. Jersic, A. Gosar, J. Senegacnik, B. Belec, D. Meze

Senegacnik, J.: Nekatere znacilnosti najnovejsega razvoja planinskega gospodarstva; in: The Directions of Regional Development of Slovenia, Slovene Alps; Ljubljana 1984, S. 38–43 (= Geographica Slovenica, Bd. 14)

Slovenske gove. Ljubljana 1982.

Usmerjanje regionalnega razvoja Slovenije: Slovenske Alpe. Ljubljana 1983 (= Geographica Slovenica 14)

Vojvoda, M.: Problems of alpine economy in the Slovene alps; in: Rural life and exploitation of natural resources in highlands and high-latitude zones; Barcelona 1984, S. 79–82

Vriser, J.: Regionale Entwicklung in der Sozialistischen Republik Slowenien (Yugoslawien); in: DELA Nr. 5, Ljubljana 1987, S. 13–25

GEOGRAPHICA
BERNENSIA

Arbeitsgemeinschaft GEOGRAPHICA BERNENSIA
Hallerstrasse 12
CH-3012 Bern

GEOGRAPHISCHES INSTITUT
der Universität Bern

			Sfr.
A		AFRICAN STUDIES	
A	1	WINIGER Matthias (Editor): Mount Kenya Area - Contributions to Ecology and Socio-economy. 1986 ISBN 3-906290-14-X	20.--
A	2	SPECK Heinrich: Mount Kenya Area. Ecological and Agricultural Significance of the Soils - with 2 maps. 1983 ISBN 3-906290-01-8	20.--
A	3	LEIBUNDGUT Christian: Hydrogeographical map of Mount Kenya Area. 1 : 50'000. Map and explanatory text. 1986 ISBN 3-906290-22-0	28.--
A	4	WEIGEL Gerolf: The soils of the Maybar/Wello area. Their potential and constraints for agricultural development. A case study in the Ethiopian Highlands. 1986 ISBN 3-906290-29-8	18.--
A	5	KOHLER Thomas: Land use in transition. Aspects and problems of small scale farming in a new environment: The example of Laikipia District, Kenya. 1987 ISBN 3-906290-23-9	28.--
A	6	FLURY Manuel: Rain-fed agriculture in the Central Division (Laikipia District, Kenya). Suitability, constraints and potential for providing food. 1987 ISBN 3-906290-38-7	20.--
A	7	BERGER Peter: Rainfall and agroclimatology of the Laikipia Plateau, Kenya. 1989 ISBN 3-906290-46-8	25.--
A	8	Ecology and socio-economy of Mount Kenya Area. (Proceedings of workshop 1989, Nanyuki)	1990
B		BERICHTE UEBER EXKURSIONEN, STUDIENLAGER UND SEMINARVERANSTALTUNGEN	
B	1	AMREIN Rudolf: Niederlande - Naturräumliche Gliederung, Landwirtschaft Raumplanungskonzept. Amsterdam, Neulandgewinnung, Energie. Feldstudienlager 1976. 1979	5.--
B	6	GROSJEAN Georges (Herausgeber): Bad Ragaz 1983. Bericht über das Feldstudienlager des Geographischen Instituts der Universität Bern. 1984 ISBN 3-906290-18-2	5.--
B	7	Peloponnes. Feldstudienlager 1985. Leitung/Redaktion: Attinger R., Leibundgut Ch., Nägeli R. 1986 ISBN 3-906290-30-1	21.--
B	9	Feldstudienlager Niederlande 1989. Arnet Oliver, Egli Hans-Rudolf, Messerli Paul (Hrsg.). 1990 ISBN 3-906290-63-8	22.--
G		GRUNDLAGENFORSCHUNG	
G	3	JEANNERET François: Klima der Schweiz: Bibliographie 1921 - 1973; mit einem Ergänzungsbericht von H. W. Courvoisier. 1975	10.--
G	7	WANNER Heinz: Zur Bildung, Verteilung und Vorhersage winterlicher Nebel im Querschnitt Jura - Alpen. 1978	10.--

		Sfr.
G 8	Simen Mountains-Ethiopia, Vol. 1. Cartography and its application for geographical and ecological problems. Ed. by Messerli B., Aerni K. 1978	10.--
G 13	HURNI H., STAEHLI P.: Hochgebirge von Semien-Aethiopien Vol. II. Klima und Dynamik der Höhenstufung von der letzten Kaltzeit bis zur Gegenwart. 1982	10.--
G 14	FILLIGER Paul: Die Ausbreitung von Luftschadstoffen - Modelle und ihre Anwendung in der Region Biel. 1986 ISBN 3-906290-25-5	20.--
G 16	AERNI K., HERZIG H. E. (Hrsg.): Bibliographie IVS 1982. Inventar historischer Verkehrswege der Schweiz. (IVS). 1983	250.--
G 16	id. Einzelne Kantone (1 Ordner + Karte)	je 15.--
G 17	IVS Methodik	in Vorbereitung
G 19	KUNZ Stefan: Anwendungsorientierte Kartierung der Besonnung im regionalen Massstab. 1983 ISBN 3-906290-03-4	10.--
G 20	FLURY Manuel: Krisen und Konflikte - Grundlagen, ein Beitrag zur entwicklungspolitischen Diskussion. 1983 ISBN 3-906290-05-0	5.--
G 21	WITMER Urs: Eine Methode zur flächendeckenden Kartierung von Schneehöhen unter Berücksichtigung von reliefbedingten Einflüssen. 1984 ISBN 3-906290-11-5	20.--
G 22	BAUMGARTNER Roland: Die visuelle Landschaft - Kart. der Ressource Landschaft in den Colorado Rocky Mountains (U.S.A.). 1984 ISBN 3-906290-20-4	28.--
G 23	GRUNDER Martin: Ein Beitrag zur Beurteilung von Naturgefahren im Hinblick auf die Erstellung von mittelmassstäbigen Gefahrenhinweiskarten (Mit Beispielen aus dem Berner Oberland und der Landschaft Davos). 1984 ISBN 3-906290-21-2	36.--
G 26	BICHSEL Ulrich: Periphery and Flux: Changing Chandigarh Villages. 1986 ISBN 3-906290-32-8	10.--
G 27	JORDI Ulrich: Glazialmorphologische und gletschergeschichtliche Untersuchungen im Taminatal und im Rheintalabschnitt zwischen Flims und Feldkirch (Ostschweiz/Vorarlberg). 1987 ISBN 3-906290-34-4	28.--
G 28	BERLINCOURT Pierre: Les émissions atmosphériques de l'agglomération de Bienne: une approche géographique. 1988 ISBN 3-906290-40-9	24.--
G 29	ATTINGER Robert: Tracerhydrologische Untersuchungen im Alpstein. Methodik des kombinierten Tracereinsatzes für die hydrologische Grundlagenerarbeitung in einem Karstgebiet. 1988 ISBN 3-906290-43-3	21.--
G 30	WERNLI Hans Ruedi: Zur Anwendung von Tracermethoden in einem quartärbedeckten Molassegebiet. 1988 ISBN 3-906290-48-4	21.--
G 31	ZUMBUEHL Heinz J.: Katalog zum Sonderheft Alpengletscher in der kleinen Eiszeit. Mit einer C-14-Daten-Dokumentation von Hanspeter HOLZHAUSER. 1989 ISBN 3-906290-44-1 Ergänzungsband zum Sonderheft "Die Alpen", 3. Quartal, 1988 (Sonderheft "Die Alpen" siehe weitere Publikationen)	5.--
G 32	RICKLI Ralph: Untersuchungen zum Ausbreitungsklima der Region Biel. 1988 ISBN 3-906290-49-2	20.--
G 33	GERBER Barbara: Waldflächenveränderungen und Hochwasserbedrohung im Einzugsgebiet der Emme. 1989 ISBN 3-906290-55-7	25.--
G 34	ZIMMERMANN Markus: Geschiebeaufkommen und Geschiebe-Bewirtschaftung. Grundlagen zur Abschätzung des Geschiebehaushaltes im Emmental. 1989 ISBN 3-906290-56-5	25.--

			Sfr.
G 35	LAUTERBURG Andreas: Klimaschwankungen in Europa. Raum-zeitliche Untersuchungen in der Periode 1841-1960. 1990 ISBN 3-906290-58-1		27.--
G 36	SIMON Markus: Das Ring-Sektoren-Modell. Ein Erfassungsinstrument für demographische und sozio-ökonomische Merkmale und Pendlerbewegungen in Stadt-Umland-Gebieten. 1990 ISBN 3-906290-59-X		27.--

P   GEOGRAPHIE FUER DIE PRAXIS

P 5	Klima und Planung 79. 1980	10.--
P 7	HESS Pierre: Les migrations pendulaires intra-urbaines à Berne. 1982	10.--
P 8	THELIN Gilbert: Freizeitverhalten im Erholungsraum. Freizeit in und ausserhalb der Stadt Bern - unter besonderer Berücksichtigung freiräumlichen Freizeitverhaltens am Wochenende. 1983 ISBN 3-906290-02-6	10.--
P 9	ZAUGG Kurt Daniel: Bogota-Kolumbien. Formale, funktionale und strukturelle Gliederung. Mit 50-seitigem Resumé in spanischer Sprache. 1984 ISBN 3-906290-04-2	10.--
P 12	KNEUBUEHL Urs: Die Entwicklungssteuerung in einem Tourismusort. Untersuchung am Beispiel von Davos für den Zeitraum 1930 - 1980. 1987 ISBN 3-906290-08-5	25.--
P 13	GROSJEAN Georges: Aesthetische Bewertung ländlicher Räume. Am Beispiel von Grindelwald im Vergleich mit anderen schweizerischen Räumen und in zeitlicher Veränderung. 1986 ISBN 3-906290-12-3	20.--
P 14	KNEUBUEHL Urs: Die Umweltqualität der Tourismusorte im Urteil der Schweizer Bevölkerung. 1987 ISBN 3-906290-35-2	12.50
P 15	RUPP Marco: Stadt Bern: Entwicklung und Planung in den 80er Jahren. Ein Beitrag zur Stadtgeographie und Stadtplanung. 1988 ISBN 3-906290-07-7	30.--
P 16	MESSERLI B. et al.: Umweltprobleme und Entwicklungszusammenarbeit. Entwicklungspolitik in weltweiter und langfristig ökologischer Sicht. Red.: B. Messerli, T. Hofer. 1988 ISBN 3-906290-39-5	10.--
P 17	BAETZING Werner: Die unbewältigte Gegenwart als Zerfall einer traditionsträchtigen Alpenregion. Sozio-kulturelle und ökonomische Probleme der Valle Stura di Demonte (Piemont). 1988 ISBN 3-906290-42-5	30.--
P 18	GROSJEAN Martin et al.: Photogrammetrie und Vermessung - Vielfalt und Praxis. Festschrift Max Zurbuchen. 1989 ISBN 3-906290-51-4	12.--
P 19	HOESLI Thomas, LEHMANN Christoph: Bodennutzungswandel im Kanton Bern 1951 - 1981. Studie am Beispiel von drei Testgebieten. 1990 ISBN 3-906290-54-9	20.--
P 20	FURGER M. et al.: Zur Durchlüftung der Täler und Vorlandsenken der Schweiz. Resultate des Nationalen Forschungsprogrammes 14. 1989 ISBN 3-906290-57-3	25.--
P 21	BAETZING Werner: Welche Zukunft für strukturschwache, nichttouristische Alpentäler? Eine geographische Mikroanalyse des Neraissa-Tals in den Cottischen Alpen (Prov. Cuneo). 1990 ISBN 3-906290-60-3	1990
P 22	Die Alpen im Europa der neunziger Jahre. Ein ökologisch gefährdeter Raum im Zentrum Europas zwischen Eigenständigkeit und Anhängigkeit. 11 Beiträge und eine Auswahlbibliographie. Red.: W. Bätzing, P. Messerli. 1990 ISBN 3-906290-61-1	1991

| S | GEOGRAPHIE FUER DIE SCHULE | Sfr. |

S 6 AERNI Klaus, PFANDER Gerhard: Geographische Praktika für die Mittelschule
     - Zielsetzung und Konzepte.   in Vorbereitung

S 7 BINZEGGER R., GRUETTER E.: Die Schweiz aus dem All.
     Einführungspraktikum in das Satellitenbild. 1981 (2. Aufl. 1982)   10.--

S 8 AERNI K., STAUB B.: Landschaftsökologie im Geographieunterricht. Heft 1. 1982   9.--

S 9 GRUETTER E., LEHMANN G., ZUEST R., INDERMUEHLE O., ZURBRIGGEN B.,
     ALTMANN H., STAUB B.: Landschaftsökologie im Geographieunterricht.
     Heft 2: Vier geographische Praktikumsaufgaben für Mittelschulen.
     (9. - 13. Schuljahr) - Vier landschaftsökologische Uebungen. 1982   12.--

S 10 STUCKI Adrian: Vulkan Dritte Welt. 150 Millionen Indonesier blicken in
     die Zukunft. Unterrichtseinheit für die Sekundarstufe II. 1984
     ISBN 3-906290-15-8
     nur noch: Schülerheft   1.--
                  Klassensatz Gruppenarbeiten   5.--

S 11 AERNI K., THORMANN G.: Lehrerdokumentation Schülerkarte Kanton Bern. 1986
     ISBN 3-906290-31-X   9.--

S 12 BUFF Eva: Das Berggebiet. Abwanderung, Tourismus - regionale Disparitäten.
     Unterrichtseinheit für die Sekundarstufe II. 1987 ISBN 3-906290-37-9
                  Lehrerheft   20.--
                  Schülerheft   2.--

S 13 POHL Bruno: Software- und Literaturverzeichnis. Computereinsatz im
     Geographieunterricht. 1988   ISBN 3-906290-41-7   18.--

S 14 DISLER Severin: Das Berggebiet - Umsetzung für die Mittelschule am
     Beispiel der Regionen Napf und Aletsch. 1989. ISBN 3-906290-50-6   15.--

S 15 POHL Bruno: Der Computer im Geographieunterricht. 1989
     ISBN 3-906290-52-2   15.--

| U | SKRIPTEN FUER DEN UNIVERSITAETSUNTERRICHT |

U 17 MESSERLI B., BISAZ A., LAUTERBURG A.: Entwicklungsstrategien im Wandel.
     Ausgewählte Probleme der Dritten Welt. Seminarbericht. 1985   5.--

U 18 LAUTERBURG A. (Hrsg.): Von Europa Lernen? - Beispiele von Entwicklungsmustern
     im alten Europa und in der Dritten Welt. 1987   ISBN 3-906290-33-6   15.--

U 19 AERNI K., GURTNER A., MEIER B.: Geographische Arbeitsweisen - Grundlagen
     zum propädeutischen Praktikum I. 1989   20.--

U 20 AERNI K., GURTNER A., MEIER B.: Geographische Arbeitsweisen - Grundlagen
     zum propädeutischen Praktikum II. 1989   ISBN 3-906290-53-0   14.--

U 21 MAEDER Charles: Kartographie für Geographen I. Allgemeine Kartographie. 1988
     ISBN 3-906290-47-6   16.--

Publikationen ausserhalb einer Reihe

African Mountains and Highlands. Problems and perspectives. Edited by Bruno Messerli
and Hans Hurni, African Mountains Association. Proceedings of the first international
workshop on African mountains and highlands, 1986, Addis Abeba. 1990
ISBN 3-906290-62-X   20.--